VOLUNTADES ANTICIPADAS

ANA Mª MARCOS DEL CANO
(Editora)

VOLUNTADES ANTICIPADAS

UNED
GOBIERNO DE ESPAÑA
MINISTERIO DE CIENCIA E INNOVACIÓN
Dykinson, S. L.

Editorial DYKINSON, S.L. Meléndez Valdés, 61 - 28015 Madrid
Teléfono (+34) 91 544 28 46 - (+34) 91 544 28 69

e-mail: info@dykinson.com
http://www.dykinson.es
http://www.dykinson.com

Consejo editorial véase www.dykinson.com/quienessomos

ISBN: 978-84-9085-009-1
Depósito Legal: M-29173-2014

Portada: Equipo Nimú @
http://www.nimu.com.es/

Maquetación:
Balaguer Valdivia, S.L.
german.balaguer@gmail.com

Impresión:
Liberis

ÍNDICE

PARTE III.
ANÁLISIS MÉDICO

PARTE IV.
PONENCIAS Y COMUNICACIONES PRESENTADAS EN LAS JORNADAS SOBRE SALUD Y CUIDADO AL FINAL DE LA VIDA Y AL CONGRESO MULTIDISCIPLINAR SOBRE TESTAMENTO VITAL

INTRODUCCIÓN

ANA Mª MARCOS DEL CANO
UNED-Instituto de Filosofía del CSIC

El desvalimiento no genera una población sobrante, sino más bien instiga a la creatividad, a las dimensiones de sensibilidad, sentido, valor. Una sociedad, un grupo humano, una familia se autentifica posibilitando un acabamiento digno al misterio de la vida que le ha sido confiada como su riqueza mayor.
J.I. Idoiaga

Quizá uno de los problemas más acuciantes que tendremos que afrontar en la sociedad actual sea el cómo vivir la etapa final de la vida, que hoy se vislumbra larga. Si esta cuestión no hace mucho tiempo no planteaba mayores interrogantes, hoy con los recientes avances en el ámbito de la Medicina y la mayor expectativa de vida se convierte en una complejidad que atañe a todos. La franja de la población de hombres y mujeres liberados/as de la productividad remunerada por razón de edad o dependencia, se amplía en dimensiones nunca alcanzadas hasta ahora. Este acontecimiento constituye un factor determinante de la humanidad del presente y del futuro y viene a cuestionar lo humano en sus fundamentos y dinamismos en los que se estructura, se proyecta y se auto-comprende. La sostenibilidad y validez de las sociedades y las culturas que generamos guardan una relación sustantiva con el afronte, resolución de la cuestión y gestión de las personas comprendidas en esta creciente área de la vida.

Y es que ensanchándose los horizontes de las edades estamos siendo llevados a interrogantes que nos solicitan en una actividad y creatividad de fondos, de perspectivas y de criterios de actuación en todos los ámbitos. La prolongación del tiempo biográfico propio, debido a factores plurales relacionados a la vez (calidad de vida, productividad creciente de medios, servicios, disminución de factores agresivos en el trabajo, mejora en la asistencia sanitaria, nutrición, una conciencia más globalizada de constituir una única humanidad), constituye un fenómeno que introduce una nueva problemática existencial. El mismo proceso degenerativo que comporta la edad niega toda pretensión de plenitud. La edad avanzada no erradica el sentimiento de la finitud, más bien lo acrecienta. Lo recorrido ensancha el espacio de las preguntas vitales. Las edades en alza revierten a la sociedad entera, muy especialmente a los más vinculados: familia, amistades, instituciones sociales, sanitarias, de seguridad y cuidado. El aplazamiento del final de la vida cuestiona la vida en sus orígenes, insta a hacernos con las cuestiones del porqué, para qué vivir, qué hemos llegado a ser en los años que hemos vivido. Si a eso le unimos el que el grupo social es cada vez más plural desde todos los puntos de vista (ético, cultural, social,…) la cuestión se vuelve aún más acuciante.

Hay un debate abierto sobre cuáles deben ser los criterios para la toma de decisiones al final de la vida. Esta situación es manifestada por los distintos especialistas que se encuentran trabajando con enfermos terminales, con ancianos o con pacientes crónicos, como pueden ser los enfermos de alzheimer. Estas cuestiones que, anteriormente podían solucionarse con arreglo a la *lex artis,* son ahora difícilmente subsumibles en ella, buscándose por parte de los especialistas, una serie de criterios más allá de los estrictamente científicos en los que basar las decisiones que la realidad clínica diaria les demanda.

Aquí, ante la complejidad y multiplicidad de tratamientos, de la proliferación de las medicinas alternativas y la compleja tecnología, el paciente cobra mayor protagonismo en el curso de su enfermedad a la hora de decidir y es, en este contexto, donde surge con fuerza la exigencia de la capacidad de decidir sobre cualquier tratamiento al que se someta, incluso, aunque ya haya perdido la capacidad. Y desde aquí nacen los *documentos de voluntades anticipadas*, las instrucciones previas o testamento vital, como la posibilidad de decidir anticipadamente sobre aspectos que tengan que ver con el cuidado de la salud.

El libro que el lector tiene ante sus ojos es el resultado del trabajo realizado en el marco del proyecto de investigación "Optimización y gestión de la información de las *instrucciones previas*" (DER 2010-21129; 2010-2013), financiado por el Ministerio de Ciencia e Innovación, en el que nueve profesionales de distintas disciplinas[1], hemos profundizado en la problemática que, sobre todo en nuestro país, presentan las voluntades anticipadas[2].

Hace ya doce años, el artículo 11 de la *Ley 41/2002 de 14 de noviembre, básica reguladora de la autonomía del paciente y de derechos y obligaciones en materia de información y documentación clínica* regularizó en nuestro ordenamiento jurídico la figura de las Instrucciones Previas. Con este último broche cristalizaba el modelo basado en la autonomía del paciente que había instaurado inicialmente la Ley General de Sanidad en el año 1986. A partir de ese momento, todos los españoles mayores de edad contaban con el derecho a consignar por escrito su voluntad acerca del tipo de cuidados y el tratamiento de su salud para el caso de que algún día se hallaran incapacitados para expresarla. Por desgracia, no obstante, los datos reflejaban que esta herramienta no estaba siendo utilizada de manera óptima. Los informes más recientes señalaban que las cifras de documentos inscritos en los diferentes registros creados al efecto en las comunidades autónomas eran sumamente escasas y que había dificultades en la conexión de los datos de los Registros Autonómicos al Registro

---

[1] Aprovecho estas líneas para agradecer al equipo de esta investigación, muchos de ellos pertenecientes al Grupo de Investigación consolidado de la UNED (*Derechos Humanos, Bioética y Multiculturalismo*) su dedicación, su disponibilidad y su trabajo en estos tres años. El equipo está formado por Dr. Benito de Castro Cid, Catedrático emérito de Filosofía del Derecho, UNED; Dr. Graciano González Arnáiz, Catedrático de Ética, Universidad Complutense de Madrid; Dr. Pedro Juez Martel, Profesor Titular de Universidad de Economía, UNED, médico; Dr. Enrique Lluch Frechina, Profesor de Economía, CEU Valencia; Dr. Victor Amaya Rico, Profesor Tutor de la UNED; Dr. Koldo Martínez Urionabarrenetxea, Médico Adjunto del Hospital de Navarra, Máster en Bioética; Dra. Sara Montero Sánchez, Investigadora UNED; Dr. D. José Ramón Díez Rodríguez, Profesor Tutor de la UNED, experto en Derecho Sanitario. Y la colaboración de Dª. Ana Ylenia Guerra Vaquero, Master en Derechos Fundamentales, especialidad en Bioderecho por la UNED, Doctoranda en la UNED y de Javier Vázquez, informático y responsable técnico de la página web: www.testamentovital.net. No hay una línea común, sino que cada autor ha expuesto libremente su pensamiento acerca del documento.

[2] A pesar de que la Ley básica 41/2002 utiliza la expresión instrucciones previas y que nosotros como equipo hemos optado en la página web por ser más conocido entre la ciudadanía por el de testamento vital, creemos que voluntades anticipadas recoge de una manera más clara lo que se pretende con estos documentos. Y es que Instrucciones previas utilizado fuera de contexto puede referirse a cualquier situación y testamento vital puede inducir a error respecto al uso de testamento en su sentido jurídico.

Nacional. Y era precisamente en este aspecto donde se encontraban una de las principales dificultades en la aplicabilidad de estos documentos en cualquier punto del Estado, independientemente del lugar en el que se hubieran emitido.

El objetivo principal del proyecto ha sido precisamente el mejorar la información acerca de las voluntades anticipadas en la ciudadanía en general y en el personal sanitario en particular. Para ello, se han realizado varias acciones concretas enfocadas a este fin, a saber, seminarios y jornadas con expertos provenientes de diferentes ámbitos: médicos, responsables de sanidad, encargados de los registros existentes, juristas expertos en derecho médico y protección de datos, etc., en distintas comunidades autónomas con el fin de extender el conocimiento público sobre las Voluntades Anticipadas[3]. El diálogo con los encargados de los diferentes Registros[4] fue muy fructífero y nos llevó a un conocimiento muy directo tanto de la realidad social de las personas que firman este tipo de documentos, como con los aspectos más administrativos y técnicos que se planteaban en la formalización de estos documentos. Por otro lado y con el fin de difundir tanto las Jornadas como la bibliografía y las publicaciones, se creó una página web (www.testamentovital.net), que cuenta actualmente con más de 20.000 visitas, en la que además de recoger las publicaciones, los seminarios y noticias relacionadas, existe un foro de expertos para asesorar tanto a ciudadanos como a profesionales de la salud. Asimismo, se incorpora como anexo a este libro, una guía para personal sanitario, sobre cómo actuar cuando acuda a un centro sanitario un paciente privado de la capacidad de manifestar su voluntad y una Guía para usuarios sobre la elaboración del documento de Voluntades Anticipadas[5].

Los diferentes capítulos que componen esta monografía recogen los aspectos más relevantes de las voluntades anticipadas. En este sentido,

[3] Las grabaciones de la mayor parte de los Seminarios y Jornadas están disponibles en abierto en la página web creada al efecto: www.testamentovital.net.

[4] Desde aquí nuestro agradecimiento a todos ellos y especialmente a Angel Guirao, encargado del Registro Nacional cuando comenzamos este trabajo; Maria Angeles Ceballos, encargada del Registro de Madrid; Maria Teresa Martínez Merchante, encargada del Registro en Cuenca; Cristina Nebot, del Registro de la Generalitat Valenciana; Enrique Torres, encargado del Registro en Canarias.

[5] Agradecemos los comentarios de cuantos nos han enviado sus sugerencias, especialmente al enfermero Javier Yagüe, experto en Bioética y Bioderecho.

el libro se ha dividido en cuatro apartados. El primero, a saber, los fundamentos de estos documentos, que hace hincapié en explicar las causas por las que han surgido, el estado actual de la cuestión y cuáles son los principios sobre los que se asientan estos documentos y la relación entre ellos, el principio de autonomía y el de responsabilidad. A continuación, en el siguiente apartado, se incluye el análisis de la legislación actual, la problemática que presenta la ley básica y las distintas leyes autonómicas en las que se dan contradicciones insalvables en algunos casos. Se ha querido traer también la perspectiva de las voluntades anticipadas como derecho del paciente y a la vez responsabilidad del personal sanitario, qué implicaciones se dan y la visión de la responsabilidad del personal sanitario en la aplicación de estos documentos. A continuación se realiza una descripción de la normativa europea, donde se muestran las diferencias con respecto a la española. Y por último, se analiza el papel de la Administración electrónica en relación con las voluntades anticipadas.

La perspectiva médica no podía faltar en este tema. Son muchos los matices y puntos de vista que se pueden ofrecer. Nosotros hemos considerado que el ámbito de las Unidades de Cuidados Intensivos puede ser uno en los que más se apliquen estos documentos, por eso, se incluye el trabajo sobre la limitación del esfuerzo terapéutico y otro acerca de la posibilidad de medir la calidad de vida en las unidades de cuidados paliativos. Desde esta misma perspectiva se recogen ponencias y las comunicaciones presentadas en Cuenca y en el **Congreso multidisciplinar sobre Testamento Vital** que el grupo de investigación realizó en Las Palmas de Gran Canaria los días 18 al 21 de octubre de 2012. Una trata de forma pormenorizada la legislación de Castilla La Mancha y la otra la regulación del Registro de Instrucciones Previas en la de Murcia, queriendo con ello mostrar tanto la realidad social en un caso concreto, el de esas comunidades, y los pormenores de los procedimientos para inscribir los documentos de voluntades anticipadas. En ellas se trata una de las problemáticas más interesantes a la hora de justificar la validez de los documentos de voluntades anticipadas y es la capacidad o no para emitir estos documentos sobre todo cuando nos encontramos con casos de depresión del paciente. La otra comunicación es un estudio acerca de la recepción de los documentos de voluntades anticipadas por parte de los profesionales sanitarios de Atención Primaria.

Para mí es una satisfacción (si bien siempre aparece el resquicio de lo que podía haberse realizado mejor) poder culminar con esta publicación estos años de trabajo, de investigación y de encuentros. También tengo que decir que escribo estas líneas ya desde mi estancia de año sabático en el CSIC en concreto en el Instituto de Filosofía, y quiero dejar constancia aquí de mi agradecimiento a su Directora, Concha Roldán, por su entrañable acogida y posibilitadora de mi investigación, como a todos con los que comparto seminarios y jornadas que aumentan mi sentido crítico y enriquecen mis perspectivas de análisis. Por último, señalar que detrás del tema que trata este libro, no sólo está el poder decidir acerca de los cuidados y tratamientos de la salud, sino también cómo configuramos el derecho universal a la asistencia sanitaria en la franja de la tercera edad, incluyendo los importantes y rápidos cambios tecnológicos, el encarecimiento incesante de la asistencia sanitaria, el contexto abiertamente pluralista y la expansión de los derechos individuales de autonomía. En el fondo está el planteamiento acerca de qué vida estamos viviendo y de qué sociedad queremos configurar entre todos.

En Madrid, a 3 de febrero de 2014
Ana Mª Marcos del Cano

PARTE I.
FUNDAMENTOS DE LAS VOLUNTADES ANTICIPADAS

VOLUNTADES ANTICIPADAS: ESTADO DE LA CUESTIÓN

Ana Mª Marcos del Cano
Profesora Titular de Filosofía del Derecho
UNED
amarcos@der.uned.es

Resumen: En este trabajo se analizan las voluntades anticipadas, su origen y su implantación jurídica en España, así como los problemas que dicha regulación tanto básica como autonómica, ha suscitado en la práctica. La valoración de estos instrumentos surgidos ante necesidades concretas de la práctica de la Medicina, viene siendo positiva. Una gran parte de los estudiosos en el campo de la Bioética y el Bioderecho consideran que la concreción de la voluntad del paciente, cuando éste ya ha perdido la consciencia, es un importante paso adelante en defensa de la autonomía del individuo. Aun así, queda mucho por recorrer hasta que estos documentos se utilicen de un modo normalizado en la práctica clínica. Aquí analizamos algunas de las causas y de las posibles soluciones.

Palabras clave: testamento vital, instrucciones previas, final de la vida, autonomía del paciente, derechos de los pacientes.

1. INTRODUCCIÓN

En la actualidad estamos asistiendo a un cambio leve, pero imparable, en la concepción del ejercicio de la Medicina. Poco a poco la mentalidad paternalista que conducía la relación médico-paciente, va transformándose en una relación más simétrica, en la que se tiene más en cuenta el principio de autonomía del paciente y se le otorga a éste más capacidad de decisión. No desconocemos que esta situación puede tener una doble lectura: si bien es cierto que, por un lado, el fin que se persigue con esta transformación es la de que en tal relación exista cada vez más igualdad, información y confianza; por otro lado, también somos conscientes de que corre el riesgo de convertirse en una relación fría, meramente contractual, en la que la exigencia del consentimiento del paciente sea un simple procedimiento por el que exonerar de responsabilidad al médico. A la vez, puede ocurrir que el paciente se sienta "abrumado" ante tales dosis de información y la necesidad de elegir y siga prefiriendo el modelo anterior. Si bien esto es así y, a pesar de que todo proceso de transformación lleva una cierta dosis de inestabilidad que habrá que sufrir hasta que se resitúe la relación, el avanzar por caminos de autonomía es positivo.

Estas cuestiones se agudizan en el final de la vida, sobre todo en nuestra época en la que la expectativa de supervivencia es cada vez mayor, lo que implica una disminución en la calidad de vida del paciente, multiplicándose las enfermedades mentales, como por ejemplo, el alzheimer; o alargándose la vida con tratamientos y tecnologías que no aportan sino sufrimiento al paciente y a la familia. No es de extrañar, pues, que el enfermo se plantee la posibilidad de elegir cómo quiere vivir sus últimos días o qué tratamientos quiere que se le apliquen sin más. En esta tesitura, la decisión se torna una cuestión difícil, a saber, por los sujetos que en ella intervienen, por las consecuencias médicas que se puedan derivar de ella e, inevitablemente, por la controversia tanto moral como jurídica que surge, al estar en juego la vida y la integridad física y moral de la persona. Además, si pensamos que en estas fases la mayoría de los enfermos carecen de capacidad para tomar decisiones, la situación se complica.

En estas circunstancias existen tres estrategias de acción, para tomar decisiones: 1.- que el paciente deje establecido previamente sus preferencias; 2.- que nombre a un sustituto para que tome las decisiones oportunas; 3.- que las medidas que se adopten sigan los protocolos de los profesionales de la salud. Este es el marco fáctico en el que surgen los documentos de voluntades anticipadas. La posibilidad de dejar por escrito una decisión y/o la de nombrar un sustituto para que lo haga en su nombre es un derecho que, en nuestro país, se reguló en la Ley 41/2002, de 14 de noviembre, básica reguladora de la autonomía del paciente y de derechos y obligaciones en materia de información y documentación clínica. A partir de ahí todas las comunidades autónomas han establecido el documento de instrucciones previas como derecho de los pacientes (incluso algunas ya lo habían hecho antes como Cataluña y Galicia). Se ha llegado a hablar incluso de un exceso de normativa, que ha tenido una mínima incidencia tanto en los ciudadanos, como en los profesionales sanitarios.

2. CONCEPTO

Las instrucciones previas han recibido diversos nombres. Entre ellos, el más conocido, el testamento vital o "*living will*", que se encuadra dentro de lo que se denomina por la doctrina anglosajona "*advances directives*", "directrices anticipadas", "indicaciones previas" o "voluntades anticipadas", "cartas de autodeterminación", etc. Consisten en una serie de instrucciones respecto a los deseos de una persona capaz en relación con los posibles tratamientos médicos, previendo un futuro de incapacidad para decidir. Esta figura surgió debido a la ambigüedad interpretativa que planteaban las indicaciones expresadas en los testamentos vitales. De este modo, si figuraban por escrito las preferencias del enfermo y había alguien cercano que las interpretara, se tendría la seguridad de que se respeta así la voluntad del paciente. La diferencia con el documento anterior consiste en que, normalmente, en estas instrucciones se nombra a una persona de confianza, familiar o no, que es la que decide en lugar del enfermo (MARCOS DEL CANO: 2007, 390). Se constituirá en "sustituto" del paciente, lo que se denomina en la literatura anglosajona el *surrogate decision-maker.* Aquí caben dos posibilidades de actuación, a saber, tomar la decisión él mismo o subrogarse en la decisión que el paciente le indicó en su momento. En el primer caso, las indicaciones son puramente formales y no incluyen ninguna directriz al respecto de posibles tratamientos, simplemente se nombra a un tercero al que se le dota de un poder (DPA: *durable power of attorney*), es decir, un poder específico para el cuidado de la salud. En el segundo, estaríamos ante lo que se denomina indicaciones por poder, en las que existen contenidos específicos en torno a los posibles tratamientos. Pero también las indicaciones pueden consistir en una simple comunicación oral del enfermo a la familia o con el equipo médico. Incluso se discute si estas comunicaciones que el médico transcribe en la historia clínica se pueden considerar ya como escritas y por lo tanto, válidas. Evidentemente, las comunicaciones orales implicarán más problemas a la hora de ejecutarlas, bien por contradicción en la interpretación de la voluntad del paciente, bien por no aplicarlas y no derivarse de ello responsabilidad alguna, por falta de pruebas convincentes.

La primera ley sobre el testamento vital vino motivado, precisamente por la jurisprudencia, por el famoso caso de Karen Ann Quinlan, en el que su familia solicitó que le fuera desconectado el ventilador que la mantenía en estado vegetativo persistente: la *Natural Death Act* (1975) de California, la primera ley estatal de los Estados Unidos que garantizaba los *living wills*. Su nombre (ley de Muerte Natural) se debe a que su finalidad era la de procurar una muerte natural a los enfermos, evitando el prolongarles artificialmente la vida. En ella se reconocía el derecho del paciente a rechazar un tratamiento médico, eximiendo de responsabilidad al sanitario que se atuviese a las disposiciones que hubiera manifestado el enfermo. Actualmente, ya son más de cuarenta estados los que reconocen esta posibilidad. En la actualidad, la cobertura de las voluntades anticipadas es mayor, incluyendo la posibilidad de que se tengan en cuenta para la aplicación de cualquier tratamiento o terapia o incluso para negarse a ellos, sin restringirlo a los tratamientos de prolongación artificial de la vida. Lo que se pretende es llevar hasta las últimas consecuencias la posibilidad del consentimiento informado extendiéndolo a los que han perdido la capacidad de decidir. Sin embargo, y aunque los sectores más proclives así lo pretenden, estos documentos de voluntades anticipadas, excepto en Holanda (MARCOS DEL CANO: 1999) y en Bélgica (MARCOS DEL CANO: 2004), prohíben la práctica de la eutanasia, entendiendo por tal, la acción de procurar la muerte a quien, sufriendo una enfermedad terminal la solicita para poner fin a sus sufrimientos.

Este es el espíritu que presenta la norma que dio lugar a la legislación en España, el Convenio sobre Derechos Humanos y Biomedicina, el llamado Convenio de Oviedo, en vigor en nuestro país desde el 1 de enero de 2000, en el que se establece en su art. 9: *Se tendrán en consideración los deseos expresados con anterioridad respecto a una intervención médica por un paciente que, en el momento de la intervención, no esté en condiciones de hacer saber su voluntad.* También, en la Recomendación del Consejo de Europa relativa a la protección de los derechos del hombre y de la dignidad de los enfermos terminales y moribundos, núm. 1418, de 25 de junio de 1999, en su art. 9.b), IV), se establece en este mismo sentido y concretamente para los enfermos terminales: *La Asamblea recomienda, en consecuencia, al Comité de Ministros alentar a los Estados miembros del* Consejo *de Europa a respetar y proteger la dignidad de los enfermos incurables y de los moribundos en todos los aspectos: b) protegiendo el derecho de los enfermos incurables y de los moribundos a la autodeterminación, tomando las medidas necesarias: IV) para hacer respetar las instrucciones o la declaración formal ("living will") rechazando ciertos tratamientos médicos dados o hechos anticipadamente por los enfermos incurables o moribundos incapaces ya de expresar su voluntad.*

Curiosamente la aplicación de dicho Convenio a nuestro país comenzó por la adaptación normativa de algunas Comunidades Autónomas (en concreto Cataluña y Galicia), hasta que en noviembre de 2002 se publicara la más general la Ley básica 41/2002, de 14 de noviembre, reguladora de la autonomía del paciente y de derechos y obligaciones en materia de información y documentación clínica (SÁNCHEZ CARO: 2003) que recoge en su art. 11 las instrucciones previas: *"Por el documento de instrucciones previas una persona mayor de edad, capaz y libre manifiesta anticipadamente su voluntad, con objeto de que ésta se cumpla en el momento en que llegue a situaciones en cuyas circunstancias no sea capaz de expresarlos personalmente, sobre los cuidados y el tratamiento de su salud o, una vez llegado el fallecimiento, sobre el destino de su cuerpo o los órganos del mismo"*.

El valor jurídico de las voluntades anticipadas en nuestro país no es en ningún caso legitimador de conductas eutanásicas, lo que no es óbice para que la existencia de este tipo de documentos en la legislación, aparte de demostrar una sensibilidad del derecho hacia los problemas del final de la vida, pueda, en un futuro, convertirse en instrumento verificador de la voluntad del enfermo que solicita la eutanasia. Actualmente, este documento no implica más que la posibilidad de determinar los tratamientos a los que se desea someter el paciente (además del contenido que pueden tener como veremos después), no es más que una continuación del consentimiento informado, para aquellos supuestos en los que el enfermo carezca de capacidad (SIMÓN/BARRIO: 2004: 463).

3. OTROS CRITERIOS DE TOMA DE DECISIÓN

Para aproximarse en el mayor grado posible a la "voluntad" del paciente, se han creado dos criterios para decidir en el caso de que el paciente haya perdido la capacidad y no haya voluntades anticipadas, a saber, el denominado juicio sustitutorio (*substituted judgment*) y los mejores intereses (*bests insterests).* La función primordial de estos dos criterios es orientar el proceso de decisión. Pueden ser utilizados independientemente o, como ocurre en la mayoría de los casos, interrelacionados. Estos standards han surgido, al igual que los anteriores, en la práctica médico-asistencial norteamericana en relación con los pacientes inconscientes, cuando no hubieran dejado ninguna instrucción respecto a su tratamiento. Se les quiere proteger del posible abuso de técnicas reanimatorias o invasivas y se fundamentan estos criterios en el derecho de rechazar o consentir un tratamiento, derecho incluido en el más general *right to privacy.*

El "juicio sustitutorio" consiste en la emisión de un juicio que sustituye la voluntad del paciente, es decir, se decide en función de lo que se cree que hubiera decidido la persona ahora privada de capacidad. En este punto se plantea el problema de la validez del consentimiento presunto, pues eso es lo que es este criterio, en definitiva, es decir, el juicio que se supone que habría dado el sujeto pasivo de haberse encontrado en dicha situación. Trata de indagar en los posibles indicios que, en la vida consciente de dicha persona, nos puedan llevar a presumir que hubiera consentido tal medida. Este criterio presupone que la persona que toma la decisión conocía muy de cerca las preferencias y los valores del paciente, para aproximarse al máximo a su voluntad. Para aplicar este estándar será necesario que el individuo haya sido en algún momento de su vida capaz de manifestar sus deseos, preferencias o valores. Sin embargo, este tipo de opiniones o manifestaciones se vuelven muy difíciles de probar en la práctica. Así, por ejemplo, en el caso Cruzan, los padres de Nancy pidieron que se le permitiera morir porque la misma se encontraba en un estado vegetativo permanente. Tenía su corteza cerebral destrozada por una carencia de oxígeno después de un accidente. En este caso, la Corte Suprema de los EEUU pareció reconocer, al menos en principio, que los Estados debían otorgar validez al consentimiento presunto. Sin embargo, ratificó la sentencia de la Corte Suprema de Missouri, la cual sostenía que el derecho de Missouri no permitía la interrupción de los soportes vitales a menos que existiera una evidencia "clara y consistente" de que el paciente hubiese manifestado ese deseo. La Corte estableció que "si Nancy hubiese suscrito un testamento vital, entonces tendríamos la prueba necesaria para interrumpir los tubos que la mantenían en vida, pero las declaraciones informales y casuales que su familia y amigos recordaban no constituían una prueba convincente" (DWORKIN: 1994; 255).

El *best interests* consiste en que un tercero decide por el paciente de acuerdo con lo que sería mejor para él. Este criterio entra en juego en aquellos casos en los que el paciente nunca ha sido consciente, aunque también puede utilizarse cuando no hay una voluntad clara al respecto. En esos casos no existe información disponible acerca de las preferencias del paciente, ni tampoco familiares o personas cercanas al enfermo que pudieran proveernos de tal información o bien, que, aún existiendo, no aparezcan muy claras las intenciones de aquéllos.

Con estos criterios, se habilita la entrada de terceros en el proceso decisorio. Y es aquí donde más problemas de legitimación se plantean. Normalmente estas decisiones han venido tomándose por los familiares. En cierto modo es lógico. Se cree que en la mayoría de los casos un miembro de la familia hubiese sido el elegido por el paciente para hacer las funciones de *surrogate*; se presume también que un familiar (o allegado) será quien mejor conoce al enfermo y están en la mejor posición para determinar lo que hubiese deseado; además, normalmente será un familiar quien esté a cargo de cuidar de su bienestar y, por tanto, el más indicado para representarlo; finalmente, porque en nuestra sociedad le es otorgado a la familia un importante grado de autoridad y de discreción en los procesos decisorios en lo que respecta a sus miembros, en orden a preservar el valor de la familia. Evidentemente, estas aproximaciones son generales y como tales habrá que tomarlas. Lo indispensable en estos casos es estar al caso concreto y ahí y desde ahí decidir. Porque, a nadie se le escapa que actualmente la concepción de la familia está en plena y profunda transformación. Estas consideraciones sólo establecen una presunción *iuris tantum* a favor de ella, que puede decaer en el caso de que existan ciertos indicios de riesgos para el interés del individuo. Por ejemplo, cuando exista un conflicto evidente entre la familia y el enfermo, o cuando haya habido una larga separación entre ellos durante años, o cuando exista cualquier indicio o sospecha de que la decisión que toman no va en interés del paciente sino en beneficio propio, etc. Pero, en cualquier caso, el pivote sobre el que gira la decisión es el diagnóstico médico, que vinculará en cierto modo las decisiones. Pudiera pensarse con ello que volvemos al paternalismo médico, sin dejar espacio al enfermo. No lo creo así. Esta situación lleva una novedad implícita cual es la del deber de informar del médico, quien ya no podrá sustraerse al deber de exponer las alternativas de tratamiento.

En el supuesto en que entrasen en conflicto las opiniones de los médicos y de los familiares existen dos posibilidades: la de los Tribunales y la de los Comités de ética. Los primeros intervienen en aquellos supuestos en los que se ponen en peligro, de un modo claro, la integridad física o la vida del paciente; o también cuando se da un conflicto, entre las opiniones del médico y los familiares. Recuérdese por ejemplo el reciente caso de un Juez de Texas que ordenó al hospital la desconexión del respirador artificial que mantenía en vida a una mujer embarazada con muerte cerebral para preservar la viabilidad del feto. La familia solicitó la retirada del soporte vital. Su marido había manifestado que ambos habían hablado de que si se daba esa fatídica situación en algún momento el deseo de la pareja era retirar la ayuda artificial, máxime cuando como en este caso, los médicos acabaron confirmando la inviabilidad del feto. En 2005 el caso de Terry Schiavo, en estado vegetativo persistente, que fue desconectada después de una orden judicial; o en 2009 el caso de Eluana Anglaro que después de ser negada la posibilidad de retirarle el soporte vital por varias instancias judiciales, a pesar de que el padre sostenía que en charlas con su hija, ella había manifestado su deseo de no querer ser mantenida en vida si estuviera en estado vegetativo persistente, fue autorizada su desconexión por la Corte de Apelaciones de Milán.

La legitimidad de la actuación de los jueces en muchos casos (en el de Anglaro, por ejemplo, provocó un debate social y político muy intenso) ha sido puesta en entredicho, pues pudiera pensarse que en la huida del paternalismo médico hacia la autonomía individual, avanzamos hacia un imperialismo judicial. Sin embargo, no lo creo así, cuando surgen conflictos en los que bienes tan decisivos como la vida humana o la intimidad están en juego, es necesario que otras instancias entren en el proceso decisorio. También es verdad que el hecho de tener inscritas las voluntades anticipadas en muchos casos (no en todos, porque Italia no permite este tipo de documentos) facilitaría la toma de decisiones y el recurso a la instancia judicial, en último término, la única tarea que le correspondería sería una meramente formal, de procedimiento.

Por último, los Comités de ética van ganando en relevancia e importancia en aquellos casos en los que la toma de decisiones se vuelve compleja sobre todo desde un punto de vista ético y jurídico. La finalidad de estos Comités consiste en promover el estudio y la observancia de principios éticos y juridicos apropiados para el ejercicio de la "medicina asistencial". Estos han sido creados precisamente con el fin de tomar decisiones en casos difíciles. La justificación de estos Comités vendría dada por dos razones: una, sirven de apoyo al profesional, a los familiares o al enfermo que haya de tomar una decisión en un contexto de conflicto ético; y, dos, ejercen un control social en un ámbito en que están en juego derechos e intereses de todos y cada uno de los individuos de una comunidad, pues, la salud es un bien primario, condición casi ineludible para poder gozar de cualquier otro bien. La lógica de funcionamiento del Comité no debería estar encaminada tanto a establecer lo que es lícito o ilícito, cuanto a asegurar que la decisión de aquel que está involucrado en el problema (médico, paciente u otra persona) pueda tomarse tras una adecuada reflexión, esto es, primero, sin pasar por alto importantes componentes informativos; segundo, con la seguridad de haber evitado falacias derivadas de la vaguedad o de la polivalencia semántica de los conceptos y de las nociones en juego; tercero, después de conocer y recorrer las diversas estrategias éticas que se hayan considerado válidas en otros casos similares para encontrar una solución; y, finalmente, después de haber seguido en su totalidad todos los argumentos racionales disponibles. En los casos que nos ocupan, sobre todo si no hay documento firmado de voluntades anticipadas o si lo hay pero existen discrepancias en su interpretación y aplicación, considero que la consulta al Comité de ética es preceptiva, aunque su informe no sea vinculante. Pero supone abrir la cuestión a un diálogo de un foro más amplio que además está compuesto por especialistas de distintas disciplinas lo que ayudará a una visión más amplia a la hora de tomar una decisión.

4. REQUISITOS FORMALES

Siendo como son, estos instrumentos, sustitutorios de la voluntad del paciente, se deberán extremar las garantías en su emisión, de modo que haya sido realizado con toda seriedad, reflexión e información. Para ello, será indispensable el adoptar todo tipo de garantías, tanto en el momento de suscribirse, como en el de ejecutarse. Todas ellas tenderán a proteger al ciudadano de cualquier manipulación o coerción exterior, así como a determinar su capacidad.

Tal y como establece la Ley 41/2002, la única formalidad exigida es que se hagan por escrito, y con el fin de asegurar la eficacia en todo el territorio nacional, se creará en el Ministerio de Sanidad y Consumo (el actual Ministerio de Sanidad, Política Social e Igualdad) el Registro Nacional de instrucciones previas. Lo que hace pues la ley es establecer obligatoriamente la forma escrita como requisito formal mínimo y dejar su determinación concreta en manos de la competencia normativa de las Comunidades Autónomas. Se puede hacer, dependiendo de cada Comunidad, en documento público o privado y lo que se busca con ello es asegurar su autenticidad, la identificación del autor, su firma, fecha y lugar del otorgamiento (FRANCINO I BATLLÉ: 2002: 220). Se pueden otorgar:

a) Ante notario: el notario, con su fe pública y bajo su responsabilidad, garantiza su juicio sobre la capacidad del otorgante, que ha sido previamente informado del contenido del documento, que éste se corresponde con su voluntad y también con la declarada por él mismo.

b) Ante testigos: son aquí los testigos los que asumen la responsabilidad de garantizar la identidad, capacidad y voluntad del otorgante y de su firma en el correspondiente documento. Los testigos han de ser mayores de edad y con plena capacidad de obrar y, dependiendo de las distintas leyes autonómicas, también se les exige que al menos dos de ellos no tengan relación de parentesco con el otorgante hasta el segundo grado, ni estén vinculados con él por relación patrimonial o que no sean el cónyuge o no tengan una relación análoga afectiva a la conyugal, ni relación laboral, patrimonial o de servicio con el otorgante. Este supuesto plantea muchas dudas de legitimidad y puede dar lugar a falsificaciones y abusos. Sorprende que el legislador no haya establecido más garantías en estos supuestos.

c) Ante el funcionario público del registro de instrucciones previas: tanto el País Vasco y Castilla La Mancha, como Madrid y Castilla y León establecen que se pueden expresar las voluntades anticipadas ante el encargado el registro de voluntades anticipadas y ante el personal al servicio de la administración, respectivamente. En alguna Comunidad Autónoma también se establece que se debe entregar el documento al centro sanitario donde el paciente sea atendido, con el fin de facilitar el conocimiento de su existencia si no se ha inscrito en el registro correspondiente.

Lo más importante, sin embargo, de estos documentos es que se garantice que la persona que adopte este tipo de medidas sea mayor de edad, con capacidad legal suficiente y, además, que lo otorgue libremente. Para ello, el otorgante deberá gozar de capacidad, conocimiento y voluntad. La capacidad queda referida a la capacidad global y en cuanto al conocimiento será indispensable el deber de información del equipo médico sobre su situación, diagnóstico y alternativas posibles. El enfermo deberá conocer el significado, el alcance y los riesgos del tratamiento, los efectos positivos y negativos de eventuales terapias que le sean propuestas. Si bien aquí reside uno de los grandes problemas de la validez de las instrucciones previas que su emisión en unas circunstancias determinadas pueden otorgar efectos en años, en los que puede haber cambiado no sólo la situación clínica del otorgante, sino el conocimiento científico médico de ese momento. Teniendo en cuenta que uno de los problemas es la distancia entre el momento de expresar la voluntad y su ejecución, se requiere que exista la posibilidad de modificarlo hasta que el enfermo pierda la consciencia. En general, sería deseable que fueran modificadas o ratificadas cada cinco años. Se persigue con ello impedir que los avances científicos desvirtúen su contenido porque surjan nuevas terapias que aconsejen no adoptar ciertas medidas. De todos modos esto se podría paliar con el nombramiento de un representante y mediante la propia previsión contenida en la Ley 41/2002 al establecer que no serán aplicables aquellas que no se correspondan con el supuesto de hecho previsto en el momento de manifestarlas (GALLEGO: 2009:196).

Respecto a la mayoría de edad para poder se sujeto de las instrucciones previas, tanto la Ley básica como algunas autonómicas exigen la mayoría de edad, no así por ejemplo la Ley foral de Navarra 11/2002 que reconoce en su artículo 9.1 la capacidad a los menores para otorgar este tipo de documentos, o la Ley 1/2003 de Valencia y la Ley 5/2003 de Andalucía que permiten manifestar su voluntad anticipada al menor emancipado. Esto ha sido estimado por la mayor parte de la doctrina como un tanto incoherente, toda vez que la Ley básica impide al menor emancipado otorgar instrucciones previas y, en cambio, si permite al menor emancipado prestar consentimiento en el ámbito sanitario (BERROCAL: 2005). Pero más allá de esto que se tratará más adelante en este mismo libro, el problema se plantea al existir leyes autonómicas que contemplan la posibilidad de que un menor otorgue instrucciones previas mientras la Ley estatal básica exige la mayoría de edad. Parece difícil admitir la constitucionalidad de una Ley que contraviene lo dispuesto en la Ley básica en un elemento esencial como es el de la edad del otorgante.

Otro de los requisitos que se repite en toda las leyes consiste en que tales documentos no contengan ninguna instrucción que vulnere el derecho vigente ni la buena práctica clínica o que no se correspondan exactamente con el supuesto de hecho que se hubiera previsto en el momento de emitirlas. Este último punto es un tanto discutible pues el marco legal de cualquier sociedad puede variar durante el intervalo de tiempo que transcurra entre el momento de otorgar un documento de voluntades anticipadas y el de hacer efectivo su contenido. A este respecto, algunos afirman que lo lógico sería que fuesen aceptables previsiones que, aun no estando de acuerdo actualmente con el ordenamiento jurídico vigente, en un futuro puedan tener cabida dentro de la legalidad (ROYES: 2001:24). No creo, sin embargo, que esto deba ser así. Habría que buscar el mecanismo oportuno para que se pudiese ampliar de acuerdo con posibles modificaciones legales posteriores, pero no se podría incluir ninguna cláusula contraria al Derecho vigente. Con ese razonamiento podríamos permitir "cualquier supuesto", en aras a lo que pueda ser el Derecho en un futuro y se vulneraría un principio básico en el funcionamiento del Derecho, a saber, la seguridad jurídica. Con esa cláusula está haciendo referencia más bien al art. 143.4 del Código Penal español en el que se tipifica como ilícito penal la inducción al suicidio y el suicidio a petición de la víctima (lo que también se denomina eutanasia por algunos sectores).

En cuanto al contenido de las instrucciones previas se refiere según establece el art. 11 de la Ley 41/2002 a *los cuidados y tratamientos de su salud, el destino de su cuerpo o de sus órganos,* llegado el fallecimiento, designación de un representante para que sirva como interlocutor entre el otorgante y el equipo médico para que se cumplan las instrucciones previas. Sobre este contenido mínimo se articulan los diferentes contenidos que se le han dado en las legislaciones de las distintas Comunidades Autónomas. Algunas de ellas, por ejemplo, la Ley 7/2002 del País Vasco establece que se tiene derecho a manifestar sus objetivos vitales. Más lejos va la Ley 3/2005 de Extremadura cuando establece que puede expresar sus objetivos vitales, sus valores personales que deberán ser respetados cuando se encuentre en una determinada situación.

En este sentido, se afirma que el contenido de los documentos de voluntades anticipadas pueden dividirse en los siguientes subgrupos de órdenes parciales; poderes de representación, historia de valores y planificación anticipada de los cuidados (GALLEGO: 2009; 175). Los poderes de representación tienen la ventaja de que a ese representante siempre se le pueden plantear aquellas cuestiones sobre las que el paciente no puede pronunciarse. La historia de valores, a efectos interpretativos, según se vayan conociendo los valores éticos o morales de un paciente más fácil será discernir lo que será su decisión final. Por último, la planificación anticipada de cuidados para caso de enfermos crónicos, con el fin de que a lo largo del tratamiento, se vaya adelantando al paciente lo que puede pasar, para que éste vaya manifestando su voluntad.

La planificación anticipada de cuidados es lo que en la actualidad más se reclama tanto por pacientes crónicos como por el personal sanitario que les atiende: una planificación anticipada de todo el cuidado y tratamiento que se le vaya a dar contando en la medida de lo posible con su voluntad y con un diálogo prolongado entre el personal responsable de su salud y el paciente.

Por otro lado, tampoco queda muy claro qué se quiere decir en la Ley con el hecho de no sean contrarias a la buena práctica clínica. Quizás habrá que encontrar la razón de ser de tal excepción en el Código de Ética y Deontología Médica que recoge como deber del médico el de intentar la curación y la mejoría del paciente, siempre que sea posible y cuando ya no sea, permanece su obligación de aplicar las medidas adecuadas para conseguir el bienestar del enfermo, aún cuando de ello pudiera derivarse, a pesar de su correcto uso, un acortamiento de la vida. En tal caso, el médico debe informar a la persona más allegada al paciente y, si lo estima apropiado, a este mismo.

La inaplicación del contenido de las voluntades anticipadas contrarias a la *lex artis* encuentra su fundamento en la posibilidad de que los deseos del paciente se hayan manifestado con mucha anterioridad a la intervención y la ciencia médica haya avanzado de tal modo, que pueda existir un desfase entre la voluntad plasmada en el documento y las posibilidades que puede ofrecer la Medicina, debido a que en el momento en el que se otorgaron no existieran las posibilidades posteriores para afrontar la dolencia. En el caso de que no se apliquen porque no se correspondan con el supuesto de hecho que el interesado haya previsto en el momento de manifestarla, resulta claro que si no existe tal correspondencia estaremos ante un supuesto distinto del previsto por el paciente y, por tanto, no existe ninguna indicación de actuación al respecto.

En cuanto a su eficacia, será imprescindible que sean accesibles en los momentos y lugares en que se requiera conocer su contenido y su existencia. En este sentido, el Real Decreto 124/2007, de 2 de febrero, regula el Registro Nacional de instrucciones previas y el correspondiente fichero automatizado de datos de carácter personal. El objetivo de este Registro es asegurar la eficacia y posibilitar el conocimiento en todo el territorio nacional de las instrucciones previas otorgadas por los ciudadanos que hayan sido formalizadas de acuerdo con lo dispuesto por las Comunidades Autónomas. Para ello, existe un sistema informático que es capaz de volcar los datos de cada territorio en el Registro Nacional para que de ese modo los datos estén actualizados. Así se determina en la Disposición Adicional Primera que dice que a la entrada en vigor del Real Decreto, que se producirá a los nueve meses de su publicación, las Comunidades Autónomas deberán remitir al Registro nacional todas las inscripciones efectuadas en los registros autonómicos, así como las copias de los documentos de instrucciones previas.

Actualmente, a partir de diciembre de 2012, se ha logrado la conexión de todos los registros autonómicos con el nacional.

Situación Registro Nacional de Instrucciones Previas- Registros Autonómicos de Instrucciones Previas.

REGISTRO AUTONÓMICO	Nº DE INSCRIPCIONES En el Registro Nacional de Instrucciones Previas
ANDALUCÍA	25.065
ARAGÓN	5.426
ASTURIAS	4.175
BALEARES	3.671
CANARIAS	6.621
CANTABRIA	1.562
CASTILLA-LA MANCHA	4.415
CASTILLA Y LEÓN	5.044
CATALUÑA	50.112
C. VALENCIANA	15.754
EXTREMADURA	1.151
GALICIA	3.390
MADRID	13.955
MURCIA	3.124
NAVARRA	2.121
PAÍS VASCO	11.804
LA RIOJA	1.523
MSSSI(*)	4
CEUTA	---
MELILLA	---
TOTAL	158.917

(*) Para inscripciones provisionales.

5. VALORACIÓN

En general, la valoración de estos instrumentos surgidos ante necesidades concretas de la práctica de la Medicina, viene siendo positiva. Una gran parte de los estudiosos en el campo de la Bioética y el Bioderecho consideran que la concreción de la voluntad del paciente, cuando éste ya ha perdido la consciencia, es un importante paso adelante en defensa de la autonomía del individuo. Este principio, representa un autoafirmarse del paciente frente a la posición unilateral del médico. Equiparan estas medidas a aquellas que se utilizan para disponer de los bienes patrimoniales. Para muchos, una vez que el paciente ya no es consciente, ésta es la mejor forma o la forma menos entrometida de tomar decisiones y el mejor modo de respetar su autonomía. Siendo él el que indica las instrucciones a seguir o el que señala su propio representante, tiene la confianza de saber que se seguirán sus preferencias o que dicha persona tomará las decisiones por él, mejor que otro que él no hubiera elegido. Las indicaciones previas garantizan, así, la elección individual que, indudablemente, será preferible a las que pudieran tomar los médicos o los familiares, en principio. Además contribuyen a disminuir el temor de los pacientes a que se produzcan situaciones indeseadas, mejoran la relación médico-paciente y facilitan al médico información sobre posibles problemas éticos con el enfermo a la vez que le proporcionan una seguridad respecto a denuncias futuras. Por otra parte, suponen un gran alivio y ayuda para la familia del paciente, disminuyendo su inseguridad o su sentimiento de culpabilidad por no hacer todo lo posible, al tener la seguridad que lo que se está haciendo es lo que él o ella quería.

No obstante, existen diferencias valorativas en torno a la validez de estos instrumentos como ya venimos viendo. Algún sector de la doctrina se la niega por el riesgo implícito de esta legislación de legitimar la eutanasia. El ámbito en el que se encuadra el uso del documento de voluntades anticipadas está muy próximo a la eutanasia y su mera mención reconduce a ella, aunque el *living will* ni surgió con ese fin, ni tiene por qué circunscribirse a los supuestos eutanásicos (SILVA: 2003). En cierto modo, es lógico. En las fases cercanas a la muerte y debido a la complejidad de los medios técnicos con los que se cuenta resulta dificultoso el trazar una línea nítida entre los distintos supuestos. Todo depende de cómo definamos la eutanasia (MARCOS DEL CANO: 1999:62). Si se considera eutanasia la omisión de un tratamiento vital, lo que se viene denominando eutanasia pasiva, en ese caso sí que nos podríamos encontrar legitimando la eutanasia por la vía y con la forma del testamento vital. Sin embargo, hoy se admite pacíficamente en la doctrina que las actuaciones omisivas al final de la vida, ante una situación irreversible e inminente no presentan carácter ilícito, sino que más bien entran dentro de la praxis médica y tienden a salvaguardar la integridad física y moral del paciente, por lo que incluso se está desterrando el uso del término "eutanasia" para estas conductas, por lo equívoco de esta expresión. Precisamente lo que se está intentando lograr con el testamento vital es que los enfermos terminales no sean sometidos a interminables y dolorosas terapias que no hacen sino alargarles la vida, sin ninguna perspectiva de mejorar su calidad. La conexión entre el testamento vital y la eutanasia también se debe a que las Asociaciones en pro del derecho a morir con dignidad y los partidarios de la licitud de estas prácticas, reivindican el derecho a decidir sobre la propia vida por medio de las instrucciones previas, cuando ya no haya consciencia por parte del individuo.

No obstante conviene advertir que, dejando a un lado la legitimidad del *living will* en los casos de eutanasia, la puesta en práctica de estos criterios es muy compleja. De hecho, la experiencia de los EEUU (y en España también) en los que ya hace tiempo que se vienen utilizando este tipo de instrumentos es ambivalente (SÁNCHEZ: 2005). En general, los médicos, los pacientes y la opinión pública mantienen actitudes positivas ante las voluntades anticipadas. Sin embargo, esto no se traduce en una frecuente utilización de las mismas, con excepción de los enfermos de SIDA (en España, por ejemplo, son los Testigos de Jehová los que más han firmado instrucciones previas). De hecho, en Estados Unidos, poco más de un 18 % las había realizado en el 2000. Se atribuye su escaso éxito a la dificultad de redactar unas instrucciones previas sobre cuestiones relacionadas con la propia muerte si no es dentro de una relación de confianza con el médico, situación que escasamente se da.

Una de las razones que se suelen esgrimir en contra de la validez de estos instrumentos es la "distancia" (lógica, por otra parte) que existe desde el momento en que se realiza el testamento y el momento en el que se aplica. Se dice que con frecuencia la situación anímica y emocional del declarante cambia radicalmente cuando ha de enfrentarse al momento que motivó la firma del escrito por el que renuncia a la continuación del tratamiento, sin que haya por ello que poner en duda la seriedad con que se hiciera tal manifestación. Aunque el enfermo en el momento de firmar la declaración, se encuentra con las facultades mentales intactas, su decisión no puede prever las condiciones efectivas de su ejecución en términos tales que vincule rigurosamente la voluntad de quien tiene la obligación de intervenir, excluyendo toda posibilidad de juicio personal. Por otro lado, el hecho de que se exprese la voluntad con anterioridad impide tener la certeza de que la decisión originaria persista cuando es ejecutada, extremo que se considera imprescindible, ya que bien podría darse el caso de que el enfermo hubiera querido modificar su primera disposición sin que le hubiese sido posible hacerlo por múltiples impedimentos.

Esto se debe a que distintos estudios coinciden en afirmar que el estado psicológico de la persona varía mucho del momento en el que se encuentra sana a cuando debe encararse con la muerte. En estos últimos casos muchos enfermos se aferran desesperadamente a la vida o sus deseos fluctúan de un modo constante. Evidentemente, se trata de una declaración muy peculiar, muy dependiente de las variaciones subjetivas de diversa índole. La no coincidencia implica que tal decisión no puede prever las condiciones efectivas de su ejecución en términos tales que vincule rigurosamente la voluntad de quien tiene la obligación de intervenir, excluyendo toda posibilidad de juicio personal. Y será necesario el reactualizarla hasta que sea posible.

No obstante, existen situaciones especialmente conflictivas, como la de los enfermos de Alzheimer, donde la voluntad contemporánea (mermada o anulada) puede contradecir la expresada en las "indicaciones previas", con toda la problemática que esto conlleva, cuando se trata de pacientes que están conscientes y viven sin necesidad de un apoyo externo artificial.

Otro de los inconvenientes es la generalidad con la que se redacte el contenido de las voluntades anticipadas. Esto puede llevar a que en muchas situaciones debido a esa generalidad sean inaplicables en el supuesto concreto; y, en caso contrario, que sean excesivamente detalladas queden fuera del supuesto que se esté dando o incluso queden obsoletas a la hora de su aplicación. Así, en nuestro país en el Código de Ética y Deontología Médica del Consejo General de Colegios de Médicos de España afirma que en los casos de enfermedad incurable y terminal, el médico debe limitarse a aliviar los dolores físicos y morales del paciente (...) evitando emprender o continuar acciones terapéuticas sin esperanza, inútiles u obstinadas.

Otro de los posibles inconvenientes es que, a pesar de que sea una garantía el que se exija que sea por escrito, esto mismo puede ser un impedimento. Porque, a veces ese documento escrito no se ha realizado con la información suficiente o el lenguaje utilizado es ambiguo e impreciso y puede dar lugar a distintas interpretaciones, no simplemente formales, sino sustanciales. El escrito no excluirá la interpretación y, por tanto, el juicio del que debe ejecutar esas directrices. Incluso, aunque se recoja en un texto legal esta posibilidad, cada palabra igualmente requiere su interpretación, un hecho que, sin duda, limita su utilidad. El que debe tomar la decisión efectivamente determinará en parte su contenido.

Por otra parte, ¿hasta qué punto el enfermo suscribe ese tipo de instrucciones por él mismo o por otras circunstancias? Por ejemplo, para ahorrar costes a la familia, tanto económicos como emocionales. La mayoría de las veces la redacción de los documentos es para evitar cargas a las familias. Incluso algunos han afirmado que la exigencia de estas formalidades puede perjudicar la relación entre el médico y el paciente. Quizás si se pudiera afrontar este tipo de instrucciones desde un diálogo y una confianza entre ambas partes sería mejor. Lo deseable es que las opiniones confluyeran y se tomaran las medidas oportunas, basadas en la confianza. Pero siendo realistas y teniendo en cuenta el número de pacientes que deben visitar los médicos diariamente, parece poco probable que se pudiera resolver esta situación por medio del diálogo.

En general, se puede prever que los pacientes estarán mejor atendidos o, al menos, tratados como ellos desean, si existen voluntades anticipadas. Igualmente, parece que su existencia es positiva para el equipo médico, ya que deberán decidir de acuerdo a dichas instrucciones y se les exonera de la responsabilidad en cuanto a los resultados de tal elección. Sin embargo, las instrucciones previas, aunque necesarias, no son la panacea para resolver todas las decisiones que hay que tomar. A veces nos encontraremos con pacientes con instrucciones previas y en las que sin embargo, no exista ninguna indicación concreta aplicable a la situación real en la que se encuentra.

Además, teniendo en cuenta que estos instrumentos no pueden reproducir la decisión actual del paciente capaz, no podremos saber tampoco qué grado de autoridad estamos otorgando a la propia decisión del enfermo. Lo que es claro es que la importancia moral de las indicaciones previas se incrementará en el grado en el que coincidan con la decisión reflexiva, informada y contemporánea del paciente. En el supuesto de que se trate de indicaciones en las que se haya nombrado a alguien, todo dependerá de la confianza y conocimiento que la persona designada tenga respecto de las preferencias del paciente. En el caso en que se trate de indicaciones sin haber designado a una persona, entonces tales instrucciones deberán ser cuidadosamente consideradas y muy detalladas.

Teniendo en cuenta estos riesgos, lo mejor sería optar por unas indicaciones previas combinadas, es decir, una serie de instrucciones en las que el paciente estableciese sus preferencias en orden a su integridad física y moral al final de su vida y a la vez nombrase un apoderado, un sustituto, para que tome la decisión conforme a dichas instrucciones. Sería necesario para que fuesen realmente prácticas y viables que se combinasen estos tres factores: que fuesen lo más concretas posible y que ese sustituto fuese un miembro de la familia o alguien cercano al paciente para interpretar las instrucciones o para tomar decisiones. Y, por último, en ausencia de un documento se elaborasen por equipos interdisciplinares unos protocolos, incluyendo una serie de criterios-guía para decidir en el caso en que no existan declaraciones previas.

Por desgracia, no obstante, los datos reflejan que esta herramienta no está siendo utilizada de manera óptima. Los informes más recientes señalan que las cifras de documentos inscritos en los diferentes registros creados al efecto (véase *supra*) son sumamente escasas, mientras que aún no se ha previsto eficientemente un método para conocer lo antes posible la existencia de Instrucciones Previas dictadas ante Notario o ante testigos, posibilidad legalmente prevista en los ordenamientos de muchas Comunidades.

Esa falta de utilización también se puede deber a que en general no existe una práctica extendida en la que el paciente tome parte en las decisiones acerca de los tratamientos en el curso de su enfermedad, bien porque prefiere que lo hagan otros, bien porque su decisión no habría diferido en mucho a esas decisiones. Si bien es verdad que hay un marco normativo complejo en el que fundamentarse, hay que profundizar más en algunos aspectos. De hecho, llama la atención el escaso éxito social contrastándolo con la prolífica legislación. La mayoría de los testamentos vitales que se realizan en nuestro país son de Testigos de Jehová que se limitan en muchos casos a establecer que se les someta a transfusiones de sangre. En este sentido, habrá que conocer mejor cómo viven los ciudadanos en nuestro país la posibilidad de la muerte, cómo desean ser tratados en esos momentos finales, qué valores desean que se les respeten, cómo quieren que se impliquen los profesionales sanitarios, sus familiares y sus representantes en la toma de decisiones clínicas cuando ellos no sean capaces de decidir. Fomentar un diálogo entre los más próximos y también con el médico de confianza (MARTÍNEZ: 2007).

A tenor de lo dicho en el apartado anterior, cabe concluir que el desarrollo normativo de las Instrucciones Previas ha concluido ya en nuestro país. Sin embargo, esta evolución teórica no se ha visto respaldada por una utilización efectiva de dicha figura (SEOANE: 2006:287). En lo que atañe a la difusión de este instrumento, parece claro señalar que sólo cabe hablar hasta ahora de fracaso. Según datos procedentes del año 2013, solo uno de cada mil españoles había registrado sus Instrucciones Previas en alguno de los registros autonómicos, lo que indica un claro desconocimiento de esta institución, que se acaba traduciendo en una limitación de los derechos de la ciudadanía y una perpetuación de prácticas tan rechazables como que sean finalmente los familiares del paciente o los facultativos quienes tomen las decisiones por ellos, con la fuerte carga afectiva y psicológica que ello implica.

La situación en las administraciones públicas tampoco resulta satisfactoria. A menudo resulta sumamente complejo para un facultativo de un centro situado en una Comunidad Autónoma saber si un paciente que ingresa en él puede haber depositado sus Instrucciones Previas en otra, si bien se está avanzando en el volcado de los datos de los registros autonómicos al registro nacional y en la implementación de soportes electrónicos en la historia clínica electrónica de tal modo que con un simple click se pueda conocer si el paciente tiene o no documento de voluntades anticipadas. Las diferentes posibilidades que contemplan las distintas normativas autonómicas no ayudan, desde luego, a paliar las deficiencias del sistema. Debemos tener presente, en este sentido, que en muchas de ellas es perfectamente posible dictar las Instrucciones Previas no ya sólo ante un funcionario del registro, sino también ante un Notario o ante uno o varios testigos. Siendo, como es, esta flexibilidad, loable en sí misma, lo cierto es que también implica una dificultad añadida a la hora de coordinar toda la información existente en el territorio nacional. No son éstas, además, las únicas cuestiones polémicas que suscitan las variadas normas vigentes. Las sustanciales distinciones entre el contenido de las Instrucciones Previas que se encuentran en los ordenamientos jurídicos autonómicos, en algunos de los cuales se permite la objeción de conciencia de los profesionales sanitarios, la disparidad en cuanto a los requisitos para el ejercicio del derecho o, incluso, la propia diferencia de denominación que ahora mismo existe, necesitan de un urgente esfuerzo clarificador, siendo la mejora de nuestro panorama normativo asunto urgente.

Los profesionales sanitarios, por su parte, han mostrado sus preocupaciones ante un sistema en el que no existen instrucciones claras acerca de cómo operar en los casos en los que acude a su centro sanitario un paciente privado de capacidad para ejercer su voluntad. Así, a pesar de que muchos de nuestros centros sanitarios se han esforzado por concienciar a su personal, hasta ahora reina una cierta anarquía motivada entre otras cosas por la falta de unos protocolos de actuación generalizados. Es conveniente por ello que exista una mayor información acerca de lo que son, de qué posibilidades ofrecen y de qué problemas plantean. Teniendo en cuenta que se trata de una cuestión muy delicada, será necesaria una divulgación de esta posibilidad en el conjunto de la sociedad, pero sobre todo en aquellos sectores más afectados (médicos, enfermos, juristas, éticos, psicólogos...).

Por último, sería muy conveniente incluir en las instrucciones previas una historia de valores del otorgante, es decir, el proyecto vital de esa persona que va a ser, en la gran parte de las ocasiones, el mejor criterio interpretativo y orientador de dichas instrucciones previas.

ELENCO BIBLIOGRÁFICO

- BERROCAL LANZAROT, A.I., "Análisis de los criterios jurídicos en la normativa estatal y autonómica sobre cuidados paliativos e instrucciones previas. El papel del médico en su aplicación", comunicación libre al XII Congreso Nacional de la Sociedad española de Derecho Sanitario, Madrid, 2005, www.aeds.org/documentos.
- DWORKIN, R., *El dominio de la vida. Una discusión acerca del aborto, la eutanasia y la libertad individual,* Barcelona, Ariel, 1994.
- GALLEGO RIESTRA, S., *El derecho del paciente a la autonomía personal y las instrucciones previas: una nueva regulación legal,* Cizur Menor (Navarra), Thomson Reuters-Aranzadi, 2009, 257 pp.
- FRANCINO I BATLLÉ, F.X., "El otorgamiento del documento de voluntades anticipadas. Cuestiones prácticas", VIII Congreso Nacional de Derecho Sanitario, I Reunión Iberoamericana del Derecho Sanitario,

Asociación española de Derecho sanitario, Madrid, Fundación Mapfre Medicina, 2002, pp. 215-233.
- LÓPEZ SÁNCHEZ, C., *Testamento vital y voluntad del paciente (conforme a la Ley 41/2002, de 14 de noviembre)*, Madrid, Dykinson, 2003.
- MARCOS DEL CANO, A.M., "Las voluntades anticipadas", en ELIZARI, F. J. (coord.) *10 palabras claves al final de la vida,* Estella, Editorial Verbo Divino, 2007, pp. 389-425.
- MARCOS DEL CANO, A.M., "Legislación eutanásica y realidad social: la experiencia de Holanda", en ANSUÁTEGUI ROIG, F.J. (coord.) *Problemas de la eutanasia,* Madrid, Universidad Carlos III de Madrid-Dykinson, 1999, cap. V, pp. 71-86.
- MARCOS DEL CANO, A.M., *La eutanasia. Estudio filosófico-jurídico,* Madrid, Marcial Pons-UNED, 1999.
- MARCOS DEL CANO, A.M. "Cuidados paliativos y eutanasia: especial referencia a la legislación belga", en MARCOS DEL CANO, A.M. (coord.) *Bioética, Filosofía y Derecho,* Melilla, Centro Asociado de Melilla, 2004, pp. 119-137.
- MARTÍNEZ URIONABARRENETXEA, K., Los documentos de voluntades anticipadas, *Anales*, vol. 30, suplemento 3, 2007, accesible en internet en: http://www.cfnavarra.es/salud/anales/textos/vol30/sup3/suple7a.html.
- DE MONTALVO JAASKELAINEN, F., *Muerte digna y Constitución: los límites del testamento vital,* Madrid, Universidad Pontificia de Comillas, 2009.
- RODRÍGUEZ-ARIAS, D., *Una muerte razonable. Testamento vital y eutanasia,* Bilbao, Desclée de Brouwer, 2005.
- ROYES (coord.), A., *Documento sobre las voluntades anticipadas,* Barcelona Observatori de Bioètica i Dret, 2001.
- SÁNCHEZ CARO, J. "Novedades de la ley de información clínica; análisis, futuro y desarrollo autonómico", *Actualidad del Derecho Sanitario,* 2003, pp. 313-321.
- SÁNCHEZ CARO, J./ABELLÁN, F., *Instrucciones previas en España, Aspectos bioéticos, jurídicos y prácticos,* Granada: Comares, 2008.
- SÁNCHEZ GONZÁLEZ, M.A., "Informe sobre instrucciones previas", Subdirección General de Bioética y Orientación Sanitaria, Consejeria de Sanidad y Consumo, Comunidad de Madrid, 2005, pp. 299-352

- SEOANE, J.A., "Derecho y planificación anticipada de la atención: panorama jurídico de las Instrucciones Previas en España", *Derecho Salud.* 2006; 14(2), pp. 285-295.
- SILVA SÁNCHEZ, J.M., "Los documentos de instrucciones previas de los pacientes (artículo 11.1 Ley 41/2002) en el contexto del debate sobre la (In) Disponbilidad de la vida", en *La Ley,* núm 5840, septiembre 2003 (www.laley.net)
- P. SIMÓN/A.M. BARRIO, "¿Quién puede decidir por mí? Una revisión de la legislación española vigente sobre las decisiones de representación y las instrucciones previas", *Revista de Calidad Asistencial,* 2004, pp. 460-472.

AUTONOMÍA, DIGNIDAD Y TESTAMENTO VITAL. (APUNTES DE FUNDAMENTACIÓN)[1]

Benito de Castro Cid
UNED

Resumen: La posibilidad de formalizar el llamado *testamento vital* forma ya parte del horizonte de expectativas que tienen a su alcance los ciudadanos de la mayoría de los Estados actuales. Al mismo tiempo, persiste entre estos ciudadanos la preocupación por saber cuáles son los principios éticos que deben guiar su conducta al respecto y qué posibilidades reales de libre disposición les ofrece esa expectativa. Este hecho es el que parece exigir a los filósofos morales y políticos que se esfuercen en explorar las posibilidades de orientación y legitimación que pueden ofrecer en la actualidad al testamento vital los valores sobre los que se construyen habitualmente los discursos de la fundamentación ética de las conductas. Por eso, el análisis que desarrolla este ensayo se ha centrado en la evaluación de los dos principales criterios éticos que podrían ser invocados para orientar su regulación jurídica: la autonomía personal y la dignidad humana.

Palabras clave: testamento vital, fundamentación ética, valores y principios, autonomía personal, dignidad humana.

---

[1] El presente estudio es fruto de mi colaboración en el Proyecto de investigación DER2010-21129 sobre "Optimización de la información y gestión de las instrucciones previas" que, bajo la dirección de la Dra. A. M. Marcos del Cano, se ha desarrollado entre el 01-01-2011 y el 31-12-2013. Un anticipo de esa colaboración apareció publicado con el título "Disquisiciones de fundamentación racional para el «testamento vital»" en el libro colectivo *Constitución y democracia: ayer y hoy. Libro homenaje al profesor Antonio Torres del Moral*, Vol. II. Madrid: Editorial Universitas-UNED. 2012. (Pp. 1713-1736).

El autor decidió organizar la presentación de su trabajo en dos partes gráficamente separadas: ésta y la que recoge el "complemento bibliográfico y crítico". Podría ser también útil aclarare que la tipografía que impone el modelo elegido para la presentación de dichas citas elimina prácticamente la imprescindible visibilidad de los elementos que contienen; no queda más que lamentarlo.

1. PRESENTACIÓN

Como es sobradamente conocido, a lo largo del último tercio del siglo pasado fue desarrollándose con creciente intensidad una práctica que hoy ha entrado ya en el horizonte de las decisiones sobre la propia vida que los ciudadanos de un gran número de países pueden adoptar con casi entera libertad: la manifestación anticipada de sus deseos sobre el tratamiento que les vayan a aplicar los correspondientes servicios de asistencia médica en una situación futura de enfermedad en la que no les sea posible decidir y/o comunicar su voluntad al respecto. Hoy esta práctica se está incorporando lentamente a los sistemas de asistencia sanitaria, sin pausa, aunque también sin prisa. Y esto está ocurriendo gracias a la confluencia de una compleja red de necesidades, intereses y preocupaciones que van tejiendo conjuntamente los ciudadanos, los profesionales de la salud, los filósofos de la ética, los juristas y los responsables de la organización y gobernanza de los diferentes sistemas de asistencia.

Hay con todo en esta progresiva implantación dos aspectos, accidentales en apariencia, que dificultan el desarrollo de una explicación doctrinal uniforme sobre el fenómeno. Uno es la notable disparidad de nombres con que ha sido designada hasta la fecha, tanto por la práctica legislativa como por los estudiosos, esa manifestación anticipada de voluntad: «documento de instrucciones previas», «documento de últimas voluntades», «documento de voluntades anticipadas», «testamento vital» «planificación anticipada», «directrices anticipadas de tratamiento», «testamento biológico» o «declaración de voluntad vital anticipada», por ejemplo. El otro es la falta de claridad y precisión designativa de que adolecen casi todos esos nombres, ya que podrían ser aplicados a una pluralidad indefinida de situaciones para las que alguien anticipa a otro su voluntad y le da instrucciones concretas sobre el modo de actuar en un futuro más o menos remoto en relación con los más variados asuntos o cosas.

Este hecho me ha llevado, tal como he explicado ya en otro lugar[2], a reforzar mi preferencia de la expresión *testamento vital* para designar a ese peculiar documento mediante el que alguien deja constancia fehaciente de las directrices que desea que rijan la asistencia y tratamiento

---

[2] "Disquisiciones de fundamentación..., cit., (pp. 1713-1714).

médico que se le va a dispensar durante cualquier enfermedad futura en el supuesto de que llegue a estar incapacitado en ese momento para adoptar o comunicar las decisiones pertinentes. Pienso que esta expresión es breve y lo suficientemente gráfica como para que no exista duda de cuál es la realidad que pretende designar. En esa medida, puede considerarse, creo, el nombre más acertado. No obstante, si se quiere eliminar toda sombra de imprecisión, tal vez no quede más remedio que optar por alguna circunlocución más explícita, como, por ejemplo, "[documento de] declaración anticipada de voluntad sobre el tratamiento médico que se desea recibir en caso de llegar a padecer enfermedad acompañada de pérdida de conciencia o de imposibilidad de comunicar inteligiblemente los deseos".

2. ALGUNAS APORÍAS DEL «TESTAMENTO VITAL»

Es sin duda alentador constatar que la progresiva institucionalización del *testamento vital* como medio fehaciente para comunicar al sistema sanitario, a otros servicios de las administraciones públicas y a los familiares lo que alguien desea que se haga o no se haga en el tratamiento de una enfermedad suya futura o en el destino del cuerpo y de sus miembros está contribuyendo en buena medida a la solución pacífica de muchas situaciones complicadas y/o conflictivas. Su capacidad de contribuir a mejorar la calidad de las relaciones sociales en los campos a los que afecta más directamente es, por tanto, indiscutible[3]. Pero está ocasionando también algunos efectos que podrían no ser tan notoriamente ventajosos o de los que podría pensarse incluso que son perturbadores. Hay, pues, signos suficientes para tener que reconocer también en el "testamento vital" la existencia de algunos aspectos y adherencias connaturales cuya justificación no va a ser siempre fácil.

Así, parece evidente que la implantación social y la regularización jurídica del testamento vital han llegado acompañados casi siempre por la quiebra de varias creencias o convicciones que venían actuando como principios-guía de la actuación de los ciudadanos y como pilares sobre los que descansaban los modelos tradicionales de organización y fun-

---

[3] En el ensayo "Disquisiciones de fundamentación" (cit., pp. 1717-1719) analicé muy brevemente varios supuestos.

cionamiento de los sistemas sociales de salud. Por ejemplo, la adhesión a la hermenéutica creacionista del universo y la consiguiente aceptación fatalista del dolor, la enfermedad y la muerte, o el reconocimiento de la superioridad científica y moral de los profesionales de la salud, o la sumisa subordinación de las preferencias y deseos propios a la opinión 'técnica' del médico y la consiguiente consagración de un modelo autoritario y vertical de gestión sanitaria. Y, aunque es evidente que tales principios no merecerían ser aceptados si su validez no ha pasado previamente el filtro de la crítica racional, no podrá negarse tampoco que el proceso de recambio está produciendo a menudo trastornos considerables en el funcionamiento de las instituciones sanitarias.

Ahora, cuando la onda expansiva del soberanismo individual ha invadido también el sensible campo de la salud, ha sido necesario proceder al desmantelamiento del viejo principio organizativo de la autoridad del experto, sustituyéndolo con los principios de la autonomía del paciente y la exigencia universal del consentimiento informado. Pero el cambio está produciendo considerables disfunciones, ya que el inevitable proceso de ajustamiento entre los viejos y los nuevos paradigmas de actuación no ha alcanzado aún el punto de equilibrio, de modo que se está alargando la fase en que todavía no han sido superadas del todo las actitudes antiguas ni han sido interiorizados plenamente los nuevos postulados y tendencias.

Sigue existiendo, en consecuencia, como he advertido ya en otro momento[4], un riesgo manifiesto de que la plena incorporación del *testamento vital* a los protocolos de la asistencia sanitaria del día a día no se va a conseguir sin un coste personal y social relativamente alto, tanto para el propio sistema como para los profesionales de la salud, para los potenciales enfermos y para los familiares o mandatarios de éstos cuando se vean en la tesitura de tener que adoptar las pertinentes decisiones sobre la vida de sus deudos. Todos ellos pueden verse asaltados en uno u otro momento del proceso por las dudas, la desorientación, la sensación de inseguridad, el desánimo, las frustraciones, la merma del sentido de responsabilidad o el deterioro de su confianza y autoestima. En especial, los ciudadanos que deciden anticipar sus preferencias de tratamiento para una situación futura de enfermedad y los profesionales que se ven obligados a conciliar las exigencias técnico-científicas de su actividad con las derivadas de tales preferencias particulares.

---

[4] "Disquisiciones de fundamentación ", cit., (pp. 1719-1722).

En efecto, la simple decisión de formalizar un testamento vital no acaba con todas las preocupaciones de quien haya decidido hacerlo. Tras haber superado las propias dudas sobre la conveniencia del trámite, tendrá que enfrentarse de inmediato a una nueva, ahora bastante más compleja: la que supone delimitar con la precisión mínimamente exigible la situación clínica en que deberán ser aplicadas sus instrucciones. Sobre todo cuando no disponga de los conocimientos científico-técnicos necesarios para predecir con suficiente aproximación el derrotero que van a seguir las investigaciones farmacológicas y los avances técnico-quirúrgicos mediante los que podría hacerse frente en el futuro a los tipos de enfermedad para cuyo tratamiento va a adelantar su declaración de voluntad. Y, en este supuesto, si no supera la imprecisión y falta de concreción con que suelen ser formuladas las directrices que han venido dando previamente los otros ciudadanos para que sean aplicadas a su tratamiento cuando estén enfermos y no puedan comunicar su voluntad al respecto, tendrá la congoja de pensar que la propia operatividad de su testamento va a quedar enervada en gran medida. Y continuarían reproduciéndose las situaciones en que, pese a la existencia de un documento de instrucciones previas, serán finalmente los familiares, el representante legal o los equipos médicos quienes tienen que decidir cuál es el tratamiento que ha de aplicarse.

Pero puede haber algún inconveniente más; el testador tendrá que anticiparse asimismo de algún modo a una expectativa bastante azorante: la posibilidad de que, como les ha ocurrido a otros muchos en situaciones similares[5], sus preferencias y deseos hayan sufrido ya un cambio radical cuando llegue el momento de aplicar las directrices contenidas en el testamento. Bien podría suceder, en efecto, que la propia evolución natural de sus circunstancias familiares, de sus creencias religiosas, de su temor a la muerte, de su hastío vital o del supremo deseo de seguir viviendo hasta el último segundo posible altere profundamente las valoraciones y preferencias que le están impulsando en la actualidad a elegir una determinada solución de futuro. Y podría ocurrir también, por tanto, que, al ver la proximidad de ese temido futuro, comience a renegar del tratamiento elegido años antes y desee cambiar a otro total o parcialmente diferente,

[5] Ver, por ejemplo, las consideraciones que ha formulado P. AGULLES SIMÓ ("Revisando el llamado «testamento vital»". En *Cuadernos de Bioética*, XXI, 2010/2ª. (p. 178).

sin que, tal vez, su deterioro físico o social le permitan ya hacer con total libertad la pertinente rectificación[6].

De manera similar, será imposible evitar que la progresiva generalización del "testamento vital" siga produciendo alteraciones importantes en la habitual dinámica de ejercicio y cumplimiento de sus derechos y deberes por parte de los profesionales de la salud. Quiérase o no, la obligada adaptación de las actuaciones sanitarias a los designios establecidos previamente por el enfermo les va a colocar a menudo en situación de tener que realizar una buena parte de sus actos médicos como si en realidad fueran simples servidores y ejecutores mecánicos de las preferencias personales de los ciudadanos, sustituyendo así el justamente denostado e indeseable "paternalismo médico" por una no menos indeseable "sumisión al paciente"[7].

Este es un inconveniente importante porque, si la correspondiente legislación no provee algún mecanismo de defensa de la autonomía técnica y ética de los profesionales de la salud (que podría ser la objeción de conciencia)[8], la institucionalización del testamento vital impediría

---

[6] La posibilidad de este vuelco radical de preferencias no es fruto de la fantasía, existe al filo de la realidad. Creo, por tanto, que debería ser tomada en consideración en el momento de diseñar los modelos de testamento vital. Opino también, no obstante, que este riesgo no debe ser valorado como causa suficiente de enervación o desautorización del testamento vital. De hecho, la posibilidad de que cambie el signo de la voluntad es inherente a todas las decisiones humanas que, como el testamento vital, hayan de ser aplicadas a alguna conducta futura. Y, sin embargo, la manifestación original de voluntad sigue teniendo plena validez mientras no conste el cambio en forma fehaciente.

[7] Y, aunque en ocasiones, las leyes (como la estatal 41/2002, en su art. 11.3) intentan frenar este riesgo de subordinación de los médicos a los pacientes, avalan también en otros casos (como la 10/2011 de la Comunidad Autónoma de Aragón, en su art. 8.1) la primacía absoluta de la voluntad manifestada previamente por los enfermos, de modo que el testamento vital vendría a someter la actuación de los profesionales sanitarios al arbitrio del enfermo (o de su representante).

[8] Conforme al artículo 32 del *Código de Deontología Médica* de la Organización Médica Colegial de España, vigente desde el año 2011, "el reconocimiento de la objeción de conciencia del médico es un presupuesto imprescindible para garantizar la libertad e independencia de su ejercicio profesional". Pero, salvo el del artículo 3.3 de la *Ley 3/2005*, de la Comunidad Autónoma de Madrid, *por la que se regula el ejercicio del derecho a formular instrucciones previas en el ámbito sanitario y se crea el registro correspondiente*, el reconocimiento legal de este presunto derecho ha sido tratado con muy poca generosidad en las leyes del Estado español.

en la práctica que los integrantes de los equipos médicos que atienden al testador enfermo realizaran su derecho al libre desarrollo de la personalidad mediante el ejercicio consciente y responsable de sus deberes y conocimientos profesionales. Y deberíamos preguntarnos, en consecuencia, dónde están los límites de disponibilidad que no podrá sobrepasar el "testamento vital" para salvaguardar la autonomía personal y profesional de los trabajadores de los equipos sanitarios[9].

Ciertamente la dificultad de determinar el punto de confluencia y armonización de algunas posibles manifestaciones de la autonomía personal de los pacientes y de la autonomía personal-profesional de los médicos no es un problema creado por el "testamento vital". Pero sí puede ser agravado por la generalización de su práctica. Y hay que prevenir soluciones que sean capaces de evitar o, cuando menos, amortiguar los conflictos entre los derechos, los deberes y los intereses de los pacientes y de los profesionales sanitarios.

Debemos comenzar, así, dejando claro que, por principio, en el ámbito biomédico, como en todos los demás ámbitos de la vida y las relaciones humanas, la libertad de cada uno sólo llega hasta el límite de las posibilidades de acción que no impidan a los demás el legítimo ejercicio de su propia libertad. Deberemos dejar sentada asimismo la exigencia de que ni los servicios de asistencia anulen la libre autodeterminación de los pacientes ni éstos impidan el libre cumplimiento de sus deberes profesionales por parte de los distintos miembros de los equipos médicos. Y tendremos que reconocer también que, junto a la necesidad de defensa de la libertad de los pacientes para aceptar o rechazar los tratamientos médicos, puede concurrir en ocasiones un dato empírico potencialmente decisivo: la constatación de que la libre iniciativa que corresponde a los profesionales sanitarios en cuanto tales, (al menos cuando actúan como trabajadores por cuenta de alguna organización sanitaria ajena –sea pública o privada–), está relativamente restringida, al quedar delimitada por

---

[9] En relación con este punto, cabría preguntarse si la posibilidad de objetar en conciencia podría considerarse incluida de algún modo en el segundo inciso del artículo 5 de la *Declaración Universal sobre Bioética y Derechos Humanos*. La fórmula empleada por ese artículo cuando establece que "se habrá de respetar la autonomía de la persona en lo que se refiere a la facultad de adoptar decisiones, asumiendo la responsabilidad de éstas y respetando la autonomía de los demás" podría dar pie a pensarlo. Creo, sin embargo, que una interpretación de ese tenor sería palmariamente interesada y carente de fundamento objetivo.

las condiciones contractuales de su trabajo. En todo caso, la posibilidad de conflicto resultará con frecuencia inevitable[10]

Hay, además, otro aspecto que probablemente merece ser valorado como disfunción que la actual institucionalización del testamento vital produce en la actividad asistencial de los profesionales sanitarios. No parece, en efecto, razonable que esa institucionalización contribuya directamente a recargar y complicar el trabajo especializado de estos profesionales. Pero lo está haciendo, pues lleva aparejada la imposición de múltiples pequeños deberes adicionales que parecen ser del todo ajenos a los propios de su función[11], sin que esa implicación haya servido para liberarles definitivamente de la tradicional sensación de inseguridad moral y jurídica que ha acompañado el ejercicio de su profesión. De momento y de forma inevitable al parecer, tendrán que seguir siendo los médicos quienes decidan, en último término, qué es lo que puede/debe hacerse con los enfermos, pues habrán de ser ellos los que dictaminan si se dan o no todas las condiciones y circunstancias técnico-médicas previstas por el testador cuando realizó la manifestación anticipada de su voluntad[12].

---

[10] ¿A qué se le da preferencia: a la salud del paciente, al principio de autonomía del paciente (sus preferencias), al principio de beneficencia (positiva y/o negativa), al derecho de los trabajadores de la salud a cumplir sus deberes profesionales ? No será fácil decidir, como han puesto de relieve los casos litigiosos en que un paciente reclama contra el médico que, sin recabar su consentimiento, le ha intervenido quirúrgicamente con resultado favorable para su salud. (Sirva de ejemplo la sutil solución adoptada por el Tribunal Supremo español [Sala Civil] en su Sentencia 828/2003, de 8 de septiembre).

[11] Como proporcionar a los usuarios de los sistemas de salud información acerca de esa declaración, averiguar si ha sido efectivamente otorgada, consultar, en su caso, el Registro de Voluntades Vitales Anticipadas para conocer su contenido, etc. (En ese sentido, el artículo 19 de la *Ley 10/2011*de la Comunidad Autónoma de Aragón es bastante ilustrativo en relación con las posibilidades que ofrece la imposición directa o indirecta de deberes).

[12] A este respecto resulta inevitable formularse la pregunta de si no existirá acaso un derecho (o, tal vez, obligación) de los médicos de no actuar conforme a la literalidad del testamento vital cuando sus directrices son vagas, difíciles de aplicar o no se ajustan con precisión a la concreta situación clínica en que se encuentra el paciente. Y será también difícil eludir la pregunta sobre cómo deben actuar cuando entiendan que la interpretación que el representante o los familiares hacen del testamento no respeta el sentido obvio del documento testamentario.

Por supuesto que, en caso de que no sea posible regirse por las instrucciones contenidas en un testamento vital (bien porque no lo hay, bien porque ha resultado imposible acceder al conocimiento de su existencia y/o contenido), así como en los supuestos de urgencia y riesgo grave para la salud del sujeto, los equipos médicos deberán actuar según requiera

Y, por otra parte, estos problemas prácticos no son los únicos que pueden complicar la normalidad del proceso de incorporación del testamento vital a los hábitos de los ciudadanos y al horizonte de trabajo de los profesionales sanitarios. Hay, al menos, otro que parece ser crucial y que no resulta posible eludir: el que brota de la necesidad psicológica que hemos sentido siempre los humanos de contar con elementos de juicio capaces de orientarnos de forma cómoda y segura ante cualquier nuevo horizonte vital. Sobre todo en lo que se refiere a los valores y principios ético-jurídicos cuyo contenido directivo podría ayudarnos a despejar las dudas de legitimidad que plantea con frecuencia una práctica que rompe tan drásticamente con las creencias y convicciones tradicionales de la mayoría. No puede olvidarse, a este respecto, que, si se acepta, como parece inevitable, que el hombre es un animal que está constitutivamente dotado de una especie de 'gen' ético[13] que le obliga a buscar los criterios de justificación moral de su propia conducta, resulta obligado preguntar por las reglas o referencias conforme a las cuales ha de decidirse en cada caso el nivel de legitimación ética que respalda a cada una de las actuaciones en que está llamada a concretarse la proyección social del testamento vital.

Su creciente aceptación doctrinal, legislativa y social no ha llegado todavía a neutralizar, como hemos visto, todas las aporías que rodean la incorporación a la práctica de los actuales sistemas sanitarios. Creo que será conveniente tenerlo en cuenta. Y creo también que será bueno ocuparse en averiguar cuáles son los cimientos morales y jurídicos sobre los que se podría construir una teoría filosófica y política del testamento vital

---

la *lex artis*, realizando cuantas intervenciones sean técnicamente aconsejables. (En esta línea se colocaron en su día la disposición contenida en el artículo 8 del *Convenio para la protección de los derechos humanos y la protección del ser humano con respecto a las aplicaciones de la biología y la medicina* [Oviedo, 1997; en vigor desde el 01/12/1999] y el artículo 9.2.b) de la *Ley* española *41/2002*).

[13] Hipótesis radicalmente rechazada, por ejemplo, por quienes, como C. Marx o S. Freud, afirman que la conciencia moral es un producto social que entra tardíamente en la existencia de los individuos (y siempre a través de la agobiante presión de agentes alienantes, llámense "superestructura" o "superego"), según ha recordado recientemente C. ALARCÓN CABRERA («La conciencia moral y el sentimiento de justicia: la aportación de Sigmund Freud y sus consecuencias teóricas». En *Derechos humanos: problemas de actualidad. Estudios en homenaje al profesor Benito de Castro Cid* [N. Martínez Morán et alii (edits.), Vol. II. Madrid: Editorial Universitas. 2013. (En todo el ensayo, pero de manera más directa en las pp. 1602-1609)).

que aportara, por un lado, la delimitación de sus profundas implicaciones humanas y, por otro, la identificación de los criterios básicos que deberían orientar los procesos de su institucionalización social y jurídica.

3. ANOTACIONES AL PRINCIPIO «AUTONOMÍA»

Parece claro que la tarea prioritaria de cualquier reflexión sobre las implicaciones éticas del *testamento vital* deberá centrarse en la identificación de los valores y/o principios básicos que sean capaces de proporcionar criterios fiables de evaluación de las conductas y de las normas que las regulan. Y parece claro asimismo que la *autonomía* personal es considerada habitualmente como el primero y más activo principio al que puede recurrirse cuando se intenta argumentar éticamente en defensa de las declaraciones anticipadas de voluntad sobre el tratamiento médico que se desea recibir en una hipotética enfermedad futura. El examen minucioso de las posibilidades explicativas y orientadores que ofrece en realidad este principio es, en consecuencia, un quehacer fundamental que no permite aplazamiento.

Ahora bien, no sería razonable reproducir aquí el complejo juego de análisis que desarrollé hace muy poco tiempo en un anterior estudio (ya citado) del tema, que titulé "Disquisiciones de fundamentación racional para el «testamento vital»". Me remito, por tanto, a ese ensayo en sus páginas 1723-1735, en las que intenté dotar de razonabilidad crítica a las siguientes apreciaciones:

1. En la actualidad, el principio de la autonomía individual es un valor al que se apela constantemente para resolver cualquier disputa o conflicto sobre la legitimación ética de una determinada conducta o forma de organización. De manera cualitativa y cuantitativamente intensiva en los dominios de la Bioética y el Bioderecho.
2. La naturaleza constitutivamente cultural (es decir, evolutiva) del concepto «autonomía », no sólo dificulta gravemente el acuerdo sobre lo que se está diciendo realmente cuando se proclama la "autonomía personal" como fundamental principio ético del

testamento vital, sino que invita a dudar de su propia virtualidad fundamentadora[14].

3. El actual protagonismo constructivo del principio ético de autonomía personal es una conquista de la ideología individualista, al igual que lo ha sido en otras épocas y/o culturas la atribución de primacía a otros valores y principios, como la voluntad de los dioses, las leyes de la naturaleza, los designios del destino, las tradiciones del grupo, el culto de las virtudes heroicas, la superación de las apetencias y deseos espontáneos, la negación de sí mismo o la imitación del modo de vivir de los héroes. Su validez y vigencia están, por tanto, inescindiblemente vinculadas a la pervivencia de la ideología que sostiene ese protagonismo.
4. Conforme al dogmatismo individualista, la autonomía es el principio que debe actuar como supremo criterio de legitimación ética de las conductas de las personas y de los grupos humanos. Pero, si, como parece evidente, los individuos humanos adquieren la subjetividad moral de persona por vivir socialmente integrados, cabe la posibilidad de que llegue a considerarse en el futuro que la suprema normatividad ética del individuo es la que brota del grupo que ha dado carácter humano a su existencia y le ha convertido en persona moral.
5. Quien intenta desarrollar un discurso ético de fundamentación del testamento vital a partir del principio de autonomía tiene que comenzar decidiendo si lo va a hacer conforme al modelo kantiano original (el que responde a las exigencias de la moral ideal) o dentro de la versión vulgar de ese modelo (la que atiende al sentido sociológico de la autonomía). Si se mantiene en el primero, deberá identificar la autonomía con la posibilidad que tiene el agente moral de decidir como sujeto racional, es decir, de actuar conforme a máximas morales que sean susceptibles de convertirse en leyes universales del actuar moral. Si, en cambio, opta por argumentar desde dentro de la perspectiva sociológica,

[14] Cabe pensar incluso que podría llegar un momento evolutivo de la cultura en el que la autonomía dejara de ser considerada como un valor ético preferente. Parece, en todo caso, obligado prever que nuestros actuales códigos éticos cambiarán en un futuro más o menos lejano, tal vez hasta el punto de que sus valores primarios terminen perdiendo totalmente su validez.

reducirá la autonomía individual a la posibilidad física que han de tener los ciudadanos de decidir libremente su propia conducta sin tener que someterse a imposiciones externas. Cualquiera de las dos opciones será, obviamente, legítima, pero el discurso deberá dejar siempre claro cuál es la perspectiva en que se coloca.

6. Parece, en principio, que los análisis realizados dentro del marco de la filosofía ética debería adoptar la óptica kantiana, asumiendo una concepción sustantiva de la autonomía personal (= sólo se actúa de forma autónoma cuando se hace siguiendo el imperativo moral categórico) que incluya la voluntad pura y la conciencia reflexiva crítica. Pero, si se hace así, se reducirán tan drásticamente las posibilidades existenciales reales de la autonomía que se correrá el riesgo de convertirla en una categoría disfuncional para el discurso socio-político, ya que en éste lo que verdaderamente importa defender es la posibilidad psicológica y física de actuar sin interferencias ajenas. En otras palabras, lo que importa garantizar no es la no-dependencia del sujeto de condicionamientos y apetencias personales finalistas, sino su independencia frente a presiones externas.

7. Para determinar lo que puede aportar el principio de autonomía individual al diseño jurídico del *testamento vital*, resulta imprescindible establecer cuáles son los límites del espacio de libre iniciativa que ese principio atribuye a los pacientes. Dicho de otro modo, es necesario aclarar hasta dónde llegan las posibilidades de libre decisión soberana del sujeto enfermo sobre su propia vida. Y, en este punto, la pregunta dramáticamente difícil no es la de si el enfermo, como cualquier otro ciudadano, puede adoptar decisiones relacionadas con la forma en que va a vivir, sino la que se interroga acerca de si el alcance de su autonomía comprende también (o no) la posibilidad de decidir libremente cómo y cuándo morir[15].

8. Esta crucial pregunta es la que enturbia realmente la proyección del principio de autonomía sobre la problemática del testamento vital, pues es inevitable que el deseo individual de plena disponibilidad choque con la exigencia racional de sometimiento a

[15] Se confirma, pues, la sospecha de que existe una gran proximidad entre las problemáticas del testamento vital, la eutanasia y el suicidio.

regla y medida. Habrá que contestarla, en consecuencia, desde la aplicación prudencialmente responsable de los principios que parece razonable aplicar en el desarrollo del pensamiento teórico-práctico, actitud que conducirá probablemente a la decisión de asumir la vieja tesis de MILL y KANT[16], concluyendo que, en principio, el derecho a vivir, no sólo no incluye un presunto 'derecho a morir', sino que implica en sí mismo el deber de conservar la vida, hasta el extremo de que el sujeto moral viviente no podrá obviar la obligación moral de adoptar cuantas medidas sean necesarias para mantenerse en vida.

9. Dentro del territorio de la reflexión filosófica, resulta muy difícil atracar en el puerto de la autonomía personal la facultad de decidir el recorte parcial o la eliminación total de la vida propia. Parece más bien obligado pensar que la libre disposición de la biografía existencial propia no es absoluta, sino que tiene un alcance que está sometido siempre a limitaciones procedentes de agentes externos muy variados, agentes que son por lo demás una parte consustancial del contexto vital que hace posible la existencia, conservación y desarrollo de la vida de cada individuo[17].

---

[16] Según Kant, "quitarse la vida es un crimen (un asesinato). Sin duda, puede considerarse también como una transgresión del deber hacia otros hombres (de uno de los esposos hacia el otro, de los padres hacia los hijos, del súbdito hacia la autoridad o sus conciudadanos, finalmente también hacia Dios, porque el hombre abandona el puesto que nos ha confiado en el mundo, sin estar llamado a ello); pero aquí hablamos sólo de la violación de un deber para consigo mismo, a saber, si, prescindiendo de todas aquellas consideraciones, el hombre está obligado, sin embargo, por su mera calidad de persona a conservar su vida y si en ello tiene que reconocer un deber (y ciertamente estricto) para consigo mismo. (...). El hombre no puede enajenar su personalidad mientras haya deberes, por consiguiente, mientras viva; y es contradictorio estar autorizado a sustraerse a toda obligación, es decir, a obrar libremente como si no se necesitara ninguna autorización para esta acción. Destruir al sujeto de la moralidad en su propia persona es tanto como extirpar del mundo la moralidad misma en su existencia, en la medida en que depende de él, moralidad que, sin embargo, es fin en sí misma; por consiguiente, disponer de sí mismo como un simple medio para cualquier fin supone desvirtuar la humanidad en su propia persona (*homo noumenon*), a la cual, sin embargo, fue encomendada la conservación del hombre (*homo phaenomenon*)": *La Metafísica de las Costumbres*. Traducción y notas de A. Cortina Orts y J. Conill Sancho. Madrid: Tecnos. 2008 (pp. 281-283).

[17] Por ejemplo, los intereses de la organización social a la que se pertenece, las creencias religiosas y código moral propios o del grupo familiar, los derechos-deberes profesionales

10. En el ámbito de los actuales debates bioéticos y biojurídicos se tiende generalmente a entender la autonomía personal como una posibilidad de decisión sobre la propia vida que no está sometida a ningún tipo de limitaciones externas. Estamos, pues, ante un emergente estado de conciencia colectiva cuya justificación racional es todavía más que dudosa pero cuya expansividad obliga a contar con la posibilidad de que se llegue finalmente a un estadio evolutivo de esa conciencia en el que sea reconocida ya suficiente legitimación ética a la plena disponibilidad subjetiva de la salud y la vida propias. Y, cuando esa posibilidad llegue a realizarse, habrá que concluir que, desde el punto de vista del código ético aplicable (que será inevitablemente el legitimado por la respectiva sociedad), hay suficientes buenas razones para sostener que cada individuo puede establecer las cláusulas de su testamento vital sin ningún tipo de límite o condición.

4. REFLEXIONES SOBRE EL VALOR «DIGNIDAD HUMANA»

Es notorio que, con relativa independencia de la adscripción personal de los autores a una u otra filosofía política, la dignidad inherente a los hombres viene actuando de algún modo desde hace siglos como tópico y referencia primaria de apelación en el ámbito de la reflexión ética[18]. Sin embargo, puede afirmarse asimismo que ha sido el siglo XX, gracias fundamentalmente a la expansión del ideario humanista-personalista, el que ha llevado el valor «dignidad humana» a la cúspide de la pirámide

de los sanitarios o las posibilidades técnicas y económicas de las Instituciones de la salud. ¿No será acaso inevitable reconocer que tales agentes son también acreedores de un protagonismo equivalente al que casi siempre se pretende atribuir en exclusiva a la autonomía personal del propio sujeto?

[18] Sin que haya influido mucho, en opinión de M. VIDAL (*Moral de la Persona y Bioética Teológica (Moral de Actitudes-II)*, Tomo II, Primera Parte. Madrid: Editorial PS. 1991(p. 107)), el hecho de que esa reflexión haya sido elaborada dentro de una perspectiva religiosa o haya sido desarrollada más bien en el marco de preocupaciones meramente cívicas o laicas. Y tampoco, al parecer, como puntualizó hace ya tiempo J. MUGUERZA ("La alternativa del disenso. (En torno a la fundamentación ética de los derechos humanos)". En PECES-BARBA MARTÍNEZ, G. (edit.) *El fundamento de los Derechos Humanos*. Madrid: Editorial Debate. 1989 (p. 22)).

axiológica, al consagrarla como principio fundante del otro gran referente actual, los derechos humanos, en gran número de los documentos internacionales de proclamación y/o reconocimiento de los mismos[19]. Consecuentemente, la dignidad personal (al alimón con los derechos humanos) ha sido proclamada también como fuente suprema de normatividad por los grandes documentos[20] que integran esa importante realidad jurídica

[19] Así ocurre de manera explícita en el "Preámbulo" de los siguientes instrumentos: *Declaración Americana de Derechos y Deberes del Hombre* (1948), *Declaración Universal de Derechos Humanos* (1948), *Pacto Internacional de Derechos Civiles y Políticos* (1966), *Pacto Internacional de Derechos Económicos, Sociales y Culturales* (1966), *Convención Americana sobre Derechos Humanos* (1969) y *Carta de los Derechos Fundamentales de la Unión Europea* (2000). También en el de otros documentos internacionales de proyección sectorial, como la *Convención internacional sobre la eliminación de todas las formas de discriminación racial* (1965), la *Convención sobre la eliminación de todas las formas de discriminación contra la mujer* (1979), la *Convención contra la tortura y otros tratos o penas crueles, inhumanos o degradantes* (1984), la *Convención sobre los derechos del niño* (1989) o la *Declaración sobre los derechos de las personas pertenecientes a minorías nacionales o étnicas, religiosas o lingüísticas* (1992).

Se ha convertido, pues, en tópico cultural generalmente compartido la interdependencia simbiótica de los conceptos-valores «dignidad humana»↔«derechos humanos» que había sido anunciada en los preámbulos de los dos Pactos Internacionales de 1966, al proclamar explícitamente que "estos derechos se derivan de la dignidad inherente a la persona humana".

[20] Por ejemplo, el *Convenio para la protección de los Derechos Humanos y la dignidad del ser humano con respecto a las aplicaciones de la Biología y la Medicina* (CONSEJO DE EUROPA, 04/04/1997), la *Declaración Universal sobre el Genoma Humano y los Derechos Humanos* (UNESCO, 11/11/1997), la *Declaración Internacional sobre los Datos Genéticos Humanos* (UNESCO, 16/110/2003), la *Declaración Universal sobre Bioética y Derechos Humanos* (UNESCO, 19/10/2005). El Preámbulo de esta última proclama que "los problemas éticos suscitados por los rápidos adelantos de la ciencia y de sus aplicaciones tecnológicas deben examinarse teniendo en cuenta no sólo el respeto debido a la dignidad de la persona humana, sino también el respeto universal y la observancia de los derechos humanos y las libertades fundamentales". Y su art. 2,c) establece que entre los objetivos fundamentales de la Declaración figura el de "promover el respeto de la dignidad humana y proteger los derechos humanos, velando por el respeto de la vida de los seres humanos y las libertades fundamentales, de conformidad con el derecho internacional relativo a los derechos humanos". E igualmente se afirma en el Preámbulo y en el art. 15 de la *Declaración Universal sobre el Genoma Humano y los Derechos Humanos* que el respeto de los derechos humanos, de las libertades fundamentales y de la dignidad humana, así como la protección de la salud pública deben ser la exigencia básica de las investigaciones sobre el genoma humano y sus aplicaciones.

emergente llamada «Bioderecho internacional» o «derecho internacional biomédico»[21].

Pero este amplio consenso sobre el protagonismo que ha de atribuirse a la dignidad humana para resolver los problemas éticos suscitados por los rápidos adelantos de las ciencias biomédicas y de sus aplicaciones tecnológicas no es suficiente por sí solo para despejar las dudas que surgen inevitablemente cuando se intenta proyectar sus exigencias sobre la homologación social y jurídica del «testamento vital». Se hace, pues, necesario descender de esa capacidad directiva abstracta y avanzar hasta la identificación y análisis de los criterios de actuación que la dignidad puede proporcionar a los diferentes procesos de esa homologación.

Este es precisamente el objetivo que me propuse alcanzar cuando acepté la idea de colaborar en el proyecto de investigación con el estudio de los condicionamientos éticos que pueden/deben mediatizar la adopción y manifestación de las instrucciones que está llamado a recoger el *testamento vital*. Y me pareció entonces que lo único importante para conseguir ese objetivo era analizar la dignidad desde la perspectiva de su contenido, es decir, centrar el estudio en el haz de exigencias que este valor proyecta sobre las decisiones que fijan los términos en que deberá realizarse en un futuro más o menos lejano el tratamiento biomédico de la salud y vida propios. Ahora bien, el progresivo desarrollo de este plan de trabajo fue poniéndome ante la evidencia de que, si quería tener una idea precisa de lo que la dignidad exige, necesitaba determinar también qué es en realidad la dignidad. Y me convenció asimismo de que, para aclarar este punto, resultaba imprescindible conocer el proceso histórico de formación del concepto, con especial atención a las convicciones y creencias que habían actuado como elementos constructivos del mismo.

Así caí finalmente en la cuenta de que, para poder responder en forma adecuada a la pregunta por las exigencias y condicionamientos que la dignidad humana proyecta sobre los planes de institucionalización del testamento vital (problema del contenido directivo), es necesario aclarar previamente cuál es la realidad designada con el nombre "dignidad

---

[21] Expresión que, al parecer, fue acuñada hace unos años por el gran experto R. Andorno. (Ver su estudio titulado "La dignidad humana como fundamento de la Bioética y de los Derechos Humanos en la Declaración Universal". En *La Declaración Universal sobre Bioética y Derechos Humanos de la UNESCO* [Gross Espiell, H. / Gómez Sánchez, Y., coords.]. Granada: Editorial Comares. 2006. (p. 254)).

humana" (problema del concepto)[22], tarea que parece exigir, a su vez, el análisis simultáneo de estos otros dos temas conexos: el proceso histórico de gestación del concepto [problema del origen] y la identificación de los pilares que sostienen su defensa y configuración de la dignidad [problema de fundamentación]. Y llegué a la conclusión de que la investigación no sería completa si dejaba fuera alguno de estos temas.

Del mismo modo, al ir avanzando en el trabajo, me fui convenciendo de las ventajas que tendría para la aclaración de los temas centrales ocuparse también de otros varios problemas que iban apareciendo al profundizar en el análisis de los anteriores. Así, el de la relación que existe entre los tópicos «dignidad humana» y «derechos humanos»[23], el del alcance de la contextualidad cultural del valor *dignidad* o el del papel que se le está asignando en la actualidad (conjunta o separadamente con los derechos humanos) en el ámbito jurisdiccional de la Bioética y el Bioderecho.

---

[22] No debe perderse de vista en este punto que las conclusiones a que podría llegarse cuando se plantea el problema de la dirección en que debe avanzar la reglamentación del testamento vital para ajustarse a las exigencias de la dignidad humana son tan ilimitadas como parece serlo la variedad de respuestas que ha tenido a lo largo de la historia la pregunta acerca de en qué consiste vivir dignamente la vida. Por ejemplo, * en vivir conforme a la naturaleza (escuela de los cínicos), * en vivir de forma placentera (escuela de los epicúreos), * en vivir con pleno dominio de las pasiones –ataraxia– (escuela de los estoicos), * en cumplir la voluntad divina (concepciones religiosas), * en vivir de acuerdo con las directrices de la ley natural (iusnaturalismo), * en vivir según exige la virtud (Tomás de Aquino), * en vivir según las normas dictadas por la razón (racionalismo), * en vivir conforme a un plan libremente elegido por el sujeto, con plena autonomía moral (Kant), * en vivir conforme a los fines propios e intransferibles que tiene el hombre en cuanto sujeto racional y moral (humanismo) o * en vivir en permanente lucha por la consecución de metas individual o socialmente consideradas nobles (aristocratismo moral). Consecuentemente, el margen de disponibilidad que se reconozca al sujeto que pretende hacer su testamento vital variará también de forma inevitable.

[23] Este es un tema apasionante, tanto en su perspectiva teórica como en su vertiente práctica, porque hay muchas preguntas que resulta imposible soslayar. Por ejemplo, ¿son conceptos filosófico-políticos co-extensos, de modo que la cobertura proporcionada por la dignidad coincide con la del conjunto de los derechos concretos o es más ancho el espacio de la dignidad que el de la suma de los derechos?, ¿hay derechos que no pertenecen al núcleo de la dignidad?, ¿la tenencia-disfrute de la dignidad está sometida también a límites como lo está la de los derechos de los que es manantial y fundamento?, ¿las limitaciones impuestas al ejercicio de los derechos humanos constituyen también un trato indigno como ocurre con el no-reconocimiento de los mismos?...

Tenía, pues, ante mí un amplio abanico de tareas que me parecían imprescindibles para dar a mi colaboración en el proyecto el contenido que le correspondía. ¿Podría afrontarlas todas llegando al nivel mínimo de profundización que me parecía exigible? Pensé que sí y comencé a examinar y contrastar materiales en todos los frentes, pero el tiempo disponible se iba haciendo cada vez más corto y el trabajo pendiente se ensanchaba más y más cada día. Tuve que convencerme, pues, de que el plan inicial de trabajo marcaba un itinerario bastante más largo del que yo podía recorrer; al menos, de momento. Y reduje progresivamente el número de objetivos y tareas.

Ahora, la presentación de resultados que voy a hacer a continuación pondrá de manifiesto que mi dedicación a investigar el modo en que la dignidad humana puede actuar como norte orientador de la regularización ética del «testamento vital» no ha avanzado mucho y que el campo rastreado es significativamente menor que el que está pendiente todavía de exploración. Aparecerán, pues, solamente en esta presentación algunos datos y reflexiones a que ha dado lugar el examen de tres de los temas básicos apuntados: la génesis del concepto, la delimitación conceptual y la determinación del contenido directivo.

4.1. Sobre el proceso de formación del concepto

Podría parecer que lo único que importa realmente en una investigación dirigida a delimitar el alcance normativo de la dignidad humana en la configuración de las actuales instituciones sociales es la determinación de su significado actual, la fijación de lo que es y exige (es decir, de lo que se entiende mayoritariamente que es y exige) hoy ese valor. Creo, sin embargo, que la identificación del significado de un concepto tan profundamente histórico como el de la dignidad humana no podría lograrse sin la ayuda de los datos que puede aportar el estudio de su génesis a través de los tiempos y espacios culturales. De modo que, si queremos conocer en profundidad el sentido de la carga directiva que hemos de atribuirle en la actualidad al tópico «dignidad humana», deberíamos prestar una gran atención a las vicisitudes que han marcado el itinerario seguido por este tópico desde el momento en que comenzó a gestarse en el seno de las antiguas culturas hasta nuestros días.

Es esta sin duda una tarea científica sumamente atractiva, pero también muy compleja y laboriosa, que sólo podrá ser culminada mediante la suma de un gran número de investigaciones convergentes. Muchas han sido realizadas ya hasta la fecha con bastante éxito[24], aunque hayan dado lugar en ocasiones a aportaciones viciadas de imprecisión y/o parcialidad ideológica, por lo que, en mi opinión, se está todavía a la espera de que alguien (individuo o grupo) realice un estudio sistemático que aporte una visión secuenciada, depurada y completa. Y no es lo que yo he podido

---

[24] En realidad, casi todos los estudiosos que han escrito algo sobre la dignidad humana se han preocupado de trazar su perfil genealógico, si bien muchos se han limitado a recordar muy brevemente lo escrito ya por otros autores. Hay bastantes, sin embargo, que han llevado a cabo investigaciones específicas y que, en consecuencia, hacen aportaciones muy valiosas para una completa reconstrucción histórica del proceso a través del que se ha ido conformando esta crucial categoría ética. Ateniéndome sólo a los trabajos publicados en castellano, he logrado ya identificar las siguientes aportaciones de interés: [por estricto orden alfabético de los autores] CAMPS, V. ("La dignidad según Kant". En *Historia, lenguaje, sociedad. Homenaje a Emilio Lledó.* Barcelona: Crítica. 1989. (pp. 416ss.)), CASTILLO VEGAS, J. ("La dignidad de la identidad humana en los derechos sociales". En *Derechos Humanos: problemas actuales...*, Volumen I, cit. (pp. 765-781)), DE LEÓN AZCÁRATE, J. L. (*Dignidad humana y violencia en el Antiguo Testamento: el doble rostro de Yahvé*, Universidad de Deusto, Facultad de Teología, 2003), de Miguel Beriain, I. ("Consideraciones sobre el concepto de dignidad humana". En *Anuario de Filosofía del Derecho*, Nueva Época, XXI (2004). (p. 191)), GONZÁLEZ RUIZ, J. M. (*La dignidad de la persona humana en San Pablo.* Madrid: Instituto Social León XIII. 1956), GUTIÉRREZ GARCÍA, J. M. (*El proceso de construcción del concepto de dignidad en el renacimiento italiano.* Madrid: Inst. de Ds. Hs. "Bartolomé de las Casas". 2001), Lobato, A. ("La dignidad del hombre en Santo Tomás de Aquino". En *Carthaginensia*, 6(1990). (pp. 139-153)), MEGÍAS QUIRÓS, J. J. ("Dignidad y Derechos Humanos". En *Derechos Humanos: problemas actuales..*, Volumen I, cit.. (pp. 59-62)), OEHLING DE LOS REYES, A. (*La dignidad de la persona. Evolución histórico filosófica, concepto, recepción constitucional y relación con los valores y derechos fundamentales.* Madrid: Dykinson. 2010. (pp. 55-72)), PECES-BARBA MARTÍNEZ, G. (*La dignidad de la persona desde la filosofía del Derecho.* Madrid: Dykinson-Universidad Carlos III de Madrid. 2002. (pp. 21-38)), PELÉ, A. (*El discurso de la* ***dignitas hominis*** *en el humanismo del Renacimiento.* Madrid: Dykinson-Inst. de Ds. Hs. Bartolomé de las Casas y *La dignidad humana. Sus orígenes en el pensamiento clásico.* Madrid: Dykinson-Inst. de Ds. Hs. Bartolomé de las Casas, Madrid. 2010), PÉREZ TRIVIÑO, J. L. ("Kant y la dignidad humana". En el libro colectivo *De la dignidad humana y otras cuestiones jurídico-morales.* México: Fontamara. 2007. (pp. 19-35)) y RUIZ MIGUEL, C. ("La dignidad humana. Historia de una idea". En Morodo, R. & De Vega, P. (dirs.), *Estudios de Teoría del Estado y Derecho Constitucional en honor de Pablo Lucas Verdú.* T. III. Madrid-México: Universidad Complutense-UNAM. 2000. (pp. 1887-1909)).

hacer. Así que, hasta el momento, mi aportación ha quedado reducida casi a la tarea de filtrar, reordenar e integrar los datos testimoniados por los otros estudiosos, con la incorporación ocasional de algún que otro detalle o aspecto nuevo (importante o no tanto) que he llegado a descubrir en mi nuevo oficio de 'ratón de biblioteca'. Lo que voy a exponer a continuación no es, pues, más que una simple muestra de los múltiples datos acumulados en ese lento trabajo de acopio y reorganización. En las páginas que siguen aparecerán solamente, por tanto, unos pocos aspectos aislados cuya aptitud para poner de relieve los principales impulsos que han movido el proceso de incorporación del término-concepto al discurso ético a través de los siglos es, en mi opinión, bastante decisiva.

Entre esos aspectos, debería señalarse en primer lugar, creo, la necesidad de que se asuma la idea de que, como parece sugerir la propia genealogía etimológica del término «dignidad»[25], el nacimiento de la estrecha vinculación de ese concepto con la peculiaridad existencial de los seres humanos ha de ser colocado en algún remoto momento de la antigüedad[26]. Mucho antes, por supuesto, de la fecha en que el santo obispo de Hipona utilizara por primera vez en la historia (eso parece) la expresión "dignidad humana" [27].Claro que ni en ese momento de la antigüedad ni a lo largo de muchos de los siglos posteriores existió todavía el correspondiente nombre o concepto. Lo único que se tenía era una cierta conciencia de la peculiar excepcionalidad que rodeaba el curso vital de los seres humanos, si se comparaba con el de los otros seres próximos.

Otro dato sobre el que merece la pena detener la atención es el de la coincidencia de las tradiciones religiosas de las diferentes culturas en afirmar el origen divino de los hombres y en radicar en ese origen la peculiar

[25] Ver, por ejemplo, los datos apuntados por I. DE MIGUEL BERIAIN ("Consideraciones sobre el concepto de dignidad humana". En *Anuario de Filosofía del Derecho*, Nueva Época, XXI (2004). (Pp. 189-190)) o C. RUIZ MIGUEL ("La dignidad humana. Historia de una idea". En *Estudios de Teoría del Estado y Derecho Constitucional en honor de Pablo Lucas Verdú* [R. Morodo & P. De Vega, dirs.], T. III. Madrid-México: Universidad Complutense-UNAM. 2000. (Pp. 1889-1890)).

[26] El profesor PECES-BARBA MARTÍNEZ (*La dignidad de la persona desde la Filosofía del Derecho*. Madrid: Universidad Carlos III de Madrid-Dykinson. 2002. (Pp. 21-23)) recogió unas pocas muestras de lo que él considera contribución del Taoismo, el Confucianismo y el Hebraísmo-Judaismo a la formación del concepto, sin perjuicio de dejar claro que "el sentido actual de dignidad humana arranca del tránsito a la modernidad".

[27] En su conocida obra *De Civitate Dei contra Paganos Libri XXII*, II, 29, 2.

excelencia y supremacía que tiene sobre los demás seres de la creación[28]. Así, conforme a la tradición religiosa judeocristiana[29], la excelencia de los hombres procede de estos dos hechos: haber sido creado por Dios a semejanza suya[30] y, tras corromper esa imagen cuando cedió al llamado "pecado original", haber sido rehabilitado en su grandeza y valía originarias por la redención de Jesucristo. Parece obligado, en consecuencia, establecer esta primera conclusión: sin la toma en consideración de la influencia que han tenido las visiones religiosas sobre el nacimiento y configuración histórica de su concepto, resultaría prácticamente imposible entender lo que en la actualidad se piensa que es la dignidad humana. Ahora bien, no podrá perderse de vista que, durante largos siglos, sólo se afirmó directamente la peculiar excelencia y supremacía de los hombres

[28] Resulta difícil entender cómo puede afirmase sin sonrojo que la existencia de diferencias jerárquicas en el seno de las religiones monoteístas (especialmente en la organización del Estado Vaticano) es por sí misma reactiva al reconocimiento real de la dignidad personal de todos los ciudadanos, como si esas diferencias jerárquicas no fueran comunes a todas las organizaciones sociales, incluida la universidad, los partidos políticos y los clubes deportivos. Ver, por ejemplo, al respecto, G. PECES-BARBA MARTÍNEZ, *La dignidad*..., cit. (P. 17).

[29] Entre los estudiosos que se han ocupado de forma específica de la aportación de esta tradición a la formación del concepto moderno "dignidad humana", figuran, por ejemplo, S. ALVAREZ TURIENZO ("El cristianismo y la formación del concepto de persona". En *Homenaje a Xavier Zubiri*, I. Madrid: Editorial Moneda y Crédito. 1970. (Pp. 43-77)), J. M. González Ruiz (*La dignidad de la persona humana en San Pablo*. Madrid: Instituto Social León XIII. 1956), J. L. DE LEÓN AZCÁRATE (*Dignidad humana y violencia en el Antiguo Testamento: el doble rostro de Yahvé*. Universidad de Deusto, Facultad de Teología. 2003) o W. PANNENBERG ("Antropología cristiana y personalidad". En *Anales Valentinos*, 1 [1975]).

[30] Según narra el Génesis [redacción definitiva en torno al año 500 a.C.], "Dijo Dios: hagamos al ser humano a nuestra imagen, como semejanza nuestra, y mande en los peces del mar y en las aves del cielo, y en las bestias y en todas las alimañas terrestres, y en todos los reptiles que reptan por la tierra. /. Creó, pues, Dios al ser humano a imagen suya, a imagen suya lo creó, macho y hembra los creó": *Génesis*, I, 1, 26-27 (en edición de Desclée de Brouwer, Bilbao, 2004). Es importante tener en cuenta que, según han concluido los especialistas en el tema, la narración del Génesis reproduce las tradiciones mesopotámicas (babilónicas, fenicias y cananeas, sobre todo). Probablemente, también las egipcias, como parece sugerir la amplia difusión posterior del Asclepius, obra escrita a principios de la era cristiana, que se autopresentaba como libro sagrado que procedía del antiguo Egipto y que contenía las revelaciones del dios Thoth. En este libro, se proclama que "magnum miraculum est homo", repitiendo una idea que venía gozando, al parecer, desde antiguo de una amplia aceptación, como demuestra su presencia en la *Antígona* de Sófocles [442 a.C.] a través del siguiente verso: "muchas cosas asombrosas existen y, con todo, nada más asombroso que el hombre" (ver, p. e., Sófocles, *Tragedias*. Madrid: Editorial Gredos. 1981. (P. 261)).

sobre todos los demás seres de la creación, atribuyendo generalmente esa privilegiada posición a un designio divino y/o a la posesión de unas cualidades que le predestinaban a ejercer el dominio sobre todos ellos[31].

Es también esencial conocer a fondo la contribución de la escuela estoica al encumbramiento ético de los hombres mediante la formación de las ideas de supremacía cósmica, libertad natural, hermandad, subjetividad moral o personalidad y al consiguiente reforzamiento del camino que condujo hasta el concepto de la dignidad humana. Fue sin duda el estoicismo, como ha sido directamente en ocasiones el que inició "el *pathos* de la dignidad humana en su forma específicamente iusnaturalista"[32],. El conocido lema "homo, sacra res homini", de Séneca, o el "*tò anthropon poiein*", de Marco Aurelio, constituyen un testimonio claro de la profunda preocupación estoica por el tratamiento respetuoso hacia todos los hombres, puesto que todos son libres e iguales por naturaleza. Hay, pues, base para pensar que en el estoicismo nuevo estaban puestas ya las bases capaces de sustentar una proclamación explícita de la dignidad que tienen los hombres en sí mismos en virtud de su naturaleza.

Esa proclamación no se produjo, sin embargo, por lo que se conoce, hasta que el cristianismo logró traducir esa excelencia y superioridad al lenguaje de la dignidad que cada uno posee por ese hecho en cuanto sujeto de relaciones directas e indirectas con Dios, es decir, en cuanto «persona» moral. Fue entonces cuando llegó a fundirse en un mismo concepto la socorrida «dignitas» funcionarial y social de la cultura romana con la superioridad y excelencia subjetiva que poseía cada individuo por ser miembro de la especie humana.

Entretanto, como prueba el uso del término en la Roma de los primeros siglos de nuestra era, el concepto de dignidad se mantuvo encerrado en su significación de cualidad sobrevenida que tenían los ciudadanos cuando llegaban a estar revestidos en grado relevante de determinados signos de "maiestas", "honor", "potestas" o "autoritas", ya fuera por su procedencia social, por su riqueza o por su poder político, o ya fuera por el mérito de su sabiduría, ejemplaridad o integridad moral[33]. Era, pues, algo así como un adorno externo que podía ser adquirido a través de las

---

[31] Según sentenciaron, por ejemplo, Confucio, el «Génesis», la *Antígona* de Sófocles o el *De officiis* de Cicerón, tal como se ha señalado ya.

[32] BLOCH, E., *Derecho natural y dignidad humana*. Madrid: Aguilar. 1980. (P. 20).

[33] Ver detalles en C. RUIZ MIGUEL, "La dignidad humana...", cit. (Pp. 1889-1890).

propias acciones y comportamientos, que, en consecuencia, podía crecer, disminuir o perderse[34] y que, al ser poseído de forma desigual, actuaba como medida de diferenciación y jerarquización social. Y fue precisamente esta vinculación externa, junto a la convicción judeo-cristiana de que la excelencia de la naturaleza humana tenía su origen en la voluntad divina, la que condicionó el concepto de dignidad que, al parecer, fue mayoritariamente utilizado a lo largo de casi toda la Edad Media y que, según algunos estudiosos, debe ser caracterizado como "heterónomo" [35] y representante impropio de lo que es reamente la dignidad.

Esos estudiosos han llegado, por tanto, a la conclusión de que no puede hablarse de reconocimiento propiamente dicho de la dignidad humana hasta el momento en que se terminó de superar esa conceptuación heterónoma y se comenzó a pensar al hombre como un ser cuya supremacía y excelencia se cifran exclusivamente en el modo en que posee y realiza su existencia y en la forma en que está situado en el mundo. Eso –afirman, pese a la posible existencia datos contradictorios[36]– habría ocurrido sólo

---

[34] De ahí que HEGEL (*Principios de la Filosofía del Derecho o Derecho Natural y Ciencia Política* (1821), § 2, traducción de J. L. Vermal. Buenos Aires: Editorial Sudamericana. 1975. (P. 28)) llegara a afirmara que "para el derecho romano no sería posible ninguna definición del *hombre*, pues no se podría subsumir en ella al esclavo, cuya condición es, por el contrario, ofensiva para aquel concepto".

[35] Adjetivo al que ha recurrido reiteradamente (pero con acierto y precisión bastante escasos, creo) el profesor Peces-Barba Martínez para dividir la historia del reconocimiento de la dignidad en dos grandes etapas: la de la dignidad heterónoma o inauténtica (o dignidad de los antiguos) y la de la dignidad autónoma o auténtica (o dignidad de los modernos): Por ejemplo, en "La dignidad de la persona como fundamento último". En *Diez lecciones sobre Ética, Poder y Derecho*. Madrid: Universidad Carlos III de Madrid-Dykinson. 2010. (P. 32). La verdad es que, si el hombre es digno en cuanto tiene dignidad, no importa mucho que la tenga porque le haya sido atribuida o reconocida por él mismo o por algún otro sujeto.

[36] Parece seguro que una investigación más fina aportaría abundantes datos en este sentido. De momento, yo he tropezado ya con las opiniones de dos teólogos del siglo XIII: San Buenaventura y Sto. Tomás de Aquino. Según el primero (*II Sent.*, a. 2, q. 2 ad 1) "la persona es la expresión de la dignidad y la nobleza de la naturaleza racional. Y tal nobleza no es una cosa accidental que le fuera sobreañadida a esta naturaleza, sino que pertenece a su esencia". Según el Aquinate (*S. Th.*, II-IIæ, q. 64, a. 2, ad 3), "el hombre, al delinquir, se aparta del orden de la razón, y por tanto decae de la dignidad humana, a saber, en cuanto hombre es naturalmente libre y dueño de sí mismo, y se rebaja en cierto modo a la condición de las bestias".

a partir del renacimiento[37], gracias al giro antropocéntrico protagonizado por los humanistas.

Sin embargo, la posibilidad de descubrir en los escritos de la mayoría de los autores representativos de la época importantes vestigios de la tradición precedente es abrumadora. Así, podrá comprobarse que la paradigmática avocación de J. Pico della Mirandola al carácter admirable y milagroso de los hombres[38] conecta con la reflexión del coro de ancianos de Antígona y se remite expresamente a la doctrina recogida en el *Asclepius*[39] a comienzos de la era cristiana. Y podrá comprobarse asimismo

---

[37] En este sentido G. PECES-BARBA (*La dignidad de la persona...*, cit., pp. 28-38), en parte, I. DE MIGUEL (op. cit, p. 191), siguiendo, por lo que parece, el discurso del profesor Peces-Barba, y también E. FERNÁNDEZ GARCÍA (*Dignidad humana y ciudadanía cosmopolita*, Madrid: Dykinson-IDHBC. 2001. (P. 12)), para quien "quizá sea el Renacimiento el momento histórico en el cual se haya tenido una conciencia más clara de lo que significa la reafirmación de los valores humanos. Filósofos, artistas y científicos repetirán hasta la saciedad: "gran milagro es el hombre". La condición humana ya es de por sí algo valioso".

[38] "Tengo leído, Padres honorabilísimos, en los escritos de los Árabes, que Abdaláh sarraceno, interrogado qué cosa se ofrecía a la vista más digna de admiración en éste a modo de teatro del mundo, respondió que ninguna cosa más admirable de ver que el hombre. Va a la par con esta sentencia el dicho aquel de Mercurio: «Gran milagro, oh Asclepio, es el hombre». Revolviendo yo estos dichos y buscando su razón, no llegaba a convencerme todo eso que se aduce por muchos sobre la excelencia de la naturaleza humana, a saber, que el hombre es el intermediario de todas las criaturas, emparentado con las superiores, rey de las inferiores, por la perspicacia de sus sentidos, por la penetración inquisitiva de su razón, por la luz de su inteligencia, intérprete de la naturaleza, cruce de la eternidad estable con el tiempo fluyente y (lo que dicen los Persas) cópula del mundo y como su himeneo, un poco inferior a los ángeles, en palabras de David. Muy grande todo esto ciertamente, pero no lo principal, es decir, que se arrogue el privilegio de excitar con justicia la máxima admiración": *Oratio de hominis dignitate*, [1] (en la edición castellana de L. Martínez Gómez, con el título *De la dignidad del hombre*. Madrid: Editora Nacional. 1984. (Pp. 103-104)). Y él mismo aclara después cómo la peculiar condición que atrae la admiración y envidia de todos los otros seres del mundo es la capacidad que "el supremo Artesano" concedió al hombre de decidir su propio destino: "no te dimos ningún puesto fijo, ni una faz propia, ni un oficio peculiar, ¡oh Adán!, para que el puesto, la imagen y los empleos que desees para ti, esos los tengas y poseas por tu propia decisión y elección. Para los demás, una naturaleza contraída dentro de ciertas leyes que les hemos prescrito. Tú, no sometido a cauces algunos angostos, te la definirás según tu arbitrio, al que te entregué" (id., pp. 104-105)

[39] Según la tradición, Hermes Trismegisto escribió un libro sagrado que dedicó al dios Esculapio y cuya versión latina (por cita de Lactancio [ss. III-IV] en *Divinae institutiones*, se tiene constancia de una versión anterior en griego, con el título *Lógos Téleios*), es conocida

cómo la argumentación de los autores que abordaron el discurso de la «dignidad humana» en la época del Renacimiento solía desarrollarse a partir de los mismos tópicos que venían siendo invocados desde la antigüedad. Entre esos tópicos figuraban, pues, el origen divino (por ejemplo, J. Pico della Mirandola, A. Poliziano, G. Bruno, F. Pérez de la Oliva y, J. L. Vives), la proximidad a (y/o participación de) el modo de ser divino (por ejemplo, P. Pomponazzi, G. Bruno, F. Recio y J. L. Vives), la excelencia y superioridad sobre los otros seres (por ejemplo, G. Mannetti, G. Bruno, F. Pérez de la Oliva y F. Recio) o la razón/inteligencia (por ejemplo, A. Poliziano, F. Recio y J. L. Vives). En el conjunto de argumentos utilizados por los humanistas habría, pues, sólo una pequeña porción que podría ser considerada realmente novedosa en todo o en parte. Por ejemplo, la libertad de autogestión del propio destino (J. Pico della Mirandola y G. Bruno) o la creación/uso del lenguaje (A- Poliziano, J. Brocar y J. L. Vives). Este último contabilizó también la "previsión o conjetura de todo lo por venir" y la memoria, capacidad esta cuya mención no parece tener antecedentes pero que sí fue invocada también algo más tarde por C. Thomasius, J. J. Burlamaqui o C. Wolff como base de la superioridad del hombre sobre los otros animales.

Puede constatarse, por tanto, que la multisecular exaltación de la excelencia y dignidad que tienen los hombres frente a todos los demás seres buscó casi siempre su justificación en la presencia, dentro de su naturaleza, de unas condiciones y rasgos existenciales cuya identidad permaneció prácticamente inalterada hasta el siglo XVII. Entre esos rasgos fundamentadores de la dignidad destacaron de forma constante la filiación y semejanza divina, la capacidad de dominio derivada de la inteligencia y la posibilidad de elección libre. Pero el iusnaturalismo racionalista de los siglos XVII y XVIII, tras romper el milenario vínculo que venía manteniéndola sujeta al origen y voluntad divinos, redujo

como *Asclepius*. Es una obra gnóstica de los primeros siglos de nuestra era que se autopresentaba como libro sagrado que procedía del antiguo Egipto y que contenía las revelaciones del dios Thoth, creador de todas las artes, las ciencias y la escritura. Esta obra [escrita, al parecer, entre los años 100 y 300 de nuestra era] tuvo una gran acogida en los siglos posteriores, siendo citada por numerosos autores, como Tertuliano [s. III], Jámblico de Calcis [s. IV], San Agustín [s. V], Teodorico de Chartres[s. XII], Juan de Salisbury [s. XII], Alberto Magno [s. XIII], M. Ficino [s. XV], J. Pico della Mirandola [s. XV], E. C. Agrippa [s. XVI], F. Pérez de Oliva [s. XVI] , G. Bruno [s. XVI], T. Campanella [s. XVII], etc.

finalmente las posibilidades de búsqueda del fundamento de la dignidad al campo de la razón y la libertad.

Fue, no obstante este iusnaturalismo racionalista el que mantuvo encendida dentro de su filosofía jurídica y política la ondulante llama de la dignidad humana hasta que I. Kant prendió en ella una poderosa hoguera cuya luz terminó abriendo un nuevo horizonte ético que inició el camino hacia el reconocimiento de la plena subjetividad moral y política de los individuos y hacia la progresiva incorporación de las libertades y derechos naturales a los nacientes textos constitucionales. Y, bajo la influencia de Kant, la pretensión fundamentadora de la dignidad humana ha llegado a un intensivo proceso antropocéntrico a través del que la vieja filiación divina ha terminado transmutándose progresivamente en ensimismamiento de racionalidad moral. Pero también a una constante tensión vulgarizadora del ideal kantiano mediante la que la dignidad va quedando recluida dentro del círculo de la libertad empírica de elección.

El problema de las bases o fuentes legitimadoras de la dignidad humana ha entrado, pues, en una nueva fase evolutiva que es especialmente compleja y cuyas vicisitudes sólo podrán ser identificadas con precisión a través del estudio combinado de las diferentes tendencias y corrientes de pensamiento que vienen condicionando su desarrollo[40]. Pero podemos establecer ya una conclusión de gran interés para entrever la incidencia que va a tener el valor de la dignidad humana sobre la regularización del *testamento vital*: hoy el ideario de la dignidad, uniendo a su fuerza la presión expansiva de los derechos humanos, ha llegado ya a convertirse en matriz ética de los principios y criterios orientadores del emergente Bioderecho estatal e internacional.

---

[40] El profesor Peces-Barba realizó en su día (*La dignidad de la persona...*, cit, (Pp. 47-61)) una interesantísima e ilustrativa (aunque bastante sesgada) recopilación de datos relacionados con el desarrollo de la idea de la dignidad humana en los siglos XIX y XX. Y ha establecido también(id., pp. 65-69) una conclusión llamativamente sincrética en la que (bajo el nombre de "rasgos" o "dimensiones") enumera lo que parecen ser más bien signos y causas que permiten afirmar la dignidad humana: la autonomía tal como la entendieron los renacentistas (es decir, la libertad psicológica); la autonomía según la entendía Kant (es decir, como "libertad o independencia moral"); la "capacidad de construir conceptos generales y de razonar"; "la reproducción de sentimientos, de afectos y de emociones a través de valores estéticos"; la "capacidad de dialogar y de comunicarnos" y la sociabilidad (entendida como condición relacional de los seres racionales).

4.2. Sobre la delimitación conceptual

Se ha insistido en ocasiones en que la enorme dificultad que implica el intento de fijar el concepto general de la dignidad humana, parece aconsejar la concentración de los esfuerzos en una ocupación que puede considerarse fácilmente asequible para cualquiera: la determinación de las situaciones o conductas que lesionan la dignidad, objetivo cuya consecución puede lograrse siempre a través de la simple captación intuitiva[41]. Pero esta concreción no es tan fácil y sencilla como algunos pretenden suponer, puesto que implica un gran número de valoraciones particulares que, a su vez, estarán irremediablemente condicionadas por la evolución de las creencias y códigos éticos[42].

---

[41] Así, por ejemplo, J. GONZÁLEZ PÉREZ (*La dignidad de la persona*. Madrid: Civitas. 1986. (P. 111)), tras dejar sentado que "no parece que pueda ofrecerse una definición de algo tan consustancial a la persona como es su dignidad", afirmó acto seguido que "la ley eterna que Dios grabó en cada uno de nuestros corazones nos dirá qué es dignidad de las personas y cuándo estamos ante un atentado contra ella. Sin necesidad de precisiones previas, una fuerza instintiva innata sabrá advertirnos de cuándo se desconoce, no se protege o lesiona la dignidad de una persona". Y, con una visión muy próxima a la del profesor González Pérez, J. DE ESTEBAN ALONSO Y P. J. GONZÁLEZ-TREVIJANO (*Curso de Derecho Constitucional Español*, II. Madrid: Universidad Complutense de Madrid. 1993. (P. 25) han afirmado asimismo que "no resulta posible determinar en qué consiste" la dignidad de la persona, pero que "sí es posible fijar, por el contrario, cuándo se vulnera su contenido".

[42] Según ha precisado K. LARENZ (*Derecho justo. Fundamentos de ética jurídica*. Madrid: Civitas. 1991. (P. 60)) "determinar en particular qué comportamientos lesionan la dignidad de otro es algo que sólo puede esclarecerse en un constante proceso de concreción y, por tanto, con una dimensión temporal". La tarea de determinar cuándo se produce una lesión de la dignidad humana no es tan sencilla como presuponía el profesor González Pérez en el texto que se cita en la nota precedente. Él mismo lo ha reconocido al escribir en otro lugar (op. cit., p. 114) que "al calificar en concreto una determinada conducta han de valorarse las distintas circunstancias concurrentes. No puede prescindirse del lugar, tiempo y situaciones en que se produce. Medidas inadmisibles y condenables por atentar a la dignidad humana en un determinado lugar, tiempo o situación, han de reputarse plenamente justificadas en otros" o, de forma más particularizada que "en situaciones excepcionales de calamidad pública, epidemias, guerras, cataclismos, accidentes, pueden imponerse condiciones de habitabilidad, internamientos, tratamientos médicos, regímenes alimenticios, obligaciones de hacer, inconcebibles en situaciones de normalidad por repugnar a la dignidad humana". Pero incluso "sin llegar a tales situaciones de excepción, las circunstancias pueden determinar una distinta calificación de un mismo acto: medidas de compulsión física sobre

Por otra parte, parece evidente que, para decidir si un concreto hecho o comportamiento es o no contrario a la dignidad, resulta imprescindible tener ya previamente claro en alguna medida qué es lo que exige la dignidad (y, por tanto, qué es esa dignidad). En efecto, si puede afirmarse que cualquiera advierte de inmediato la diferente carga lesiva de la dignidad personal, que, pese a la igualdad radical de todos los seres humanos, implica una determinada expresión o un determinado comportamiento según que el destinatario sea representante del gobierno, juez, profesor, policía, anciano, mendigo, enfermo, mujer, niño, minusválido, etc., no es precisamente porque exista una capacidad innata que lo descubra, sino porque se ha aprendido en el correspondiente acervo cultural lo que la dignidad es y exige. Así que, si se quiere llegar a saber lo que, conforme a las exigencias de la dignidad, pueden o no pueden hacer los individuos en el momento de formalizar su *testamento vital*, será necesario enfrentarse a la tarea de determinar lo que esa dignidad es y exige. Esto es, será imprescindible fijar los límites de su concepto.

Pueden surgir, no obstante, serias dudas sobre la viabilidad del proyecto de encontrar un concepto de dignidad humana que consiga una aceptación universal pacífica. Tal vez el permanente y profundo condicionamiento religioso, filosófico y cultural (y, por ende, político) de esta crucial categoría ética dificulte la tarea hasta el límite hacerla imposible. Como podría ocurrir también, según veremos más adelante, en el momento de identificar el núcleo duro de su contenido y la proyección central de su capacidad normativa.

Es cierto que existe una vaga aceptación generalizada, expresa o tácita, de la conceptuación kantiana de la dignidad. Y es asimismo notorio que, dentro de la tradición ética kantiana, la dignidad humana se vincula habitualmente a la facultad de autodeterminación moral de que están dotados, por principio, todos los miembros de la especie humana, de suerte que tienen por sí mismos un valor incondicionado y no-instrumental[43].

---

una persona inadmisibles en situaciones normales para impedir ciertas actividades ilícitas, nadie las discutiría si tuvieran como finalidad impedir el suicidio o un asesinato; registros personales atentatorios a la dignidad, estarían justificados para impedir actos de terrorismo aéreos o el tráfico de drogas".

[43] Véase, como muestra, el parágrafo 40 del"Explanatory Memorandum on the Elaboration of the Preliminary Draft Declaration on Universal Norms on Bioehics" (Unesco, 21/02/2005) elaborado para explicar y fundamentar la aprobación de la *Declaración Universal sobre Bioética y Derechos Humanos*.

Pero ¿qué es en sí misma esa dignidad? ¿No será, acaso, solamente una simple invocación retórica a la que se ha venido reconociendo a lo largo de la historia una intensa capacidad de convicción, pero que no tiene detrás un contenido conceptual realmente diferenciable y consistente? ¿De qué hablamos, pues, cuando invocamos la dignidad humana como criterio decisorio de las dudas y debates éticos?

Hay, a este respecto, un primer dato que podría proporcionar bastante ayuda para responder a estos interrogantes: la naturaleza convencional o cultural de la dignidad. Ésta no es, conforme al modo más razonable de entenderla, un 'factum' de la naturaleza física, sino un producto de la convención, una categoría valorativa, un postulado o principio axiomático, que los grupos humanos, movidos por un impulso de autointerés, han ideado[44] para posibilitar la construcción de un discurso ético humanista autopoiético. En efecto, parece razonable pensar que, sin la conciencia de la propia supremacía ontológica diferencial, la pregunta por la instancia o dato que tiene en sí mismo la capacidad de imponer racionalmente al sujeto moral humano la necesidad de reconocer y respetar íntegramente (es decir, en todas sus manifestaciones y proyecciones básicas) la dignidad de los otros sujetos humanos tendría una sola respuesta adecuada: la afirmación de un mandato impuesto por un legislador externo omnisciente y todopoderoso. Así que la reflexión ética racionalizadora y laica ha recorrido naturalmente el único camino que podía llevarla hasta una explicación autocomplaciente: el que arranca en el dogma de la dignidad intrínseca de todos los hombres.

Este dato no puede ser obviado en el momento de responder a la pregunta por lo que es o significa propiamente la "dignidad humana", ya que obliga a contar con la posibilidad de que la única manera (vía) de contestarla haya de pasar necesariamente por el puente que lleva a la determinación en cada época y sociedad de lo que las creencias dominantes "piensan que es". Sobre todo, si se tiene en cuenta que la mayoría de los

---

[44] Circunstancia que, como precisé ya en su día en otro lugar ("La búsqueda de la fundamentación racional de los derechos humanos". En *Persona y Derecho. Revista de fundamentación de las Instituciones Jurídicas y de Derechos Humanos*, 22. 1990*. (P. 230)), no impone la negación de "la posibilidad de afirmar también que la dignidad de la persona humana es un principio con consistencia real y objetiva", ya que la proclamación de esa dignidad, no sólo cuenta con el respaldo de datos empíricos evidentes, sino que tiene también una contrastada vigencia social, siendo independiente del particular punto de vista de cada uno de los sujetos individuales.

numerosos discursos optimistas y bienpensantes que se tejen habitualmente sobre ese valor o principio casi siempre pierden de vista el hecho de que el término *dignidad* no designa ninguna característica directa o indirectamente perceptible en cada uno de los hombres empíricos, sino un objeto mental perteneciente al mundo de la conciencia colectiva.

Pero no sería tampoco legítimo ignorar la importancia que, para la defensa del carácter natural de la dignidad, podría tener el protagonismo que, dentro del conjunto de todos los seres mundanales, ha sido asignado a los hombres por la milenaria trayectoria que ha seguido la reflexión antropológica[45], hasta el punto de que esa reflexión se haya construido de forma constante sobre la convicción de la supremacía que tienen naturalmente los seres humanos sobre todos los demás entes del universo desde el instante mismo de la creación del mundo. De ahí que, para captar en forma adecuada el significado del concepto «dignidad», sea necesario seguir el rastro de la génesis y evolución de su uso, al menos desde el momento en que Agustín de Hipona lo incorporó al torrente del lenguaje filosófico cuando escribió que "Dios, sabio creador y justo ordenador de todas las naturalezas, concedió al hombre la máxima dignidad entre los seres de la tierra" [46].

En la actualidad, la tendencia predominante ha optado por entender y explicar la dignidad humana dentro del marco referencial de los valores éticos, es decir de las entidades que actúan como criterios de determinación y medida de lo que merece la pena desear, hacer, imitar o respetar[47].

---

[45] El sentimiento de la superioridad humana específica existió en todas las culturas antiguas conocidas, según ha sido puesto en evidencia por la recopilación de testimonios coordinada por J. Hersch y publicada por la UNESCO en 1968 bajo el título *Le droit d□être un homme, une anthologie mondiale de la liberté*.

[46] *De civitate Dei*, XIX, XIII, 2. Esa tarea de rastreo ha sido abordada ya con solvencia, como he advertido en una nota anterior, por muchos autores, entre cuyas aportaciones destacan las matizaciones introducidas reiteradamente por el profesor N. Martínez Morán en varios escritos. Por ejemplo, en "La dignidad humana en las investigaciones biomédicas" (En *Bioética, Filosofía y Derecho* [MARCOS DEL CANO, A. M., coord.], *Aldaba*, 32 [2004]. Melilla: Uned. (Pp.177-183) o en "Dignidad humana y derechos humanos como límite a las investigaciones bioéticas" (en *Bioética y derechos humanos* [A. M. MARCOS DEL CANO, coord.]. Madrid: Uned. 2011. (Pp. 172-177)).

[47] Así ha podido escribirse (X. ETXEBERRÍA, "La alternativa existencial ética. Cuatro categorías clave". En *Salud mental comunitaria* [A. M. MARCOS DEL CANO Y G. TOPA CANTISANO, coords.]. Madrid: Uned. 2011. (P. 422)) que "el término «dignidad», de origen latino, remite a aquello que es estimado o considerado valioso por sí mismo",

Formaría, pues, parte de ese especial mundo de los seres ideales que fue descubierto (o 'inventado') como objeto general de reflexión por un grupo de pensadores germánicos vinculados a la filosofía fenomenológica de finales del XIX y comienzos del XX[48] y que terminó siendo aceptado de inmediato por muchos autores de las áreas culturales próximas[49].

La dignidad humana tendría, así, según el punto de vista originario y al menos en principio, la peculiaridad constitutiva de subsistir fuera de las coordenadas del espacio y del tiempo, siendo independiente, en cuanto a su existencia, de su propia realización empírica y de los actos cognoscitivos humanos en que es explicitada. Pero terminaría asignándosele también, en su específica calidad de valor moral, una inequívoca vocación de eficacia directiva[50], pese a las dudas que, en relación con la

---

de modo que no se reconoce dignidad a lo que es en sí simple medio para lograr fines, a lo que no vale siquiera como simple medio o a lo que molesta y/o perjudica (apostilla ésta ciertamente desmesurada e injustificable).

[48] Por ejemplo, F. BRENTANO (*Vom Ursprung sittlicher Erkenntnis* –1889–), A. MEINONG (*Psychologische-etische Untersuchungen zur Werttheorie* –1894–), E. HUSSERL (*Logische Untersuchungen* –1901–), M. Scheller (*Der Formalismus in der Ethiik und die materiale Wertethik* –1916–) y N. HARTMANN (*Grundzüge einer Metaphysik der Erkenntnis* –1921–).

[49] En el ámbito de habla hispana aparecieron también pronto contribuciones valiosas a la filosofía de los valores, destacando entre los autores que han logrado un reconocimiento más amplio J. ORTEGA Y GASSET (*¿Qué son los valores?* –1923–), F. LARROYO (*La Filosofía de los Valores* –1936–), L. RECASÉNS SICHES (*Bases para la Estimativa Jurídica* –1939–) y R. FRONDIZI (*¿Qué son los valores?* –1958–). Ya en época reciente, V. CAMPS (*Los valores de la educación* –1993–) o A. CORTINA (*El mundo de los valores. Ética mínima y educación* –1998–).

[50] El Tribunal Constitucional español ha afirmado que "la dignidad es un valor espiritual y moral inherente a la persona " (por ejemplo, en el fundamento jurídico octavo de la Sentencia 53/1985, contraviniendo sin duda la exigencia de idealidad metahistórica que se le atribuye generalmente a la dignidad humana, en cuanto valor, y que, por consiguiente, deberá satisfacer siempre. De aquí que no pueda perderse de vista que, si bien es adecuado sostener que cada hombre posee la cualidad de la dignidad, no sería coherente afirmar que tiene en sí mismo el *valor dignidad*. Por lo demás, la imprecisión (para ser benigno) con que el Tribunal Constitucional español suele utilizar el tópico "dignidad humana" queda puesta también de manifiesto, por ejemplo, en esta afirmación de su Sentencia 181/2000: "el concepto constitucional de dignidad humana expresa el reconocimiento jurídico de la igualdad y libertad de todos los seres humanos por el hecho de serlo" (Fundamento Jurídico 9).

autonomía de los valores morales, tenía ya uno de los padres fundadores del ideario axiológico[51].

Ahora bien, dentro de la conceptuación de la dignidad humana como valor, habrá que preguntarse si es 'sólo' un valor que apuntala la existencia de derechos, principios orientadores y normas o es 'también' en sí misma objeto y contenido de algún derecho fundamental que podría definirse como "derecho a la dignidad". Por ejemplo, el derecho fundamental primario, según se ha concluido con frecuencia al intentar subrayar la importancia de la dignidad humana en el proceso de reconocimiento de los derechos fundamentales de la persona[52].

Creo, sin embargo, que, si nos mantenemos al margen de la correspondiente dogmática constitucional de los diferentes Estados (materia que ni conozco a fondo ni ha sido incluida en el tema de mi incipiente investigación) la conceptuación de la dignidad humana como derecho fundamental de la persona implicaría una interpretación básicamente inexacta. La *dignidad* no es en sí misma un derecho, pues tiene una consistencia ideal que es anterior y más extensa que cualquier derecho, que puede (por eso) actuar como base fundamentadora general de todos ellos y que no es reductible a un solo derecho (por muy primario que tal derecho pueda ser considerado). Deberá afirmarse, en consecuencia, que no sólo es un principio regulador previo a cualquier derecho, sino que es asimismo una realidad anterior a cualquier regulación moral o jurídica pensable.

Así que, cuando se invoca la dignidad como valor ético primordial, como fundamento de los derechos humanos y como supremo principio regulador de la Moral y el Derecho, lo que se invoca es, no un derecho

---

[51] Como es sabido, M. Scheller estableció, dentro de una gradación de jerarquía objetiva, estas cuatro clases de valores: los sensuales, los vitales, los espirituales (estéticos, jurídicos e intelectuales) y los religiosos. Pero respecto de los valores morales afirmó que no constituyen una categoría diferenciada porque, como valores puros, sólo pueden ser verificados en la realización de los otros valores.

[52] Así, en Alemania, la jurisprudencia constitucional y la mayor parte de la doctrina entendió durante bastante tiempo que el art. 1.1 de la Ley Fundamental atribuía a la dignidad humana el carácter de derecho fundamental. Pero esa interpretación derivó finalmente, por exigencias de lógica interna de la propia dogmática constitucional, hacia su comprensión como principio constitucional fundamental (Ver el finísimo análisis que, sobre este punto, ha llevado a cabo I. GUTIÉRREZ en su monografía *Dignidad de la persona y derechos fundamentales* [Madrid: Marcial Pons. 2005, especialmente en las páginas 28-29 y 37-40]).

subjetivo primario de los individuos, sino un modelo ideal que concentra la supremacía ético-normativa que ha de serle reconocida a la *humanidad* que hay en cada uno de los hombres. Lo que se invoca es la suprema excelencia ético-normativa que se le reconoce y ha de serle reconocida a los seres humanos por cuanto son partícipes de la excelencia entitativa de que es titular la "humanidad" en su conjunto.

En cualquier caso, aunque se tenga ya claro que la mejor perspectiva de análisis de la dignidad humana es la que la sitúa en el reino de los valores, a la hora de fijar su perfil conceptual retoñará el riesgo de que aparezcan nuevas ambigüedades, equívocos, mistificaciones o errores. No es casual que la imprecisión y vaguedad conceptual de la expresión «dignidad humana» haya llegado ya a ser uno de los componentes habituales de los correspondientes discursos doctrinales y de la propia actividad legisladora, según viene reconociendo la mayoría de los estudios especializados[53]. En consecuencia, la socorrida invocación de este tópico para fundamentar los principios que han de inspirar el universo normativo de la Bioética y el Bioderecho termina casi siempre siendo víctima de su propia ambigüedad semántica y de la tensión ideológica en que aparece sumido (por culpa básicamente de su profundo condicionamiento religioso-político), de suerte que una misma conducta llega en ocasiones a ser santificada o demonizada por sujetos diferentes en nombre de un mismo criterio orientador: la "dignidad humana".

Hay además en los discursos sobre la dignidad humana otras varias fuentes de imprecisión que dificultan sobremanera la formación de un

---

[53] Ver, por ejemplo (en orden alfabético), ALEGRE MARTÍNEZ, M. A. (*La dignidad de la persona como fundamento del ordenamiento constitucional español*. León: Universidad de León. 1996. (Pp. 25-27)), ANDORNO, R. ("La dignidad humana como fundamento..., cit. (Pp. 257-260)), BIRNBACHER, D. ("Ambiguities in the concept of Menschewürde". En *Sanctity of Life and Human Dignity* [Bayern, K.,dir]. Dordrecht: Kluwer. 1996. (Pp. 107-121)), DE CASTRO CID ("La búsqueda de la fundamentación , cit. (Pp. 229-231)), González Pérez, J. (*La dignidad...*, cit. (Pp. 19-20 y 110-112)), GUTIÉRREZ, I. (*Dignidad de la persona...*, cit. (Pp. 32-59 y 195-216)), MARCOS DEL CANO, A. M. (*La eutanasia. Estudio filosófico-jurídico*. Madrid: UNED-Marcial Pons. 1999. (Pp. 113-118)), MARTÍNEZ MORÁN, N. ("Dignidad humana y derechos humanos como..., cit. (Pp. 170-177)), ROMEO CASABONA, C. M. y de MIGUEL BERIAIN, I. ("Alcance y objetivos de la Declaración Universal sobre Bioética y Derechos Humanos". En *La Declaración Universal sobre Bioética y Derechos humanos de la UNESCO*, cit. (Pp. 242-244)) o SIMON, J. ("La dignidad del hombre como principio regulador en Bioética". En *Revista de Derecho y Genoma Humano*, 13 [2000]. (Pp. 25).

concepto claro y universalmente válido. Sería el caso, por ejemplo, de aquellos investigadores y operadores jurídicos que, cuando parecen estar afrontando el compromiso de precisar qué es o en qué consiste, de lo que se ocupan realmente es de señalar las funciones que cumple en un determinado ámbito de la organización social[54]. O el de quienes participan en los debates sobre la dignidad utilizando indiscriminadamente las expresiones «dignidad humana» y «dignidad personal», sin aclarar previamente si entienden o no que tales expresiones representan conceptos plenamente convertibles. Ahora bien, la aclaración de esos extremos, especialmente en el segundo supuesto, es especialmente importante, ya que la aceptación de las conclusiones a que vaya a llegarse puede depender de tal aclaración.

En efecto, si se optara por la respuesta afirmativa, no sería posible vincular esencialmente la dignidad con la autoconciencia, la capacidad de distinguir el obrar moralmente bueno del moralmente malo y la autonomía, tal como suelen hacer las doctrinas morales de cuño kantiano. Y no lo sería porque eso equivaldría a proclamar que carecen de dignidad humana todos aquellos 'sujetos' que no están en el disfrute activo de tales atributos. De modo que habría que concluir que carecen de dignidad muchos individuos que son reconocidos actualmente de manera general como plenamente dignos [niños recién nacidos, disminuidos psíquicos severos, enfermos avanzados de Alzheimer, pacientes en vida vegetativa, locos...]. Pero tal conclusión sería políticamente incorrecta y resultaría del todo inadmisible para quienes prefieren entender que todos los miembros de la especie humana son titulares de una dignidad esencial compartida, con independencia de que, por una u otra razón, no posean (aún o todavía) los mencionados atributos.

Así pues y sea cual sea la preferencia 'política' de cada uno, será necesario eliminar también ese riesgo de ambigüedad conceptual y admitir que hablar de la dignidad de los individuos como seres humanos (es decir, como partícipes del carácter específico «humanidad») o de la que tienen las personas por ser titulares activos de la subjetividad moral

---

[54] Ese sería el caso, por ejemplo, de su caracterización como hontanar del que dimanan los derechos que tienen los hombres por el mero hecho de serlo, con independencia de cuáles sean sus circunstancias existenciales, tal como hizo el Tribunal Constitucional español en el tercer fundamento jurídico de la Sentencia 107/1984, para defender la igualdad entre extranjeros y nacionales en relación con la titularidad de tales derechos.

no es exactamente lo mismo. De suerte que casi siempre sería arriesgado intentar fijar el concepto de la dignidad que debe reconocerse a los hombres sin aclarar antes si se habla de la «dignidad humana» (= dignidad de los seres humanos por serlo) o de la «dignidad personal» (= dignidad del sujeto personal por serlo).

Esta constatación nos lleva, por otra parte, a admitir también la necesidad de que cualquier intento de construcción o reconstrucción del concepto de la «dignidad» que ha de serle reconocida y respetada a los hombres adopte la cautela metodológica de no mezclar ni confundir constataciones o valoraciones que, en sentido propio, no corresponden más que a alguno o algunos de los diferentes sentidos en que puede hablarse de la dignidad humana. Habrá que tener, pues, presente que una cosa es la "dignidad socio-política" (la que el propio grupo social atribuye a los individuos por el papel que cada uno desempeña en la conservación y funcionamiento del mismo), otra la "dignidad ético-personal" (la que se le reconoce a cada individuo por el valor o excelencia moral de su conducta) y otra distinta la "dignidad ontológica" (la que tiene el sujeto por naturaleza, en cuanto miembro de la humanidad)[55].

Sobre todo es importante distinguir con precisión la dimensión operativa o funcional de la dignidad (la correspondiente al modo-de-actuar de ese sujeto) y su dimensión entitativa (la correspondiente al modo-de-ser del sujeto digno) o, en otros términos, la dignidad en el obrar y la dignidad en el ser[56]. La dignidad correspondiente a la "dimensión entitativa"

---

[55] Me parece que, pese a la aparente coincidencia de principio, hay importantes divergencias de fondo entre esta tipología de la dignidad y la que ha propuesto y explicado minuciosamente I. DE MIGUEL en el innovador y documentado análisis que incluyó (pp. 197-211) en el ya citado estudio sobre la dignidad publicó con el título "Consideraciones sobre el concepto de dignidad humana", cit. (Pp. 187-212).

[56] Sí ha tenido en cuenta esta exigencia, siguiendo la línea de análisis desarrollada por M. MORENO VILLA ("Dignidad de la persona", *Diccionario de pensamiento contemporáneo*. Madrid: Ed. San Pablo. 1997. (Pp. 359-368), N. Martínez Morán, quien ha insistido recientemente en la necesidad de distinguir dos zonas dentro del campo de la dignidad humana: la "dignidad moral" (o dignidad en el obrar) y la "dignidad ontológica" (o dignidad en el ser). Ésta "es la dignidad intrínseca inseparablemente unida al propio hombre y es la misma para todos los seres humanos". De modo que "las personas son dignas *per se*, y no sólo son dignas éticamente, porque, para quien no puede realizar conductas libres, sus actos no son dignos ni indignos, pero su ser, su personalidad sí contiene dignidad" ("Dignidad humana y derechos humanos , cit. (P.176)). También parece ser este el sentido de la contraposición que, según ha constatado el profesor I. Gutiérrez (op. cit., p. 55) ha hecho el filósofo alemán

se tendría de forma absoluta e incondicionada, siendo compartida por igual por todos los seres que pueden ser considerados humanos en forma suficientemente plena[57]. En cambio, la que corresponde a la "dimensión operativa" se iría conquistando gradualmente a través del comportamiento, en función del nivel de realización de los rasgos o requisitos que son consustanciales a la dignidad moral de la persona. De modo que podría afirmarse que, mientras que la dignidad entitativa o metafísica es un don solitario, pues, aunque existiera solamente un hombre, la tendría, la dignidad humana social es un don estrictamente relacional, ya que sólo se tiene en la medida en que es atribuida o reconocida por algún otro sujeto.

No sería, sin embargo, tan urgente profundizar en los rasgos diferenciales que separan a estos dos tipos de dignidad de la que es calificada habitualmente como social, ya que la distancia que media entre ellas tiene una visibilidad mucho mayor. Pero, aun en el caso de este tercer tipo, es imprescindible mantener siempre activos los correspondientes filtros de análisis para que no lleguen a producirse contaminaciones que distorsionen la validez de los resultados. Y, lamentablemente, no siempre ha sido tenida en cuenta por los investigadores esta sencilla, pero primaria, cautela metodológica, por lo que en ocasiones han llegado a conclusiones confusas[58] o, incluso, manifiestamente inexactas.

O. Höffe ("Menschewürde als etisches Prinzip". En *Gentechnik und Meschenwürde. An den Grenzen von Ethik und Recht* [O. Höffe et alii]. Köln: DuMont. 2002. (P. 117)) entre dignidad humana como *privilegio* y como *tarea*, teniendo en cuenta, no obstante, que "la dignidad humana es un privilegio del que hay que hacerse digno, pero que nunca pierde quien es indigno".

[57] Ya se sabe que este es un tema crítico en los debates éticos actuales, pues algunos autores sólo reconocen la condición de seres humanos a los sujetos que son capaces de activar la racionalidad y la autoconsciencia moral. No es de extrañar, en consecuencia, que dos jóvenes filósofos, A. Giubilini y F. Minerva, hayan publicado recientemente (22/02/2012) en la revista editada por la ONG inglesa Institute of Medical Ethics con el título *Journal of Medical Ethics* un ensayo-proclama en el que proponen la tesis de que un feto y un recién nacido son sujetos moralmente equivalentes, por lo que las mismas razones que justifican el aborto pueden valer para justificar la interrupción de la vida de un recién nacido ("aborto posparto", en su jerga). Por lo demás, sin llegar al extremo de provocación de esos dos filósofos, se reconoce habitualmente que "quien no existe, quien ni siquiera ha sido concebido, no tiene, por definición, ningún derecho", como ha escrito R. Andorno ("La dignidad humana...", cit., p. 256).

[58] Podría ser el caso del ilustre profesor G. Peces-Barba Martínez cuando, en un importante y utilísimo trabajo sobre la evolución histórica del tópico «dignidad humana» (*La*

Todas estas matizaciones (tan prolijamente desarrolladas por momentos) ponen de manifiesto las numerosas dificultades en que puede tropezar cualquier intento de establecer un concepto de dignidad humana cuya claridad y precisión garanticen la coherencia interna del proceso dialéctico de fundamentación ética del testamento vital desde ese valor. Y, en esa medida, deberá serle reconocido el carácter de imprescindibles para delimitar su sentido, su alcance y la función que desempeña en cuanto ideal orientador del mismo.

En todo caso y a reserva de completar los contrastes a que obligan las precedentes consideraciones metodológicas, podría concluirse provisionalmente que la dignidad humana que ha de ser invocada como faro ético de orientación y legitimación del testamento vital consiste en *una preeminencia ética que los hombres vienen reconociéndose a sí mismos mediante un discurso que pretende basarse en la existencia de una preeminencia ontológica*[59] *que se muestra en la posesión de ciertos caracteres naturales inherentes a los seres humanos en exclusividad*. Es, pues, una categoría específica de la filosofía moral que se sustenta sobre la valoración de unos rasgos existenciales que poseen los hombres de forma diferencial y que actúa como manantial de criterios primarios de conducta. Pero no se identifica con estos criterios ni con los caracteres ónticos del hombre que éste ha venido invocando tradicionalmente como base inapelable de sustentación.

4.3. Sobre el contenido normativo

Resulta lógico sospechar que la gran dificultad que, como acabamos de ver, presenta la delimitación conceptual de la dignidad pasa a ser un problema menor cuando se compara con la resistencia que ofrece el intento de proyectar el principio de respeto a la dignidad humana sobre la regularización jurídica y social del testamento vital. ¿Qué es realmente

---

dignidad de la persona desde la filosofía del Derecho, cit. (Pp. 21-38)), señaló algunos detalles del tránsito desde "la dignidad de los antiguos" al nuevo concepto de dignidad que comenzó a fraguarse en el siglo XV.

[59] Como escribió A. MILLÁN PUELLES (*Persona humana y justicia social*. Madrid: Rialp. 1973. (P. 15)) a finales del siglo pasado, resumiendo la doctrina tradicional, "prestancia o superioridad del ser humano sobre los que carecen de razón es lo que se llama la dignidad de la persona humana".

lo que exige o aconseja el valor dignidad humana que se haga o deje de hacerse en el momento de dictar las instrucciones contenidas en el testamento vital? Esta es la pregunta que tiene un interés más inmediato para quienes están preocupados por las incógnitas éticas de la nueva práctica de fijar con antelación los términos del consentimiento que alguien da a un hipotético tratamiento médico que podría serle aplicado en una hipotética enfermedad futura en el supuesto de que entonces no pueda adoptar una decisión libre y consciente o esté en imposibilidad de comunicarla.

Algún estudioso[60] ha advertido a este respecto que resulta muy difícil especificar el contenido que puede asignarse a la dignidad porque ese contenido es tremendamente elástico, Y, así, lo que se considera que es exigencia de la dignidad en unas épocas y/o sociedades es casi completamente diferente del contenido que se le atribuye en otras. Consecuentemente, "la protección de la dignidad en diferentes fases y situaciones de la vida significa algo diferente"[61].

Cuando se pretende delimitar su contenido directivo, no podrá perderse de vista en ningún caso este simple dato: la dignidad humana no es una realidad fáctica como la inteligencia o la capacidad de habla; es sólo una categoría cultural o convencional. Por eso, si comparamos, por ejemplo, el concepto «dignidad humana» con los de «vida» o «integridad física», veremos que hay una diferencia fundamental entre ellos: mientras que el núcleo significativo de éstos últimos tiene carácter descriptivo, el de aquél es en sí mismo producto de una valoración[62]. Y, aunque ciertamente la diferencia no es tan tajante como parece a primera vista (ya que existen también muy diferentes maneras de entender 'lo que es' "la vida" o "la integridad física" de los hombres), hay algo que no parece discutible: que la mediación cultural que condiciona el significado (y, por tanto, el campo de proyección) de la "dignidad" es mucho más extensa e intensa que la que condiciona al de los otros dos conceptos.

---

[60] Por ejemplo, SCHLINK, B., *Aktuelle Fragen des pränatalen Lebensschutzes*. Berlin: W. De Gruyter. 2002. (Pp.10-12).

[61] SCHLINK, B., "Ist Würde wägbar?". En *Humboldt Forum Recht*, 2003, Beitrag 8. (P. 1).

[62] Matización en la que había insistido ya hace años N. HOERSTER ("Acerca del significado del principio de la dignidad humana". En *En defensa del positivismo jurídico*. Barcelona: Gedisa. 1992. (Pp. 97-98)).

Resultan, por tanto, bastante paradójicos los denodados esfuerzos que suelen hacer los expertos para descubrir en la dignidad humana un núcleo de exigencias permanentes, universalmente válidas e irrenunciables. Es cierto que esa búsqueda podría encontrar justificación suficiente en su propio carácter de condición lógica cuasi-necesaria para mantener abierta la posibilidad de encontrarle a los llamados derechos humanos una fundamentación teórica que sea impermeable a la discusión. Pero, en realidad, parece poco razonable, ya que, queriendo ser consecuente, no se podrá buscar un fundamento de la validez incondicionada de los derechos humanos en las arenas movedizas de algo que, como la dignidad humana, no pasa de ser un valor cuyo núcleo ontológico ha ido cambiando al ritmo que le marcaba el devenir histórico-cultural.

Así pues, la afirmación de que la dignidad humana excluye o incluye esta o aquella conducta concreta sólo tendría, en la mayoría de los casos, una validez meramente relativa y coyuntural, cuyo vigor dependerá en última instancia del de la respectiva creencia que haya sido asumida mayoritariamente en cada lugar y época. Esto parece ser lo único que, a este respecto, puede afirmarse sin temor a verse desmentido por el propio discurso histórico de las ideas. De modo que resulta inevitable concluir que la búsqueda del contenido normativo de la dignidad tendrá que circunscribirse siempre al ámbito de espacios cronológica y culturalmente muy delimitados.

En la actualidad y dentro del espacio cultural construido sobre las tradiciones grecolatinas, judeocristianas y humanistas, se entiende generalmente que una de las exigencias primordiales de la dignidad humana es la autonomía, asumiendo en principio la visión kantiana de la autonomía moral como fuente y núcleo constitutivo de la dignidad de los hombres. Pero se tiende a entender también que, junto a la autonomía moral de cuño kantiano, el contenido de la dignidad se proyecta sobre todo en la libertad de elección, puesto que esta libertad es precisamente la capacidad que distingue en última instancia a los hombres del resto de los seres animados[63]. A este respecto, hemos analizado ya muy brevemente en

---

[63] Es muy posible que los iniciados en etología animal se resistan a aceptar pacíficamente como mérito la idea de M. Scheller de caracterizar al hombre como "el único animal capaz de decir no". En efecto, aunque no podemos contar de momento con la posibilidad de saber lo que opinan a este respecto los animales no-racionales y las plantas, hay numerosos indicios de que éstos realizan su propia vida en un contexto decisional cuya estructura básica no

el epígrafe 2 (con remisión explícita a un estudio anterior más amplio) cuáles pueden ser el sentido y significado generales de la autonomía, así como los condicionamientos que parecen delimitar su proyección modélica sobre el testamento vital. Se dan, por tanto, por reproducidas aquí las consideraciones allí expuestas.

Se entiende generalmente asimismo que han de incluirse entre las exigencias fundamentales de la dignidad la ya afirmada por Kant[64] como deber de reconocimiento y respeto de la preeminencia moral de cada hombre, tanto en sí mismo como en todos los demás sujetos, y la consiguiente prohibición de utilización instrumental de las personas, según imposición del imperativo categórico kantiano en su formulación de la persona como fin[65]. Un reconocimiento y respeto que no podrán quedar reducidos sólo a su realización negativa, como no-agresión directa al contenido esencial de la dignidad, sino que deberán prolongarse también en la realización positiva de acciones que promuevan la progresiva ampliación de ese contenido y su proyección hacia nuevas zonas de aplicación.

---

difiere cualitativamente (aunque sí y mucho, probablemente, en grado) de la que es común a todos los seres humanos.

[64] "La humanidad misma es una dignidad; porque el hombre no puede ser utilizado únicamente como medio por ningún hombre (ni por otros, ni siquiera por sí mismo), sino siempre a la vez como fin, y en esto consiste precisamente su dignidad (la personalidad), en virtud de la cual se eleva sobre todos los demás seres del mundo que no son hombres y sí que pueden utilizarse, por consiguiente, se eleva sobre todas las cosas. Así pues, de igual modo que él no puede autoenajenarse por ningún precio (lo cual se opondría al deber de la autoestima), tampoco puede obrar en contra de la autoestima de los demás como hombres, que es igualmente necesaria; es decir, que está obligado a reconocer prácticamente la dignidad de la humanidad en todos los demás hombres, con lo cual reside en él un deber que se refiere al respeto que se ha de profesar necesariamente a cualquier otro hombre" : KANT, I. *Metafísica de las costumbres*, 2ª Parte, § 38 (pp. 335-336 en la edición, ya citada, de A. Cortina Orts)

[65] "Obra de tal modo que te relaciones con la humanidad, tanto en tu persona como en la de cualquier otro, siempre como un fin y nunca sólo como un medio"(*Fundamentación de la metafísica de las costumbres*, 20ª edic. [3ª de L. Martínez de Velasco]. Madrid: Espasa Calpe. 2009. (P. 107)). El imperativo categórico recibió, al menos, otras dos formulaciones diferenciales (y con enunciados de diferente forma lingüística) por parte de Kant. Por ejemplo, "obra sólo según la máxima que pueda hacerse a sí misma ley universal" [según la fórmula de la ley universal] y "obra siguiendo las máximas de un miembro legislador universal en un posible reino de los fines" [según la fórmula del legislador universal]. (Ver op. cit. (Pp. 118 y 121)).

Hoy no están muy claros, sin embargo, los límites de esos deberes. En no pocos círculos avanzados de transformación de la conciencia moral humanista se está formulando ya la pregunta de si el deber de respeto que los hombres tienen para consigo mismos y para todos los demás seres humanos por imperativo de su propia dignidad incluye también o no la obligación de respeto a todos los otros seres vivos e, incluso, a los seres inanimados. Habría que ir pensando, pues, en la revisión del tradicional axioma de la unicidad diferencial de los hombres frente a todos los demás seres como fundamento último de la dignidad humana, así como en la posibilidad de compaginar la apelación al deber de respetarla escrupulosamente con la ampliación de su proyección hacia el resto de seres animados (o no sólo).

Por otra parte, tal vez sea necesario preguntarse si es o no razonable seguir atribuyendo sentido absoluto y alcance ilimitado al postulado del carácter de fin-en-sí de todo ser humano y al consiguiente principio de no-instrumentalización. Muy bien podría ocurrir que en un futuro no demasiado lejano, frente al férreo dogmatismo ético individualista y abstracto, terminen imponiéndose las consideraciones que ponen en primer término la naturaleza constitutivamente social e histórica de los hombres y su consiguiente implicación en la realización inevitable (por tanto, moralmente obligada) de actividades en las que el sujeto actuante ha de ponerse al servicio de otros hombres tomados individualmente o como colectividad[66]. ¿Quedarían homologadas moralmente estas diversas actividades de subordinación o servicio dependiente por la simple intermediación taumatúrgica de una decisión o consentimiento 'autónomos'?[67].

---

[66] 'Criar' a los hijos, atender a los familiares enfermos, trabajar para la comunidad (prestaciones sociales, impuestos) o para los pobres, arriesgar la vida para salvar la de otros, participar en las guerras de defensa, donar sangre u órganos, etc.

[67] Y hay otra pregunta bastante más incómoda para el dogma de la dignidad en su manifestación de respeto a la integridad física y moral de la persona. Es la que conecta con el fundamental problema de la bondad de los fines y la posible perversión de los medios utilizados para conseguirlos y se cuestiona, por ejemplo, si es o no posible recurrir a la tortura para averiguar dónde está colocada una bomba explosiva cuya probable deflagración mataría a un considerable número de personas. A este respecto, el profesor I. GUTIÉRREZ GUTIÉRREZ (*Dignidad de la persona y derechos fundamentales*. Madrid: Marcial Pons. 2005. (P. 35)) se ha hecho eco del punto de vista del W. Brugger ("Darf der Staat aunahmsweise foltern?". En *Der Staat*, 1996. (Pp. 79 ss.)) quien, ante la pregunta de si la tortura es absolutamente contraria a la dignidad de la persona que proclama el artículo 1.1 de la Ley Fundamental de Bonn, ha respondido que no siempre, añadiendo incluso que puede haber

En todo caso, cuando se intenta contrastar doctrinalmente cuál es el contenido normativo de la dignidad humana, hay un tópico cuya mención no falta casi nunca: los derechos humanos[68]. Serían, pues, estos derechos los que, según abrumadora opinión de los estudiosos, concretan progresivamente ese contenido mediante el desarrollo jurídico-positivo de su reconocimiento y protección, a través de una mutua complementación circular en que, por una parte, los derechos son simples proyecciones de núcleos esenciales de la dignidad de la persona y, por otra, ésta actúa como medida del contenido esencial de los derechos[69]. Así pues, en la actualidad y desde esta perspectiva, el radio de acción de la dignidad humana coincide con el espacio cubierto por el conjunto de los derechos personales a los que se atribuye generalmente el carácter de fundamentales e ineludibles, con independencia de que hayan sido o no incorporados ya a los instrumentos homologados de proclamación y amparo. Y con independencia también de que sea inevitable reconocer que ese radio de acción será delimitado en cada momento y sociedad por las creencias y convicciones aleatoriamente consolidadas en la conciencia ética colectiva[70]. Pero no parece posible albergar ninguna duda de que, en el marco de los principios y reglas miméticamente incorporados por todos los

---

situaciones en que alguien tiene un derecho subjetivo a exigir del Estado que aplique la tortura para evitarle un daño extremo.

[68] Como ha afirmado el profesor Eusebio Fernández (E. FERNÁNDEZ GARCÍA, *Dignidad humana y ciudadanía cosmopolita*, cit. (P. 12) "respetar la dignidad de los seres humanos equivale a reconocerles ciertos derechos [ ]. Y ello es de aplicación a todos los derechos humanos más básicos o fundamentales, desde el derecho a la vida, o la libertad ideológica al derecho a los medios de subsistencia económica".

[69] Como afirmara, por ejemplo el Tribunal Constitucional español en sus sentencias 194/1994 (en el primer de los sentidos) ó 170/1994 y 200/1998 (en el sentido segundo). Por lo demás, la vocación colaboracionista que el alto Tribunal español ha presupuesto en la dignidad y los derechos humanos le ha permitido recurrir con frecuencia a la primera (en un admirable –y explicable– afán legislador) para dar cobertura iusfundamental a posiciones jurídicas cuyo amparo por un derecho fundamental concreto no era fácilmente determinable dentro del texto constitucional. Así en las sentencias 99/1994, 183/2000 ó 51/2003.

[70] El encuentro con el carácter convencional de la dignidad humana y con las mediaciones ideológicas resulta, pues, inevitable una vez más porque siempre ha de haber un sujeto empírico concreto que decida. Y, si queremos responder a la pregunta de quién es el que ha de decidir lo que es o no bueno, digno y justo, tendremos que reconocer que no puede ser más que el sujeto social que tiene en cada caso el poder suficiente para hacerlo (divinidad, profeta, tradición, héroe, rey, el-más-fuerte, grupo selecto o pueblo).

documentos internacionales de Bioderecho[71] y dentro de la perspectiva de la dignidad, los derechos humanos están llamados en la actualidad a actuar como referencia y frontera límite de cualquier posible elasticidad interpretativa del testamento vital.

A veces se incluyen en el contenido de la dignidad humana algunas exigencias más particulares, como la responsabilidad moral o la prohibición de la discriminación. Así, se ha afirmado, por ejemplo, que el hecho mismo de su dignidad constitutiva coloca al hombre en la obligación de obrar moralmente, es decir, asumiendo la responsabilidad moral de sus actos, ya que "la posesión de cualidades como la conciencia moral, unida a la libertad y a la intelectualidad (...) implica tanto como que el hombre debe decidir, y debe decidir sobre la base de su razón, esto es, ha de dar razón de su comportamiento"[72]. O se ha insistido en que una de las exigencias del respeto a la dignidad humana es la prohibición de discriminación[73], ya que la afirmación universal de esta dignidad implica el reconocimiento de que el carácter "humanidad" es en sí mismo un título de excelencia que poseen todos los seres humanos por el simple hecho de ser tales. En consecuencia, no pueden existir diferencias motivadas por las dispares circunstancias en que cada individuo realiza su existencia, por lo que cualquier tipo de discriminación sería contraria a la dignidad misma.

Ahora bien, estas afirmaciones, pese a poder ser justificadas en alguna medida desde el contenido de la dignidad, exigen al menos dos matizaciones. Una primera en el sentido de que la prohibición de la discriminación no tiene su fuente de legitimación en el dato de que todos los hombres sean dignos, sino en el hecho de que todos participan igualmente en la dignidad que corresponde a su razón de "humanidad". Así pues, el fundamento del principio de no-discriminación injusta está, no tanto en la

---

[71] La regla de cierre establecida en el artículo 28 de la *Declaración Universal sobre Bioética y Derechos Humanos* proclamando que "ninguna disposición de la presente Declaración podrá interpretarse como si confiriera a un Estado, grupo o individuo derecho alguno a emprender actividades o realizar actos que vayan en contra de los derechos humanos, las libertades fundamentales y la dignidad humana" es ejemplar a este respecto.

[72] I. DE MIGUEL BERIAIN ("Consideraciones sobre el concepto de dignidad humana", cit. (P. 203)).

[73] GÓMEZ SÁNCHEZ, Y., "Los principios de autonomía, igualdad y no discriminación en la Declaración Universal sobre Bioética y Derechos Humanos". En *La Declaración Universal sobre Bioética y Derechos Humanos de la UNESCO*, cit. (P. 288).

dignidad que tienen todos los seres humanos, cuanto en la igualdad con que poseen esa dignidad. A su vez, la segunda matización apunta a dejar claro que, si bien la "discriminación" implica siempre un trato diferenciado, no siempre éste constituye una discriminación en sentido propio. Sólo hay discriminación propiamente dicha cuando la diferencia de trato es arbitraria y carece de justificación objetiva suficiente. Y, desde este punto de vista, tal vez sería más razonable entender que la legitimidad ética de las conductas que son fieles a las exigencias del trato igualitario procede más de su conformidad con las exigencias de la justicia que de su fidelidad a los reclamos de la igualdad.

Finalmente, para la delimitación específica del contenido que puede imputarse a la dignidad humana en su función de principio orientador en un hipotético proceso regularizador del testamento vital, se han hecho varias consideraciones de interés. Así, algunos autores[74] han avanzado la idea de que, en el campo de la biomedicina, la dignidad podría tener dos proyecciones en cierto modo opuestas. De un lado, la que corresponde a su dimensión subjetiva, es decir, la que actúa como principio de atribución al sujeto de un amplio poder de elección, decisión y exigencia de respeto. De otro lado, la que tiene en cuanto valor objetivo, es decir, como realidad que sobrepasa las capacidades de libre decisión que corresponden a su titular, de modo que la circunstancia de que un determinado miembro de la especie carezca de hecho de estas facultades no impide que siga siendo considerado como titular de la dignidad humana. En consecuencia, la dignidad humana tiene la doble eficacia de atribuir a sus titulares un determinado haz de posibilidades de actuación libre y de colocarles al mismo tiempo ante un horizonte de límites y condicionamientos objetivos que se originan en su participación en la realidad que es raíz de esa dignidad, la "humanidad", y que se constituyen en deberes de respeto y actuación hacia otros sujetos.

Se ha destacado asimismo en forma recurrente que, en lo que atañe al testamento vital, el pleno respeto de la dignidad personal de cada individuo incluye la posibilidad de que éste decida con total libertad sobre todo aquello que afecta a su vida y salud, en un acto de lo que el Tribunal Constitucional español ha calificado en alguna ocasión especialmente

---

[74] Por ejemplo, BEYLEVELD, D. / BROWNSWORD, R., *Human Dignity in Bioethics and Biolaw*. Oxford: Oxford University Press. 2002. (Pp. 27-29).

conflictiva[75] como "autodeterminación consciente y responsable de la propia vida". Esta conclusión podría ser cuestionada, sin embargo, desde varios ángulos críticos, como he señalado ya en otro lugar[76], pues no parece posible atribuir al principio de autonomía personal una validez incondicionada en el campo del cuidado de su salud y vida cuando esa autonomía entra en conflicto con el valor objetivo de la vida, con los derechos de otros individuos o con los intereses/derechos de la colectividad[77].

---

[75] Sentencia 53/1985 por la que resolvió el recurso previo de inconstitucionalidad número 800/1983 contra el texto definitivo de la Ley Orgánica de reforma del art. 17 bis del Código Penal. La expresión que se cita apareció recogida en el fundamento jurídico número 8.

[76] "Disquisiciones de fundamentación racional para el «testamento vital»", cit., en especial las pp. 1732-1735.

[77] Un ejemplo: aunque la opinión mayoritaria se inclina hacia la tesis de que no puede imponerse a los ciudadanos la realización de pruebas genéticas, parece más razonable afirmar que dichas pruebas podrán ser impuestas cuando así lo aconseje una previa ponderación de todos los intereses y/o derechos que están en juego. Así, probablemente, en el caso de personas en las que exista un considerable riesgo de transmitir enfermedades a su descendencia, de modo que resulte factible adoptar medidas tendentes a evitar o paliar las consecuencias negativas vinculadas a una posible procreación, como ha señalado en un minucioso y documentado estudio M. JORQUI (*Análisis genéticos en el ámbito asistencial: reflexión ético-jurídica*. Granada: Fundación BBVA-Comares. 2010. (Pp. 90-106)). Han aportado también consideraciones muy pertinentes los profesores A. E. PÉREZ LUÑO ("El derecho a la intimidad en el ámbito de la medicina". En *Biotecnología, Derecho y dignidad humana*, cit. (P. 274) o C. M. ROMEO CASABONA ("Las prácticas eugenésicas: nuevas perspectivas". En *La eugenesia hoy* [Romeo Casabona, C. M., edit.], Bilbao-Granada: Comares. 1999. (Pp. 17-18); "El tratamiento y la protección de los datos genéticos". En *Gen-Ética* [F. MAYOR ZARAGOZA, F. Y ALONSO BEDATE, C., coords.]. Barcelona: Ariel. 2003. (Pp. 244ss)).

VOLUNTADES ANTICIPADAS Y RESPONSABILIDAD. UNA PERSPECTIVA FILOSÓFICA

GRACIANO GONZÁLEZ R. ARNAIZ
Catedrático de Ética
Universidad Complutense de Madrid

Resumen: Este trabajo tiene por objetivo el acudir a la responsabilidad para mostrar el referente moral que tienen las Voluntades Anticipadas como un ejemplo concreto para propiciar desde él un cambio de rumbo en la Bioética, demasiado centrada en una ética de principios.

Palabras clave: autonomía, bioética, responsabilidad, principios.

Una parte significativa de las cuestiones morales que surgen en la Bioética, sea ésta fundamental o clínica, se refieren a la autonomía. Unas para destacar la característica de la acción moral como acción voluntaria; las otras para poner en escena la relevancia del paciente como sujeto moral. El caso de las Voluntades Anticipadas no es ajeno a esta tendencia.

Sin embargo, en el nuevo rumbo que va tomando la Bioética como ética general de la vida cada vez es más frecuente comenzar a revisar y cuestionar este predominio de la autonomía en favor de la responsabilidad. Sobre todo si se tiene en cuenta que lo específico de la acción sanitaria –como referente de acción moral– es ser una acción relacional. De ahí nuestra opción por acudir a la responsabilidad para mostrar el referente moral que tienen las Voluntades Anticipadas como un ejemplo concreto para propiciar desde él un cambio de rumbo en la Bioética, demasiado centrada en una ética de principios.

Para llevar a cabo este cometido, comenzaré describiendo brevemente el contexto socio-histórico y cultural en el que aparece el documento de Voluntades Anticipadas entre nosotros así como los diversos avatares por los que ha discurrido hasta el día de hoy. Seguiré, después, con algunas aclaraciones terminológicas sobre la diversidad de los nombres que tiene este documento y que pueden resultar útiles para saber de qué hablamos. El grueso del planteamiento abarca los dos apartados siguientes. El primero de ellos es una propuesta alternativa a la predominante lectura de las Voluntades Anticipadas hecha desde la autonomía. En su lugar, llevo a cabo una lectura del documento legal que las ampara desde la responsabilidad como punta de lanza de una propuesta de Bioética General. A la que completa una exposición de las condiciones requeridas para que dicho documento tenga una legitimidad ética, inaugurando así el paso a una ética normativa. Para finalizar, añadiré algunas claves nuevas para entender más adecuadamente la relación entre responsabilidad y Voluntades Anticipadas con algunas sugerencias para prolongar el discurso sobre una cuestión siempre abierta a nuevos planteamientos.

1. CONTEXTO SOCIO-HISTÓRICO Y CULTURAL

La historia de las Voluntades Anticipadas tiene como referente histórico de nacimiento las **directrices anticipadas** (advance directives) (DOUKAS y REICHEL, 1993). Entre nosotros su trayectoria histórica es muy reciente. Apenas discurren 30 años desde que se inicia como reclamación moral hasta su regulación jurídica bajo la denominación de *instrucciones previas*. En concreto, su aparición pública puede datarse en 1986 cuando la Asociación Española para el Derecho a Morir Dignamente elabora un modelo del denominado Testamento Vital. Con posterioridad, en 1989, la Iglesia Católica elaborará otro modelo de testamento vital para atender posibles demandas de sus fieles. Y unos años después, en 1996, la propia Asociación para el Derecho a Morir Dignamente presenta un segundo modelo que completa y amplía en algunos puntos el anterior.

En el contexto político-administrativo, su presencia todavía es más reciente. De hecho hasta finales de 1996, año en el que surge una propuesta no de ley en el Parlamento de Catalunya sobre esta cuestión, no aparece ninguna referencia al Testamento Vital o a las Voluntades Anticipadas en el panorama político español. Aunque es verdad que, una vez aparecida esta propuesta, su presencia es sostenida en el tiempo y sus desarrollos bastante acelerados. El propio parlamento, con fecha de 21 de mayo de 1998, informa ya de la propuesta de un modelo de Testamento Vital y de su posible aplicación en Catalunya. Para ello, se apoya en la Ley General de Sanidad de 25 de abril de 1986, en concreto en el apartado de Derechos y Deberes de los pacientes y en el artículo 9 del Convenio del Consejo de Europa, firmado en Oviedo el 5 de abril de 1997 en el que se detallan ya una serie de condiciones para determinar la validez de estos documentos de directrices anticipadas o instrucciones previas...

En este mismo sentido, el Parlamento Vasco, el 26 de marzo de 1996, eleva una propuesta no de Ley sobre Testamento Vital para que 'todo individuo que lo desee pueda establecer ante testigos, por escrito y mediante acta notarial, su voluntad expresa e inequívoca de no ser mantenido con vida por medios "extraordinarios y artificiales" siempre que sufra una enfermedad incurable y dolorosa que le conduzca irremediablemente a una muerte segura'. Aunque esta propuesta es rechazada, la propia instancia de la Cámara a promover una campaña de información a los ciudadanos, así como la remisión de la misma al Pleno del Congreso de los Diputados y a los respectivos Parlamentos Autonómicos determina un avance significativo en lo que a términos legales o legislativos se refiere.

La situación subsiguiente es que, una vez aprobada la Ley de Testamento Vital por el Parlamento de Catalunya a finales del año 2000, la Comisión de Sanidad del Congreso de los Diputados eleva una propuesta de Ley el 12 de junio de 2002, prácticamente en los mismo términos que la aprobada en Catalunya; Ley que es ratificada por el Pleno del Congreso y posteriormente por el Senado y publicada como *La Ley 41/2002 básica reguladora de la autonomía del paciente y derechos y obligaciones en materia de información y documentación clínica (*BOE 15/11/ 2002).

Al amparo de este legislación, prácticamente todos los Parlamentos Autonómicos aprueban diversos modelos de Voluntades Anticipadas o Instrucciones Previas y asumen el requerimiento para poner en marcha un Registro de las mismas. La *mecánica jurídica* aplicada a cada uno de estos temas hace que surjan, cuando menos, dos problemas, a la hora de proponer una regulación acompasada de un documento homogéneo. Tendríamos, en primer lugar, la cuestión de la diversidad de redacciones que, aunque tienen el mismo 'espíritu', la letra que les acompaña supone diferencias bastantes significativas. Y después tendríamos el problema de un Registro General y de su funcionamiento en el marco nacional. Por no hablar de las propias cuestiones de ámbito ético y legal a que puede dar lugar la aplicación concreta del propio documento de Voluntades Anticipadas.

En toda esta historia es importante añadir el componente sociocultural que ampara esta normativa surgida en el contexto sanitario. A nuestro entender, ha resultado determinante para su visibilidad social la propia medicalización de la salud y de la vida merced a los avances propiciados por las nuevas tecnologías que han creado unas expectativas desmesuradas en este campo. Esta referencia, de contenido material –técnicas de soporte vital– y formal –cuestiones morales surgidas de mantener la vida artificialmente así como la cuestión de la limitación del esfuerzo terapéutico– nos permite comprender a una nueva luz toda la temática que ronda este tema de las voluntades anticipadas. Dicho de otra manera, nos permite entender el porqué de la pertinencia de esta normativa.

Las voluntades anticipadas, también denominadas instrucciones previas o testamento vital articulan un procedimiento para la toma de decisiones en estos casos de incompetencia del paciente que tiene dos objetivos. Uno es hacer públicas las preferencias del paciente sobre los tratamientos a aplicar en el final de su vida. Dicho de otra manera, nos permiten conocer la voluntad del paciente incompetente sobre estos tratamientos a través de un texto que expresa su voluntad cuando era competente para tomar ese tipo de decisiones. El otro objetivo es la posibilidad de facultar a otra persona para que pueda tomar decisiones en su nombre, en lo concerniente a lo expresado y a posibles situaciones que no estaban previstas y que pueden derivarse de dicha incompetencia.

Todos estos aspectos de índole sociológica y descriptiva de esta situación de incapacidad, hay que enmarcarlos en un contexto cultural muy explícito. Me refiero al contexto cultural occidental en el que prima, a partir sobre todo de la modernidad, *una cultura de la autonomía* como principio y referente de unos poderes que tiene el Yo –cada uno de nosotros– para decirse y, en consecuencia, para expresar el derecho a su propio modo de autorrealización (CORTINA, 1993)[1]. La lectura de

[1] De hecho, por ejemplo A. Cortina entiende por autonomía "madurez psicológica y ausencia de presiones externas (sociales) o internas (el dolor mismo) suficientes como para decidir de acuerdo consigo mismo" La expresión 'consigo mismo' debe interpretarse referida a sus proyectos de autorrealización que son 'privados' pero que lo que se representa

esta aseveración por parte de la ética biomédica como *principio primero* convierte en determinante su aplicación para todo lo concerniente a la cuestión de las voluntades anticipadas.

De hecho, todo el aparato normativo y legislativo que ampara la ley de Instrucciones Previas (art. 11) incorpora *el derecho a la información del paciente, la ley de la autonomía* en los términos de capacidad y competencia, *la ley del consentimiento informado* y del *encarnizamiento terapéutico o de la limitación del esfuerzo terapéutico*. Todas ellas son expresión de un privilegio de la *autonomía* que aparece en el frontispicio del discurso moral de la ética biomédica como primer principio de la bioética. Y, justamente, este predominio o preeminencia de la autonomía – auténtica situación de privilegio cognitivo y ético – es lo que voy a revisar y a criticar desde la noción de responsabilidad que analizaré más adelante.

2. LA POLÉMICA DE LOS NOMBRES

Lo primero que llama la atención de esta pequeña intrahistoria que hemos reseñado es la diversidad de nombres que se utilizan para nombrar la misma cosa o la misma realidad. En el contexto sanitario se suele hablar de directrices anticipadas, de instrucciones previas, de voluntades anticipadas y de testamento vital prácticamente para decir lo mismo. Por respetar la historia de su aparición, voy a referirme al término de directrices anticipadas y su definición como nombre genérico en el que integrar los diversos tipos en los que se encarna o manifiesta toda esta consideración.

A este respecto, se puede decir que una *directriz anticipada* es una declaración oral[2] o escrita, dirigida preferentemente al personal sanitario, en la que una persona expone y describe qué tipo de tratamientos desea o no desea que le sean aplicados en diversas circunstancias médicas futuras generadoras de incompetencia, o quién debería tomar las decisiones si entra en una situación de incapacidad o de incompetencia para expresar

es el derecho del paciente a ser escuchado en lo que le afecta. Y esto es lo que debe ser universalizado. De ahí su valor moral.

[2] En algunos casos y debidamente amparada por la legislación se puede admitir como prueba imágenes grabadas en vídeo.

sus preferencias. Se denominan 'directrices anticipadas parciales', cuando manifiestan alguna excepción a lo anteriormente dicho.

Se suelen emplear diversos términos para poner de manifiesto esta realidad, como hemos hecho alusión más arriba. Así se habla de:

a. *Testamento vital,* que es un documento en el que se piden o se rechazan tipos específicos de intervención médica llegado el caso de una futura incapacidad para tomar decisiones. El calificativo de *vital* especifica que se trata de un testamento que entra en vigor cuando todavía está vivo el que lo ha firmado.

b. *La designación de un representante para cuidados de la salud* que comporta el documento en el que se designa una persona de confianza a la que se la faculta para tomar decisiones relacionadas con el cuidado de la salud del firmante del documento, en el caso de que éste entre en incapacidad.

c. *La historia de valores,* también denominada *anamnesis de valores* (KEVIN-H-M SASS, 1995) que consta de una información ofrecida por una persona sobre sus valores, su visión del mundo, sus preferencias, deseos y actitudes… de las que se puede inferir el tratamiento adecuado en un caso de futura incapacidad para tomar decisiones. La expresión de esta historia es plural, pues puede ser tanto una lista de valores, como una historia narrativa o un itinerario de vida (Advance Care Planning).

d. *Voluntades anticipadas*, para expresar el grosor ético de una decisión por parte de un sujeto moral en la que confluyen los aspectos anteriormente enunciados.

En la realidad, este esquema que acabamos de proponer es muy formal, y tiene la utilidad de permitirnos ordenar conceptos por relación con situaciones. Puesto que, generalmente, lo que se da a la firma del paciente por parte de una institución es un tipo de documento mixto que integra la dinámica propia del Testamento Vital[3] y la designación de representante. Además, al tratarse de documentos ya redactados, la persona que decide

---

[3] En la Ley aprobaba por el Congreso de los Diputados en 2002, el texto sobre 'instrucciones previas o testamento vital' permite que toda persona mayor de edad, en plenitud de facultades y libremente, pueda exponer por escrito y anticipadamente su voluntad sobre el tipo de tratamiento para su salud que desea recibir, así como de aquellos métodos que rechaza, para que se cumplan sus deseos cuando no sea capaz de expresarlos personalmente.

firmar se atiene a lo allí determinado, aún cuando puede añadir disposiciones especiales de entre las posibilidades que le ofrece el texto. Por eso, resulta pertinente, mientras no exista un documento-guía homogéneo, tanto el estudio comparativo de sus diversas redacciones – en nuestro caso español 17 redacciones –, cuanto los diversos apartados o ítems que deberían incluir para hablar de legitimidad ética del documento.

Dejando aparte estas cuestiones, más propias de la aprehensión jurídica, la cuestión del nombre no es una mera cuestión artificial. Se están dando casos de confusión terminológica de los términos empleados para referirse a este documento que pueden llevar a engaño al propio paciente.

En este contexto hay entender las críticas de Hans-Martin Sass al término *testamento vital o testamento del paciente* (*Patiententestament*). Para este autor, el término testamento vital puede resultar confuso al incidir en un término muy delimitado en el lenguaje jurídico-administrativo. Para muchos de nosotros la palabra *testamento* va unida a herencia y el término testamento vital nada tiene que ver con el reparto de bienes del paciente. Por eso cree que sería mejor denominarle con la expresión *disposiciones del paciente* (*Patientenverfügungen*). También es contrario a la expresión *testamento vital* Harry M. Kuiter puesto que se trata de "una declaración de voluntad que alguien hace durante el tiempo en el que está vivo, sobre el contenido de cómo quiere morir" (KUITERT, 1991). Lo que le lleva a proponer el nombre de *testamento de muerte* (*Todestestament*) que, por otra parte, tampoco suena demasiado bien.

En cambio, para la Comisión Asesora de Bioética de la Generalitat de Catalunya el nombre adecuado sería el de Documento de V*oluntades Anticipadas* puesto que el paciente puede incluir en él diversas expresiones sobre sus valores, sus deseos, el nombramiento de un fiduciario... manifestaciones todas ellas de su voluntad. De ahí su opción por el término de voluntades anticipadas. Mientras que la Ley aprobada en Cortes en el 2002, en cambio, utiliza la expresión *instrucciones previas*.

La Comunidad Autónoma de Andalucía regula por Ley, de 9 de octubre de 2003, el derecho de las personas a redactar un documento escrito en el que hagan constar sus deseos y preferencias de tratamiento para el caso eventual en el que no pudieran decidir por sí mismas, así como a

Siempre y cuando dicha decisión se ajuste a la legislación vigente, es decir, excepto en los casos determinados por la ley, la ética o la denominada 'lex artis' de la práctica médica.

designar a quien tomará decisiones en su lugar. Esta misma comunidad promulga el día 8 de abril de 2010, la Ley de Derechos y Garantías de la Dignidad de la Persona en el Proceso de la Muerte. En ella se añaden pequeñas modificaciones al anterior texto. Se insiste, por ejemplo, en la necesidad de propiciar un Registro o en la obligación de incluir dicho documento en la historia clínica del paciente. En ambas leyes se alude tanto al término de 'testamento vital' como al de 'voluntad vital anticipada'. Tiene el honor de haber sido la primera Ley promulgada respecto a este tema en el ámbito del Estado Español.

Pues bien, esta sostenida presencia legislativa del término de *Voluntades Anticipadas*, a la que habría que añadir la de su nueva aparición en el frustrado proyecto de ley aprobado 10 de junio de 2011 por el Gobierno denominado *Ley reguladora de los derechos de la persona ante el proceso final de la vida,* conocida como *Ley de la Muerte Digna*[4] ha propiciado nuestra opción por el término de Voluntades anticipadas, aún reconociendo el carácter más popular de Testamento vital..

Dicho lo cual, proponemos entender por *Voluntades Anticipadas un documento oficial, dirigido preferentemente al personal sanitario, en la que una persona mayor de edad, capaz y libre, expone y describe qué tipo de tratamientos desea o no desea que le sean aplicados en diversas circunstancias médicas futuras generadoras de incompetencia, designa opcionalmente quién debería tomar las decisiones si entra en una situación de incapacidad o de incompetencia para expresar sus preferencias y, llegado el caso de su fallecimiento, manifiesta su voluntad sobre el destino de su cuerpo o de sus órganos*. Esta declaración o documento abre todo un abanico de situaciones en las que las cuestiones morales que se suscitan y las normativas que pretenden traducirlas, resultan muy difíciles de zanjar.

Baste considerar a este respecto que el sujeto moral de referencia es el paciente incompetente, cuando para la consideración moral el sujeto es el auténtico protagonista de la ética. Pero también, y en una medida no menor, otros autores señalan la propia complejidad del término incompetencia o incapacidad. Lo que les lleva a introducir términos como los de

---

[4] Proyecto de Ley aprobado por el Gobierno de España el día 10 de junio de 2011 y tras las elecciones convocadas por el Gobierno socialista, es una ley que duerme el sueño de los justos.

incurabilidad y de irreversibilidad[5] que añaden precisiones a la alusión de la sola incompetencia del paciente que marca el punto de inflexión para poder entender el documento de las Voluntades Anticipadas como un caso de consentimiento informado en diferido.

3. LA RESPONSABILIDAD *EN EL PRINCIPIO* DE LA BIOÉTICA

¿Por qué hablar de responsabilidad en medio de una cultura de la autonomía que parece ser el referente de sentido y legitimidad de las Voluntades Anticipadas? ¿Qué motivos o referentes hay detrás de la autonomía –del principio del respeto a la autonomía– para convertirla en la percha de la que colgar todo el significado y el sentido moral que tiene? Y la pregunta clave: ¿la aplicación del principio de autonomía, cierra o culmina toda la consideración moral relativa a las Voluntades Anticipadas?

Como puede apreciarse, las tres son preguntas-llave para abordar y proponer una lectura alternativa a la llevada a cabo por una *ética de principios* que es la propuesta moral más socorrida por parte de la bioética médica. Ni soy el primero, ni seguramente seré el último en criticar los *excesos aplicativos* de esta ética de principios. Unos excesos que han llevado a muchos estudiosos a hablar de *principialismo* para referirse a la postura que sostiene que lo que hay que cuidar no es tanto la redefinición de los cuatro principios –que ya están suficientemente clarificados–, cuanto la *aplicación* de los mismos a las diversas situaciones y a las tomas de decisión.

De hecho, hay autores para quienes los principios –autonomía, beneficencia, no-maleficencia y justicia– al integrar en ellos ideales y deberes de los seres humanos no sólo representan el campo específico de la moralidad, sino que pueden ser presentados como principios universales. Es decir, como invariantes antropológicos que constituyen el marco de "un lenguaje moral común" (GUILLON, 1996) para solventar los problemas éticos que se puedan presentar en las ciencias biomédicas.

---

[5] En este sentido se expresa la *Association pour le Droit de Mourir dans la Dignité* de Bélgica en : *Dossier:Le testament de Vie. Bulletin Trimestrale* 69 (1998) 5. Bélgica es uno de los países que contemplan la eutanasia.

El primer aldabonazo en este mar de la tranquilidad en el que navegaba esta bioética de principios lo dio el Informe del Hastings Center (HANSON y CALLAHAN, 1999) cuando lleva a cabo un balance de la situación de la Bioética entre 1993 y 1996. Para los autores de este informe, en el planteamiento moral de las cuestiones bioéticas ha venido siendo habitual primar la deliberación sobre los medios por encima de la atención a los fines. Su diagnóstico es que "la intensidad de las discusiones técnicas ha oscurecido, paradójicamente, la pobreza de la discusión sobre el objetivo y la dirección de la medicina. (Las respuestas dadas por la bioética) *están dirigidas primariamente a los medios de la medicina y a la asistencia sanitaria, no a sus objetivos y fines*"[6].

El siguiente aviso es de 2005 para proclamar el final de la *pax bioética* (MORENO, 2005), que es el equivalente a la denuncia de un consenso universal puramente abstracto y metódico de la bioética de principios, sin percatarse de la creciente presencia de los afectados en las cuestiones que les conciernen y del olvido de la importancia de los contextos culturales en los que los problemas se plantean. En el intermedio, los propios creadores (sic) de esta ética de principios, Beauchamp y Childress[7], hablan de cuatro virtudes para lograr una adecuada aplicación de los principios a los casos concretos. La compasión, la prudencia, el ser digno de confianza y la integridad son virtudes inexcusables cuando de aplicar los cuatro principios se trata.

Esta auténtica situación crítica en la que se halla la Bioética de principios no se compadece sin más con la opción de referirse a la autonomía para legitimar moralmente –y después jurídicamente– el documento de Voluntades Anticipadas. Pues, en la misma medida en la que hemos argumentado que la cuestión moral del mismo o, en general, de las voluntades anticipadas, derivaba de manera importante de la referencia a dicho principio, en esa misma medida tendremos que ver cómo una adecuada

[6] M.J. Hanson y D. Callahan, *o.c.*, 3-4 subrayado autor. Claro que para señalar las cuatro metas de la medicina, construyen un nuevo concepto de salud como "la experiencia de bienestar e integridad del cuerpo y de la mente, caracterizada por una aceptable ausencia de condiciones patológicas y, consecuentemente, por la capacidad de la persona para perseguir sus metas vitales y para funcionar en un contexto social y laboral habitual" *The Goals of Medicine. Setting New Priorities (Special Supplement)* en: Hastings Center Report 26, 6 (1996) p. S9.

[7] En la cuarta edición de su libro *Principles of Biomedical Ethics* de 1994 dedican un capítulo entero a esta cuestión.

lectura de la responsabilidad resulta más pertinente para comprender la problemática ética que encierra.

3.1. Responsabilidad y acción relacional

Lo primero que salta a la vista cuando se habla de Voluntades Anticipadas es que en el escenario de esa acción institucional hay tres protagonistas destacados: el paciente, el representante del paciente y el personal sanitario, por no mentar el personal del registro.

Si observamos de cerca esta situación, podemos apreciar que lo determinante para su significado moral no es tanto la libertad con la que cada uno de los protagonistas lleva a cabo su papel, sino los supuestos desde los que cada uno de ellos actúa. Al paciente se le supone la capacidad para 'responder de lo dicho'; al representante nombrado se le plantea la cuestión de 'hacerse cargo…' de que se lleve a cabo lo expresado por el paciente; y al personal sanitario se le plantea del compromiso de asumirlo y de llevarlo a cabo, en las condiciones *debidas*, es decir, desde el tema de las instancias de la responsabilidad que se concreta en la cuestión ante quién responder y ante qué responder. Un eufemismo para hablar de los límites del documento de Voluntades Anticipadas que no puede reseñar tratamientos prohibidos en el Código Penal. Así por ejemplo, no puede contemplar la petición de eutanasia.

Las tres tareas –responder de lo dicho, hacerse cargo y comprometerse– son representaciones semánticas de la responsabilidad y determinan actitudes y modos de ser en las que los demás resultan determinantes para el sentido de la acción. La acción se lleva a cabo, no por la autonomía con la que la hizo cada uno, sino por la responsabilidad asumida por los tres conjuntamente. Y puede ser así, porque lo que nos constituye como sujetos morales o personas no es primigenia u originariamente la autonomía, sino la relación en la que nos hallamos con los demás desde el primer momento de nuestras vidas y, en consecuencia, hasta el momento final de ellas.

Antropológicamente considerada, pues, la responsabilidad entendida como exigencia de la relación en la que el ser humano se hace, es previa y anterior a la autonomía. En ese sentido, no dejan de tener razón algunos autores cuando dicen que la autonomía ni es un principio, ni puede ser considerada como tal (SIMÓN, 1999) y (GRACIA, 1997)[8]. La autonomía, en su acepción filosófica más estricta, es un atributo de las personas que acompaña y da sentido a la idea de dignidad que es el único principio digno de tal nombre de toda Ética y, así, de toda Bioética. Por eso nuestra propuesta es entender la autonomía como 'ideal moral' abriendo así las puertas para su comprensión como valor moral que avalaría una consideración dinámica en tanto de proceso de autonomización.

Ahora bien, tampoco aquí, en esta *relación a tres* que supone el documento de Voluntades Anticipadas, la responsabilidad es *un* principio, ni menos aún el primer principio de toda ética, como propuso de manera general Hans Jonas (JONAS, 1995). Se tendría que decir más bien que el lugar de la responsabilidad es estar *en el principio* de toda posible relación en la que se da el sentido que es el tema del que se ocupa la Ética como saber filosófico. En el caso que nos ocupa, diríamos que la acción iniciada por el sujeto-paciente no alcanzaría su sentido si no es a través del compromiso y del hacerse cargo... de la misma, por parte de los otros dos protagonistas. Y como el sentido es el tema de la Ética a nadie puede extrañar que digamos que la responsabilidad así entendida es previa –en el sentido de más originaria– a la autonomía y explica (sic) mejor la raíz del significado de los demás principios (beneficencia, no-maleficencia y justicia) como he sostenido en otros trabajos (GONZÁLEZ R. ARNÁIZ, 2011).

3.2. Los rasgos de una 'razón responsable'

¿Por qué, entonces, para dar cuenta del sentido de *esta acción a tres*, la responsabilidad tiene ese papel? La razón es de raíz antropológica, pues se remite a la propia situación en la que el ser humano se encuentra al venir a este mundo. Por eso, la responsabilidad de la que hablamos no se identifica sin más con la responsabilidad a asumir por las consecuencias de lo que hacemos –que, no obstante, incluye–, ni con la responsabilidad que uno 'se atribuye' por llevar a cabo uno u otro tipo de acción. No es de

---

[8] En este mismo sentido, D. Gracia sostiene que los principios de la biomédica no son absolutos por cuanto la evaluación de las circunstancias y de las consecuencias es un momento importante para el juicio moral. "En el razonamiento moral hay un momento principialista, y hay también otro que podemos llamar contextualista, narrativista o hermenéutico".

la imputación o de la atribución de responsabilidad de las que hablamos aquí.

La responsabilidad de la que hablamos es el prototipo de nuestra condición humana; de nuestra condición en tanto que *seres respondientes*. Y lo somos porque venimos a un mundo que ya está habitado por otros a los que no tenemos más remedio que responder (LEVINAS, 1998). A esta necesidad de tener que responder obedece el hecho de que hablemos y de que demos razones de lo que hacemos. Por eso, el referente de las *razones que damos para hacer* una cosa u otra –expresión de una autonomía ya moralizada–, no es sino la puesta en escena de esa *estructura responsiva* que nos define, que nos hace diferentes unos de otros y que nos individualiza. Tiene razón Levinas cuando dice que la responsabilidad es el principio de la individuación.

Gracias a esta previa estructura responsiva que nos constituye, podemos hablar de razón responsable para manifestar que las razones que damos al hacer adquieren una textura moral en la que se pone de relieve el sentido de una acción. Ahora se entenderá por qué una responsabilidad así no es la responsabilidad de la imputación de la que habla lo jurídico –y con mucha frecuencia también la Ética–; y se podrá comprender, también, por qué si los rasgos de la razón de ser de la autonomía derivan de la potencialidad de una capacidad para decirse y hacerse, y de una competencia para llevar a cabo la tarea propuesta, ninguna de estas dos consideraciones se darían en la situación que representan Voluntades Anticipadas desde el punto de vista de su consideración moral.

En cambio, los rasgos señalados aquí de una *razón responsiva* como razón que parte de la relación con el otro y de la vulnerabilidad, sí sirven para comprender el grosor ético que las voluntades anticipadas traslucen y que no es otro que el de una responsabilidad 'por encargo'.

¿Por qué responsabilidad 'por encargo'? Pues porque lo que se requiere en el escenario que representan las voluntades anticipadas es un tipo de 'razón' que parta de la relación con el otro y de la vulnerabilidad compartida. A este respecto, el paciente –que podemos ser todos– es un bien moral a proteger y debe ser protegido en su integridad. ¿Por qué? Por su fragilidad y su vulnerabilidad que le convierten en ser moral. Alguien es moral, recordaba Levinas, porque puede hacérsele desaparecer. No porque pueda desaparecer que es nuestra condición de finitos.

La alternativa moral, aquí, es cuidarle –que no se equipara con curarle–, hacerse cargo de él como una cuestión de responsabilidad por los demás a la que estamos convocados todos por la relacionalidad que nos define como humanos. En ella, todos somos seres con un valor interno reconocible y reconocido. Seres con dignidad que es la expresión moral única a la que cabe adscribir el término de principio de toda ética, también de la Bioética, según señalábamos más arriba.

La vulnerabilidad y la relacionalidad serían así los rasgos de una *razón responsiva* más que responsable, como prototipo de razón cordial y atenta a las necesidades de los demás. Una razón así es la que merece la pena – debe – que esté tras la razón de ser del significado y sentido que encierra una propuesta de Voluntades Anticipadas.

4. DE LA RESPONSABILIDAD PRIMERA A LA ÉTICA DE LA RESPONSABILIDAD

Esta disposición originaria de rango antropológico que es la responsabilidad, requiere una visibilidad. Pues nadie asegura que esta tendencia originaria a *ser responsable de y por* los otros se convierta sin más en comportamiento moral. Una cosa es que todos compartamos esta disposición originaria –como constitución humana de sentido y con significado moral– y otra muy distinta es que traduzcamos, de manera automática, esta disposición en comportamientos morales o en conductas 'buenistas'. Ya lo dijo Aristóteles. Necesitamos la Ética porque somos humanos. Ni los dioses, ni las divinidades la precisan.

Esto explica la pertinencia de un nuevo nivel de discurso que inaugura una ética de la responsabilidad como ética normativa. En este paso de un discurso de tenor más antropológico a otro más normativo es donde es preciso *poner a trabajar* la mentada responsabilidad originaria para 'dar cuenta' del significado moral de las Voluntades Anticipadas con vistas a su legitimidad ética.

En este sentido, lo primero que aporta esta responsabilidad primera u originaria a una ética de la responsabilidad normativa es la *memoria* de la dignidad del ser humano que la estructura responsiva había ya considerado como referencia de todo discurso ético posterior y su traducción como *vida digna*. Es la 'huella' indeleble que la responsabilidad originaria deja en todos nosotros. Venimos a un mundo habitado por otros, y esa relación nos constituye como seres con significado moral bajo la estructura antropológica del *tener que responder a... los demás, de los demás...y por...los demás.* Por eso la inteligibilidad no puede no partir más que de una preocupación (sic) moral de este tipo.

Como dice recurrentemente Levinas (LEVINAS, 1998), la inteligibilidad antes de convertirse en pensamiento tiene ya un sentido moral porque la situación de la que parte está ya moralizada. Y está moralizada, o es moral, no porque mande nada sino, más bien, porque parte del hecho de la con-vivencia con otros en tanto que estructura básica de sentido, y de todo sentido. Esta estructura relacional es una solidaridad originaria, que es más que la insaciable socialidad que Kant señalaba como una especie de condición de posibilidad para *la paz perpetua* (KANT, 1795).

En su estela, la ética de la responsabilidad se refiere a la libertad, a la igualdad y a la fraternidad como valores promovidos –que no descubiertos– por la Modernidad para promover un tipo de *razón interesada* en el hombre, gracias a esa originaria disposición. Y, tras ellos, propone las actitudes del respeto activo y de la dialogicidad y argumentación como las más apropiadas para promover un discurso moral atento y acogedor y, por ende, comprometido y testimonial en tanto que valores y actitudes de referencia de toda ética normativa y, así, de toda bioética clínica.

En este marco moral al que remite la Ética Normativa, las Voluntades Anticipadas adquieren una textura normativa ética ineludible en la intersección entre el *recurso al valor de la autonomía* como referente moral de un ejercicio de la libertad *en condiciones* con otros en instituciones justas[9]; *el respeto activo* entre los tres protagonistas que alimentan un espacio moral para que pueda llevarse a cabo la interacción y la interrelación, y el *compromiso* asumido –responsable– de hacer bien, de respetar las cosas, que es el referente de hacer el bien de la manera más adecuada, por justa. No olvidemos que la acción que representa el documento de Voluntades Anticipadas es una acción institucional.

Así es como la responsabilidad originaria entra en la Ética teniendo que sostener este espacio moral –reconocido y reivindicable– para que

---

[9] Es parte de la definición de la ética de P. RICOEUR, *Sí mismo como otro.* Siglo XXI, Madrid 1996. Su definición completa de la perspectiva ética es: *"aspirar a la verdadera vida con y para el otro en instituciones justas"* (pág. 186, subrayado autor).

pueda haber acciones significativas, moralmente hablando. A la vez que urge a asumir la responsabilidad –estructura deontológica– y las consecuencias –estructura consecuencialista– de lo que hacemos o de lo que nos *hacemos cargo* hasta el final. Por esta asunción de responsabilidad hasta el final, la ética se autonomiza –otros dirán que la ética se seculariza y se convierte en ética laica, por más que la ética siempre ha sido laica, de la misma manera que siempre ha sido civil– y se muestra abierta, teniendo de seguir dando razones de lo que hacemos para poder seguir siendo cada vez más humanos y humanizadores. En este nuevo espacio reflexivo, el discurso moral de la responsabilidad termina siendo un discurso de reciprocidad, como por ejemplo tematiza Apel en la corresponsabilidad (APEL, 1993)[10] en la estela de Jonas. Pero es una responsabilidad *derivada* de la responsividad primera que nos define.

5. UNA ÉTICA NORMATIVA PARA EL SIGNIFICADO MORAL DE LAS VOLUNTADES ANTICIPADAS

El rasgo más envolvente que esta ética de la responsabilidad aporta al significado moral de las Voluntades Anticipadas es la pregunta por la humanización de la vida; de toda la vida hasta su trayectoria final[11]. Una pregunta que tiene el referente de la pregunta por la vida buena y por la *vida digna*, como punto de encuentro de los discursos teleológicos y deontológico que han sido los discursos más socorridos en la historia de la Filosofía Moral occidental. En los dos resuena la pregunta previa por la humanización, sin la que la ética, como decía Levinas (GONZÁLEZ R. ARNÁIZ, 1997), no sería más que una farsa.

---

[10] "La situación del discurso argumentativo es la buscada posición irrebasable en la que la razón, por reflexión pragmático-trascendental sobre sus condiciones innegables sin autocontradicción, puede convencerse de que tanto la *autonomía* del darse moralmente normas, como la *corresponsabilidad* de todos los posibles interlocutores válidos, están obligadas a ser presupuestas" (subrayados nuestros).

[11] Un representante destacado de esta propuesta entre nosotros es J. Gafo, *Humanización* en: *10 palabras clave en bioética*. Verbo Divino, Estella (Navarra) 1994, 11-44., aunque él habla de 'humanización de la salud' distinguiendo entre el momento negativo de denuncia de la deshumanización de la atención sanitaria y el momento positivo de la consideración de los rasgos de una atención sanitaria humanizada.

Pues bien, en el contexto de esta pregunta primera que reclama el significado moral de una acción por su condición humanizadora (GONZÁLEZ R. ARNÁIZ, 2010), los tres protagonistas destacados de las Voluntades Anticipadas, en tanto que referentes de una acción moral institucional significativa, asumirían una serie de derechos y deberes requeridos –momento normativo– para que la práctica de las Voluntades Anticipadas se lleve a cabo éticamente. Los vamos a poner en relación con cada uno de los tres protagonistas que intervienen, aún sabiendo que siempre se dan, y no pueden no darse sino en interrelación. Hablaríamos así, de diez consideraciones relevantes para hablar ya de Ética Normativa a este respecto.

a. Por parte del paciente que *tiene que responder de...* lo dicho/escrito' desde el valor moral de la dignidad y de su humanización señalamos:
    1. El deber y el derecho a una información clara sobre los contenidos del documento y a una información adecuada sobre estados de salud previsibles, tratamientos y sus posibles consecuencias...; y, por lo mismo, el derecho y el deber a una información de las situaciones de incompetencia que pueden generar o de su llegada a un estado de inconsciencia irreversible[12]. De ahí que podamos hablar de una tendencia y exigencia de personalización del documento de Voluntades Anticipadas que se refiere a saber –conocer– lo que va a hacer.
    2. El deber del paciente de conocer y asumir los tratamientos 'adecuados' dentro de las posibilidades institucionales en las que se enmarca la declaración. Siempre revisables en virtud de la propia voluntad del paciente y que responden a la necesidad del sujeto moral de saber para poder asumir lo que va a suscribir.

[12]Autores como Sass y Kielstein hacen un llamamiento a esta claridad, pues términos como Testamento Vital o representante para cuidados de la salud son términos complejos. Pero también lo son quimioterapia, demencia, estadio final, muerte cerebral, estado de coma, respiración artificial, alimentación artificial, paro cardíaco, ictus cerebral, administración de fluidos, calidad de vida, medicina paliativa, acompañamiento en el morir, eutanasia o técnicas de sostenimiento vital

3. El derecho del paciente a manifestar sus valores, sus deseos o sus preferencias, sobre su concepción de calidad de vida para conocimiento de los otros dos protagonistas del documento de Voluntades Anticipadas y como marco adecuado para una posible toma de decisiones 'delegada', en un marco institucional: Dar cuenta de su proyecto vital para general conocimiento de los implicados.

b. Por parte del representante propuesto y desde la categoría del '*hacerse cargode...*', la condición moral del documento de Voluntades Anticipadas asume el valor del respeto activo, por el que el representante
   4. asume, desde la responsabilidad recíproca, su propuesta como representante de las voluntades anticipadas del paciente con respecto a tratamientos... dada una situación de incompetencia por parte de su proponente
   5. responde de que se cumplan las voluntades expresadas por el paciente incompetente en virtud de la fuerza moral del 'hacerse cargo de él'
   6. participa en la toma de decisiones en todo lo concerniente a dicho paciente en todo lo que atañe a su salud y a su calidad de vida en la susodicha situación de incompetencia del paciente.

c. Por parte del personal sanitario la significación moral del documentoaparece relacionada con el valor del *compromiso* –institucional y personal– de atender las demandas propuestas por el paciente en la declaración firmada por él, una vez que ha entrado en una situación de incompetencia. A este respecto:
   7. Es deber del médico o personal sanitario de referencia propiciar un diálogo simétrico sobre las implicaciones físicas y éticas de retirar o no aplicar tratamientos de soporte vital u otros tratamientos como respuesta al derecho del paciente a conocer.
   8. Es deber del médico respetar y no desafiar la voluntad del paciente –el valor aquí es el del *respeto* a la autonomía como compromiso de responsabilidad– sin ampararse en otros principios de la ética biomédica, por más que pueda

considerarles más oportunos. En un caso de conflicto de interpretaciones, al representante se le considera capacitado para asumir el 'juicio final' sobre este tipo de situaciones con vistas a una toma de decisiones, en virtud de la primacía de *la responsabilidad por encargo*.

9. Es derecho del médico, en virtud del compromiso profesional no acceder a tratamientos... que supongan ir en contra de la legalidad establecida, de una buena práctica médica (*lex artis),* o de su propia conciencia[13], por más que vengan avalados por la interpretación del representante del paciente. En caso de conflicto el Comité Ético Asistencial asesorará con vistas a determinar el marco más adecuado para su resolución.
10. Por eso, desde la visibilidad que supone el documento de Voluntades Anticipadas, la ética urge su traducción legal y avala la formalización legal de este documento escrito, por mor del valor de la seguridad jurídica, tratándose de una acción institucional. No como una versión más de medicina defensiva, sino más bien como requerimiento de significado moral y de legitimación de una acción institucional.

De esta manera, la ética avala la traducción legal de esta expresión de voluntades anticipadas con el objetivo de garantizar –valor de la seguridad jurídica– que la fuerza jurídica que le ampara no pierda de vista los valores morales que la responsabilidad ha puesto de relieve. Son estos valores los que otorgan legitimidad ética a la legislación sobre el documento de Voluntades Anticipadas, previniendo así una colonización jurídica de la ética.

6. PARA CONCLUIR

A lo largo de este trabajo, soy consciente de que se han producido cuando menos dos reducciones. Hemos hablado prioritariamente de Voluntades Anticipadas para identificar el documento de expresión de las

[13] Este tema de la 'objeción de conciencia' es una cuestión de permanente actualidad en el terreno de la asistencia sanitaria. Un planteamiento del mismo puede verse en: Varios, *La Libertad religiosa y la objeción de conciencia sanitaria.* Comares, Granada 2008.

directrices e instrucciones previas cuando sabemos que el propio nombre todavía es motivo de cierta controversia. Y, en segundo lugar, hemos analizado toda la cuestión moral referida a este amplio y complejo tema desde una determinada comprensión de la responsabilidad, en detrimento del principio de autonomía al que se suele recurrir comúnmente para presentar y sostener su planteamiento moral.

La primera de estas reducciones a las que acabo de aludir, no creo que plantee problemas de fondo para comprender el hecho concreto de la firma de un documento de este tipo por parte de un sujeto-paciente. En cambio, nuestra propuesta de lectura de las cuestiones morales que se dan cita en el documento de Voluntades Anticipadas desde la responsabilidad en los dos planos de la reflexión –fundamentación y normatividad–, tiene más calado filosófico. De un lado porque la mayoría de la literatura bioética sobre esta cuestión, considera la autonomía como una especie de *deus ex machina* para la resolución de los problemas más espinosos que se plantean en este campo. Esto nos lleva a denunciar una excesiva presencia del principio de autonomía para la exposición y desarrollo de las cuestiones morales implícitas en este tema –derecho de información, ley de autonomía, consentimiento informado…– y, en general, en todas las cuestiones que toca la bioética en tanto que ética biomédica. Comulgo en esta denuncia con un cada vez más amplio grupo de autores como O'Neill (O`NEILL, 2002) y Singer (SINGER, 2001) o Tauber (TAUBER, 2005) que ven una presencia desmedida de la autonomía en todos los temas de la bioética, en detrimento de la responsabilidad.

De otra lado, la permanente y sostenida crítica a una bioética de principios, la proclama del final de la *pax bioethica* y la renuncia a entender la autonomía como principio en lugar de ideal moral son motivos suficientes para tener 'la sospecha' de que las cuestiones morales planteadas por la bioética en las Voluntades Anticipadas no se agotan ni en la relación con los principios, ni con las diversas metodologías a que han dado lugar las distintas aplicaciones de los susodichos principios de la Bioética clásica.

Lo anterior no nos impide reconocer que en el paso de la Bioética Fundamental –de referente antropológico– a la Bioética Clinica, de carácter más normativo, esta cuestión de las Voluntades Anticipadas nos abre a una serie de aspectos que han de ser tenidos en cuenta para su significación moral como acto institucional. Cabe señalar, entre otros, la exigencia de prestar atención a las metas de la medicina; los argumentos jurídicos, filosóficos, religiosos... que acompañan la expresión de las voluntades del paciente, la textura ética y jurídica de la expresión de un derecho a morir con dignidad que tiene carácter principial; los propios contenidos del documento y su expresión; las condiciones durante la 'aplicación' de los documentos; las varias asimetrías que se producen y que son moralmente significantes entre la elección actual de un paciente competente y la firma del documento para cubrir futuras decisiones; la propia actuación del Comité de Ética Asistencial como órgano institucional cuando se dan interpretaciones diferentes de lo expresado en el texto del documento...

La responsabilidad propuesta en este trabajo conoce estos condicionamientos y las críticas cada vez más asumidas por los estudiosos de la Bioética. Conoce también los avatares que ha ido sufriendo la comprensión de la responsabilidad desde el momento en el que Hans Jonas la propone como principio de toda ética posible, dadas las consecuencias universales que las acciones amparadas por las tecnologías suponen. Y es consciente de la necesidad de un imperativo ético de la responsabilidad –de la corresponsabilidad, dirá Apel– para una sociedad tecnológica que ya dispone de un imperativo tecnológico como modelo de racionalidad práctica por aplicada. Por más que los habitantes de esta sociedad tecnológica sean plenamente conscientes –y los expertos aún más– de que las tecnologías 'levantan' cuestiones –mayoritariamente morales– para las que ellas mismas reconocen que carecen de una respuesta/solución adecuada.

En una situación así, nuestra propuesta de acudir a la responsabilidad para dar con la clave de las cuestiones morales que se plantean en las Voluntades Anticipadas supone un cambio de paradigma, si cabe emplear tal término en ética, en la comprensión de la responsabilidad. Pues plantea nada menos que situar a la responsabilidad *en el principio* de todo posible sentido moral; de toda posible acción significativa moral.

Para ello propone un ejercicio de la racionalidad en donde la relacionalidad y la vulnerabilidad articulan un espacio –una metáfora de ese espacio es el documento de Voluntades Anticipadas– en el que los sujetos morales expresan y alcanzan su carácter de valor interno reconocido y reconocible; es decir, su dignidad. Sujetos, por otra parte, que entran en la inteligibilidad teniendo que responder a los otros y de los otros.

El hombre *se hace cargo de... todo* en esta comprensión de la responsabilidad. Y en ese todo va incluido el *hacerse cargo de... su propia vida hasta el final* lo que explique, tal vez, el carácter efímero del documento de Voluntades Anticipadas.

Lo que no obsta para decir que la confianza, la apertura radical, el testimonio y el compromiso –signos eminentes donde los haya de la alteridad que nos constituye– son los 'hábitos del carácter' que como 'hábitos del corazón' articulan los brazos y los pies que tiene la razón para salir al paso de lo que *nos* ocurre o *nos* sucede en nuestra tarea de llevar a cabo una vida digna. Y sería deseable no dejar de ejercitar dichos hábitos, no tanto para que no se perdieran o no se anquilosaran, sino más bien para poder dar un sentido a nuestra vida y, en ella, a toda la realidad que nos envuelve, si de lo que se trata es de vivir/morir humanamente. Las Voluntades Anticipadas es un lugar de contraste y de verificación de esta aprehensión del valor de humanización. Nos queda la esperanza de que esta propuesta sirva para ulteriores desarrollos legislativos e institucionales en el empeño por crear contextos cada vez más humanos y humanizadores para los sujetos que les habitan. También, y sobre todo, en los contextos sanitarios.

BIBLIOGRAFÍA

APEL, K.-O., *Diskursethik als Ethik der Mitverantwortung für kollektive Aktivitäten* en: M. Grossheim-H.-J. Waschkies (eds.), *Rehabilitierung des Subjektiven. Festschrift für Hermann Schmitz.* Bouvier, Bonn 1993, 203-204.

CORTINA, A., *Un concepto' transformado' de persona para la bioética* en: *Ética Aplicada y democracia radical.* Tecnos, Madrid 1993, 237.

DOUKAS-W. REICHEL, D. J., *Planning for Uncertainty. A Guide to Living Wills and Other Advance Directives for Health Care.* Johns Hopkins University Press, Baltimore/London 1993. Su definición aparece en pág. 1.

GILLON, R., *The tour Principles Revisited – A Reappraisal* en: R. Gillon-A. Lloyd (eds.), *Principles of Helth Care Ethics.* J. Wiley abd Sons, Chichester/New York/Brisbane/Toronto 1996, 326.

GONZÁLEZ R. ARNAIZ, G., *Beneficencia, principio de* en: C-M. Romeo Casabona, *Enciclopedia de Bioderecho y Bioética.* T.I. Comares, Granada 2011, 121-129.

GONZÁLEZ R. ARNAIZ, G., *Ciberhumanismus. Una ética para el habitante de la sociedad tecnológica.* DossEdiciones, Sevilla 2010, pp. 171-246.

GONZÁLEZ R. ARNAIZ, G., *E. Lévinas. Humanismo y ética.* Cincel/ Pedagógicas, Madrid 1992.

GRACIA, D., *Cuestión de principios* en: L. Feyto (ed,), *Estudios de Bioética.* Dykinson, Madrid 1997, 38.

HANSON, MJ. y CALLAHAN, D. (eds.), *The Goals of Medicine. The Forgotten Issues in Health Care Reform.* Georgetown Univ. Press, Washington D.C. 1999.

JONAS, H., *El principio de responsabilidad. Ensayo de una ética para la civilización tecnológica.* Herder, Barcelona 1995.

KANT, I., *Zum ewigen Frieden (1795)* en: *Kants Worke (VIII)* Akademie Textausgabe. Walter de Gruyter, Berlin 1968, 341-386 (trad. es: J. Alcoriza y A. Lastra, Alba, Madrid 1999).

KEVIN-H-M. SASS, R., *Wertanamnese und Betreunungsverfügung. Instrumente zur Selbsbestimmung des Patienten und zur Entscheidungshilfe des Arztes und Betreuers* en: *Zentrum für Medizinische Ethik. Medizinethische Materialen* 81 (1995) 1-31. (KEVIN-H-M SASS, R., 1995)

KUITERT, H.M., *Die schriftliche Willenserklärung* en: *Der gewünschte Tod. Euthanasie und humanes Sterben.* Gütersloh 1991,123.

LEVINAS, E., *Humanismo del otro hombre.* Caparrós, Madrid 1998, 73.

O'NEILL, O., *Autonomy and Trust in Bioethics.* Cambridge Univ. Press, Cambridge (UK) 2002. P Singer-E. Pellegrino-M. Siegler, *Clinical Ethics Revisited* en: *BMC Medical Ethics* 2 (2001).

MORENO, J., *The end of the Great Bioethics Compromise* en: Hasting Center Report 35 (2005) 14-15.

SIMÓN, P., *Sobre la posible inexistencia del principio de autonomía* en: J. Sarabia (coord.), *La Bioética, lugar de encuentro. II Congreso Nacional. Asociación de Bioética Fundamental y Clínica.* Zeneca-Farma, Madrid 1999, 343-350.

SINGER, P y PELLEGRINO-M. SIEGLER, E., *Clinical Ethics Revisited* en: *BMC Medical Ethics* 2 (2001).

TAUBER, A.I., *Patient Autonomy and Ethics of Responsibility.* The MIT Press, Cambridge (USA) 2005.

PARTE II.
ANÁLISIS LEGISLATIVO

LEGISLACION ESTATAL Y AUTONÓMICA SOBRE VOLUNTADES ANTICIPADAS

JOSÉ RAMÓN DÍEZ RODRÍGUEZ
Doctor en Derecho
Abogado
Profesor-Tutor UNED

"*Tan de valientes corazones es, señor mío, tener sufrimiento en las desgracias como alegría en las prosperidades; y eso lo juzgo por mí mismo, que si cuando era Gobernador estaba alegre, agora que soy escudero de a pie no estoy triste, porque he oído decir que esa que llaman por ahí Fortuna es una mujer borracha y antojadiza, y sobre todo ciega, y así, no ve lo que hace, ni sabe a quién derriba ni a quien ensalza.*

Sancho Panza - El Quijote
(Miguel de Cervantes)

Resumen: Las voluntades anticipadas constituyen una modalidad de consentimiento anticipado en el ámbito sanitario, sin embargo las diferencias y discordancias legislativas que se producen en el desarrollo de su normativa básica pueden complicar su aplicación en cuanto que pueden generar situaciones de inseguridad jurídica al personal sanitario, Se hace necesario la uniformidad de diversos criterios esenciales en su aplicación, por ello se proponen en este trabajo varias modificaciones legales tanto de la ley básica estatal como las de diversas autonomías.

Palabras clave: Voluntades anticipadas, final de la vida, Bioética y Bioderecho.

1. DELIMITACIÓN CONCEPTUAL DE LAS VOLUNTADES ANTICIPADAS

Aunque la Ley 41/2002 ofrece en su art. 3 un sin fin de conceptos y definiciones sobre los aspectos y figuras que en la misma se regulan, resulta cuanto menos sorprendente que no establezca una definición propia de lo que denomina como "*instrucciones previas*", figura que, si excluimos las menciones del Convenio de Oviedo[1], parece ser introducida en el Ordenamiento patrio precisamente por la misma Ley que elude su definición.

Siguiendo con las menciones a la Ley Básica estatal, el art. 11 de la misma, al referirse expresamente a las instrucciones previas parece concebirlas como un mero documento[2] en el que paciente puede plasmar de forma prospectiva su voluntad de recibir o no determinados tratamientos. A mi modo de ver, el documento no puede ser otra cosa que la formalidad acreditativa de la existencia de algo más, es decir de la facultad del paciente de dejar plasmado por escrito su voluntad para ser aplicada en momentos futuros en los que no pueda expresarla. Esa facultad y no el documento, que no puede ser más que la mera articulación formal de la misma, constituye la verdadera esencia de las "*instrucciones previas*", o de las "*voluntades anticipadas*", como las han denominado la gran mayoría de CCAA.

Por ello, estimo que como punto de partida debo proceder a establecer la eludida definición de las "*instrucciones previas*", que se podría concretar como "*la declaración de voluntad anticipada por la que una persona capaz, mayor de edad y libre, manifiesta sus deseos e instrucciones acerca de la asistencia sanitaria que desea recibir para su apli-*

---

[1] Art. 9 del Convenio del Consejo de Europa sobre Derechos Humanos y Biomédica de 4 de abril de 1997

[2] Así el Art. 11 de la Ley 41/2002, establece que "Por el documento de instrucciones previas, *una persona mayor de edad, capaz y libre, manifiesta anticipadamente su voluntad, con objeto de* que ésta se cumpla en el momento en que llegue a situaciones en cuyas circunstancias no sea capaz de expresarlos personalmente, sobre los cuidados y el tratamiento de su salud o, una vez llegado el fallecimiento, sobre el destino de su cuerpo o de los órganos del mismo. El otorgante del documento puede designar, además, un representante para que, llegado el caso, sirva como interlocutor suyo con el médico o el equipo sanitario para procurar el cumplimiento de las instrucciones previas".

cación en las situaciones en las que no pueda expresarse por sí mismo, o carezca de capacidad, de la misma manera en ella se podrá decidir, una vez llegado el fallecimiento, sobre el destino de su cuerpo o de los órganos del mismo".

En la definición que he establecido no ignoro que la Ley Básica estatal hace referencia además a la posibilidad de nombrar lo que denomina expresamente como un "*representante*", pero tal y como explicaré más adelante, en los propios términos en los que se pronuncia la Ley Básica debería de hablarse más bien de un mero "*albacea*" o "*controlador de la ejecución*" de la voluntad del sujeto previamente manifestada que de un verdadero "*representante*".

De esta manera, las voluntades anticipadas o instrucciones previas se configuran así como un mero consentimiento del paciente prestado por anticipado para aplicarse con efectos futuros, y únicamente en aquellos casos en los que el sujeto no pueda expresar su voluntad en el momento concreto de su aplicación. Este aspecto es crucial, ya que si el sujeto estuviera consciente y fuera capaz y libre para expresar su voluntad en ese momento, el consentimiento actual prima y excluye la aplicación de cualquier instrucción previa dejada por el paciente. Es más, si el paciente se encontrara consciente y capaz ni si quiera se debería de consultar, ni por supuesto, aperturar el documento que contiene las instrucciones previas, pues estas están previstas para los supuestos en los que el paciente no puede expresarse, o no sea capaz para manifestarla.

De igual modo, la regulación de las instrucciones previas dentro del capítulo IV de la Ley 41/2002, de 14 de noviembre, nos permite afirmar sin dudas que estamos ante una institución jurídica que participa plenamente de la propia naturaleza del consentimiento informado y que constituye una manifestación esencial de la autonomía del paciente y del principio de autodisposición de su propio cuerpo.

En segundo lugar, el contenido de las instrucciones previas debe ser estrictamente sanitario, ya que el destinatario de las mismas necesariamente será el facultativo o equipo sanitario que tendrá que atender y respetar la voluntad del otorgante, por lo que se deben de excluir cualquier tipo de petición patrimonial o de cualquier otro tipo que exceda del ámbito sanitario.

En este sentido, señala SÁNCHEZ GONZÁLEZ[3] que se ha producido una evolución del concepto de instrucciones previas desde su fin originario que era el de limitar la actuación médica no curativa en situaciones terminales o de inconsciencia irreversible para evitar el "*encarnizamiento terapéutico*", hasta la consideración actual de constituir una "*verdadera planificación anticipada de tratamientos que pretenden satisfacer las necesidades del paciente*".

En cuanto a su utilidad, creo que es un instrumento de aplicación cuando existe una comunicación fluida con el personal sanitario y especialmente para pacientes que se encuentran en situación terminal y que pueden proyectar y visualizar las consecuencias inmediatas de sus decisiones, o en los casos de pacientes, que en el ejercicio de su libertad ideológica y religiosa, como ocurre con los testigos de Jehová, rechazan determinados tratamientos por principio y conocen desde el momento inicial que esa va a ser su voluntad. Por el contrario, considero que fuera de esas situaciones, sin proyectar los efectos futuros que pudieran darse, la voluntad previamente manifestada en las instrucciones previas puede adolecer de cierta inconcreción, pues se desconocen los deseos del paciente en el momento preciso.

Por ello, apuesto por una aplicación eficaz de las instrucciones previas, y entiendo se deben rechazar ciertas modas o tendencias que investidas de un alo de supuesta modernidad pretenden una aplicación masiva de un instrumento que entiendo ha sido concebido para cuestiones más específicas y concretas.

2. ANÁLISIS DE LA LEGISLACIÓN ESTATAL

La legislación estatal es tratada de forma extensa en varios capítulos de esta obra, y aunque existen aspectos de gran calado e importancia como por ejemplo lo relativo a los límites del respeto a las instrucciones previas, voy a centrar este estudio, por razones de extensión, sobre otros aspectos de una importancia no menor que ponen en solfa las discrepancias o faltas de coherencia en la aplicación de las mismas causadas

---

[3] SÁNCHEZ GONZÁLEZ, M.A.: "La Ley Básica y las Instrucciones Previas", Ponencia dictada en el *Master en Derecho Sanitario* de la Universidad Complutense de Madrid, 26 de octubre de 2002.

normalmente por deficiencias o abiertas contradicciones entre la ley básica y las autonómicas. Antes de comenzar el estudio comparativo entre ellas procede establecer el marco jurídico-legal que predetermina la Ley Básica estatal 41/2002 de 14 de noviembre, reguladora de la autonomía del paciente y de derechos y obligaciones en materia de información y documentación clínica, y hacer referencia a algunos de sus aspectos esenciales, por ejemplo:

2.1. ¿Puede un menor de edad otorgar el documento de Instrucciones Previas?

Toda vez que el **art. 11.1 de la Ley Básica 41/2002 de 14 de noviembre**, se refiere en exclusiva a la *"persona mayor de edad"*, se plantea la duda de si precisamente el legislador lo que pretendió era excluir a los menores de edad, incluidos los de edad discerniente –menores maduros mayores de dieciséis años–, según la Ley 41/2002, de la facultad de otorgar el documento de instrucciones previas, por entender que es necesario un "*plus*" de capacidad ante una decisión de tal trascendencia, equiparándolo a los supuestos descritos en el **apartado 4 del art. 9 de la Ley Básica**[4], o si por el contrario, se trata de un olvido o de deficiente técnica legislativa.

Debemos descartar que se trate de un olvido legislativo, pues la Enmienda nº 46 presentada por el Grupo Parlamentario Socialista propuso la siguiente redacción que fue desestimada en la tramitación parlamentaria: "*El documento de voluntades anticipadas es un documento, dirigido al médico responsable, en el cual un persona mayor de edad o menor emancipada con capacidad suficiente y libremente, expresa las instrucciones a tener en cuenta cuando se encuentre en una situación en que las circunstancias que concurren no le permiten expresar su voluntad...* "[5].

---

[4] Sabido es que este artículo una vez eliminado el supuesto de de interrupción voluntaria del embarazo por la L. O. 2/2010 de 3 de marzo de salud sexual y reproductiva, el art. 9.4 de la ley 41/2002 contempla los supuestos ensayos clínicos y técnicas de reproducción asistida, que se rigen por lo establecido con carácter general sobre la mayoría de edad. O véase lo que contempla la propia Ley básica para las que denomina " *situaciones de grave riesgo*".

[5] Cfr. BOCG, Congreso de los Diputados, serie B, 134-14, 27 de septiembre de 2001, pág. 46.

No obstante, los defensores de la capacidad del menor señalan que si el testamento vital guarda una estrecha relación con el consentimiento informado, lo normal sería una aplicación directa, o al menos supletoria, de las disposiciones relativas al mismo[6].

Olvidan estos autores que la propia Ley 41/2002 excluye de la actuación de los menores ciertas actuaciones, normalmente las de mayor trascendencia, ya que el mismo art. 9 indica la necesaria intervención de los padres en situaciones de "*grave riesgo*", en cuyo caso "*los padres serán oídos y su opinión tenida en cuenta*", o cuando excluye expresamente de la actuación del menor los supuestos de reproducción asistida o de ensayos clínicos, o incluso en otras normativas sanitarias, se prohíbe la esterilización, o el trasplante de órganos o la cirugía transexual de menores (**art. 156 CP**), la donación de órganos (**art. 155 CP**), y el **art. 7 del RD 1301/2006 de 10 de noviembre** prohíbe también la extracción de células y tejidos de menores, salvo supuestos muy excepcionales. Todos estos preceptos concluyen que el menor no sea el protagonista exclusivo de la decisión cuando se trate de supuestos en los que se ponga seriamente en peligro su salud o su vida. Por lo que, se ha de interpretar que la mención que realiza expresamente al mayor de edad el art. 9 de la Ley 41/2002 para las instrucciones previas o voluntades anticipadas sin duda es una excepción o exclusión a la intervención del menor, incluso cuando éste tenga 16 años cumplidos o se encontrara emancipado en atención a los especiales intereses que se encuentran en juego[7]. Este

---

[6] Incluso algún sector doctrinal apoya esta argumentación aplicando por analogía lo dispuesto en el art. 663 CC, el cual reconoce la capacidad de testar a los mayores de 14 años que se hallen en su cabal juicio. Véase LÓPEZ SÁNCHEZ, C.: *Testamento vital y voluntad del paciente (Conforme a la Ley 41/2002 de 14 de noviembre)*, Dykinson, Madrid, 2003. Al respecto ya he indicado que nada tiene que ver el testamento patrimonial con el denominado testamento vital que es tan sólo una modalidad anticipada de consentimiento con efectos inter vivos salvo cuando tenga alguna concreción sobre el destino del cuerpo.

[7] La consideración global de nuestro Ordenamiento Jurídico nos pone también de manifiesto que existen suficientes ejemplos en la normativa de que los menores de edad, aunque posean una cierta capacidad de juicio, no llegan a adquirir en ningún caso la misma capacidad de obrar que se predica de las personas mayores de edad, verbigracia: véase la falta de sufragio activo y pasivo (arts 2 y 6 de la LOREG 5/1985), y en el ámbito civil el art. 323 CC excluye para los menores emancipados determinadas actuaciones (tomar dinero a préstamo, gravar o enajenar bienes inmuebles y establecimientos mercantiles o industriales u objetos de extraordinario valor) sin consentimiento de sus padres o curador. En el ámbito laboral, se impide la contratación de menores de 16 años, y en todo caso el ET prevé que

problema se va suscitar con algunas CCAA en las que sí se permite que los menores emancipados, e incluso en algunas de ellas, los incapacitados judicialmente, salvo que otra cosa determine la correspondiente resolución judicial de incapacitación, podrán emitir declaración de voluntad vital anticipada.

2.2. La necesidad de su periódica actualización

En segundo lugar, considero que sería necesario introducir en la normativa básica estatal un precepto que estableciera la necesaria modificación periódica de dichos documentos de instrucciones previas como requisito de su validez, pues es lo cierto que las técnicas y los tratamientos médicos cambian y lo que en algún momento pudo presentarse como incurable con la evolución del tiempo lo es con una amplia eficacia por la aparición de soluciones efectivas, o porque cambian algunas circunstancias. De manera que aquellos tratamientos que en el pasado eran extraordinarios, poco efectivos y muy dolorosos, con los avances de la técnica se pueden haber convertido en muy habituales, muy eficaces, y poco o nada dolorosos.

¿Qué se debería hacer en estos casos en los que un paciente ha determinado que no se le aplique un determinado tratamiento concreto, porque su experiencia en la aplicación del mismo tratamiento a sus padres o familiares en el momento de otorgarlo era muy doloroso o extraordinario, pero que ya no lo es en el momento en el que se le ha de aplicar al propio paciente?, ¿no crearía la incertidumbre en el médico de cómo debe actuar, si aplicando un tratamiento que sabe le puede salvar la vida o atender a unas instrucciones previas obsoletas?, en ambos casos el facultativo podría tener la percepción de poder ser demandado por los familiares del paciente cualquiera que fuere la decisión que tomara. Las figuras jurídicas deben de crearse y aplicarse de manera que no generen nuevas inseguridades, y sobre todo en actuaciones donde la premura o la urgencia en la aplicación o no de tratamientos médicos pudiera ser vital debería de darse al profesional sanitario las bases para actuar de forma segura.

---

los menores de 18 años no podrán realizar trabajos nocturnos ni los declarados penosos, insalubres, nocivos o peligrosos para la salud, ni realizar horas extraordinarias (véase arts.6.2 y 6.3 del RD-Legislativo 1/1995 de 24 de marzo por el que se aprueba el Estatuto de los Trabajadores.

Por otro lado, también considero necesaria la actualización periódica de las instrucciones previas porque las circunstancias de la vida del sujeto cambian, por ej., un divorcio, o la indisponibilidad de la persona nombrada como representante, etc. Por eso los documentos de voluntades anticipadas han de ser dinámicos, ya que en caso contrario podrían producir un efecto desfavorable, volviéndose en contra de los propios pacientes que, en un momento de su vida, optaron por redactarlo y, posteriormente, cambiaron de opinión y se olvidaron, o simplemente no cambiaron la redacción del documento.

Los defensores de que dicho documento no se actualice argumentan que si se exigiera una renovación periódica este requisito exigiría al paciente un esfuerzo adicional relativo a estar pendiente del tiempo y de la evolución de sus propios deseos. Sin embargo, creo que el sentido de las instrucciones previas o voluntades anticipadas es precisamente la de poder reflejar la voluntad del sujeto de la forma más actualizada posible, y difícilmente se podrá estar proyectando la verdadera voluntad del sujeto si el documento se redactó cuando una persona era joven y sana sin visualización de ninguna enfermedad en concreto, y ese documento no se matiza o concreta cuando muchos años después el sujeto padece una enfermedad grave, o cuando simplemente el sujeto ha cambiado o madurado en su escala de valores, o se han producido en su vida determinadas circunstancias.

A mayor abundamiento, destacar que ya incluso la primera legislación en el mundo que existió sobre la materia, la Ley sobre Muerte Natural del Estado de California del año 1976, ya determinó su necesaria actualización cada 5 años como requisito de validez, y actualmente gran parte de las legislaciones internacionales sobre la materia, prevén, como lo hace la **ley francesa nº 2005-370 de 22 de abril de 2005** sobre derechos de los enfermos y el final de la vida, su actualización periódica, en este caso francés con una periodicidad de 3 años.

Entiendo que el requisito de la actualización periódica debería de haberse establecido en la legislación nacional básica, como un requisito de garantía efectiva de la igualdad de derechos y obligaciones de todos los ciudadanos españoles, en base a lo dispuesto tanto en el **art. 149.1.1ª CE** (que confiere la competencia exclusiva al Estado para legislar sobre las condiciones básicas que garanticen la igualdad de los ciudadanos), y sobre la base de lo dispuesto en el **art. 149.1.16ª CE** (que otorga al Estado la competencia exclusiva en lo que son las bases y la coordinación de la sanidad), con una finalidad claramente loable, la de garantizar la igualdad esencial de los derechos de los pacientes en todo el territorio estatal, de manera que no se quebrara el principio de seguridad jurídica recogido en el art. 9.3 CE en una materia de tal trascendencia social y, por ello, que la existencia de distintas Comunidades Autónomas no vulnerara el principio de igualdad de los derechos en todo el territorio nacional (**art. 139 CE**).

De todas formas indicar que ninguna Comunidad Autónoma ha establecido este recurso de actualización de instrucciones previas, conteniendo tan sólo alguna de ellas, alguna previsión para el caso de separación, divorcio, o cese de la convivencia efectiva cuando se hubiera nombrado como representante al exmarido o la exmujer[8].

2.3. La figura del representante[9]

Tradicionalmente en la cultura anglosajona nos encontramos con dos modalidades claramente diferenciadas de voluntades anticipadas, por un lado, los "*living will*" o testamentos vitales como un mero elemento de expresión personal del paciente relativo a los tratamientos y cuidados de su salud; y por otro, el poder con facultad de representación para el cuidado de la salud que se otorga por el paciente representado a un tercero (*health care proxy*).

La primera duda que nos asalta es si la concepción de nuestro art. 11.1 de la Ley Básica comprende ambas figuras al hacer referencia expresa en el apartado *in fine* a la figura del representante o, si por lo contrario, éste sólo puede actuar como un mero "*albacea*" o vigilante del correcto cumplimiento de la voluntad previamente manifestada del otorgante.

La cuestión no es baladí, pues el indicado precepto señala que "*el otorgante del documento puede designar, además, un representante*

---

8 Véase al respecto el art. 2.b) de la ley vasca 7/2002 de 12 de diciembre, y el art. 5 de la ley balear 1/2006 de 3 marzo.

9 Con carácter general, el art. 1.259 CC dispone que: "*Ninguno puede contratar a nombre de otro sin estar por éste autorizado o sin que tenga por la ley su representación legal*".

para que, llegado el caso, sirva como interlocutor suyo con el médico o el equipo sanitario para procurar el cumplimiento de las instrucciones previas"; esto es, el precepto presupone la anticipada existencia de dichas instrucciones previas. Y si a ello unimos que la expresión de dicha voluntad constituye, como en el caso del consentimiento informado, un acto personalísimo, difícilmente se puede justificar que sea un tercero, por muy estrecha relación que mantenga con el otorgante, el que pueda suplir la voluntad no expresamente manifestada del paciente, máxime cuando se trate de situaciones a veces extremas en los que no se sabe con certeza como puede reaccionar el estado de salud del propio paciente, es decir, se desconoce si con la aplicación de un determinado tratamiento se lograría salvar su vida, o si aún salvándola el paciente quedaría o no con graves taras físicas o psíquicas, y, sobre todo, se ignora a ciencia exacta cuál es la verdadera voluntad o preferencia del paciente.

Por tanto, el nombramiento del mal denominado, a mi juicio, "*representante*", debe necesariamente ir acompañado de la expresión clara e inequívoca de la voluntad del paciente, debiendo únicamente el mencionado "*representante*" vigilar y cuidar por el cumplimiento de dicha manifestación de voluntad.

Veremos que varias CCAA ha optado por ampliar su campo de actuación y convertirlo en un verdadero "*representante*" que sustituye al otorgante en su declaración de voluntad, estimo que esa actuación es contraria a la Ley Básica estatal, y que por ende podrían incurrir en vicio de inconstitucionalidad al vulnerar el reparto competencial que la Constitución reserva para el Estado sobre las bases en la normativa sanitaria.

2.4. Se configura un Registro nacional con fines de publicidad y eficacia

El art. 11.5 de la Ley 41/2002 prescribe la creación de un Registro nacional a los meros efectos de "*asegurar la eficacia en todo el territorio nacional de las instrucciones previas manifestadas por los pacientes y formalizadas de acuerdo con lo dispuesto en la legislación de las respectivas Comunidades Autónomas*", de tal manera que el sistema opera de la siguiente forma, se acuerda la existencia de un Registro nacional y de Registros autonómicos interconectados de manera que los interesados deberán de inscribir sus instrucciones previas o voluntades anticipadas en el Registro autonómico que tengan por conveniente y conforme a los requisitos y formalidades previstos en la legislación autonómica, el Registro autonómico, una vez inscritas, debe de ponerlo en conocimiento del Registro nacional para que el derecho del paciente pueda hacerse efectivo, mediante una simple consulta del personal sanitario, en todo el territorio nacional. Sólo hay una excepción a este sistema lo previsto para las ciudades de Ceuta y Melilla cuyos testamentos vitales se inscribirán directamente en el Registro nacional.

En todo caso, como vemos la inscripción en el Registro estatal lo será como indica la Ley a los meros efectos de "*eficacia y publicidad*", por lo que la inscripción en el mismo no es de carácter constitutiva, lo que encaja perfectamente con la posibilidad prevista legalmente de que se puedan otorgar ante testigos o notario. Sin embargo, por el contrario veremos que existen algunas CCAA, las menos, que establecen la inscripción registral con el carácter de constitutiva, es decir como requisito necesario para su validez.

Otra polémica de no poca trascendencia se genera por el hecho de que el objetivo del Registro a nivel nacional de servir a los oportunos efectos publicitarios se puede ver frustrado y privado de su eficacia real y verdadera por las actuaciones de algunas CCAA, que bien sea por desidia o de forma intencional no remitan sus datos de forma inmediata, sino que esperan a tener un número suficiente de ellos para realizar un envío masivo cuando lo estiman conveniente, privando a sus propios ciudadanos del posible ejercicio de un derecho que en muchos casos tiene que aplicarse con cierta inmediatez en otra Comunidad Autónoma por encontrarse allí el centro de referencia que trata determinadas dolencias, o simplemente porque el paciente se ha desplazado.

Por otro lado, es también de destacar otra anomalía que sería fácilmente corregible si el propósito de todos fuera el mismo, y es que varias CCAA utilizan sistemas informáticos incompatibles con el estatal, lo que sin duda va a conducir también a retrasos y deficiencias en el registro de las voluntades anticipadas y en la posibilidad de su consulta a nivel nacional. Es lamentable que incluso en materias como la que estamos tratando, en las que está en juego la salud, los derechos fundamentales de un sujeto, e incluso su vida, puedan verse comprometidas por simples ineficiencias administrativas o caprichos de marca diferencial que sólo perjudican al ciudadano. Capítulo aparte merece también el hecho de la utilización de lenguas regionales, a las que sin duda el paciente tiene derecho, pero debe preverse que una aplicación fuera de la Comunidad Autónoma correspondiente pudiera generar problemas de interpretación.

Es necesario y se debe de tomar conciencia de que precisamente dichas actuaciones a nadie benefician, y lejos de ser un hecho diferenciador sólo perjudican a los ciudadanos precisamente de las Comunidades Autónomas que de forma consciente, o con falta de diligencia, actúan de esa manera. Nunca he considerado que el tener menos derechos que los vecinos de otra Comunidad, o no poder ejercerlos, pudiera ser un privilegio. No se olviden, no lo es.

3. EL PROBLEMA DE LA DIVERSIDAD DE LEGISLACIÓN AUTONÓMICA DISCORDANTE

Es lo cierto que en una materia como la que estamos tratando lo ideal sería que no existieran divergencias entre la ley básica estatal y la legislación autonómica[10], máxime si lo que se pretende es una realización efectiva de los derechos de las personas. A mi modo de ver los derechos de los territorios no pueden pasar por encima de los derechos de las personas, y a veces al analizar las diferencias entre las legislaciones y, en algunos casos, las abiertas contradicciones con la legislación básica estatal que presenta la normativa de algunas autonomías parece que estamos empeñados en hacer difícil lo fácil, y en remarcar un hecho diferenciador que sin duda va en perjuicio de los derechos de los propios ciudadanos.

Esta cuestión relativa a la existencia de abiertas contradicciones, y desde mi punto de vista algunas con tacha de inconstitucionalidad, entiendo va a generar seguramente en el futuro varios problemas de inseguridad jurídica, toda vez que las voluntades anticipadas otorgadas ante una CCAA y de acuerdo con su normativa van a resultar aplicables en otra CCAA, y además, el personal sanitario se puede encontrar

[10] Véase el excepcional estudio de la normativa autonómica que se realiza en SANCHEZ CARO J, y ABELLÁN F, "*Instrucciones Previas en España. Aspectos bioéticos, jurídicos y prácticos*", *COMARES, Granada 2008.*

ante un problema de seguridad jurídica originado precisamente por las diversas contradicciones y diferencias existentes entre las mismas. Procederemos así a analizar las diferencias que se observan entre las legislaciones autonómicas y la estatal, y podemos clasificarlas en los diversos apartados:

3.1. La ampliación del contenido de las instrucciones previas

Algunas leyes autonómicas parece que vienen a ampliar el campo de las manifestaciones que se contienen en el documento de instrucciones previas, y que en principio parecen reservadas para los tratamientos que el paciente desea o no que le sean aplicados cuando se encuentre en situación de no poder expresar su voluntad y el destino del cuerpo una vez fallecido (en concreto la posibilidad de donarlo a la ciencia), a ello hay que añadir que algunas normativas autonómicas hablan de que también se podría reflejar "*las indicaciones de naturaleza ética, moral o religiosa que expresen sus objetivos vitales y valores personales*" (verbigracia el **art. 4.2 Decreto canario 13/2006 de 8 de febrero)** de manera que sirvan de orientación general sobre los valores del paciente, lo que en algunas circunstancias pudiera ser clarificador de la voluntad del paciente.

Otro aspecto que parece exceder del tradicional contenido de las voluntades anticipadas es el determinado por verbigracia el **art. 6.4 de la Ley madrileña 3/2005 de 23 de mayo** dispone además de todo lo anterior que "e*n el documento de instrucciones previas los pacientes podrán manifestar anticipadamente su voluntad de no ser informados en los supuestos de diagnóstico fatal. En este caso, el declarante podrá designar una o varias personas a las que el médico deba informar*".

En principio esté precepto, salvo la designación de un posible interlocutor con el equipo médico, carece de sentido ya que las instrucciones previas sólo podrán consultarse cuando el sujeto carece ya de capacidad para manifestar su opinión, y normalmente la información se ha de prestar cuanto el sujeto está en condiciones de poder recibirla.

Y por otro parte, el apartado siguiente, **el art. 6.5** *del mismo texto indica además que "los pacientes pueden manifestar anticipadamente su voluntad de estar acompañados en la intimidad en los momentos cercanos al exitus, y a que los acompañantes reciban el trato apropiado a las circunstancias"*, esta manifestación obedece más al conjunto de derechos que se reconozcan al paciente, y en concreto a su acompañamiento, que al concepto de instrucción previa para la aplicación o denegación del algún tratamiento en sentido propio.

Pero, es lo cierto que todas estas actuaciones todavía pudieran comprenderse dentro de una interpretación muy extensa del término *"cuidados y tratamiento de su salud"* que refleja la ley básica estatal. Sin embargo, otros preceptos como el **art. 2 de la Ley balear 1/2006 de 3 de marzo** entiendo sí se exceden sin excusa alguna del contenido material de las instrucciones previas en cuanto permite en uno de sus apartados que el paciente decida sobre cuestiones que no tienen que ver, ni directa ni indirectamente, con la actuación sanitaria y es que se permite que plasme su voluntad para que decida sobre"*la incineración, la inhumación u otro destino del cuerpo después de la defunción*", en estos casos salvo el de destinar el cuerpo a la ciencia o similares el resto de previsiones (p. ej. la inhumación o la incineración) no se trata de mandatos dirigidos al personal sanitario, y deberían de consignarse en otro tipo de documentos.

3.2. El otorgamiento de voluntades anticipadas. El problema del menor de edad y del incapaz

Ya hemos visto que la Ley estatal básica sólo permite otorgar instrucciones previas a los mayores de edad, sin embargo algunas legislaciones autonómicas en contra de las prescripciones de la ley básica han determinado que pueden otorgarlas también los menores emancipados, e incluso los incapacitados que no se vean expresamente privados de tal facultad en la sentencia de incapacitación. Esas discrepancias a mi modo de ver deberían de ser eliminadas.

LEGISLACIÓN ESTATAL BÁSICA	NORMATIVA DISCORDANTE
Art. 11. 1. de la Ley 41/2002 Por el documento de instrucciones previas, **una persona mayor de edad, capaz y libre,** manifiesta anticipadamente su voluntad, con objeto de que ésta se cumpla en el momento en que llegue a situaciones en cuyas circunstancias no sea capaz de expresarlos personalmente, sobre los cuidados y el tratamiento de su salud o, una vez llegado el fallecimiento, sobre el destino de su cuerpo o de los órganos del mismo. El otorgante del documento puede designar, además, un representante para que, llegado el caso, sirva como	**ANDALUCÍA: Art. 4 de la Ley 5/2003 de 9 de octubre**, permite su otorgamiento tanto a un mayor de edad como *o un* ***menor emancipado****, e incluso a los* ***incapacitados judicialmente, salvo que otra cosa determine la resolución judicial de incapacitación.*** **COMUNIDAD VALENCIANA: El Decreto valenciano 168/2004 de 10 de septiembre** también permite a los **menores no emancipados** otorgar instrucciones previas (art. 1), lo mismo en el art. 17 de la Ley 1/2003 de la Comunidad valenciana **ARAGÓN: El art 15.1 de la Ley 6/2002 de Salud de Aragón**, permite también su otorgamiento a **menores emancipados o al menor aragonés mayor de catorce años**, en éste último caso su caso con la asistencia prevista en el artículo 21 de la Ley autonómica 13/2006, de 27 de diciembre. Y el art. 15.3 también autoriza

interlocutor suyo con el médico o el equipo sanitario para procurar el cumplimiento de las instrucciones previas	a **los incapacitados judicialmente**, salvo que otra cosa determine la resolución judicial de incapacitación **NAVARRA**: **El art. 54 de la Ley Foral 17/2010 de 8 de noviembre** de derechos y deberes de las personas en materia de salud, se ampara en la normativa foral y especial para permitir que las otorguen también "**un menor al que se le reconoce capacidad conforme a la presente Ley Foral**"

Todas las normativas autonómicas discordantes expresadas, salvo la Navarra que puede tener su justificación en la existencia de un derecho foral o especial, el resto al referirse al "*menor emancipado*" o incluso al " *incapaz*" podría estar vulnerando el reparto de competencias del **art. 148 y 149 de la CE**, y por lo tanto estar dichas normas autonómicas viciadas de inconstitucionalidad en cuanto entran en abierta contradicción con la Ley 41/2002 de autonomía del paciente que posee la condición de Ley Básica.

En cuanto al "*incapaz*" resulta además paradójico que las mismas legislaciones autonómicas que le reconocen la posibilidad de otorgar voluntades anticipadas exigen para el consentimiento directo prestado ante el personal sanitario que se trate de una persona "*capaz y libre*", lo que pudiera conducirnos a hacernos creer de forma errónea que quien no puede otorgar consentimiento presencial por causa de incapacidad sí pudiera otorgarlo a futuro a través de las voluntades anticipadas, lo cual atenta no sólo contra la legalidad, sino también contra el más elemental sentido común.

Por el contrario, si lo que se pretendía con la referencia al "*incapaz*" fuera comprender sólo aquellas pequeñas incapacidades, o aquellas que como la declaración de prodigalidad pudieran afectar únicamente al ámbito patrimonial, entonces ese sujeto sería "*capaz*" para prestar el consentimiento en el ámbito médico o sanitario y no merecería la condición de "*incapaz*" para dicha actuación.

Como ya he manifestado en reiteradas ocasiones- estas discrepancias deberían de ser eliminadas so pena de generar problemas tan graves o más como los que trata de solucionar la propia existencia de esta nueva figura jurídica.

7.3. La inscripción en el Registro: el carácter constitutivo de algunas normativas autonómicas

En la ley básica estatal, el registro estatal lo es sólo a efectos de publicidad tal y como se indica en términos literales en el art. 11 de la Ley 41/2002, esto es la inscripción no se configura "*como requisito de validez de la declaración de voluntad emitida*". Este es además el criterio seguido por la mayoría de las CCAA, pero algunas de ellas en el ejercicio de su libertad organización han establecido la inscripción en el Registro autonómico como requisito esencial de validez.

Las legislaciones autonómicas que prevén una inscripción constitutiva, es decir la necesaria inscripción como requisito necesario de validez, son las siguientes:

1) **Art. 5 de la ley andaluza 5/2003 de 9 de octubre:** "*Para que la declaración de voluntad vital anticipada* ***sea considerada válidamente emitida****, además de la capacidad exigida al autor, se requiere que conste por escrito, con la identificación del autor, su firma, así como fecha y lugar del otorgamiento,* ***y que se inscriba en el Registro****, previsto en el artículo 9 de esta Ley. Si no supiere o no pudiere firmar, firmará por él un testigo a su ruego, debiendo constar la identificación del mismo, expresándose el motivo que impide la firma por el autor*".

2) En términos similares la **Ley extremeña 3/2005 de 8 de julio**, dispone en su **art. 18.2** que : "***Será aceptado como válido*** *cualquier documento escrito que, cumpliendo los requisitos expresados en el artículo anterior, contenga la información regulada en este artículo,* ***y esté debidamente inscrito en el Registro de Expresión Anticipada de Voluntades*** *de la Comunidad Autónoma de Extremadura*".

3) Parece también recoger esta posición, **la Ley balear 1/2006**, que dispone en su **art. 3.4** lo siguiente: "*Este documento* ***se inscribirá*** *en el Registro de voluntades anticipadas y, en su caso, en el Registro de donantes de órganos.*"

4) Por último, especial consideración merece el **Decreto canario 13/2006 de 8 de febrero**, que determina que ***la inscripción es voluntaria respecto de las otorgadas ante notario, y obligatoria en cuanto a las otorgadas ante el funcionario encargado del registro y ante testigos***, estableciendo además que las manifestaciones anticipadas de voluntad otorgadas ante testigos sólo tendrán plena eficacia y serán vinculantes para el Sistema Canario de la Salud a partir del momento de la inscripción en el Registro. Esta mención a la inscripción obligatoria de las otorgadas ante testigos opino que estaría justificada para controlar la veracidad y la capacidad de los testigos en el momento del otorgamiento, cuestión a la que me referiré más adelante.

El hecho de que algunas autonomías hayan establecido una inscripción constitutiva ha sido criticado desde el punto de vista notarial, ya que los notarios de dichos territorios se han visto privados en el territorio de esas CCAA de los ingresos generados por tal concepto.

Lo cierto es que nuestro Ordenamiento Jurídico atribuye en general a los Notarios la facultad de dar fe de las manifestaciones o declaraciones de voluntad emitidas por las personas, y que sin duda en algunas circunstancias se podrían generar situaciones de difícil encaje, por ejemplo un andaluz podría otorgar ante notario voluntades anticipadas previas en Madrid y con ello sería suficiente para obligar a que se respete su voluntad, pero el mismo andaluz no le bastaría con otorgar voluntades anticipadas ante un notario de Andalucía para su aplicación en dicho territorio. En sentido contrario, a un madrileño que ha otorgado instrucciones previas ante un notario de Madrid ante una situación de emergencia ocurrido en Andalucía si alguno de sus familiares presenta directamente el documento notarial que contiene la voluntad anticipada del paciente ¿se atrevería el personal sanitario a no respetar su voluntad cuando un notario ha identificado al sujeto y ha dado fe del contenido de la misma?

3.4. La forma de otorgamiento

En cuanto a la forma de otorgamiento, nos encontramos también dentro de facultades de organización de carácter autonómico, y por lo tanto no viciadas de inconstitucionalidad (**art. 11.2 Ley 41/2002 de 14 de noviembre**), pero en las cuales sería deseable una mayor uniformidad de manera que no se impida la aplicación eficaz de las instrucciones previas en otras CCAA. Prácticamente todas las legislaciones autonómicas autorizan su forma de otorgamiento válida antes tres instancias:

a) **Ante Notario**, en cuyo supuesto no será necesaria la presencia de testigos. La fórmula que se adopta en estos casos es el Acta de manifestación.

b) **El personal al Servicio de la Administración.**

c) **Ante dos o tres testigos (según normativa autonómica) mayores de edad y con plena capacidad de obrar.**

Este es el sentir de varias legislaciones autonómicas tales como Madrid, Asturias, Islas Baleares, Canarias, Castilla y León, Castilla La Mancha, Murcia, País Vasco.

Sin embargo se exceptúa de este régimen las normativas de Cataluña, Galicia, Valencia, Navarra, Extremadura y Cantabria que sólo permite su otorgamiento ante Notario y ante testigos, y no ante el personal del registro. Por el contrario, Andalucía sólo permite su otorgamiento ante el encargado del registro administrativo.

Como ya he expresado en el punto anterior, el caso de Andalucía ha supuesto que el colectivo notarial haya manifestado su disconformidad por verse privado de la posibilidad de que se pueda otorgar instrucciones previas ante este colectivo cuando en términos generales tiene atribuida la fe pública, y como he indicado, puede generar situaciones complicadas de difícil explicación para los profesionales sanitarios.

No obstante, procede aquí realizar también un análisis crítico de los problemas que plantea el otorgamiento ante testigos, y así no podemos desconocer que varias CCAA permiten la presentación directa en el centro sanitario del documento de voluntades anticipadas por parte de los familiares o de los testigos que estén custodiando el mismo, verbigracia el **art.8.4 de la Ley 21/2000 de Cataluña,** y entre otras también la normativa de Madrid[11], Aragón[12] y Castilla y León.

Este aspecto puede generar varias dudas al personal sanitario ante el que se presentan, así en primer lugar, se les puede generar dudas sobre la autenticidad y veracidad del documento, es curioso como para el otorgamiento del testamento patrimonial ológrafo, es decir el escrito de puño y letra del testador, ley exige un proceso de adveración judicial de la firma del testador, y nada se pide para las voluntades anticipadas, ¿ se ha de proteger más el patrimonio que la vida o la salud de las personas?

---

[11] En sentido similar el Decreto 101/2006 de la Comunidad de Madrid, señala que: *"1. El otorgante podrá hacer entrega del documento de instrucciones previas no inscrito al médico encargado de su asistencia para su incorporación en la historia clínica. 2. Si el otorgante se encuentra en situación de incapacidad, podrá entregar las instrucciones previas en su lugar quien las tenga en su poder, con la misma finalidad."*.

Redacción más confusa tiene el Decreto 30/2006 de La Rioja que en su Disposición Adicional Primera después de indicar que si bien con carácter general no admitirán documentos presentados por los particulares, parece luego permitirlo y así se señala que:

"*Disposición adicional primera. Presentación del documento en centros, servicios y establecimientos sanitarios públicos. Como norma general, los centros, servicios y establecimientos sanitarios públicos o concertados conocerán si una persona ha otorgado documento, y su contenido llegado el caso, a través del Registro de Instrucciones Previas. En consecuencia, estos centros no admitirán documentos presentados por los particulares, ni siquiera bajo la pretensión de que sean unidos a la historia clínica. No obstante lo anterior, los centros, servicios y establecimientos sanitarios públicos o concertados admitirán los documentos otorgados por los particulares ingresados o sometidos a tratamiento, desde el momento en que tengan que surtir efectos: a) Cuando se trate de un documento otorgado no inscrito en el Registro. b) Cuando se trate de un documento de variaciones no inscrito en el Registro, aunque el documento inicial sí lo esté. c) Cuando se trate de un documento otorgado fuera del territorio de la Comunidad Autónoma de La Rioja, sin perjuicio de lo dispuesto en la disposición adicional segunda de la Ley 9/2005, de 30 de setiembre, reguladora del documento de instrucciones previas en el ámbito de la sanidad.*"

[12] Véase el art. 4 del Decreto aragonés 100/2003 que dispone: "Si existe Documento de Voluntades Anticipadas, la persona que lo otorgó, sus familiares, allegados o su representante legal deberán entregar el Documento en alguna de las siguientes dependencias administrativas: a) En el Registro de Voluntades Anticipadas. b) En el Centro Sanitario donde sea atendido. En este supuesto se dará traslado del documento al Registro de Voluntades Anticipadas cuando así lo solicite el otorgante, y, en su caso, este documento deberá incorporarse a la historia clínica del paciente".

En segundo lugar, tampoco disponen nada la mayoría de las legislaciones autonómicas respecto de cómo se aprecia si los testigos en el momento del otorgamiento disponían o no de la capacidad suficiente, sino que simplemente se elude dicha cuestión.

Como respuesta a las dos cuestiones anteriores considero adecuada la solución prevista en el ámbito canario, es decir, que cuando las voluntades anticipadas se formulen ante testigos, a diferencia de cuando se otorgue ante otras instancias, fuera necesario su previa inscripción en el Registro, de manera que corresponda al registrador el comprobar la existencia y capacidad de los testigos.

En tercer lugar, gran parte de la normativa autonómica dispone que los testigos no podrán tener con el otorgante "*relación o interés patrimonial*", la duda vendrá determinada por si se considera dicha "*relación patrimonial*" o "*interés*" la condición de ser posible heredero del otorgante. Parece que si la herencia opera como una institución mortis causa, si se quiere garantizar la total independencia del proceso de voluntades anticipadas, no debiera intervenir nadie que pudiera resultar beneficiado directa ni indirectamente. El problema es que está condición de heredero no se conocerá hasta el fallecimiento del otorgante, mientras que las voluntades anticipadas deben aplicarse todavía en vida del sujeto, por ello estimo sería conveniente extender la prohibición de ser testigo a las personas que tengan un vínculo hasta el cuarto grado de parentesco más allá del cual no se produce le llamamiento a la herencia abintestato (actualmente la mayoría de las legislaciones autonómicas lo limitan hasta el segundo grado). Soy consciente que esto no soluciona todas las dudas pues en la sucesión testamentaria el testador podrá disponer del tercio de libre disposición a favor de cualquier persona, pero sin duda sería un principio de imparcialidad.

Por último, las diversas legislaciones establecen requisitos dispares respecto a quien puede ostentar la condición de testigo, y así va desde la prohibición con un criterio de vinculación extenso para al menos 2 de los 3 testigos, que incluye la relación laboral y la de servicio (verbigracia **el art. 5 Ley 3/2005 de 23 de mayo, de la Comunidad de Madrid apartado c**), hasta aquellos que como la normativa del País Vasco contempla la prohibición de vinculación familiar hasta el segundo grado y patrimonial para los 3 testigos, pero no contempla vinculación laboral o de servicio (**art. 3.3 de la Ley Vasca 7/2002 de 12 de diciembre),** y otros que como la legislación murciana no contempla más requisito que la mayoría de edad y la capacidad, y nada se dice de ausencia de vínculo ni patrimonial ni familiar **(art. 2 del Decreto Murciano 80/2005).**

3.5. Problemas que plantea la figura del representante

Ya hemos indicado que la ley estatal no contempla la figura de un verdadero representante que sustituya la voluntad del sujeto, sino que habla exclusivamente de una especie de albacea o encargado de cuidar y vigilar la manifestación previamente realizada por el otorgante, y así el art. 11 de la Ley básica en su literalidad indica que la función del representante será "*para procurar el cumplimiento de las instrucciones previas*", lo que exige la previa existencia de la manifestación del otorgante.

Si bien la mayoría de las legislaciones autonómicas siguen este criterio, es el caso de Castilla y León, Castilla La Mancha, Madrid, Asturias, Baleares, Galicia, La Rioja, Cantabria, Canarias o Cataluña entre otras muchas, por el contrario, varias legislaciones autonómicas, estimo que con vulneración nuevamente de la ley básica, siguen un contrario distinto. Vamos a ver estas de normativa discordante.

Estas situaciones, como he indicado, parecen contrarias a lo prescrito por la Ley básica estatal, y por lo tanto a mi modo de ver pudieran estar viciadas de inconstitucionalidad en atención al reparto de competencias constitucional.

Una segunda cuestión viene determinada por quién pueda ejercer las funciones de "*representante*". Sobre este extremo, entendemos que debe tratarse de una persona ajena a todo el proceso, y aquí es donde vuelven las discrepancias entre autonomías y así mientras en Castilla y León y en Castilla La Mancha se adopta un criterio amplio de prohibición para ser representante, que abarca incluso a los gestores o propietarios de instituciones que financien o presten la atención sanitaria del otorgante, en otras como ocurre con la normativa Murciana parece no exigirse más requisito que la mayoría de edad y la capacidad (**art. 3 del Decreto murciano 80/2005 de 8 de julio**)

Por último, quiero resaltar que es curioso que toda la normativa autonómica exige que el representante sea un mayor de edad, incluso aquellas normativas que permiten el otorgamiento de voluntades anticipadas a

LEGISLACIÓN BÁSICA ESTATAL	NORMATIVA DISCORDANTE
Art. 11.1 Ley 41/2002 de 14 de noviembre El otorgante del documento puede designar, además, un representante para que, llegado el caso, sirva como interlocutor suyo con el médico o el equipo sanitario **para procurar el cumplimiento de las instrucciones previas**	**COMUNIDAD VALENCIANA**: **Art. 17 del Ley 1/2003 de 28 de enero:** *"En este documento, la persona otorgante podrá también designar a un representante que será el interlocutor válido y necesario con el médico o el equipo sanitario **para que, caso de no poder expresar por si misma su voluntad, la sustituya**"*. **ANDALUCÍA: Art. 3 de la Ley 5/2003 de 9 de octubre** *"La designación de un representante, plenamente identificado, **que será quien le sustituya en el otorgamiento del consentimiento informado**, en los casos en que éste proceda* **ARAGÓN: Art. 15.1 b) de la Ley 6/2002 de 15 de abril**: *"La designación de un representante, plenamente identificado, que será **quien le sustituya en el otorgamiento del consentimiento informado**, en los casos en que este proceda"*. **La Ley aragonesa 10/2011 de 24 de marzo** de de derechos y garantías de la dignidad de la persona en el proceso de morir y de la muerte contempla en su art. 9 distintas situaciones para el representante según existan o no

	instrucciones previas, de forma idéntica a lo que hace Navarra.
	NAVARRA: art. 10 de la Ley Foral 8/2011 de 24 marzo de derechos y garantías en el proceso de la muerte, distingue tres supuestos para el representante: a) si las instrucciones previas están otorgadas: "*En todo caso velará para que, en las situaciones clínicas contempladas en la declaración, se cumplan las instrucciones que su representada ha dejado establecidas*". ***b) Para la toma de decisiones en las situaciones clínicas no contempladas explícitamente*** *en el documento,* ***el representante tendrá en cuenta*** *tanto los valores u opciones vitales recogidos en la declaración, como* ***la voluntad que presuntamente tendría la persona si estuviera en ese momento en situación de capacidad.*** *c) En todo caso la persona interesada* ***podrá limitar o ampliar las funciones de la representante****, quien deberá atenerse a las mismas*

menores o incapacitados, verbigracia la normativa andaluza que permite otorgar instrucciones previas a los menores emancipados e incluso a los incapaces cuando no estén privados para ello por la sentencia de incapacitación, exige en todo caso la mayoría de edad y la plena capacidad para que se actúe como representante[13].

[13] Véase al respecto el art. 5.2 de la Ley andaluza 5/2003 de 9 de octubre y el art. 2.2 del Decreto valenciano nº 168/2004 de 10 de septiembre.

3.6. El problema idiomático

Al articularse el funcionamiento de un Registro Nacional como coordinador de los distintos registros autonómicos, con el loable propósito de que los sujetos que hubieren otorgado instrucciones previas en una CCAA puedan éstas conocerse y tener su aplicación efectiva en otra Comunidad distinta, plantea el problema de que algunas CCAA establecen únicamente la redacción del texto en la lengua cooficial de la respectiva CCAA, sin tener en cuenta que este instrumento puede surtir efectos en otros territorios. De esta manera, se articula un nuevo problema cual puede ser el de la interpretación y aclaración de las voluntades manifestadas en dicha lengua cooficial y que el facultativo de otra Comunidad desconoce.

Entiendo que dicha actuación debería de ser corregido, y someterse a lo ya prescrito en el **art. 36.3 de la Ley 30/1992 de RJAP y PAC**, que determina que *"la Administración pública instructora deberá traducir al castellano los documentos, expedientes o partes de los mismos que deban surtir efecto fuera del territorio de la Comunidad Autónoma"*, lo que supone que para estos casos, teniendo en cuenta que dicho documento pudiera producir efectos ante el personal sanitario de otra CCAA debería de constar en los dos idiomas en el cooficial de la referida CCAA y en el idioma común de todo el Estado.

3.7. Conservación y custodia de las voluntades anticipadas

Gran parte de las normativas autonómicas no establecen nada respecto del periodo de tiempo de conservación de los documentos de voluntades anticipadas, y las que lo hacen establecen un plazo de conservación absolutamente insuficiente de 5 años, éste es el caso entre otras de la normativa de Castilla y León, Asturias, Valencia y Castilla La Mancha. Otras como Aragón establecen expresamente que el documento debe de incorporarse a la historia clínica, y por ende le será de aplicación los plazos generales de conservación de la historia clínica también de 5 años, que señala en el art. 17 de la Ley 41/2002, salvo- matiza " *lo previsto a efectos judiciales*".

Y digo que dicho plazo es insuficiente ya que siendo las voluntades anticipadas una modalidad de consentimiento otorgado por el paciente dicho documento constituirá uno de los elementos esenciales de la actuación sanitaria, y si la prescripción de la responsabilidad sanitaria según algunos pronunciamientos judiciales puede extenderse hasta 15 años (**art. 1.964CC**), el plazo de 5 años es claramente insuficiente. Sólo la legislación extremeña prevé precisamente dicha conservación por un plazo de 15 años[14].

4. ¿ES NECESARIO LA CREACIÓN DE UN REGISTRO EUROPEO DE VOLUNTADES ANTICIPADAS?

Si existe un derecho reconocido en el **Convenio del Consejo de Europa sobre Derechos Humanos y Biomédica de 4 de abril de 1997,** cuyo art. 9 señala que: *"Serán tomados en consideración los deseos expresados anteriormente con respecto a una intervención médica por un paciente que, en el momento de la intervención, no se encuentre en situación de expresar su voluntad"*, lo normal sería que ese derecho se pudiera ejercitar y tuviera eficacia en otros países en los que resulta aplicable el citado Convenio.

Además, no se puede ignorar que hoy en día existe un importante numero de ciudadanos de la Unión Europea que se encuentran desplazados fuera de su Estado de origen, bien sea por razones laborales, vacacionales o de retiro, pues cada día son más aquellos ciudadanos que deciden vivir los últimos años de su vida en un país con un mejor clima, piénsese en la gran cantidad de ciudadanos europeos que viven de forma habitual en las Islas Canarias, Baleares, o en el sur de España o de Italia, de Grecia o Malta, o incluso los movimientos migratorios que por razón de crisis económica han desplazado a jóvenes de los países del sur de Europa (entre ellos el nuestro) a favor de países del norte.

Si estamos en un marco de libre circulación de mercancías, personas y capital, deberían existir mecanismos mediante los cuales se pudiera

---

[14] Véase lo dispuesto por la vía de su incorporación a la historia clínica en los arts. 20.1.3 y 34.1 de la ley extrmeña 3/2005 de 8 julio de informacióрn sanitaria y autonomía del paciente.

hacer efectivo los derechos de los ciudadanos en el ámbito sanitario, y en concreto también respecto del documento de voluntades anticipadas.

La situación actual es que no es posible conocer si un ciudadano alemán o inglés que se encuentra en España, o un español que se encuentra en Portugal o en Luxemburgo ha otorgado testamento vital ante las autoridades de su país, y ante una urgencia sanitaria en la que el sujeto se ve privado de su capacidad se desconoce sus preferencias y deseos sobre que se apliquen o no determinados tratamientos.

En el Congreso Internacional de Profesores e Investigadores de Filosofía del Derecho, *Law, Science and Technologie*, celebrado en Frankfurt en 2011, expusimos la necesidad de la creación de un registro europeo sobre testamento vital[15], así como la conveniencia de la creación de una Directiva comunitaria que armonizara legislaciones y garantizara al máximo nivel de seguridad de las bases de datos. La acogida de la idea fue buena, y ya hubo quien desde estancias de otros países apuntó que ello favorecería el intercambio y la donación de órganos. Sin embargo, las diferencias normativas entre los Estados, al considerar unos la voluntad del paciente como mera recomendación frente a otros Estados que le establecen con criterio vinculante para el personal sanitario, unido a la distorsión que produce la normativa de algunos países, como Italia, que prohíbe la figura del testamento vital, así como la de otros que permiten por medio de ese documento la despenalización de la eutanasia (el caso de Holanda y Bélgica), además de la falta de adaptación de algunos países a la normativa comunitaria de protección de datos sanitarios, implicaban obstáculos por el momento insalvables en esa creación del Registro Europeo de Voluntades Anticipadas.

No obstante, no descarto que en un futuro superadas las reticencias y dificultades lleguemos a ese escenario, mediante la articulación de un único programa informático debidamente coordinado, que esté además sometido a los más altos niveles de seguridad y sirva para hacer efectivo este derecho de los ciudadanos garantizando además su intimidad.

---

[15] Véase al respecto MARCOS DEL CANO, A.M./DÍEZ RODRIGUEZ, J.R., "Bioethics and Health Law: the living will. Proposal to create a Living Will Record in Europe", en el World Congress of Philosophy of Law and Social Philosophy, "Law, Science and Philosophy", (Goethe Universität, Frankfurt am Main, 15-20 August 2011), en Paper Series n.073/2012, series C.

5. DIEZ INTERROGANTES SOBRE LAS VOLUNTADES ANTICIPADAS

Para finalizar, quizá se podría pensar que lo mejor sería no plantear más dudas ni discrepancias, pero considero que debo reflejar una serie de dudas que hunden sus raíces en al campo de la Bioética, y que me han acompañado estos años de trabajo en el proyecto de investigación. Quizás alguien piense que las preguntas son capciosas, pero dejándolas sin respuesta elimino la acusación, que cada cual responda cómo mejor le convenga, estoy seguro que leyendo estas líneas a muchos de ustedes también les han surgido. Son las siguientes:

1. Con las voluntades anticipadas ¿Estamos ante un verdadero instrumento de autonomía del sujeto, o estamos ante una moda impuesta socialmente?
2. ¿es posible que un exceso de autonomía personal esté provocando males idénticos o peores que el paternalismo médico, al menos en algunos casos?
3. ¿estamos seguros de que todos los pacientes comprenden claramente los supuestos en los que desean que se apliquen las instrucciones previas?
4. ¿No es cierto que estamos otorgando excesivo valor a una declaración realizada en un momento concreto en la que incluso el sujeto ni si quiera padecía enfermedad alguna, y que no podemos saber cual es su verdadera voluntad en el momento concreto de su aplicación?
5. Fuera de los casos de encarnizamiento terapéutico ¿No es cierto que existe una animadversión a la muerte cuando tenemos que decidir respecto de un familiar cercano (padre, madre o hijo)? ¿que haríamos si este ha dejado escrito que no se le apliquen determinados tratamientos que con una cierta probabilidad o certeza le salvarían la vida?
6. Ante la dificultad de tomar decisiones al final de la vida, que en muchos casos conllevaría un proceso de decisión conjunto entre todos los implicados en el mismo (el paciente, el facultativo, los familiares, etc.…) lo que supondría gran cantidad de tiempo y una gran carga psicológica, ¿no estaríamos justificando que

esa complicada decisión ya la ha tomado el paciente porque ha dejado escrito un documento, sin valorar adecuadamente todas las circunstancias que concurren en cada caso en concreto?

7. ¿ Corremos el riesgo de que el documento de instrucciones previas se pueda convertir como ha ocurrido en algunos casos con el documento de consentimiento informado en un mero formalismo, o en un instrumento de medicina defensiva?
8. ¿puede alguien interpretar o amparar una interpretación extensiva del documento que sirviera para justificar en épocas de crisis la ausencia de gasto sanitario?
9. Y por el contrario, si no se atiende al documento de instrucciones previas ¿ estaríamos quebrando la verdadera voluntad del sujeto?
10. Por último, aquí como en le consentimiento informado ¿quién decide de verdad es el paciente?, o ¿es el médico?

Son muchos, y de no fácil solución, los interrogantes que se plantean, pero considero que sólo desde el cuestionamiento de las cosas podemos mejorarlas, deseemos para los demás lo que para nosotros mismos queremos, pensemos en el otro y en las consecuencias de nuestros actos, y sobre todo no hagamos caso de quien nos diga "*sigue desorientado...., sigue feliz*". Como dijo el sabio "*es menos malo agitarse en la duda que descansar en el error*".

6. CONCLUSIONES

Las voluntades anticipadas no son otra cosa que una modalidad de consentimiento anticipado respecto de los tratamientos médicos que un sujeto desea o no desea recibir cuando se encuentre en una situación en la cual se vea privado de poder expresar su voluntad. Considero que una aplicación efectiva de las mismas exige una actualización de la voluntad del sujeto de manera que el sujeto se pronuncie sobre circunstancias y situaciones que puede visualizar o proyectar, por lo que sin contemplar su aplicación concreta difícilmente, y salvo excepciones, se puede afirmar que responda a la verdadera voluntad del sujeto, por ello propugno la necesidad de la exigencia en la ley básica estatal de plasmar el requisito de su periódica actualización por periodos de 3 ó 5 años.

Por otro lado, a fin de evitar problemas, que seguro en el futuro surgirán, considero de especial importancia evitar discrepancias y contradicciones entre la legislación autonómica y la normativa básica estatal.

Así, en concreto previsiones de algunas normativas autonómicas que permiten el otorgamiento de voluntades anticipadas a menores de edad o que hablan expresamente de un "*representante*" que sustituya la voluntad del paciente pueden vulnerar el reparto de competencias establecido en la Constitución, pero sobre todo pretenden ignorar que la aplicación de las mismas, muchas veces, se va a producir fuera del ámbito de su territorio lo que acabará generando problemas de seguridad jurídica e incertidumbre en el personal sanitario.

Otras cuestiones como las modalidades de otorgamiento, o la ordenación del Registro autonómico, o los requisitos de imparcialidad previstos para testigos y representantes, si bien están todos ellos dentro de las facultades de organización y competencia autonómica, lo ideal sería que establecieran todas ellas una cierta coherencia y uniformidad que impida la creación de situaciones de incoherencia del sistema.

Advierto también sobre la modalidad de otorgamiento ante testigos en las normativas autonómicas que permiten la presentación directa del documento ante el personal sanitario, donde se van a generar problemas sobre la credibilidad o autenticidad del documento, ya que no se establece ningún requisito de comprobación de la veracidad del mismo, ni de la capacidad de los testigos en el momento de la intervención.

Por último, planteo la posibilidad de la creación de un Registro Europeo de voluntades anticipadas dentro de un marco de libre circulación de personas y capitales identificando los aspectos elementales que lo harían posible.

BIBLIOGRAFÍA

ALONSO HERREROS, D.: "Una aproximación al documento de voluntades anticipadas. Análisis de la Ley holandesa sobre la eutanasia", en *La Ley*, núm. 5.685, 27 de diciembre de 2002, págs. 5 y ss

ARRUEGO RODRÍGUEZ, G.: "El rechazo y la interrupción del tratamiento de soporte vital en el derecho español", en *In Dret Revista para el*

Análisis del Derecho, Barcelona, mayo 2009, en http://www.indret.com/pdf/620 es.pdf.

BEAUCHAMP, T. L. y CHILDRESS, J. F.: *Principles of Biomedices Ethics*, Oxford University Press, New York, 4ª ed., 1994.

DE LAMA AYMÁ, A.: *La protección de los derechos de la personalidad del menor de edad,* en http://ddd.uab.cat/pub/tesis/2004/tdx-1128105-154357/ala1de1.pdf.

DE LORENZO, R.: "Testamento vital *versus* instrucciones previas o voluntades anticipadas", en *Revista Médica,* núm. 18, julio 2002, págs. 22 y 23

DÍEZ RODRÍGUEZ, J.R., en " El derecho del paciente a conocer y a decidir: ¿Quién decide?, en MARCOS DEL CANO, A.M., (coord..), *Bioética y derechos humanos*, UNED Ciencias Sociales y Jurídicas, Editorial Aranzadi S.A., Cizur Menor (Navarra), 2011. Págs 269 a 318.

GALÁN CORTÉS, J.C.: *Responsabilidad médica y consentimiento informado,* Civitas, Madrid, 2001.

GALLEGO RIESTRA, S.: *El derecho del paciente a la autonomía personal y a las instrucciones previas,* Thomson Reuters-Editorial Aranzadi, Cizur Menor (Navarra), 2009.

GARZÓN VALDÉS, E., "¿Es éticamente justificable el paternalismo jurídico?", *Doxa*, 5, 1988.

GOMÉZ SÁNCHEZ, Y.: "La dignidad como fundamento de los derechos: especial referencia al derecho a la vida". FEITO L. (editor), en *Bioética. La cuestión de la dignidad,* Universidad Pontificia de Comillas, Madrid, 2004. Págs. 75 a 98.

GONZALEZ R. ARNAIZ, G.: "Bioética: Saber y Preocupaciones", en JUNQUERA DE ESTEFANI, R. (direct.) en *Bioética y Bioderecho. Reflexiones Jurídicas ante los retos bioéticos*, Ed. Comares, Granada, 2008. Págs 5 a 38.

GONZALEZ SALINAS, P.: "El alcance del carácter básico de la Ley Reguladora de la Autonomía del Paciente y su influencia en las Leyes Autonómicas sobre la misma materia" en GONZALEZ SALINAS, P y LIZARRAGA BONELLI, E. (Coord.): *Autonomía del paciente, información e historia clínica (Estudios sobre la Ley 41/2002 de 14 de noviembre)*, Thomson Civitas, Cizur Menor (Navarra),2004. Págs 15 a 42.

GRACIA GUILLÉN, D.: *Fundamentos de Bioética*, Eudema Universidad, Madrid, 1989.

JUNQUERA DE ESTEFANI, R.: "El paciente y su capacidad de decidir en el ordenamiento español", en JUNQUERA DE ESTEFANI, R. (direct.), *Bioética y Bioderecho: Reflexiones Jurídicas ante los retos Bioéticos*, Colex, Granada, 2008. Págs. 129 a 154.

JUNQUERA DE ESTEFANI, R.: "El derecho y la bioética", MARCOS DEL CANO, A.M., (coord.), en *Bioética, Filosofía y Derecho,* ALDABA 32, Servicio de Publicaciones del Centro UNED de Melilla, 2004. Pags. 119 a 138.

LIZARRAGA BONELLI, E.: "El consentimiento informado", en "*La responsabilidad Civil y Penal del médico"*, Ilustre Colegio Oficial de Médicos de Madrid, Madrid, 1999. Págs. 257 a 290.

LIZARRAGA BONELLI, E.:"La información y la obtención del consentimiento informado en la nueva Ley 41/2002, básica, reguladora de la autonomía del paciente y de derechos y obligaciones en materia de información y documentación clínica", GONZALEZ SALINAS, P. y LIZARRAGA BONELLI, E. (coord.), en *Autonomía del paciente, información e historia clínica. (Estudios sobre la Ley 41/2002 de 14 de noviembre)*, Thomson–Civitas, Madrid, 2004. Págs. 225 a 296.

LÓPEZ SÁNCHEZ, C.: *Testamento vital y voluntad del paciente (Conforme a la Ley 41/2002 de 14 de noviembre)*, Dykinson, Madrid, 2003.

MAZA MARTIN, J.M.: "La Ley básica y las instrucciones previas", Ponencia impartida en el *Master de Derecho Sanitario* de la Universidad Complutense de Madrid, 26 de octubre de 2002.

MARCOS DEL CANO, A. M.: *La eutanasia. Estudio Filosófico Jurídico.* Universidad Nacional de Educación a Distancia, editorial UNED-Marcial Pons, Madrid, 1999.

MARCOS DEL CANO, A. M., "*Voluntades anticipadas*", en ELIZARI, FJ 8 (ed.) *10 palabras clave al final de la vida*, 2007, Editorial Verbo Divino, Págs 389 a 425.

MARCOS DEL CANO, A. M.: "Los derechos de la mujer y la cultura: ¿un conflicto?", en MARCOS DEL CANO, A,M. (coord.), en *Inmigración, multiculturalismo y derechos humanos,* Tirant lo Blanch- UNED, Valencia, 2009, Págs. 235 a 256.

MARCOS DEL CANO, A.M.: "Bioética y salud mental", en Idem, *Salud mental comunitaria,* UNED, Madrid, 2011.

MARCOS DEL CANO, A.M./DÍEZ RODRIGUEZ, J.R., "Bioethics and Health Law: the living will. Proposal to create a Living Will Record in Europe", en el World Congress of Philosophy of Law and Social Philosophy, "Law, Science and Philosophy", (Goethe Universität, Frankfurt am Main, 15-20 August 2011), en Paper Series n.073/2012, series C.

MARTINEZ MORAN N.: "La dignidad humana en las investigaciones biomédicas", en MARCOS DEL CANO, A.M. (coord): *Bioética, Filosofía y Derecho*, Servicios de Publicaciones del Centro de la UNED de Melilla, Aldaba 32, 2004. Págs. 165 a 206.

MEJICA GARCIA, J. M. y DIEZ RODRIGUEZ, J. R.: *El Estatuto del paciente. A través de la nueva legislación sanitaria estatal*, en Thomson-Civitas Monografías, Editorial Aranzadi SA, Cizur Menor (Navarra) 2006.

MEJICA GARCIA, J.M. y DIEZ RODRIGUEZ, J. R.: *No matéis a Caín y otros alegatos acerca del buen morir*, Ojo x hoja Editora, Oviedo, 2008.

MILLÁN CALENTI, R.F., en "La capacidad de obrar en la sanidad: la doctrina del menor maduro", TOMILLO URBINA, J, y CAYÓN DE LAS CUEVAS, J., en *Estudios sobre derecho de la salud* ,Gobierno de Cantabria, UIMP, Aranzadi Thomson Reuters, 2011, pag.203 a 209.

MOSCOSO TORRES R. "*La validez en Andalucía del testamento vital*", enhttp://www.notariosyregistradores.com/AULASOCIAL/2010-testamentovitalandaluc%C3%ADa.htm

PARRA LUCÁN, M. A.: *La capacidad del paciente para prestar válido consentimiento. El confuso panorama legislativo español* en www.westlaw.es , ref. BIB *2003\28.*

ROMEO CASABONA, C.M.: "El consentimiento informado en la relación entre el médico y el paciente: aspectos jurídicos", *en Problemas prácticos del Consentimiento Informado*, Fundación Víctor Grillos i Lucas, Barcelona, 2002.

ROMEO MALANDA, S.: "Un nuevo marco jurídico-sanitario: la Ley 41/2002, de 14 de noviembre, sobre derechos de los pacientes (I y II)", en *La Ley*, Tomo I núms. 5.703 y 5.704, de 23 y 24 de enero de 2003. Pags. 1522 a 1539.

SEOANE, J. A.: "El perímetro de la objeción de conciencia médica" en *In Dret Revista para el Análisis del Derecho*, Barcelona, Octubre de 2009, y en *ww.raco.cat/index.php/InDret/article/viewFile/141382/192893ttp.*

SANCHEZ CARO J, y ABELLÁN F, "*Instrucciones Previas en España. Aspectos bioéticos, jurídicos y prácticos", COMARES,* Granada 2008

SÁNCHEZ GONZÁLEZ, M.A.: "La Ley Básica y las Instrucciones Previas", Ponencia dictada en el *Master en Derecho Sanitario* de la Universidad Complutense de Madrid, 26 de octubre de 2002.

LAS IMPLICACIONES DE LAS VOLUNTADES ANTICIPADAS: LOS DERECHOS DEL PACIENTE Y LA RESPONSABILIDAD DEL PROFESIONAL SANITARIO

ANA YLENIA GUERRA VAQUERO
Profesora Tutora de la UNED

Resumen: El objetivo de este trabajo es poner de manifiesto cuáles son las implicaciones jurídicas del documento de voluntades anticipadas, en concreto, en la esfera de los derechos que se atribuyen al paciente y las correlativas obligaciones del profesional sanitario.

Palabras clave: Responsabilidad personal sanitario, derechos de los pacientes, final de la vida.

1. LOS PRECEPTOS CONSTITUCIONALES RELEVANTES EN LAS VOLUNTADES ANTICIPADAS

Las voluntades anticipadas, el testamento vital, las directrices previas o las instrucciones previas son un documento a través del cual *"una persona mayor de edad, capaz y libre, manifiesta anticipadamente su voluntad, con objeto de que ésta se cumpla en el momento en que llegue a situaciones en cuyas circunstancias no sea capaz de expresarlos personalmente, sobre los cuidados y el tratamiento de su salud o, una vez llegado el fallecimiento, sobre el destino de su cuerpo o de los órganos del mismo"*. Así lo define el artículo 11.1 de la Ley 41/2002, de 14 de noviembre, básica reguladora de la autonomía del paciente y de derechos y obligaciones en materia de información y documentación clínica. Como manifestación de la voluntad del paciente, está revestida de una serie de derechos susceptibles de protección.

A continuación, examinaremos los preceptos de la Constitución española que ostentan una cierta conexión con estos documentos, entre los que mencionaremos algunos derechos fundamentales o el principio rector relativo a la protección de la salud, entre ellos, el derecho a la vida, la dignidad, la libertad, el derecho a la intimidad y la protección de la salud.

En primer lugar, el derecho a la vida, reconocido y garantizado en su doble significación física y moral por el artículo 15 de la Constitución[1] es, en palabras del Tribunal Constitucional, la proyección de un valor superior del ordenamiento jurídico constitucional –la vida humana– y constituye el derecho fundamental esencial y troncal en cuanto es el supuesto ontológico sin el que los restantes derechos no tendrían existencia posible"[2].

La vida humana es uno de los valores fundamentales fijos en los códigos éticos y jurídicos vigentes en las diferentes culturas; no sólo en la actualidad, sino también a lo largo de toda la historia. Sin embargo, la importancia atribuida a este valor y la propia delimitación y configuración conceptual de la vida han estado y siguen estando sujetos a muy dispares enfoques e interpretaciones. Existen tesis que realizan diferenciaciones en orden a distinguir vida humana personal de vida humana no personal o vida biológica de vida biográfica (MARCOS DEL CANO, 1999). Podemos entenderlo como el derecho a la propia existencia físico-biológica del ser humano; no de las personas jurídicas ni de otros colectivos humanos organizados. Se trata de un derecho individual del que somos titulares cada uno de los seres humanos en tanto vivimos, en tanto persiste el objeto sobre el que se proyecta tal derecho; un derecho que poseemos frente a los demás individuos y frente a la comunidad, en particular frente al Estado.

---

[1] El artículo 15 de la Constitución española dispone "Todos tienen derecho a la vida y a la integridad física y moral, sin que, en ningún caso, puedan ser sometidos a tortura ni a penas o tratos inhumanos o degradantes. Queda abolida la pena de muerte, salvo lo que puedan disponer las Leyes penales militares para tiempos de guerra". De este modo, quedan recogidos en un mismo precepto dos derechos fundamentales: el derecho a la vida y el derecho a la integridad física y moral, que si bien han de considerarse distintos guardan una cercanía teleológica evidente. Además, los dos derechos han ido configurándose en la jurisprudencia constitucional de forma paralela, de modo que son numerosas las ocasiones en las que el Tribunal se refiere de forma simultánea e indiferenciada a ambos.

[2] Sentencia del Tribunal Constitucional 53/1985, de 11 de abril de 1985, fundamento jurídico 3.

Según el Tribunal Constitucional, el derecho a la vida constituye el soporte físico de todos los demás derechos fundamentales y el valor jurídico fundamental de la dignidad de la persona se encuentra indisolublemente relacionado con el derecho a la vida en su dimensión humana. En virtud de lo dispuesto en la Sentencia 53/1985 *"nuestra Constitución ha elevado a valor jurídico fundamental la dignidad de la persona que, sin perjuicio de los derechos que le son inherentes, se halla con el libre desarrollo de la personalidad (artículo 10) y los derechos a la integridad física y moral (artículo 15), a la libertad de ideas y creencias (artículo 16), al honor, a la intimidad personal y familiar y a la propia imagen (artículo 18.1)."*

Esta afirmación delimita la dignidad desde un punto de vista positivo, uno de los dos puntos de vista que ha diferenciado el Tribunal Constitucional. Además, la propia Sentencia establece un concepto de dignidad: *"Del sentido de estos preceptos puede deducirse que la dignidad es un valor espiritual y moral inherente a la persona, que se manifiesta singularmente en la autodeterminación consciente y responsable de la propia vida y que lleva consigo la pretensión al respeto por parte de los demás"*[3].

Por su parte, desde un punto de vista negativo, la dignidad humana constituye un límite a las injerencias ajenas. Afirma en su Sentencia 57/1994[4] *"la regla del art. 10.1 C.E., proyectada sobre los derechos individuales, implica que la dignidad ha de permanecer inalterada cualquiera que sea la situación en que la persona se encuentre, constituyendo, en consecuencia, un mínimum invulnerable que todo estatuto jurídico debe asegurar, de modo que las limitaciones que se impongan en el disfrute de derechos individuales no conlleven un menosprecio para la estima que, en cuanto ser humano, merece la persona."*

Así, la Constitución Española reconoce la dignidad como fundamento de todo el ordenamiento jurídico. Extraemos esta conclusión de la conexión de finalidad entre los artículos 1.1 (valores superiores), 9.3 (principios) 24 y 10.1 (fundamentos del orden político y de la paz social), que tienen en común ser el pilar básico sobre el que se asientan

---

[3] Sentencia del Tribunal Constitucional 53/1985, de 11 de abril de 1985, fundamento jurídico 8.

[4] La Sentencia del Tribunal Constitucional 57/1994, de 24 de marzo estima el recurso de amparo presentado por vulneración del derecho a la intimidad: las medidas de registro personal de los recursos fueron lesivas del derecho.

las pretensiones constitucionales y manifiestan una pretensión de forma genérica del ordenamiento.

Igual acontece con el propio contenido del artículo 10 de la Constitución, ya que de los cinco postulados, los tres primeros (dignidad de la persona, derechos inviolables que le son inherentes y libre desarrollo de la personalidad), son el fundamento positivo de la libertad individual. Los otros dos (respeto a la ley y respeto a los derechos de los demás) tienen un contenido negativo, son límites a los derechos de los demás (GÓMEZ SÁNCHEZ y REBOLLO DELGADO, 2008).

Desde un punto de vista más teórico, podemos decir que la dignidad de la persona ha constituido y constituye el pilar básico en el que se fundamenta todo ordenamiento social. El reconocimiento de derechos comienza por la declaración y convencimiento de que la persona es el objeto y fin último de cualquier regulación normativa[5]. Según Alegre Martínez la persona merece vivir en un entorno que favorezca su desarrollo individual y social. Esta es la razón por la que la dignidad se encuentra unida, de modo indisociable a las ideas de libertad e igualdad. La dignidad es razón de ser, fin y límite de los derechos, está situada en un plano superior a los mismos y tiene una unión inescindible con la vida. La propia dignidad opera como límite de nuestros propios derechos, en cuanto que la renuncia a los mismos comportaría una ruptura de la adecuación de la propia vida a la dignidad inherente a nuestra condición de persona (ALEGRE MARTÍNEZ, 1996). La dignidad opera, además, como límite al derecho de disposición sobre la propia vida, y ello se traduce en un deber genérico de conservarla[6]. La dignidad de la persona se muestra como contenido esencial de nuestra Constitución. Quizás

---

[5] Así se refleja en la Declaración de Independencia de los Estados americanos de 1776, en la Declaración de los Derechos del Hombre y del Ciudadano de 1789 y en la Declaración Universal de los derechos del hombre "Todos los seres humanos nacen libres e iguales en dignidad y derechos". También la Declaración Universal sobre el Genoma Humano y los Derechos Humanos, tiene como pilar básico la dignidad y los Derechos Humanos. En definitiva, en la comunidad internacional, en el campo de la bioética, existe consenso respecto a que la dignidad humana constituye el principio superior que articula la comprensión del hombre como individuo en sociedad.

[6] El Tribunal Constitucional en las Sentencias 120/1990 y 137/1990 reconoce que la disposición sobre la propia muerte, el suicidio, pertenece al ámbito de libertad de acción de la persona, pero que no es un derecho que conlleve las exigencias de actuación de personas ajenas ni de los poderes públicos. De ahí la licitud de la alimentación forzosa dispuesta por

por ello el constituyente quiso incluirlo en el primer artículo del Título I pretendiendo con ello dar a entender que la dignidad de la persona es el objetivo, el fin último, la pretensión constante de nuestro ordenamiento jurídico (GÓMEZ SÁNCHEZ y REBOLLO DELGADO, 2008).

Desde el punto de vista jurídico, la dignidad humana es, sin duda, el condicionante más importante de la normatividad jurídica y de ello dan fe diversos textos constitucionales y las declaraciones internacionales de derechos (MARCOS DEL CANO, 1999). Dicho lo anterior, cabe añadir que la Declaración Universal sobre el Genoma Humano y los Derechos Humanos, cuyo gran pilar está constituido por la dignidad y los derechos humanos, tiene una primera parte que expresa que el genoma humano es, en sentido simbólico, el patrimonio de la humanidad. Se rubrica precisamente "La dignidad humana y el Genoma Humano", dedicando los primeros artículos, así como algunas referencias más a lo largo del texto de la Declaración, continuas referencias a la dignidad humana[7].

Por otra parte, la libertad, entendida como valor superior del ordenamiento, también disputa su importancia como fuente generadora de nuevos derechos en el ámbito de la Biomedicina. El reconocimiento generalizado del principio de autonomía ha sido el resultado de una larga lucha por reivindicar la libertad del individuo frente a un poder superior, bien teológico, bien estatal, bien social; bien específicamente jurídico. La autonomía exige, por tanto, el reconocimiento de la libre decisión individual sobre los propios intereses siempre que no afecte a los intereses de un tercero, o exige el respeto a la posibilidad de adopción por los sujetos de decisiones (MARCOS DEL CANO, 1999).

De entre las muchas y relevantes dimensiones de la libertad tiene interés destacar lo que podría ser considerado como libertad-autonomía, aspecto casi coincidente con el "libre desarrollo de la personalidad" del artículo 10 de la Constitución. Dentro de ese ámbito se reconoce la auto-

---

la Administración penitenciaria, suministrada a presos en huelga de hambre, cuando corran peligro sus vidas, cuyo cuidado es un deber de la Administración.

[7] Según el artículo 1 de la Declaración Universal sobre el Genoma Humano y los Derechos Humanos "el genoma humano es la base de la unidad fundamental de todos los miembros de la familia humana y del reconocimiento de su dignidad y diversidad intrínsecas". En la comunidad internacional, en el campo de la bioética, existe consenso respecto a que la dignidad humana constituye el principio superior que articula la comprensión del hombre como individuo en sociedad.

nomía del individuo para elegir entre las diversas opciones vitales. Pero lo que no encuadra esa libertad es, como dice el Tribunal Constitucional, la disposición sobre la propia vida. Incluso, en la reciente Sentencia 37/2011 relativa al consentimiento informado, en la que un paciente es intervenido quirúrgicamente sin que se le informe de los riesgos de su intervención; la Sentencia descarta la vulneración del derecho a la libertad, pues la libertad personal protegida por el artículo 17 de la Constitución no cubre una libertad general de autodeterminación individual: *"según reiterada doctrina de este Tribunal (SSTC 126/1987, 22/1988, 112/1988 y 61/1990) la libertad personal protegida por este precepto es la 'libertad física'. La libertad frente a la detención, condena o internamientos arbitrarios, sin que pueda cobijarse en el mismo una libertad general de actuación o una libertad general de autodeterminación individual, pues esta clase de libertad, que es un valor superior del ordenamiento jurídico —art. 1.1 de la Constitución—, sólo tiene la protección del recurso de amparo en aquellas concretas manifestaciones a las que la Constitución les concede la categoría de derechos fundamentales"*[8]. En conclusión, los derechos basados en la libertad constitucionalmente protegida parten de la libertad considerada como principio del ordenamiento jurídico, y no como el derecho recogido en el artículo 17 de la Constitución. En este sentido, así como en el campo de la Filosofía ética la defensa de la autonomía se configura como la reivindicación de sus derechos por parte del individuo frente al poder superior (religioso, estatal, social...), en el ámbito de la bioética y más concretamente en las relaciones médico-paciente, el ejercicio de la autonomía representa un autoafirmarse del enfermo frente al poder (en muchos casos desorbitado) del médico y de la técnica. De este modo, se ha establecido ya como norma general la imposibilidad de realizar cualquier intervención médica sin contar previamente con el consentimiento expreso del enfermo (MARCOS DEL CANO, 1999). De ahí la importancia que revisten los derechos a los que estamos haciendo referencia a la hora de respetar la voluntad del paciente, particularmente en el encuadre que se contiene en las voluntades anticipadas.

Por su parte, el derecho a la intimidad, recogido en el artículo 18.1[9], no solo es la potestad de que un tercero conozca o no nuestra vida pri-

---

[8] Sentencia del Tribunal Constitucional 37/2011, de 28 de marzo, fundamento jurídico 3.

[9] Según el artículo 18.1 de la Constitución española *"Se garantiza el derecho al honor, a la intimidad personal y familiar y a la propia imagen"*.

vada, sino que incluye la posibilidad de controlar lo que se conoce de nosotros mismos; constituyéndose a la vez como un derecho subjetivo y un derecho de defensa. Es garantía institucional del pluralismo, de la democracia y de la libertad. Constituye una expresión de libertad y la concreción de uno de los fundamentos que el constituyente identifica para la correcta convivencia social: la dignidad humana, la garantía de los derechos que son inherentes a la persona y el libre desarrollo de la personalidad; posibilitando así el objetivo de toda comunidad social: la existencia pacífica del ser humano.

El Tribunal Constitucional define la intimidad como *"un ámbito propio y reservado frente a la acción y conocimiento de los demás, necesario para mantener una calidad mínima de vida humana"*[10]. Se trata de un concepto general, referido al espacio psíquico y físico relativo a la persona individual. El constituyente garantiza en el artículo 18 lo más nuclear de la intimidad: reconoce primero en sentido nuclear y con posterioridad otros contenidos (inviolabilidad del domicilio y de las comunicaciones). Serán el legislador, la jurisprudencia y la doctrina los encargados de llenar de contenido aquella regulación

En este sentido, la jurisprudencia constitucional distingue entre integridad física (intervenciones corporales) e intimidad corporal (inspecciones y registros corporales). Según el Tribunal, una extracción de sangre no afecta a la intimidad en sí misma, pero puede afectarla por su finalidad (STC 7/1994, de 17 de enero). Lo mismo determina con un corte de pelo en cabeza o axilas, pues aunque no afecta a la intimidad corporal sino a la integridad física, por su finalidad (averiguar si el imputado es consumidor de sustancias tóxicas), afecta también al ámbito de la intimidad personal. La protección constitucional responde, en definitiva a un concepto cultural de pudor personal, un espacio físico donde el individuo tiene plena capacidad de disposición y control, que es lo que la Constitución viene a garantizar.

Una vez examinados los derechos fundamentales y la dignidad entendiéndolos como protagonistas en el desarrollo de las voluntades anticipadas, debemos aludir a la protección del derecho a la salud. Se encuentra entre los principios rectores de la política social y económica, en el artículo 43.1 de la Constitución. Desempeña un papel crucial en el

---

[10] La primera vez que se enuncia es en la Sentencia del Tribunal Constitucional 231/1988, de 2 de diciembre, fundamento jurídico 3. Ha sido objeto de reiterada doctrina.

ámbito de la Bioética y, en especial, para dar respuesta constitucional a los avances científicos en la Biología y, en particular, en Genética, pues en la mayor parte de los casos de dichos avances e investigaciones, su objetivo central es la protección de la salud (DÍAZ REVORIO, 2008). Afortunadamente –en nuestra opinión–, el concepto de salud ha ido ampliándose. Los cambios en el concepto de salud y práctica médica que caracterizaron a la segunda mitad del siglo veinte se basaban en una extrema tecnificación instrumental, una creciente colectivización de la asistencia médica en todos los países del globo, la personalización del enfermo, la prevención de la enfermedad y la extensión del concepto de salud, ya que se pasa de identificarla no solo al bienestar sino también a la calidad de vida y realización integral de la persona.

El artículo 43[11] de la Constitución reconoce la protección de las salud como derecho individual de carácter genérico, cuyo alcance ha de concretarse por ley, pero cuya tutela requiere, en todo caso, una acción de los poderes públicos que debe abarcar tanto la medicina preventiva como la asistencial. Se trata, por la indeterminación de los términos, de un derecho con contornos relativos y dependientes de factores históricos, sociales y culturales; lo cual se refleja en las diferencias de catálogos de prestaciones de los sistemas de salud, tanto temporales como geográficos (entre Comunidades Autónomas) en función de los cuales se trata de satisfacer el derecho a la protección de la salud (ROMEO CASABONA, EMALDI CIRIÓN, ESCAJEDO SAN EPIFANIO, NICOLÁS JIMÉNEZ, ROMEO MALANDA y URRUELA MORA, 2006).

El derecho a la protección de la salud tiene una especial vinculación al derecho a la integridad física. La delimitación del Tribunal sobre el cuerpo humano como realidad biológica en su doble dimensión física, integridad física y psicológica, integridad moral excluye del derecho a la integridad física cualquier elemento valorativo o cualitativo de carácter subjetivo. Así, su contenido sería de naturaleza eminentemente defensiva

---

[11] Según el artículo 43 de la Constitución Española "1. Se reconoce el derecho a la protección de la salud.

2. Compete a los poderes públicos organizar y tutelar la salud pública a través de medidas preventivas y de las prestaciones y servicios necesarios. La Ley establecerá los derechos y deberes de todos al respecto.
3. Los poderes públicos fomentarán la educación sanitaria, la educación física y el deporte. Asimismo facilitarán la adecuada utilización del ocio."

o reaccional, y con arreglo a la doctrina del Tribunal poseería una doble dimensión: por una parte protegería a su titular de ataques dirigidos contra su cuerpo en su doble vertiente física y psíquica y, por otra, proscribiría toda intervención en él que careciese de consentimiento (ARRUEGO, 2008). El derecho se configura como una suerte de incolumidad corporal, esto es "su derecho a no sufrir lesión o menoscabo en su cuerpo o en su apariencia externa sin su consentimiento. *El hecho de que la intervención coactiva en el cuerpo pueda suponer un malestar (esto es, producir sensaciones de dolor o sufrimiento) o un riesgo o daño para la salud supone un plus de afectación, mas no es una condición sine qua non para entender que existe una intromisión en el derecho fundamental a la integridad física*"[12].

Los derechos a la protección de la salud y a la integridad física no coinciden ni en el bien objeto de tutela ni en la intensidad de la misma, lo que no obsta para que en determinadas situaciones puedan solaparse, en el sentido de que ciertas afecciones a la salud puedan ser conceptuadas como vulneración del derecho a la integridad física, con el esencial efecto de posibilitar al ciudadano la vía del amparo. La Sentencia 35/1996[13] recoge que el derecho a la integridad física "en efecto, podría verse afectado por actuaciones coactivas que, con justificación en las normas de seguridad penitenciaria, puedan determinar un riesgo inmediato o futuro para la salud, puesto que también el derecho a la salud, o mejor aún, a que no se dañe o perjudique la salud personal, queda comprendido en el derecho a la integridad personal"[14]. Esta doctrina es reiterada por las Sentencias 5/2002 y 62/2007.

Es la Sentencia 207/1996[15] el que, aludiendo a la Sentencia 35/1996 recoge expresamente *"Así pues, y aunque el derecho a la integridad*

---

[12] Sentencia del Tribunal Constitucional 207/1996, de 16 de diciembre, fundamento jurídico 2.

[13] La Sentencia del Tribunal Constitucional 35/1996, de 11 de marzo resuelve el recurso de amparo planteado por un interno que es sometido a una prueba de rayos X. Según el fundamento jurídico 4, la utilización aislada y esporádica, bajo control médico, de un aparato de rayos X que se encontraba en perfecto estado y cuyas radiaciones no suponen peligro alguno para la salud no supone vulneración del derecho a la integridad física.

[14] Sentencia del Tribunal Constitucional 35/1996, de 11 de marzo, fundamento jurídico 3.

[15] La Sentencia del Tribunal Constitucional 207/1996, de 16 de diciembre resuelve un recurso de amparo sobre un recluso al que se le practica de una intervención corporal y una diligencia pericial sobre el pelo con objeto de determinar si es consumidor de sustancias

física se encuentra evidentemente conectado con el derecho a la salud, su ámbito constitucionalmente protegido no se reduce exclusivamente a aquellos casos en que exista un riesgo o daño para la salud, pues dicho derecho resulta afectado por "toda clase de intervención (en el cuerpo) que carezca del consentimiento de su titular""[16].

No obstante lo anterior, el Tribunal entiende que para apreciar una vulneración del artículo 15 no es necesario que la lesión a la salud haya llegado efectivamente a producirse. No es preciso para apreciar vulneración del derecho fundamental ni la existencia de una actividad directamente encaminada a su lesión, ni la efectiva causación de un daño, pues el Tribunal concibe el término agresión en un sentido que también abarca aquellas conductas activas u omisivas que generan una situación de riesgo o amenaza de menoscabo.

Dispone la Sentencia 119/2001[17] *"En efecto, habida cuenta de que nuestro texto constitucional no consagra derechos meramente teóricos o ilusorios, sino reales y efectivos (STC 12/1994, de 17 de enero, FJ 6), se hace imprescindible asegurar su protección no sólo frente a las injerencias ya mencionadas, sino también frente a los riesgos que puedan surgir en una sociedad tecnológicamente avanzada"*[18].

Además, según la Sentencia 221/2002[19], *"Para poder apreciar la vulneración del art. 15 CE aducida no es preciso que la lesión de la in-*

---

estupefacientes. Se estiman vulnerados los derechos a la integridad física y a la intimidad personal del recurrente. Esta Sentencia sienta la doctrina de los registros y las inspecciones corporales.

[16] Sentencia del Tribunal Constitucional 207/1996, de 16 de diciembre, fundamento jurídico 2.

[17] La Sentencia del Tribunal Constitucional 119/2001, de 24 de mayo resuelve el recurso de amparo de un particular al que se le desestima previamente una demanda contra un Ayuntamiento para la indemnización por contaminación acústica de su vivienda. No prospera la reclamación sobre la vulneración de los derechos a la integridad física y moral, a la intimidad y a la inviolabilidad del domicilio ante la falta de prueba de los ruidos sufridos por la demandante en su salud y en su domicilio.

[18] Sentencia del Tribunal Constitucional 119/2001, de 24 de mayo, fundamento jurídico 5.

[19] La Sentencia del Tribunal Constitucional 221/2002, de 25 de noviembre resuelve el recurso de amparo en el caso sobre guarda de una menor en ejecución de un Auto dictado dieciséis meses antes, que había anulado la declaración administrativa de desamparo, sin valorar el riesgo para su salud psíquica que causaría elretorno de la menor con su familia adoptiva ante las nuevas circunstancias, y sin oírla personalmente. Se vulneran de los derechos a la tutela judicial efectiva sin indefensión y a la integridad moral.

tegridad moral se haya consumado, sino que a efectos de que el derecho invocado se estime lesionado basta con que exista un riesgo relevante de que la lesión pueda llegar a producirse"[20]. Reiteran la doctrina las Sentencias 71/2004 y 160/2007.

Es cierto, no obstante, que partiendo de la afirmación de que no cualquier riesgo o amenaza constituiría, sin más, una vulneración del derecho fundamental, la doctrina del Tribunal presenta ciertas vacilaciones con relación a la intensidad que debe revestir dicho riesgo o amenaza para que pueda estimarse efectivamente lesiva.

Como decimos, la Sentencia 221/2002 habla de *"riesgo relevante"*, pero la sentencia 35/1996 se refiere a *"riesgo para la salud"*. Así, *"Este derecho, en efecto, podría verse afectado por actuaciones coactivas que, con justificación en las normas de seguridad penitenciaria, puedan determinar un riesgo inmediato o futuro para la salud, puesto que también el derecho a la salud, o mejor aún, a que no se dañe o perjudique la salud personal, queda comprendido en el derecho a la integridad personal"*.

Existe, sin embargo, otro grupo de Sentencias que exigen que se trate *de "grave riesgo o quebranto para su salud"* (Sentencia 7/1994, fundamento jurídico 3, *"peligro grave o inmediato"* (Sentencia 119/2001, fundamento jurídico 6 o *"peligro grave y cierto"* (Sentencia 5/2002, fundamento jurídico 4). Cabe destacar el concepto de *"riesgo palmario y manifiesto"*, en la Sentencia 220/2005[21] *"tal actuación sólo podría reputarse que afecta al ámbito protegido por el art. 15 CE cuando existiera un riesgo relevante de que la lesión pueda llegar a producirse, es decir, cuando se generara un peligro grave y cierto para la salud del afectado. En ese caso, la declaración de lesión de la integridad que se infiera de ese riesgo relevante sólo podrá ser efectuada en esta sede cuando resulte palmaria y manifiesta, pues la relevancia del peligro debe apreciarse con inmediación"*[22]; o el concepto *"riesgo constatado de producción cierta,*

---

[20] Sentencia del Tribunal Constitucional 221/2002, de 25 de noviembre, fundamento jurídico 4.

[21] La Sentencia 220/2005, de 12 de septiembre deniega el amparo presentado por una trabajadora al que le es denegado administrativamente la prórroga de baja por incapacidad laboral temporal. La denegación no genera un riesgo palmario y grave para la salud de la afectada, por lo que no se vulnera su derecho a la integridad física.

[22] Sentencia del Tribunal Constitucional 220/2005, de 12 de septiembre, fundamento jurídico 4.

o potencial pero justificado ad causum", de la Sentencia 62/2007[23] *"tal actuación u omisión podría afectar al ámbito protegido por el art. 15 CE cuando tuviera lugar existiendo un riesgo constatado de producción cierta, o potencial pero justificado ad causum, de la causación de un perjuicio para la salud de la trabajadora o del feto, es decir, cuando se generara con la orden de trabajo un riesgo o peligro grave para la salud de aquélla o para el del hijo en gestación"*[24].

2. LOS LÍMITES DE LAS VOLUNTADES ANTICIPADAS

Vistos los aspectos teórico-jurídicos relativos a los preceptos constitucionales que inciden de algún modo en las voluntades anticipadas, pasemos a analizar la figura y las perspectivas del paciente y del profesional sanitario sobre la preparación y posterior cumplimiento de este documento. Las voluntades anticipadas constituyen una herramienta fundamental para un funcionamiento del sistema de salud adecuado a las exigencias del respeto a la autonomía del paciente, por cuanto permiten otorgar una atención clínica adecuada a su voluntad incluso en los casos en que éste no pueda expresarla[25]. De ahí la importancia de su registro y efectiva realización.

El objetivo de estas instrucciones es hacerlas efectivas en el momento en que se llegue a situaciones en cuyas circunstancias no sea capaz de

---

[23] La Sentencia del Tribunal Constitucional 62/2007, de 27 de marzo reconoce la vulneración del derecho a la integridad física de una funcionaria interina del Servicio Andaluz de Salud, por parte de dicha administración. Tal vulneración se produjo al encomendársele a la trabajadora, que se hallaba en avanzado estado de gestación, labores potencialmente peligrosas para su salud y la de su hijo. El Tribunal considera que la Administración debía haber adoptado las medidas legalmente previstas para adaptar las condiciones de trabajo a su estado, puesto queda probado que tuvo conocimiento del embarazo de la trabajadora, sin que pueda justificar su inactividad en el hecho de que la misma estuviera de baja pues, concluida esta, debía reincorporarse a su puesto, con el peligro que ello conllevaba. La argumentación esgrimida por la Administración, que exigiría una exposición efectiva al riesgo, es rechazada por el Tribunal, que considera que no es preciso que la lesión se haya producido, sino que basta que se acredite un riesgo relevante de que pueda llegar a producirse.

[24] Sentencia del Tribunal Constitucional 62/2007, de 27 de marzo, fundamento jurídico 3.

[25] Página web consultada http://testamentovital.wordpress.com/about/, perteneciente al proyecto de investigación Testamento Vital (MICINN DER2010-20129).

expresarlas personalmente por estar incapacitado para ello. Por este motivo, las voluntades anticipadas contendrán una serie de previsiones que a continuación analizaremos, no obstante no estén tasadas por la ley. Es relevante señalar que, según el artículo 11. 4: *"las instrucciones previas podrán revocarse libremente en cualquier momento dejando constancia por escrito"*. Así, teniendo en cuenta que uno de los problemas es la distancia entre el momento de expresar la voluntad y su ejecución, se requiere que exista la posibilidad de modificarlo hasta que el enfermo pierda la conciencia (MARCOS DEL CANO, 2008).

En el ámbito normativo, la entrada en vigor en nuestro país, el 1 de enero de 2000, del Convenio Europeo sobre los derechos humanos y la biomedicina: Convenio para la protección de los derechos humanos y la dignidad del ser humano con respecto a las aplicaciones de la Biología y la Medicina; marcó un punto de inflexión muy importante respecto al reconocimiento, en la legislación española, de la autonomía de los pacientes para tomar decisiones clínicas. Bien es cierto que dicho reconocimiento ya se había producido de facto mediante el famoso, y hoy en casi su totalidad derogado artículo 10 de la Ley 14/1986, General de Sanidad[26].

[26] Según la vigente redacción del artículo 10 de la Ley 14/1986 "Todos tienen los siguientes derechos con respecto a las distintas administraciones públicas sanitarias: 1. Al respeto a su personalidad, dignidad humana e intimidad, sin que pueda ser discriminado por su origen racial o étnico, por razón de género y orientación sexual, de discapacidad o de cualquier otra circunstancia personal o social. 2. A la información sobre los servicios sanitarios a que puede acceder y sobre los requisitos necesarios para su uso. La información deberá efectuarse en formatos adecuados, siguiendo las reglas marcadas por el principio de diseño para todos, de manera que resulten accesibles y comprensibles a las personas con discapacidad. 3. A la confidencialidad de toda la información relacionada con su proceso y con su estancia en instituciones sanitarias públicas y privadas que colaboren con el sistema público. 4. A ser advertido de si los procedimientos de pronóstico, diagnóstico y terapéuticos que se le apliquen pueden ser utilizados en función de un proyecto docente o de investigación, que, en ningún caso, podrá comportar peligro adicional para su salud. En todo caso será imprescindible la previa autorización, y por escrito, del paciente y la aceptación por parte del médico y de la dirección del correspondiente centro sanitario. 7. A que se le asigne un médico, cuyo nombre se le dará a conocer, que será su interlocutor principal con el equipo asistencial. En caso de ausencia, otro facultativo del equipo asumirá tal responsabilidad. 10. A participar, a través de las Instituciones comunitarias, en las actividades sanitarias, en los términos establecidos en esta Ley y en las disposiciones que la desarrollen. 12. A utilizar las vías de reclamación y de propuesta de sugerencias en los plazos previstos. En uno u otro caso deberá recibir respuesta por escrito en los plazos que reglamentariamente se establezcan. 13. A elegir el médico y los demás sanitarios titulados de acuerdo con las

Sin embargo, el Convenio aportaba muchos elementos novedosos en esta materia y volvía inevitable el desarrollo de nuevas legislaciones en nuestro país. En concreto, el artículo 9 del Convenio, abría la puerta al reconocimiento normativo de los antiguamente denominados "testamentos vitales". Según dicho artículo, *"serán tomados en consideración los deseos expresados anteriormente con respecto a una intervención médica por un paciente que, en el momento de la intervención, no se encuentre en situación de expresar su voluntad"*. Tal y como se aclara en el Informe oficial explicativo del Convenio[27], el precepto mencionado se refiere a los casos en que las personas con capacidad de entender hayan expresado con anterioridad su consentimiento en relación a situaciones previsibles en las que ya no se encuentren en condiciones de expresar su opinión sobre una intervención. Además, esta norma no solo comprende las urgencias, sino también las situaciones de salud en que el individuo considere que podría llegar a ser incapaz de dar su consentimiento válido, como puede ser el ejemplo de padecer una demencia senil. *"El otorgante del documento puede designar, además, un representante para que, llegado el caso, sirva como interlocutor suyo con el médico o el equipo sanitario para procurar el cumplimiento de las instrucciones previas"*.

Como decíamos, el contenido de las voluntades anticipadas, no viene delimitado por la Ley. Es decir, no hay un contenido tasado sobre las posibles disposiciones que puedan contenerse. Sin embargo, no todas las voluntades anticipadas que desea un sujeto pueden ser recogidas en ese documento. Incluso si las mismas pudieran recogerse como tales, lo cual tratará de evitarse, posiblemente después no se llevarán a cabo. Dispone el artículo 11.3 de la Ley 41/2002 *"No serán aplicadas las instrucciones previas contrarias al ordenamiento jurídico, a la lex artis, ni las que no se correspondan con el supuesto de hecho que el interesado haya previsto en el momento de manifestarlas. En la historia clínica del paciente*

condiciones contempladas en esta Ley, en las disposiciones que se dicten para su desarrollo y en las que regule el trabajo sanitario en los centros de Salud. 14. A obtener los medicamentos y productos sanitarios que se consideren necesarios para promover, conservar o restablecer su salud, en los términos que reglamentariamente se establezcan por la Administración del Estado. 15. Respetando el peculiar régimen económico de cada servicio sanitario, los derechos contemplados en los apartados 1, 3, 4, 5, 6, 7, 9 y 11 de este artículo serán ejercidos también con respecto a los servicios sanitarios privados".

[27] Este Informe fue elaborado bajo la responsabilidad del Secretario General del Consejo de Europa. El Comité de Ministros autorizó su publicación el 17 de diciembre de 1996.

quedará constancia razonada de las anotaciones relacionadas con estas previsiones". Veamos detalladamente los límites:

- No serán aplicadas las instrucciones previas contrarias al ordenamiento jurídico. El derecho fundamental a la vida manifestado en el artículo 15 de la Constitución Española ha sido interpretado por el Tribunal Constitucional en el sentido de considerar que el mismo tiene un contenido de protección positiva que impide configurarlo como un derecho de libertad que incluya el derecho a la disposición de la propia vida[28]. En este sentido, debemos concretar que existen varios tipos de eutanasia (la eutanasia pasiva, la activa indirecta) que podrían considerarse dentro de la legalidad y por lo tanto recogerse como voluntades anticipadas, que deban respetarse y cumplirse. Sin embargo, otras modalidades de eutanasia (eutanasia activa directa) serían contrarias al ordenamiento y de hecho, dicho actuar está contemplado y penado por el artículo 143 del Código Penal[29].
- Aquellos supuestos que sean contrarios a la *lex artis* médica, es decir, contrarios a la buena práctica clínica, o bien a la ética profesional. Dentro de este apartado podría mencionarse que siempre se tendrá en cuenta para su aplicación el "Estado Actual de la Ciencia" es decir, el profesional sanitario podría decidir la no aplicación de un tratamiento por haber tenido un avance significativo la ciencia o la tecnología en ese ámbito y quizá la

[28] En este sentido, debemos añadir que el Tribunal Constitucional en las Sentencias 120/1990, de 27 de junio y 137/1990, de 19 de julio reconoce que la disposición sobre la propia muerte, el suicidio, pertenece al ámbito de libertad de acción de la persona, pero que no es un derecho que conlleve las exigencias de actuación de personas ajenas ni de los poderes públicos. De ahí la licitud de la alimentación forzosa dispuesta por la Administración penitenciaria, suministrada a presos en huelga de hambre, cuando corran peligro sus vidas, cuyo cuidado es un deber de la Administración.

[29] Según el artículo 143 del Código Penal "1. El que induzca al suicidio de otro será castigado con la pena de prisión de cuatro a ocho años. 2. Se impondrá la pena de prisión de dos a cinco años al que coopere con actos necesarios al suicidio de una persona. 3. Será castigado con la pena de prisión de seis a diez años si la cooperación llegara hasta el punto de ejecutar la muerte. 4. El que causare o cooperare activamente con actos necesarios y directos a la muerte de otro, por la petición expresa, seria e inequívoca de éste, en el caso de que la víctima sufriera una enfermedad grave que conduciría necesariamente a su muerte, o que produjera graves padecimientos permanentes y difíciles de soportar, será castigado con la pena inferior en uno o dos grados a las señaladas en los números 2 y 3 de este artículo".

previsión sanitaria impuesta por el paciente ya no fuera necesaria (ROMEO CASABONA et al, 2006).

- No serán aplicadas aquellas instrucciones previas que no se correspondan con los tipos de supuestos previstos por la persona otorgante al formalizar el documento de testamento vital. Esto es lógico puesto que habrá que ceñirse a aquellos casos recogidos por el otorgante no siendo posible hacer interpretaciones extensivas a supuestos parecidos pero no contemplados en el documento.
- No serán aplicadas las instrucciones previas contraindicadas a la patología del otorgante. De hecho, las contraindicaciones deberán figurar anotadas y motivadas en la historia clínica[30] del paciente (SÁNCHEZ CARO Y ABELLÁN, 2008).

Otro de los aspectos que debemos examinar es el requisito de capacidad, ya que podrán ejercer el derecho a expresar sus objetivos vitales y valores personales así como las instrucciones sobre los cuidados o tratamientos médicos que quieren que se le apliquen en un futuro o la donación parcial o completa de los órganos para su utilización en docencia o investigación una vez fallecido las personas mayores de edad que puedan manifestar libremente la voluntad y poseer la inteligencia y el discernimiento de los actos. A pesar de que la ley básica atribuye la facultad de otorgar instrucciones previas a toda persona mayor de edad y capaz, en algunos ordenamientos autonómicos, en clara contradicción con la normativa estatal indicada, se contemplan otras posibilidades distintas[31].

---

[30] La historia clínica es, según el artículo 3 de la Ley 41/2002 "el conjunto de documentos que contienen los datos, valoraciones e informaciones de cualquier índole sobre la situación y la evolución clínica de un paciente a lo largo del proceso asistencial".

[31] Por ejemplo, el artículo 54.1 de la Ley 17/2010, de 8 de noviembre, de derechos y deberes de las personas en materia de salud en la Comunidad Foral de Navarra, dispone que "el documento de voluntades anticipadas es el dirigido al médico responsable en el cual una persona mayor de edad, o un menor al que se le reconoce capacidad conforme a la presente Ley Foral, deja constancia de los deseos previamente expresados sobre las actuaciones médicas para cuando se encuentre en una situación en que las circunstancias que concurran no le permitan expresar personalmente su voluntad, por medio del consentimiento informado, y que deben ser tenidos en cuenta por el médico responsable y por el equipo médico que le asista en tal situación".

La Ley 41/2002 prevé que el otorgante de las voluntades anticipadas puede designar un representante[32] para que, llegado el caso, sirva como interlocutor suyo con el médico o el equipo sanitario en orden a procurar el cumplimiento de sus instrucciones. Esta posibilidad legal es considerada desde el punto de vista clínico como una opción que debe aconsejarse siempre, pues se entiende que el representante es quien proporciona mayor garantía de interpretación de la voluntad del enfermo ante la necesidad de adecuarla a una situación concreta debido a lo complicado de preverla en toda su complejidad.

3. IMPLICACIONES DE LAS VOLUNTADES ANTICIPADAS PARA LOS PROFESIONALES SANITARIOS

En las voluntades anticipadas subyace el derecho del paciente a afrontar el proceso de su muerte con dignidad, lo que conlleva poder morir en pleno uso de sus derechos y especialmente de aquel que le permite rechazar tratamientos que le prolonguen la vida con tratamientos paliativos y de alivio del dolor e incluso morir acompañado de las personas que designe como sus familiares o allegados. Por ello, las voluntades anticipadas conllevan el surgimiento de una nueva obligación moral y jurídica para los profesionales sanitarios, que les impone tomar en consideración los deseos de los pacientes para situaciones en las que ya no pueden decidir. Podríamos adoptar un criterio que acote de la siguiente

---

[32] Según el artículo 9.3 de la Ley 41/2002 "Se otorgará el consentimiento por representación en los siguientes supuestos: a) Cuando el paciente no sea capaz de tomar decisiones, a criterio del médico responsable de la asistencia, o su estado físico o psíquico no le permita hacerse cargo de su situación. Si el paciente carece de representante legal, el consentimiento lo prestarán las personas vinculadas a él por razones familiares o de hecho. b) Cuando el paciente esté incapacitado legalmente. c) Cuando el paciente menor de edad no sea capaz intelectual ni emocionalmente de comprender el alcance de la intervención. En este caso, el consentimiento lo dará el representante legal del menor después de haber escuchado su opinión si tiene doce años cumplidos. Cuando se trate de menores no incapaces ni incapacitados, pero emancipados o con dieciséis años cumplidos, no cabe prestar el consentimiento por representación. Sin embargo, en caso de actuación de grave riesgo, según el criterio del facultativo, los padres serán informados y su opinión será tenida en cuenta para la toma de la decisión correspondiente.

manera el conjunto de obligaciones que origina para los facultativos la expresión anticipada de voluntades, resumiéndolas en seis:

1. Aceptación de los documentos que recojan la expresión anticipada de voluntades o instrucciones previas. En las Comunidades Autónomas donde la inscripción previa del documento es obligatoria para su validez, el facultativo debe recogerlo y entregarlo en el departamento competente del centro sanitario para su remisión al Registro de instrucciones previas o voluntades anticipadas competente a razón del territorio , salvo que ya lo hubiera registrado antes el propio paciente.
2. Incorporación a la historia clínica de las voluntades anticipadas que facilite el paciente, sus familiares, allegados o representante legal. Es fundamental para que los profesionales que intervienen en el proceso del paciente puedan conocer su existencia. Al mismo tiempo, cuando el documento citado no conste en la historia clínica, el facultativo debe verificar si existe o no dicho documento a través del correspondiente Registro de la Comunidad Autónoma[33]. En caso de que exista, deberá unirlo a la historia clínica.
3. Respeto a lo dispuesto por el paciente en el documento, con las limitaciones legales: no pueden cumplirse las instrucciones que contraríen en ordenamiento jurídico, la *lex artis* o que se refieran a distinto supuesto de hecho del previsto por el interesado. La desatención de las instrucciones, tales como imposición de un tratamiento médico no consentido o la omisión de un cuidado paliativo indicado y deseado por el paciente, puede ser sancionada jurídico-penalmente como comportamiento subsumible bajo la rúbrica del delito contra la integridad moral, dado su carácter vinculante para el médico.

---

[33] Uno de los aspectos más complejos actualmente en la gestión de la información relativa al testamento vital es la coordinación entre los registros autonómicos y el Registro nacional. Si bien las voluntades anticipadas de un ciudadano registrado en una determinada Comunidad Autónoma puede ser consultado en las bases de los centros sanitarios de dicho territorio; una mayor complicación surge cuando el ciudadano debe ser atendido en una Comunidad distinta a aquella en la que registró su testamento vital. De ahí la importancia de la coordinación entre estos regustros y el Registro Nacional.

El profesional sanitario puede incurrir además en responsabilidad disciplinaria y administrativa y en responsabilidad civil por daño moral derivado de la falta de respeto a su autonomía como paciente; acción esta última que habrían de ejercitar, lógicamente, los herederos del paciente en el caso de su fallecimiento.

4. Razonamiento por escrito en la historia clínica de la decisión final que se adopte en relación a las instrucciones que incorpore el documento. Según el artículo 19 del Código Deontología Médica de la Organización Médica Colegial, de 2011, *"Los actos médicos quedarán registrados en la correspondiente historia clínica. El médico tiene el deber y el derecho de redactarla. La historia clínica incorporará la información que se considere relevante para el conocimiento de la salud del paciente, con el fin de facilitar la asistencia sanitaria"*. Cabe afirmar que la historia clínica viene tratada en la Ley fundamentalmente en interés del paciente, aunque también confluyen en ella los intereses de los profesionales sanitarios y de la propia Administración Sanitaria. Todo lo relativo a la historia clínica fue objeto de un profundo debate en el *iter* legislativo (DOMÍNGUEZ LUELMO, 2007), especialmente por considerar algunos parlamentarios que debía ser una materia desarrollada por las Comunidades Autónomas, muchas de las cuales disponen de una normativa exhaustiva sobre la misma[34].
5. Información a los pacientes del carácter y finalidad del documento de voluntades o instrucciones previas y ayudarle en la redacción

[34] Por ejemplo, la Ley 21/2000 de 29 de diciembre de Cataluña dispone en su artículo 9 que la historia clínica recoge el conjunto de documentos relativos al proceso asistencial de cada enfermo identificando a los médicos y demás profesionales asistenciales que han intervenido en el mismo. Muy similares son las definiciones de Aragón en el artículo 16.1 de la Ley 6/2002 de 15 de abril; La Rioja en el artículo 14.1 de la Ley 2/2002 de 17 de abril; Cantabria en el artículo 69.1 de la Ley 7/2002 de 10 de diciembre y Extremadura en el artículo 31.1 de la Ley 3/2005 de 8 de julio. Por su parte, el artículo 13 de la Ley 3/2001 de 28 de mayo de Galicia, tras la modificación de la Ley gallega 3/2005 de 7 de marzo define la historia clínica como "el conjunto de documentos en el que se contienen los datos, las valoraciones y las informaciones de cualquier tipo sobre la situación y la evolución clínica de los pacientes a lo largo de su proceso asistencial, así como la identificación de los médicos y demás profesionales que intervinieron en éste".

e interpretación del mismo de forma expositiva, evitando la coacción sobre el interesado.

6. Aconsejar a los pacientes la actualización del contenido del documento, cuando aparezcan posibilidades médicas que el enfermo no hubiera previsto (SÁNCHEZ CARO y ABELLÁN, 2008).

Los profesionales sanitarios, además de la obligación en materia de información clínica, tiene el deber de cumplimentar los protocolos, registros, informes y estadísticas y demás documentación asistencial o administrativa, que guarden relación con los procesos clínicos en los que intervienen, y los que requieran los centros de salud, y autoridades sanitarias siendo que las infracciones de lo dispuesto por la Ley quedan sometidas al régimen sancionador de previsto en el capítulo VI del Título I de la Ley General de Sanidad, sin perjuicio de la responsabilidad civil o penal y de la responsabilidad profesional o estatutaria procedentes en derecho recogidas en la Disposición Adicional VI[35].

No obstante, es difícil imaginar en la práctica la posibilidad de que el médico incurra en responsabilidad penal por el incumplimiento de lo dispuesto en las voluntades anticipadas, toda vez que no puede decirse que dicho incumplimiento fuera el hecho causante del resultado que se produjera, ya que si el enfermo se muere la razón no hubiera sido ningún incumplimiento de las instrucciones previas, sino su grave enfermedad; y si se reanima y vive, no podríamos hablar entonces de un resultado antijurídico. Sin embargo, puesto que existe un daño, como es la vulneración de la autonomía de la voluntad de una persona, en el ámbito sanitario habrá responsabilidad civil o administrativa, dependiendo del supuesto concreto.

Un último aspecto a tener en cuenta en la aplicación de las voluntades anticipadas por los profesionales sanitarios es el de la posibilidad de la objeción de conciencia[36]. En términos generales, Rafael Navarro-Valls

---

[35] En este sentido, es importante que las consecuencias del incumplimiento de las instrucciones previas estén delimitadas. Las leyes autonómicas no prevén nada, por lo que nos remitimos a la ley básica, que a su vez se remite a la referida Ley General de Sanidad.

[36] La Sentencia del Tribunal Constitucional 161/1987, de 27 de octubre (contradiciendo a lo dispuesto en la Sentencia del propio Tribunal 53/, de 11 de abril de 1985) afirma que no existe ni puede existir un derecho general a la objeción de conciencia: "La objeción de conciencia con carácter general, es decir, el derecho a ser eximido del cumplimiento de los deberes constitucionales o legales por resultar ese cumplimiento contrario a las propias

y Javier Martínez-Torrón consideran que la objeción de conciencia es la negativa del individuo, por motivos de conciencia, a someterse a una conducta que en principio sería jurídicamente exigible ya provenga la obligación directamente de la norma, ya de un contrato, ya de un mandato judicial o resolución administrativa (1997). Esta postura de discrepancia normalmente es generada por creencias religiosas, ideológicas, principios éticos o morales y tiene como finalidad la no aplicación de la ley o acto en cuestión o su sanción (TREJO OSORNIO, 2010).

Trasladando estas ideas al ámbito sanitario, la objeción de conciencia consiste en la negativa del profesional sanitario, por motivos de conciencia, a someterse a una conducta que en principio sería jurídicamente exigible, ya provenga de la obligación directamente de la norma, ya de un contrato, un mandato judicial o de una resolución administrativa. Si, conforme a la *lex artis*, es procedente la realización de una determinada actuación sanitaria, y ésta es contraria a las convicciones éticas, morales o religiosas del profesional, éste puede solicitar la declaración de la objeción de conciencia. La objeción debe consistir, específicamente, en la abstención de realizar tal deber y no en la realización de otra opción terapéutica que pueda perjudicar al paciente, o al menos, no cumplir las expectativas que pudieran cumplirse en otro caso. La libre formación de la conciencia tiene como marco el desarrollo de la personalidad que alude el artículo 10.1 de la Constitución, por lo que podemos inferir que forma parte de la autonomía de la voluntad del profesional sanitario.

Los casos más habituales en los que los profesionales sanitarios pueden plantear la objeción de conciencia son: el aborto, la prescripción de la píldora postcoital, la del farmacéutico a la prescripción médica, la que tiene lugar frente a la objeción de conciencia del paciente a los tratamientos médicos y la aplicación de las voluntades anticipadas[37].

---

convicciones, no está reconocido ni cabe imaginar que lo estuviera en nuestro Derecho o en Derecho alguno, pues significaría la negación misma de la idea del Estado. Lo que puede ocurrir es que sea admitida excepcionalmente respecto a un deber concreto".

[37] La objeción de conciencia ha sido tratada específicamente en dos documentos de la Comisión Central de Deontología de la OMC, explicitando su contenido, alcance y límites. No está de más recordar que las normas deontológicas no son simples consejos morales, sino disposiciones con capacidad de obligar a los profesionales, pues –conforme a la jurisprudencia constitucional– gozan de eficacia jurídica por las remisiones que a ellas realizan las leyes (SSTC 89/1989 y 194/1998).

4. DIFICULTADES EN LA APLICACIÓN DE LAS VOLUNTADES ANTICIPADAS

En cuanto a la aplicación de las voluntades anticipadas, los servicios de salud son los responsables de regular el procedimiento adecuado para que, llegado el caso, se garantice el cumplimiento de las instrucciones previas de cada persona, que deberán constar siempre por escrito. Así lo dispone el artículo 11.2 de la Ley 41/2002. Este precepto se refiere a los servicios a nivel individual, pero en el último inciso del artículo 11, y con el fin de asegurar la eficacia en todo el territorio nacional de las instrucciones previas manifestadas por los pacientes y formalizadas de acuerdo con lo dispuesto en la legislación de las respectivas Comunidades Autónomas, dispone la creación del Registro nacional de instrucciones previas en el Ministerio de Sanidad y Consumo, que se regirá por las normas que reglamentariamente se determinen, previo acuerdo del Consejo Interterritorial del Sistema Nacional de Salud. Las dificultades de interactuación entre los registros autonómicos y nacional devienen no solo de una falta de formación e información por parte del profesional sanitario a la hora de acceder y gestionar las voluntades anticipadas, sino de una cuestión más básica, como es la de los obstáculos durante la gestión del procedimiento informático.

En este sentido, se ha podido observar que existen países donde las voluntades anticipadas llevan tiempo permitido legalmente y, sin embargo, ha sido poco utilizado por los pacientes y profesionales sanitarios. Entre los motivos se barajan diferentes factores: el desconocimiento por parte de los profesionales sanitarios de la existencia de las instrucciones previas de los pacientes, su dificultad para interpretarlas y saber cuándo deben aplicarlas, la inestabilidad de las preferencias de los pacientes o el hecho de que no quieran hablar y, menos aún, dejar constancia escrita de aspectos relativos a la asistencia sanitaria en un momento en el que no vayan a tener capacidad de decisión (ROMEO CASABONA et al, 2006).

Centrándonos en el caso de España, y habiendo realizado una encuesta[38] a usuarios del sistema sanitario, podemos plantear las siguientes reflexiones:

---

[38] La encuesta a la que nos referimos fue elaborada de manera anónima y aleatoria a 30 personas de diversas edades usuarias del sistema sanitario español en fecha 25 de octubre de 2011.

1. Los ciudadanos no conocen la figura de las voluntades anticipadas. Aquellos que se atreven a definirlo lo asocian a decisiones de los pacientes para un momento posterior a su muerte.
2. No saben qué tipo de información se necesita para presentarlo. De referirse a algún tipo de información, hacen alusión a la información de tipo médico.
3. Los casos a los que asocian que las voluntades anticipadas pudiera facilitar la labor del profesional sanitario son los relativos a decisiones del paciente que den lugar a malas interpretaciones, que susciten problemas a la hora de ser ejecutado.
4. Las patologías a las que asocian el supuesto de presentación de testamento vital son las enfermedades terminales, sin hacer referencia en ningún caso a que deban ser presentadas cuando el paciente goza de plena salud y tiene la capacidad suficiente para emitirlas.
5. No ven ningún motivo por el que no deban presentar las voluntades anticipadas, pero, aún así, no ven necesidad de hacerlo.
6. No consideran que deban recomendar a nadie presentarlo. En el caso de las personas que consideran que sí deben recomendarlo, se refieren a todos los ciudadanos en general, en tanto en cuanto son desconocedores de su futuro.
7. Estiman que el contenido mínimo que debe incluir deben ser aspectos legales, como los relativos a la herencia; y aspectos médicos. No creen que deban incluir referencias a cuestiones religiosas, ideológicas o espirituales.
8. De entre los medios existentes para presentar las voluntades anticipadas (Notario, funcionario del Registro, testigos) consideran, en su mayoría, que el Notario es el más fiable. En algunos casos admiten la figura de los testigos, pero desechan la del funcionario del Registro.
9. Coinciden de forma unánime los encuestados en que la presentación de las voluntades anticipadas es beneficiosa para el funcionamiento del Sistema Nacional de Salud.

La respuesta de la encuesta sobre testamento vital por parte de los profesionales del mundo sanitario[39] es más completa que la de los usuarios. Todos conocen la existencia del documento, pero son conscientes de su escasa aplicación en la práctica.

1. Coinciden en que en el trabajo diario apenas se aporta información a los pacientes sobre las voluntades anticipadas, básicamente porque los pacientes no la demandan. En caso de demandarla, la información se da superficialmente, sin profundizar mucho en todos sus aspectos legales, dada la ausencia de formación al propio personal sanitario.
2. Recomendarían la redacción y presentación de las voluntades anticipadas a cualquier tipo de paciente adulto que lo solicite y a pacientes con patologías graves y potencialmente mortales.
3. Ven el peligro de planteárselo a pacientes con determinadas psicopatologías, en cuyo caso habría que cuestionarse la posibilidad de un resultado negativo.
4. No saben si los pacientes son reticentes a la presentación de las voluntades anticipadas por miedo a represalias o por el mero rechazo a dejar por escrito cuestiones relacionadas con su propia muerte, pero coinciden en que si los pacientes lo presentaran se facilitaría la toma de decisiones terapéuticas ante situaciones críticas.
5. Los profesionales sanitarios consideran que los pacientes deberían incluir dentro de las voluntades anticipadas la información sobre qué hacer con su cuerpo en caso de muerte y cuestiones legales como la distribución de sus bienes.
6. Pero no consideran a priori necesario incluir cuestiones ideológicas, religiosas o espirituales.
7. Creen que el medio más fiable para la presentación de las voluntades anticipadas es ante notario.
8. Coinciden en que las voluntades anticipadas constituye una herramienta útil para el correcto funcionamiento del Sistema

[39] Encuesta realizada a distintos profesionales sanitarios que ejercen su actividad en el sector sanitario público, realizada en enero de 2012.

Nacional de Salud, ya que facilita la labor posterior a la muerte del paciente.

9. Sin embargo, desconocen su procedimiento de consulta en los Registros correspondientes, por lo que son partidarios de que la existencia de testamento vital del paciente se incluya en la tarjeta sanitaria, pues esto agilizaría los trámites.

Por todo lo anterior, entendemos que los obstáculos con los que se está encontrado el desarrollo de la figura las voluntades anticipadas traen como causa la desinformación tanto por parte de los pacientes como de los propios profesionales sanitarios.

CONCLUSIÓN

A modo de conclusión, es evidente que las voluntades anticipadas constituyen un instrumento en auge, a pesar de que han sido poco utilizadas hasta ahora por los pacientes y los profesionales sanitarios, aun cuando su regulación legal a nivel nacional data de 2002. Los motivos de su poca incidencia social son los que señalábamos anteriormente, de entre los que destacamos los relativos al desconocimiento por parte de los facultativos y de los propios pacientes, pero en especial la negativa actitud de los usuarios a dejar constancia escrita de aspectos relativos a la asistencia sanitaria en un momento en el que no vayan a tener capacidad de decisión y con una conexión notable con la muerte.

Entendemos que debe difundirse la importancia de la elaboración de las voluntades anticipadas y de su registro, así como de la coordinación entre los registros autonómicos y el nacional, pues solo con una buena gestión será posible el respeto a la autonomía de la voluntad del paciente. Asimismo, la variedad disciplinar de las áreas de conocimiento afectadas de algún modo por la figura de las voluntades anticipadas trae consigo la necesidad de un trabajo interconectado de los ámbitos médicos, jurídico y ético. Solo de este modo se podrá conseguir un desarrollo y generalización del instrumento de las voluntades anticipadas que permitirá hacer efectiva la voluntad del paciente en momentos, incluso, en los que no tenga la capacidad para decidir.

BIBLIOGRAFÍA

ALEGRE MARTÍNEZ, M.A. (1996). *La dignidad de la persona como fundamento del ordenamiento constitucional español.* Universidad de León.

ARRUEGO, G. (2008). "La naturaleza constitucional de la asistencia sanitaria no consentida y los denominados supuestos de urgencia vital", *Revista Española de Derecho Constitucional*, núm. 82, enero-abril de 2008.

DÍAZ REVORIO, F.J. (2008) "La constitución ante los avances científicos y tecnológicos: breves reflexiones al hilo de los recientes desarrollos en materia genética y en tecnologías de la información y la comunicación". *Revista de Derecho Político UNED*, nº 71-72.

DOMÍNGUEZ LUELMO, A. (2007). *Derecho sanitario y responsabilidad médica. Comentarios a la Ley 41/2002, de 14 de noviembre, sobre derechos del paciente, información y documentación clínica.* Valladolid: Editorial Lex Nova.

GÓMEZ SÁNCHEZ, Y. y REBOLLO DELGADO, L. (2008). *Biomedicina y protección de datos.* Madrid: Dykinson.

MARCOS DEL CANO, A.M. (2008) "La autonomía del paciente en los supuestos de incapacidad" en JUNQUERA DE ESTÉFANI, R. (Director), *Bioética y bioderecho. Reflexiones jurídicas ante los retos bioéticos, Biblioteca de derecho y ciencias de la vida.* Granada: Editorial Comares.

MARCOS DEL CANO, A.M. (1999). *La eutanasia. Estudio filosófico-jurídico.* Madrid: Marcial Pons-UNED.

NAVARRO-VALL S, R. Y MARTÍNEZ-TORRÓN, J. (1997). *Las objeciones de conciencia en el derecho español y comparado.* Madrid: McGraw-Hill.

ROMEO CASABONA, C.M, EMALDI CIRIÓN,A., ESCAJEDO SAN EPIFANIO, L., NICOLÁS JIMÉNEZ, P., ROMEO MALANDA, S. y URRUELA MORA, A. (2006). *La Ética y el derecho ante la biomedicina del futuro.* Bilbao: Cátedra Interuniversitaria Fundación BBVA-Diputación Foral de Bizkaia de Derecho y Genoma Humano, Universidad de Deusto.

SÁNCHEZ CARO, J. y ABELLÁN, F. (2008). *Instrucciones previas en España. Aspectos bioéticos, jurídicos y prácticos.* Granada: Editorial Comares.

TREJO OSORNIO, L.A. (2010). *La objeción de conciencia en México. El derecho a disentir.* México: Porrúa.

EL RÉGIMEN JURÍDICO DEL TESTAMENTO VITAL EN EUROPA

FERNANDO PINTO PALACIOS
Juez
Doctorando en el Departamento de Filosofía Jurídica de la UNED

Resumen: En este trabajo se expone la regulación jurídica de la figura del testamento vital o voluntades anticipadas en la legislación de los distintos países europeos, cuál ha sido su evolución y la realidad social que subyace en ellos.

Palabras clave: final de la vida, eutanasia, testamento vital, legislación europea

1. INTRODUCCIÓN

El testamento vital nació en Estados Unidos hace aproximadamente cuarenta años con la finalidad de garantizar el principio de autonomía del paciente y reducir los riesgos de las actividades médicas relacionadas con el final de la vida (DE MONTALVO JÄÄSKELÄINEN, 2009). Se pretendía, por un lado, que dicha institución resolviese los problemas que planteaban los pacientes que, incapaces de manifestar su voluntad, no deseaban que se les prolongase artificialmente su vida (MARCOS DEL CANO, 2008). Y, por otro lado, se quería dar una solución legal a la creciente preocupación de los médicos norteamericanos por las consecuencias de responsabilidad profesional que pudieran derivarse de la reanimación y aplicación de medidas de soporte vital a una persona en situación de enfermedad avanzada o terminal. A los dos factores anteriores se debía añadir el elevado coste de los servicios sanitarios dado que en Estados Unidos la medicina es fundamentalmente privada al no existir un sistema público y universal de Seguridad Social como en los países europeos.

2. LA INTRODUCCIÓN DEL TESTAMENTO VITAL EN EUROPA

La introducción del testamento vital en Europa no se produjo hasta finales de los años noventa. Antes de esa fecha, ningún país europeo, a excepción de Dinamarca (CARBONELL CRESPÍ, 2010; SIURANA, 2005), poseía una regulación que reconociera efectos legales a los documentos de voluntades anticipadas o instrucciones previas.

Los factores que han determinado el desarrollo de esta institución en el ámbito europeo han sido, por un lado, el fortalecimiento de la autonomía del paciente y, por otro, la prevención del encarnizamiento terapéutico. En efecto, a partir de la II Guerra Mundial, la relación clínica ha experimentado un giro copernicano desde la beneficencia paternalista al pleno respeto de la autonomía del paciente. El reconocimiento de la libertad moral del individuo y de su capacidad de decisión para configurar su vida de acuerdo con su escalas de valores ha creado un nuevo contexto que legitima el poder de disposición de la persona sobre aquellos aspectos que afectan a su salud. De esta manera, se ha superado la esquema vertical propio del "paternalismo médico en el que el médico desempeñaba el papel de tutor y el enfermo, el de desvalido" (MÉNDEZ BAIGES Y SILVEIRA GORSKI 2007).

Junto a este fenómeno, las sociedades industrializadas han asistido a un desarrollo sin precedentes de los tratamientos de soporte vital y de las medidas de reanimación que han creado una especie de ilusión de control humano sobre el fenómeno de la muerte. El aumento de la esperanza de vida –que, en los países desarrollados, ha crecido a una media de 3 meses por año desde mediados del siglo XX– con el consiguiente envejecimiento de la población, unido a la aparición de enfermedades de evolución progresiva que conducen a procesos terminales, degenerativos e irreversibles, en muchos casos acompañados de un alto grado de sufrimiento del paciente y, por extensión, de sus familiares y allegados ha generado un intenso debate sobre la ética de la medicina tecnificada. Por tal motivo, se ha iniciado un proceso que pretende dignificar el proceso final de la vida y evitar que se produzca encarnizamiento terapéutico.

2.1. Autonomía del paciente.

A partir de los años sesenta del siglo pasado, el principio de autonomía ha alcanzado un especial desarrollo en el campo de la Medicina, especialmente, tras la publicación del llamado Informe Belmont en el año 1979. La autonomía del paciente se definió como la "capacidad del individuo para actuar libremente de acuerdo con un plan autoescogido" (BEAUCHAMP Y CHILDRESS, 1999). Esta definición incorporaba dos condiciones esenciales: 1) la concesión de la libertad al margen de coacciones e influencias que la hagan irrelevante; y 2) la capacidad del individuo para la acción intencional (GONZÁLEZ R. ARNÁIZ, 2008). De esta manera, la autonomía pasó a identificarse con la capacidad de la persona para configurar su vida del modo que creyese conveniente atendiendo a sus planes, a su escala de valores y a las circunstancias en que su vida se desarrollase (MARCOS DEL CANO, 1999). Desde este punto de vista, se entendió que la persona autónoma es aquélla dotada de autenticidad (DWORKIN, 1976), de capacidad de autoposesión, consistente, independiente, autogobernada y resistente al control de las autoridades y fuente originaria de valores, creencias y planes de vida (GONZÁLEZ R. ARNÁIZ, 2008). Se otorgaba al sujeto "capacidad de actuar con conocimiento de causa y sin coacción externa" (GRACIA, 1991). Como se puede advertir, este principio constituye un rasgo característico de nuestra sociedad contemporánea que reclama la creación de un ámbito de libertad individual en el que el sujeto pueda tomar decisiones sin estar sometido a las interferencias de otras personas o del Estado (MACKLIN, 1982).

La asunción por la legislación sanitaria del principio de autonomía del paciente ha situado a los profesionales sanitarios en una difícil encrucijada. Si la relación clínica se sustenta en la autodeterminación del paciente para consentir o no cualquier intervención que afecte a su salud, ¿qué ocurre cuando aquel deviene incapaz para decidir por sí mismo? ¿Quién decide por él, los familiares o los médicos? ¿Puede realmente un tercero decidir sobre un aspecto tan personalísimo e íntimo como el rechazo de un tratamiento médico que va a conducir inexorablemente a la muerte? Y en el caso de que el tercero pueda tomar esta decisión, ¿de acuerdo a qué criterios o valores? ¿Cómo podemos asegurarnos de que esa decisión responde verdaderamente a la voluntad del paciente? En definitiva, si desconocemos la voluntad real de un paciente inconsciente para consentir, ¿cómo podemos determinar qué es lo mejor para su situación?

El debate en torno a estas cuestiones ha propiciado, entre otros aspectos, la aparición de las instrucciones previas en el ámbito europeo. Este documento se configura como la máxima expresión de la potestad de autodeterminación del individuo que, tras el debido proceso de reflexión e información, plasma por escrito las instrucciones que deben seguirse ante determinados tratamientos o actuaciones médicas, en caso de que aquel no sea capaz de manifestar su voluntad. Nos encontramos, por tanto, ante una voluntad prospectiva por medio de la cual el otorgante de las instrucciones previas emite de forma anticipada el consentimiento en relación con la aplicación y/o rechazo de ciertos tratamientos. Con la elaboración de estos documentos se pretende obtener un control sobre las situaciones futuras que afecten a la salud personal del otorgante y tener así la tranquilidad de que, si se pierde la capacidad para tomar decisiones, la voluntad particular será respetada y, al mismo tiempo, se pueda evitar que los familiares más cercanos tengan que asumir la responsabilidad de adoptar decisiones ciertamente difíciles e incómodas (LÓPEZ SÁNCHEZ, 2003). La redacción de estos documentos también reduce el recurso a los tribunales al otorgar, en definitiva, una mayor seguridad jurídica en el proceso de toma de decisiones clínicas.

2.2. La prevención del encarnizamiento terapéutico

El desarrollo de las instrucciones previas en Europa también deriva de la preocupación de los profesionales sanitarios por el encarnizamiento terapéutico. Según la Organización Médica Colegial y la Sociedad Española de Cuidados Paliativos (2002), el encarnizamiento terapéutico consiste en la "adopción de medidas diagnósticas o terapéuticas, generalmente con objetivos curativos no indicados en fases avanzadas y terminales, de manera desproporcionada, o el uso medios extraordinarios (nutrición parenteral, hidratación forzada) con el objeto de alargar innecesariamente la vida en la situación claramente definida de agonía". Durante el siglo XX se ha producido un desarrollo espectacular de los tratamientos de soporte vital y de las medidas de reanimación hasta el punto de provocar una transformación del modelo tradicional de morir en un modelo tecnológico (MÉNDEZ BAIGES, 2002). Gracias a las medidas de soporte vital –respiradores artificiales, sondas de alimentación, diálisis, reanimaciones cardiopulmonares, etc.– los profesionales sanitarios tienen el poder de prolongar indefinidamente vidas humanas que, en ausencia de tales medidas, ya habrían concluido (RODRÍGUEZ ARIAS, 2005). No obstante, tales éxitos suponen también un riesgo para el ciudadano que se traduce en una mayor posibilidad de encarnizamiento terapéutico o de aplicación de medidas de sobreesfuerzo terapéutico. La medicina tecnificada ha convertido el proceso final de la vida en una terapia llena de aislamiento y soledad de pacientes terminales que reciben "los máximo cuidados bioquímicos y los mínimos cuidados humanos (KÜNG, 2004). En ocasiones, estas medidas implican la utilización de tratamientos agresivos, que pueden tener consecuencias dolorosas para el paciente, provocando, en definitiva, una muerte medicalizada, intubada, que se produce en el hospital y alejada de amigos y familiares.

La necesidad de controlar estas dolorosas situaciones fundamenta las instrucciones previas pues, a través de este documento, se garantizan los deseos del paciente incapaz acerca de su proceso de muerte y se alejan los miedos acerca de una muerte excesivamente tecnificada o medicalizada y, en consecuencia, indigna. La existencia de este documento –que facilita sobremanera la toma de decisiones y la actuación de los profesionales sanitarios– se entiende sin perjuicio de las normas éticas que rigen la profesión médica y que rechazan expresamente el encarnizamiento terapéutico. Así, cuando existe un cuadro clínico de enfermedad incurable y terminal, el médico debe limitarse a aliviar los dolores físicos y morales del paciente, manteniendo en todo lo posible la calidad de una vida del agonizante y evitando emprender o continuar acciones terapéuticas sin esperanza, inútiles y obstinadas como establece el artículo 28.2 del Código de Deontología Médica de la Organización Médica Colegial Española de 1999. Como se puede advertir, este deber médico y el propio fundamento de las instrucciones previas, enlazan con la finalidad de los cuidados paliativos que pretenden aliviar el dolor y el sufrimiento del paciente terminal y de su familia (GÓMEZ-BATISTE ALENTORN Y GONZÁLEZ BARBOTEO, 2008). Ésta es la razón por la que se ha sostenido que si el testamento vital nació como garantía frente al riesgo de encarnizamiento terapéutico derivado del avance científico, a medida que los cuidados paliativos sean desarrollados, la razón de ser de la garantía irá perdiendo virtualidad o, al menos, sus fines quedarán necesariamente matizados (De Montalvo Jääskeläinen, 2009).

3. ANTECEDENTES

Como hemos dicho anteriormente, la introducción del testamento vital en Europa no se produjo hasta finales de los años noventa. Antes de esa fecha ningún país europeo, a excepción de Dinamarca poseía una regulación que reconociera efectos legales a los documentos de voluntades anticipadas o instrucciones previas. No obstante, a pesar de que no existía una regulación específica sobre la materia, se habían formulado diversas declaraciones, códigos o convenios que hacían referencia al principio de autonomía del paciente y a la necesidad de evitar el encarnizamiento terapéutico.

En el año 1946 se publicó el Código de Nuremberg que contenía diez puntos que debían regir la experimentación con seres humanos. Los atroces crímenes de la Segunda Guerra Mundial y, especialmente, los experimentos médicos practicados por el doctor Mengele en los campos de exterminio, mostraron la necesidad imperiosa de establecer principios éticos que guiaran la investigación científica con seres humanos, debiendo ajustarse a los criterios de voluntariedad, consentimiento informado, beneficencia para la sociedad, evitación de daños innecesarios, adecuación de los diseños de investigación, idoneidad de los investigadores, etc.

La profesión médica, sin embargo, siempre tuvo recelos hacia el Código de Nuremberg. Los médicos consideraban que dicho Código era en buena medida ajeno a la profesión y elaborada con la finalidad de juzgar criminales. Por tal motivo, en el año 1964, la Asociación Médica Mundial aprobó en su 18ª Asamblea la Declaración de Helsinki que, en la actualidad, se considera el primer modelo mundial de investigación biomédica. A través de esta Declaración, la profesión médica trataba de demostrar que era posible la autorregulación en el control ético de la investigación con seres humanos. Sus postulados éticos se fundamentaban en la responsabilidad médica y el respeto a la integridad moral.

Posteriormente, en el año 1976, la Asamblea Parlamentaria del Consejo de Europa adoptó la Recomendación núm. 779 sobre los derechos de los enfermos y los moribundos. Dicho documento reconoce la autonomía del paciente al señalar que "los médicos deben ante todo respetar la voluntad del interesado en todo lo concerniente al tratamiento que se le ha de aplicar". Asimismo, recuerda que "la profesión médica está al servicio del hombre, para la protección de la salud, para el tratamiento de enfermedades y de las heridas, para el alivio de sufrimientos, en el respeto de la vida y persona humana". En base a dichos pronunciamientos, considera que "la prolongación de la vida no debe constituirse en el fin exclusivo de la práctica médica, que debe encaminarse a aliviar los sufrimientos". Asimismo, en el punto 8° de dicha Recomendación se hace referencia expresa al problema de la continuación de los tratamientos de soporte vital cuando hayan cesado de forma irreversible las funciones cerebrales del enfermo. Finalmente, en el punto 10°, letra c, se mencionan expresamente los testamentos vitales al recomendar a los Gobiernos de los Estados Miembros la creación de comisiones nacionales de encuesta que examinen, entre otros extremos, "la cuestión de las declaraciones escritas hechas por personas jurídicamente capaces autorizando a los médicos a renunciar a las medidas para prolongar la vida, concretamente en caso de cese irreversible de las funciones del cerebro".

Unos años más tarde, en 1983, la Asociación Médica Mundial aprobó en Venecia la Declaración sobre la Enfermedad Terminal. En dicho documento se proclama que la obligación prioritaria del médico consiste en curar al paciente y, cuando sea posible, aliviar su sufrimiento y actuar para proteger sus intereses. Asimismo, se establece la necesidad de evitar la utilización por el médico de medios extraordinarios que no produzcan beneficios al paciente. Esta Declaración fue posteriormente revisada en Pilanesberg (Sudáfrica) en octubre de 2006 por la Asamblea de la Asociación Médica Mundial. La actualización de sus principios ha reforzado la autonomía del paciente en la toma de decisiones en la fase terminal de la vida. En este sentido, en el Principio n° 6, se reconoce el derecho del paciente a rechazar un tratamiento y a solicitar medidas paliativas para aliviar el sufrimiento, pero que puedan tener el efecto adicional de acelerar el proceso de muerte. No obstante, se reitera a los médicos la prohibición ética de ayudar a los pacientes de manera activa a suicidarse. Asimismo, en el Principio n° 8, se reconoce expresamente el derecho del paciente a redactar un documento de voluntades anticipadas por medio del cual describa sus deseos sobre la atención médica, para el supuesto de quedar impedido para manifestar su voluntad, así como designe un representante. En los Principios nº 9 y nº 10 se recalca la necesidad de comprender las necesidades psicológicas de los pacientes terminales y la importancia del manejo clínico del dolor para el alivio del sufrimiento.

En 1994, la Oficina Regional para Europa de la Organización Mundial de la Salud publicó la Declaración para la Promoción de los Derechos de los Pacientes en Europa. Dicho documento comienza recordando la vigencia en el ámbito sanitario de los derechos de toda persona a ser respetado como ser humano; a la autodeterminación; a la integridad física y mental y a la seguridad de su persona; a que se respeten sus valores morales y culturales, así como sus convicciones religiosas y filosóficas; y a la protección de la salud. A continuación, estructura los derechos de los pacientes en la relación clínica en cuatro ámbitos: información; consentimiento; confidencialidad y privacidad; y atención sanitaria y tratamiento. Centrándonos en el objeto de estudio en este trabajo, nos interesa destacar que dicha Declaración se refiere expresamente al testamento vital en el principio 3.3 al establecer que "cuando el paciente sea incapaz de expresar su voluntad y se necesite urgentemente llevar a cabo una intervención, se puede presumir el consentimiento del paciente, a menos que resulte obvio por una declaración de voluntades anticipadas previa que en dicha situación el consentimiento sería denegado".

Apenas cinco años más tarde, en 1999, la Asamblea Parlamentaria del Consejo de Europa adoptó la Recomendación núm. 1418 relativa a la protección de los derechos humanos y la dignidad de los enfermos terminales y moribundos. En dicha Recomendación se exhorta a los Estados Miembros a respetar y proteger la dignidad de los enfermos incurables y de los moribundos en todos los aspectos, entre otros, protegiendo el derecho a la autodeterminación. A tal efecto, se deberán aportar las medidas necesarias para asegurar que "se respetará el rechazo a un tratamiento específico recogido en las directrices avanzadas o testamento vital de un enfermo terminal o moribundo". Por otro lado, la Recomendación insiste en la necesidad de definir "criterios de validez sobre la coherencia de tales directrices avanzadas, así como sobre la delegación en personas próximas y el alcance de su autoridad para decidir en lugar del enfermo". Asimismo, se debe garantizar "que las decisiones de las personas próximas que se subrogan en la voluntad del paciente –que deberán basarse en los deseos expresados con anterioridad por el paciente o en presunciones sobre su voluntad–, se adoptan sólo si el paciente implicado en esa situación no ha formulado su voluntad expresamente o si no hay voluntad reconocible". La trascendencia de la decisión justifica la exigencia de que exista siempre "una conexión clara con los deseos expresados por la persona en cuestión en un período de tiempo cercano al momento en que se adopte la decisión, y en condiciones adecuadas, esto es, en ausencia de presiones o incapacidad mental". En cualquier caso, deben rechazarse "las decisiones subrogadas que se basen en los juicios de valores imperantes en la sociedad". Si a pesar de tales criterios no se ha podido determinar claramente la voluntad del paciente, "la decisión debe inclinarse siempre por la vida y su prolongación". Finalmente, dicha Recomendación recuerda la prohibición de poner fin intencionadamente a la vida de los enfermos terminales o las personas moribundas, al señalar que su deseo de morir "nunca puede constituir una demanda legal para morir a manos de otra persona" y que tal deseo tampoco "puede por sí mismo constituir una justificación legal para evitar las acciones penales derivadas de la causación de la muerte".

4. EL CONVENIO DE OVIEDO

Todos los antecedentes anteriormente citados han contribuido a la difusión del testamento vital en Europa. Sin embargo, su impulso definitivo se produjo a partir del Convenio para la protección de los Derechos Humanos y la dignidad del ser humano con respecto a las aplicaciones de la Biología y la Medicina, aprobado por el Comité de Ministros del Consejo de Europa en 1996 y abierto a la firma de cuarenta y un Estados miembros el 4 de abril de 1997 en Oviedo. España ratificó el Convenio de Oviedo por Instrumento de 23 de julio de 1999, entrando en vigor el día 1 de enero de 2000.

El Convenio contempla la figura del testamento vital dentro de las disposiciones que regulan el consentimiento informado. El artículo 9, bajo del título de "deseos expresados anteriormente", establece que "serán tomados en consideración los deseos expresados anteriormente con respecto a una intervención médica por un paciente que, en el momento de la intervención, no se encuentre en situación de expresar su voluntad". La brevedad de este artículo se suple con el Informe Explicativo elaborado por Jean Michaud, presidente del Comité Director de Bioética. En el apartado nº 60 de dicho informe se explica que el artículo 9 contempla los supuestos de "personas con capacidad de entender que han expresado con anterioridad su consentimiento (ya sea de asentimiento o de rechazo) con relación a situaciones previsibles en las que ya no se encontrarían en condiciones de expresar su opinión sobre la intervención, esto es, de dar su consentimiento válido". Asimismo, el apartado nº 61 especifica que la eficacia del testamento vital puede abarcar, no sólo las situaciones de urgencia en las que no puede recabarse el consentimiento del paciente, sino "también situaciones en las que el individuo ha previsto que podría ser incapaz de dar su consentimiento válido, por ejemplo en el caso de una enfermedad progresiva como la demencia senil". De esta manera, se está haciendo referencia a la idea originaria de testamento vital como documento a través del cual el otorgante manifiesta su voluntad sobre la aplicación o rechazo de determinados tratamientos médicos. Asimismo, interesa destacar que la posibilidad de manifestar la voluntad de manera anticipada se subordina, no a la capacidad jurídica, sino a la capacidad natural o "capacidad de entender" (JIMÉNEZ MUÑOZ, 2010).

Por otro lado, el Informe también clarifica la eficacia de estos documentos al señalar que los deseos del paciente deben ser tenidos en cuenta en el proceso de decisión clínica, si bien ello no significa que necesariamente deban ser respetados. Por ejemplo, "si los deseos se expresaron con mucha antelación respecto a la intervención y la ciencia ha progresado desde entonces, puede haber motivos para no respetar la opinión del paciente. En tal caso, el médico debe llegar a la convicción, en la medida en que sea posible, de que tales deseos se corresponden con la situación actual y son aún válidos, teniendo sobre todo en cuenta el avance técnico en la medicina". Esta clarificación incide en uno de los problemas capitales de los testamentos vitales, que es el relativo a la correspondencia del supuesto de hecho previsto por el paciente y su situación clínica actual. Cuanto más tiempo transcurre entre el otorgamiento del testamento vital y su eventual aplicación, más se complica el proceso de toma de decisiones. Sobre esta cuestión, King (1996) ha manifestado que no debería permitirse a nadie tomar decisiones sobre tratamientos bajo circunstancias completamente más allá de su experiencia. Mientras una persona redacta una voluntad anticipada es imposible experimentar un estado vegetativo persistente o una demencia severa irreversible. En esta misma línea, Quintana (1997) recuerda que no es raro que un paciente se aferre con todas sus fuerzas a un atisbo de esperanza de prolongar su vida, independientemente de su ideología previa y de lo que hubiere manifestado verbalmente por escrito. Por otro lado, Howsepian (1998) manifiesta que los cambios de capacidad de una persona son de vital trascendencia y, por tanto, es posible que sus decisiones hayan experimentado un giro significativo.

Como se puede advertir, el Informe intenta fijar una serie de pautas para contextualizar las instrucciones previas a fin de comprobar si las circunstancias previstas por el interesado coinciden con las que se dan en el momento en que deban ser aplicadas (ABELLÁN SALORT Y BERROCAL LANZAROT, 2009). Así, por ejemplo, si el documento se realizó bajo el condicionamiento de la preexistencia de una enfermedad terminal y, posteriormente, el otorgante sufre una caída o un accidente de tráfico que le priva de su capacidad y conocimiento para decidir, podemos concluir que existe una evidente falta de correlación que impide la aplicación de las instrucciones previas (MÉJICA Y DÍEZ, 2006). Dentro de esta labor interpretativa, el equipo médico debe tener en cuenta especialmente el avance de la Medicina que puede haber aportado soluciones y terapias contrastadas a patologías que, al tiempo de otorgarse las instrucciones previas, no tenían curación posible. Si el progreso científico ha ideado tratamientos que conducen a la sanidad del enfermo, los médicos podrían no aplicar los deseos del paciente (Gil, 2002). La doctrina considera que este requisito de correlación no debe ser aplicado con excesiva rigidez, pues resulta prácticamente imposible que en el documento pueda preverse con detalle la totalidad de los supuestos que pudieran producirse (JIMÉNEZ MUÑOZ, 2010). Hay que tener en cuenta que la mayoría de los enfermos redactan un testamento vital para que no se le apliquen medidas inútiles de prolongación artificial de la vida. En definitiva, el Informe Explicativo viene a confirmar que la voluntad del paciente debe ser matizada por otros factores, en especial, el progreso técnico, pues es posible que la situación clínica que aquel previó al redactar el testamento vital ya no tenga carácter irreversible y sea posible su curación. La solución a estos problemas interpretativos se puede lograr a través del representante designado que actúe de interlocutor con el equipo sanitario.

5. NORMATIVA DE PAÍSES EUROPEOS SOBRE EL TESTAMENTO VITAL.

5.1. Alemania

El testamento vital se introdujo en el ordenamiento jurídico alemán a través de la Ley federal de 29 de junio de 2009 de modificación del Código Civil. La aprobación de dicha norma estuvo precedida de un intenso debate en el Parlamento alemán sobre el alcance, contenido y límites de dicha institución (ARBE OCHANDIANO, 2011).

El parágrafo 1901a del Código Civil prevé que una persona mayor de edad formule un documento por escrito en el que manifieste de forma anticipada su consentimiento en relación a determinados tratamientos médicos para el caso de encontrarse incapacitado para prestarlo por sí mismo. En este caso, el asistente deberá comprobar si estas determinaciones corresponden a la situación actual del paciente, tanto clínica como vital. En caso afirmativo, el asistente deberá velar por el cumplimiento de la voluntad del otorgante. En caso contrario, corresponde al asistente reconstruir los deseos del paciente o su voluntad presunta y, teniendo en cuenta dichos criterios, decidir sobre el rechazo o la aplicación del acto médico. Esta misma solución se aplica cuando el paciente no ha otorgado instrucciones previas. Para mayor garantía, la ley exige que la reconstrucción de la voluntad presunta se realice a partir de indicaciones concretas, debiendo tenerse en cuenta las declaraciones orales o escritas, las convicciones éticas o religiosas o escala de valores del paciente. Además, es necesario dar audiencia a los familiares cercanos, así como a las personas que mantengan una relación de confianza con el paciente. En cualquier caso, las instrucciones previas son esencialmente revocables sin necesidad de ajustarse a forma alguna.

Por su parte, el artículo 1904 del Código Civil prevé la intervención del Tribunal de Tutela cuando la decisión que adopte el representante el representante del paciente incapaz puede conllevar la producción del fallecimiento de éste –por ejemplo, con la retirada de un tratamiento de soporte vital– o un daño considerable y duradero a su salud. Sin embargo, no será necesaria la intervención de dicho Tribunal cuando los profesionales sanitarios constaten que el paciente haya expresado de manera anticipada su voluntad a través de un testamento vital en relación con el mantenimiento o la retirada de dichos tratamientos médicos.

5.2. Austria

La normativa austríaca sobre el testamento vital se contiene en la Ley nº 55/2006, de 8 de mayo. Se trata de una ley extensa dividida en diecinueve parágrafos que contiene una reglamentación detallada sobre la naturaleza, alcance, objeto y límites de esta institución.

Según la ley austríaca, el testamento vital es aquella declaración formulada por un paciente por la que rechaza expresamente un determinado tratamiento médico para el caso de que se encuentre incapacitado para comprender, juzgar o expresarse. Se trata de un acto jurídico personalísimo que solo puede ser otorgado por el paciente. En cualquier caso, el otorgamiento de este documento debe ir precedido de un asesoramiento médico acerca de la naturaleza y consecuencias del mismo.

Para que el testamento vital sea vinculante es necesario que se haga constar por escrito, indicando la fecha y en presencia de un abogado, un notario o una persona capacitada legalmente para defender a los pacientes según una Ley de Casas de Convalecencia de 1957. En caso de que no cumplan los citados requisitos formales, puede tenerse en cuenta para reconstruir la voluntad del paciente. Su eficacia se limita a 5 años, salvo que el paciente haya previsto un plazo menor. Puede renovarse dicho plazo siempre que se cumplan los requisitos mencionados anteriormente, en especial, que el paciente reciba nueva asesoramiento médico y que tenga suficiente capacidad de juicio.

En cuanto a su eficacia, la norma establece que el testamento vital no es válido en tres supuestos: 1) cuando la declaración de voluntad no se ha emitido de manera libre o mediando error, engaño o coerción física o mental; 2) cuando sus disposiciones sean contrarias a las leyes penales; y 3) cuando el estado de la ciencia médica haya cambiado sustancialmente respecto del momento en el que se otorgó el documento. De igual manera, el testamento vital perderá eficacia si el paciente lo revoca expresamente o declara que no será vinculante en el futuro. La pérdida de eficacia de este documento no impide la validez de otras cláusulas como, por ejemplo, la designación de una persona de confianza o el rechazo expreso de que los profesionales sanitarios contacten con la persona designada por el paciente en el testamento vital. En cualquier caso, la norma austríaca dispone que, en situaciones de emergencia, se proporcione al paciente tratamiento médico cuando la búsqueda y localización del testamento vital puede suponer un riesgo grave para la vida o salud. De igual manera, su contenido no impide que se suministre al paciente un determinado tratamiento médico cuando venga impuesto por una determinada norma jurídica vinculante.

5.3. Bélgica

Al año siguiente de la aprobación de la ley holandesa, Bélgica promulgó la Ley relativa a la eutanasia que entró en vigor el día 20 de septiembre de 2002 ampliando, de esta manera, los límites de eficacia de las instrucciones previas. Esta ley no despenaliza el suicidio asistido en un contexto eutanásico dado que la legislación penal belga no castiga esta conducta (VEGA GUTIÉRREZ, 2007). Para la práctica de la eutanasia, le ley exige el cumplimiento de los siguientes requisitos: 1) que el paciente sea mayor de edad o menor emancipado, capaz y consciente de su petición; 2) que la petición sea voluntaria, pudiendo haberla manifestado en un documento de instrucciones previas que tenga una vigencia inferior a cinco años; 3) que se constante la existencia de padecimiento físico o psíquico constante e insuperable ocasionado por una condición patológica grave e incurable; 4) que el médico informe al paciente sobre la existencia de cuidados paliativos; 5) que el médico reitere el diálogo con el paciente en un plazo de tiempo razonable; 6) que el médico consulte a otro médico independiente que tiene que visitar al paciente y redactar un informe en el que manifieste su conformidad o no con las valoraciones emitidas por el primero; 7) que el médico procure que el enfermo consulte con otras personas de su entorno; y 8) que el médico deje pasar un mes entre la petición del enfermo y la realización de la eutanasia.

Después de practicar la eutanasia, el médico debe enviar en el plazo de cuatro días documentación acreditativa del cumplimiento de los requisitos legales a la Comisión Federal de Control y Evaluación que está formado por ocho médicos –cuatro de los cuales deben ser profesores universitarios–, cuatro profesores universitarios de Derecho y cuatro personas procedente del entorno familiar de pacientes que sufren enfermedades incurables.

La legislación belga establece una regulación detallada del testamento vital a través del cual una persona mayor de edad o menor emancipado puede anticipar por escrito su voluntad de que se le practique una eutanasia para el caso de que se encuentre inconsciente y padezca una enfermedad o patología grave, incurable e irreversible según el estado actual de la ciencia.

Dicha declaración anticipada debe constar por escrito, incluir la fecha en la que se otorga, la firma del paciente y la de dos testigos, al menos, uno de los cuales no puede tener ningún interés patrimonial en el fallecimiento del otorgante. Si la persona se encuentra imposibilitada para escribir y firmar puede delegar la redacción del testamento vital en una persona mayor de edad que deberá explicitar las razones de la incapacidad del otorgante así como adjuntar un informe médico acreditativo de dicho extremo. En cualquier caso, la validez del documento se supedita al transcurso, al menos, de 5 años contados desde el otorgamiento hasta la situación de incapacidad del paciente. Al igual que en el resto de las ordenamiento jurídicos, se contempla la posibilidad de anular o modificar las instrucciones previas. En el año 2007 se dictó una orden que establecía de manera pormenorizada el procedimiento de inscripción de las instrucciones previas en el Registro Nacional, si bien haciendo constar que dicha inscripción era facultativa y que, por tanto, los documentos no inscritos seguían conservando su plena eficacia.

Finalmente, debemos señalar que la aplicación de la declaración anticipada no se produce de manera automática por el equipo médico pues éste debe comprobar, en primer lugar, el cumplimiento de los requisitos propios de la eutanasia y, en segundo lugar, está obligado a cumplir algunas obligaciones adicionales como, por ejemplo, entrevistarse con el representante designado por el paciente o con sus familiares a efectos de interpretar su voluntad real.

5.4. Dinamarca

Dinamarca fue el primer país que reguló esta institución a través de la Ley núm. 782 de 18 de septiembre de 1992 que reconocía el derecho del paciente a rechazar un tratamiento médico mediante la formulación de un testamento vital. Posteriormente, dicha regulación ha sido modificada por la Ley núm. 482 de 1 de julio de 1998 sobre derechos del paciente, en cuyo Capítulo III –dedicado a la autonomía de la voluntad en supuestos especiales– se recoge la regulación de los testamentos vitales (DE MONTALVO JÄÄSKELÄINEN, 2009). Se reconoce el derecho de cualquier persona mayor de 18 años a formular un testamento vital en el cual exprese sus deseos en relación a la aplicación o no de determinados tratamientos médicos para cuando se encuentre en una situación en la que no sea capaz de ejercer por sí mismo el derecho a la autodeterminación. Asimismo, en dicho documento puede manifestar su deseo de que no se le apliquen tratamientos que prolonguen artificialmente su vida, bien cuando se encuentre en una situación en la que la muerte es inevitable, bien cuando se encontrara en situación de enfermedad avanzada, de un accidente, de un paro cardíaco, o de una patología que derive en una incapacidad física y mental permanente (ABELLÁN SALORT Y BERROCAL LANZAROT, 2009). La ley danesa establece una definición de tratamientos de soporte vital como aquellos que no se ofrecen para curar, mejorar o aliviar el sufrimiento, sino para prolongar la vida. Se prevé la creación de un Registro de Testamentos Vitales, dependiente del Ministerio de Salud para facilitar la labor de los profesionales sanitarios, si bien dicha reglamentación aún no se ha dictado.

5.5. Francia

En Francia, el testamento vital se ha regulado a través de la Ley núm. 2005-370, de 22 de abril de 2005, relativa a los derechos de los enfermos terminales y el final de la vida. Dicha ley modifica el Código de Salud Pública y, concretamente, el artículo L1111-11 recoge la posibilidad de los pacientes de redactar directrices anticipadas. La aprobación de dicha ley vino motivada en cierto modo por el caso de Vincent Humbert quien, a consecuencia de un accidente de circulación ocurrido el día 20 de septiembre de 2000, quedó tetrapléjico, quedando privado de todo movimiento, de la voz y casi de la totalidad de la visión, de modo que su capacidad de comunicación se limitaba a un ligero movimiento en uno de sus dedos (HUMBERT, 2004). Después de 9 meses en coma y otros de rehabilitación, los médicos del Centro de Parálisis Berck-sur-Mer en la costa norte de Francia, le dijeron que no tenía posibilidad de recuperar la vista y tampoco la capacidad de movimiento, al tiempo que acordaron su traslado a otro centro hospitalario que carecía de facilidades fisioterapéuticas. En vista de dicha situación, Vincent escribió el 30 de noviembre de 2002 una carta al entonces Presidente de la República Francesa, Jacques Chirac, en la que le expresaba su derecho a morir y solicitaba que no se castigara penalmente a las personas que lo auxiliaran en dicho cometido. Posteriormente, en septiembre de 2003 y gracias a la colaboración del periodista Frédéric Veille publicó un libro relatando su caso con el título *Je vous demande le droit de mourir*. Ante la falta de respuesta a sus peticiones, Vincent solicitó a su madre que pusiera fin a su vida con las siguientes palabras "tú no me quieres, si me quisieras me ayudarías a morir". Después de reflexionar, la madre accedió a la petición de su hijo y le suministró una sobredosis de barbitúricos con la intención de poner fin a su vida. El día 26 de septiembre de 2003, Vincent murió después de que el doctor Frédéric Chaussoy, jefe del servicio de reanimación del Hospital de Berck, decidiera desconectar el aparato de respiración artificial y le suministrara una inyección letal de cloruro de potasio (Fox y Swazey, 2008). Como consecuencia de tal suceso, fueron procesados tanto la madre por un delito de "suministro de sustancias tóxicas" castigado con 5 años de prisión y como el doctor por un delito de "envenenamiento con premeditación" castigado con condena perpetua. Finalmente, el día 28 de febrero de 2006, la juez de instrucción Anne Morvant decidió archivar el caso, en primer lugar, por las particulares circunstancias que rodearon el caso –especialmente, la presión moral que sufría la madre– y, en segundo lugar, por el hecho de que con posterioridad se aprobó la Ley sobre los derechos de los enfermos terminales y el final de la vida.

La normativa francesa permite que cualquier persona mayor de edad pueda expresar a través de un documento de directrices anticipadas sus deseos con relación a la limitación o suspensión de un tratamiento al final de la vida (PENNEC, MONNIER, PONTONE Y AUBRY, 2012). El documento se puede revocar en cualquier momento y debe tenerse en cuenta por el médico para todos los supuestos de tratamiento, investigación o intervención del otorgante, siempre que se hayan redactado con al menos tres años de antelación a la situación de inconsciencia del paciente.

Esta regulación ha sido objeto de desarrollo posterior a través del Decreto 2006-119, de 6 de febrero de 2006, relativo a las directrices anticipadas. En esta regulación reglamentaria, se exige que el documento conste por escrito, esté firmado y fechado por el otorgante, incluyendo sus datos de identificación. Si el paciente es incapaz de escribir y firmar por sí mismo, se prevé la intervención de dos testigos que certifiquen que la voluntad manifestada en el documento es la libremente querida por el otorgante. La directiva anticipada deberá conservarse en poder del médico de cabecera, o por el especialista elegido por el paciente y, en caso de ingreso hospitalario, por los registros sanitarios correspondientes. Finalmente, se prevé que, cuando un médico tenga que adoptar una decisión relativa a la limitación de esfuerzo terapéutico o a la interrupción de un determinado tratamiento, deberá preguntar a la persona de confianza designada por el paciente, a los familiares o, en su caso, al médico que trataba a aquél acerca de la existencia del documento de voluntades anticipadas en caso de que no constara en la historia clínica.

5.6. Finlandia

En Finlandia, el testamento vital se regula en la Ley nº 785/1992, de 17 de agosto, de la condición y derechos de los pacientes. En el artículo 8 de la citada norma se establece la obligación de los médicos de no dar tratamiento a una persona inconsciente o incapaz de expresar su voluntad, si aquel es contrario a los deseos de paciente expresados con anterioridad (Arbe Ochandiano, 2011). Ante la posibilidad de que el enfermo no hubiera expresado su voluntad sobre la retirada de determinados tratamientos, la ley contempla el llamado juicio por sustitución que permite a los representantes legales de aquél, sus familiares y/o amigos adoptar una decisión que exprese la voluntad presunta del paciente. Por último, conviene señalar que la ley no contempla un procedimiento para el registro del testamento vital que puede ser modificado, renovado o revocado en cualquier momento de forma verbal, escrita o por medio de conductas que indiquen claramente la decisión.

En el año 2005 dicha normativa se modificó para clarificar los criterios que se debían tener en cuenta para adoptar una decisión en caso de que un paciente adulto se encontrara incapacitado para expresar su voluntad (ARBE OCHANDIANO, 2011). La decisión debía ajustarse a los siguientes parámetros. En primer lugar, se debía estar a lo manifestado por el paciente en un documento de instrucciones previas. En su defecto, debía efectuarse una consulta a un tutor encargado de asuntos relacionados con el cuidado de la salud designado por el Tribunal. En tercer lugar, se debía consultar al administrador o persona de confianza designado por el paciente para adoptar decisiones que afectaran a su salud. Y, finalmente, a través de la consulta con sus padres, hijos, amigos cercano u otros familiares.

5.7. Holanda

La normativa holandesa ha conferido mayor amplitud al testamento vital desde la aprobación en el año 2001 de la Ley de comprobación de la finalización de la vida a petición propia y del auxilio al suicidio, que entró en vigor el 1 de abril de 2002. La finalidad de dicha ley –que fue *ex aequo* por el Ministro de Justicia, Benk Korthals y por el Ministro de Sanidad, Els Borst– era ofrecer cobertura legal a un conjunto de prácticas eutanásicas que habían sido validadas desde los años ochenta del siglo pasado por un consolidada línea jurisprudencial marcada por los casos *Postma, Wertheim, Groningen, Chabot y Brongserma* (DE MIGUEL SÁNCHEZ Y LÓPEZ ROMERO, 2006; ELIZARI, 2002; GARCÍA RIVAS, 2008; HAVE, 1995; REY MARTÍNEZ, 2008).

La ley holandesa define la eutanasia como "toda intervención directa y eficaz del médico para causar la muerte del paciente que sufre una enfermedad irreversible o que se encuentra en fase terminal y con padecimiento insoportable, a petición de éste". El artículo 2 de la citada ley establece los requisitos que se deben cumplir para que su práctica no sea punible: 1) que la persona objeto de la eutanasia o auxilio al suicidio sea residente en Holanda; 2) que el médico esté convencido de que la petición del enfermo es voluntaria, está bien meditada y corresponde a sus deseos que pueden haber manifestado de forma anticipada a través de un testamento vital; 3) que se constate un padecimiento insoportable y sin esperanzas de mejora; 4) que se haya informado al paciente de su situación y de las perspectivas de futuro; 5) que se haya consultado a otro facultativo y que éste haya corroborado el cumplimiento de los requisitos; y 6) que la realización de la eutanasia o auxilio al suicidio se practique con la máxima diligencia y profesionalidad.

Al margen de estos requisitos, la ley holandesa ha fijado unas exigencias de capacidad que debe cumplir el otorgante. De esta manera, se permite solicitar la práctica de las eutanasia o suicidio asistido a las siguientes personas: 1) mayores de 18 años que se encuentren conscientes o, si no lo están, que hayan anticipado su voluntad en un testamento vital; 2) menores de entre 16 y 18 años que se encuentren conscientes o, si no lo están, que hayan anticipado su voluntad en un testamento vital siempre que sus padres o tutores hayan participado en el proceso de toma de decisión; y 3) menores de entre 12 y 16 años con suficiente madurez, siempre que sus padres o tutores estén de acuerdo con la decisión del menor. Recientemente, la Sociedad Holandesa de Pediatría acaba de aceptar la eutanasia en recién nacidos con una calidad de vida muy pobre, en circunstancias excepcionales y bajo estrictas condiciones, siguiendo la línea establecida por los doctores Eduard Vergahen y Peter Sauer de la Universidad de Groningen. Estos autores publicaron recientemente en *New England Journal of Medicine* el protocolo en el que explican los distintos pasos para llevar a cabo esta práctica con el consentimiento de los padres de los niños. Los requisitos elaborados por estos doctores son los siguientes: 1) que exista un sufrimiento incontrolable y desesperado; 2) que se tenga constancia de un diagnóstico y un pronóstico ciertos que deben ser confirmados por otro médico; 3) que los padres o tutores presten su consentimiento; y 4) que se lleve a cabo a través de una práctica médica aceptada (MORENO VILLARES Y GALIANO SEGOVIA, 2005).

La ley ha establecido un control *a posteriori* del cumplimiento de los requisitos anteriormente expresados dado que, cuando se produce un fallecimiento por la aplicación de técnicas de eutanasia o suicidio asistido, el médico debe ponerlo en conocimiento del forense y remitirle un informe de su actuación. Si el forense entiende que se ha respetado los requisitos legales, remite comunicación a una de las cinco Comisiones regionales de comprobación que existen en el país y que están integradas por un jurista, un médico y un experto en cuestiones éticas. Si, por el contrario, el forense considera que el médico no ha respetado los límites establecidos en la ley, debe comunicarlo al Ministerio Fiscal para que proceda, en su caso, a iniciar una investigación penal sobre los hechos.

La despenalización de la eutanasia ha conferido a los testamentos vitales un campo de juego mucho más amplio que el que les otorga el resto de los ordenamientos jurídicos donde este tipo de documentos no pueden utilizarse válidamente para solicitar la producción activa de la muerte (TOMÁS-VALIENTE, 2005). En efecto, se trata de una petición que va más allá de la mera interrupción o la no iniciación de un tratamiento extraordinario por cuanto permite al otorgar disponer de su propia vida solicitando de manera activa que un médico le produzca activamente la muerte.

5.8. Hungría

En Hungría, normativa sobre el testamento vital se regula en la Ley de Salud de 1997 que establece el derecho del paciente a otorgar por escrito una declaración anticipada de voluntad en la que rechace formas específicas de tratamiento como las medidas de soporte vital o de reanimación (ARBE OCHANDIANO, 2011). De igual manera, la ley permite que el paciente rechace tratamiento médico cuando sufra una enfermedad incurable que le impida valerse por sí mismo o le provoque dolores insoportables. En cuanto a las condiciones de validez, la ley exige que el testamento vital se consigne en documento notarial que debe ser emitido después de que un psiquiatra certifique el paciente adoptó la decisión con pleno conocimiento de sus consecuencias. En cualquier caso, se exige que el testamento vital se renueve, al menos, cada 2 años para evitar los problemas derivados de la distancia temporal que puede haber transcurrido entre el otorgamiento y la enfermedad del otorgante. Al igual que otras legislaciones europeas, se prevé la posibilidad de la designación de un representante del paciente para adoptar decisiones sobre el mantenimiento o supresión de un tratamiento médico. Finalmente, la ley establece la obligación de los médicos de respetar la voluntad contenida en el testamento vital, aun cuando consideren que dicha decisión no protege el mejor interés del paciente. Si se trata de la retirada de un tratamiento de soporte vital, el médico puede ignorar las instrucciones previas si considera que existen dudas sobre la verdadera voluntad del paciente.

5.9. Italia

Italia ha regulado recientemente el testamento vital en la Ley nº 245, de 15 de diciembre de 2010, sobre relación terapéutica, consentimiento informado y directrices anticipadas de tratamiento que fue aprobada tras una larga tramitación parlamentaria surgida a raíz del caso de Eluana

Englaro quien, a consecuencia de un accidente de circulación sufrido el día 18 de enero de 1992 en la localidad de Lecco, sufrió graves lesiones cerebrales que le provocaron un coma vegetativo (Dragone, 2008; Galofaro, 2009; Milano y Riccio, 2008). Después de cinco años sin mejoría clínica, su padre, Beppe Englaro, solicitó al Tribunal de Lecco que autorizara la retirada de las medidas de soporte vital. Dicha petición fue denegada al considerarla incompatible con el artículo 2 de la Constitución italiana de 1947 que establece la obligación de la República de "garantizar los derechos del hombre" entre los que se incluye el derecho a la vida.

El padre de Eluana recurrió la sentencia ante la Corte de Apelaciones de Milán que falló en su contra en sentencia de 31 de diciembre de 1999 argumentando que la legislación vigente no permitía adoptar decisiones que implicasen la retirada de medidas de alimentación o hidratación artificial. Tras sucesivas instancias judiciales, la Corte de Casación dictó sentencia el día 16 de octubre de 2007 por la que estimaba el recurso planteado por el padre de la paciente y devolvía las actuaciones a la Corte de Apelaciones de Milán para que dicho órgano valorara si procedía o no la suspensión del tratamiento de soporte vital. Después de que el padre de Eluana demostrara que su hija le había manifestado antes de accidente que no quería nunca vivir en dicha situación, la desconexión de alimentación artificial no se produjo hasta el 7 de febrero de 2009. La resolución judicial provocó que el Gobierno presidido por Silvio Berlusconi aprobara un Decreto-Ley cuyo fin era paralizar la ejecución de la sentencia de la Corte de Apelaciones de Milán (Castro e Camargo, 2011). Dicha norma se limitaba a disponer en un único párrafo que, mientras no se aprobara una norma con rango de ley que regulara los tratamientos al final de la vida, no se podía proceder a suspender, a petición de un paciente o de un representante, un tratamiento de soporte vital. El entonces Presidente de la República de Italia, Giorgio Napolitano, se negó a firmar el decreto del Gobierno que, a su vez, remitió al Senado para su tramitación parlamentaria. No obstante, el proyecto nunca llegó a aprobarse dado que el día 9 de febrero de 2009 falleció Eluana en el Hospital privado de Udine.

Al margen de la repercusión mediática de este proceso judicial, lo cierto es que la sentencia de la Corte de Casación de 2007 estableció las bases del régimen jurídico del testamento vital en Italia (De Montalvo Jääskeläinen, 2009). A tal efecto, señaló que la voluntad puesta de manifiesto por el paciente con anterioridad a la pérdida de la capacidad acerca de la continuidad o no del tratamiento de soporte vital debe ser atendida a la hora de tomar la correspondiente decisión asistencial. Sin embargo, la sentencia establece que, dado que la alimentación por sonda nasogástrica constituye una forma agresiva de tratamiento médico, la decisión de interrumpirlo debe ser adoptada por un órgano judicial atendiendo a dos elementos: 1) la condición de estado vegetativo, que debe valorarse siempre desde un punto de vista clínico y según los estándares internacionales; y 2) la voluntad presunta del paciente de rechazo de la continuidad del tratamiento de soporte vital que puede ser reconstruida a través de su personalidad y de sus convicciones éticas, religiosas y filosóficas.

La ley italiana limita el otorgamiento de estas directrices anticipadas –a través de las cuales se puede manifestar el rechazo a un tratamiento médico cuando tiene un carácter "desproporcionado o experimental"– a las personas mayores de edad que se encuentren en pleno uso de su capacidad intelectiva y volitiva, siempre que hayan recibido una completa información clínica. En ningún caso, se permite al otorgante solicitar a través de las directrices anticipadas la eutanasia activa por cuanto se trata de conducta tipificada en el Código Penal. A diferencia de otras legislaciones europeas, la normativa italiana prevé que, en cumplimiento de las disposiciones de la Convención de las Naciones Unidas sobre los Derechos de las Personas con Discapacidad de 13 de diciembre de 2006, la alimentación e hidratación artificiales deben estar garantizadas hasta el final de la vida. Se trata de una limitación relevante a la autonomía de la voluntad del paciente que solo se exceptúa en aquellos supuestos en los que tales medidas extraordinarias no sean eficaces para proporcionar al paciente la nutrición básica a fin de mantener las funciones fisiológicas esenciales del cuerpo humano. Por tal motivo, la ley italiana establece que el rechazo a estos tratamientos de soporte vital no puede ser objeto de las instrucciones previas, desnaturalizando dicha figura pues le priva al paciente inconsciente de la posibilidad de afrontar el proceso final de la vida de acuerdo con su voluntad expresada por anticipado.

A fin de evitar problemas interpretativos, la ley italiana ha previsto expresamente el momento a partir del cual pueden aplicar las instrucciones previas. En este sentido, exige que el sujeto se encuentre en estado de total y permanente discapacidad para entender la información que se le suministra en relación con el tratamiento sanitario y sus consecuencias. Esta situación se produce cuando se constata una ausencia total de actividad cerebral en la corteza y subcorteza cerebral que deberá ser certificada por una Junta médica formada por un anestesista, un reanimador, un neurólogo, un médico de cabecera y un médico especializado en la patología del paciente previamente designados por la dirección del centro hospitalario.

En cuanto a los requisitos de forma, es necesario que las directrices consten por escrito y que estén firmadas por el otorgante. Cualquier declaración anticipada expresada por el paciente que no se ajuste a esos requisitos de forma carece de cualquier valor y no puede ser utilizada para reconstruir la voluntad del paciente. Las directrices anticipadas tienen un validez de 5 años y pueden ser modificadas o revocadas por el sujeto interesado en cualquier momento.

La principal particularidad de la normativa italiana es, sin duda, la escasa eficacia que se reconoce a estos documentos. Así, en primer lugar, porque las directrices anticipadas no se aplican en casos de urgencia o cuando existe un peligro inminente para la vida del otorgante. Y, en segundo lugar, porque el médico tiene la obligación de interpretar la voluntad anticipada del paciente de acuerdo con el principio de inviolabilidad de la vida humana y la protección de la salud y, de manera secundaria, con arreglo a los principios de precaución, proporcionalidad y prudencia. Este deber legal implica necesariamente una limitación del principio de autonomía del paciente pues su voluntad anticipada puede verse truncada por la decisión asistencial de mantener medidas de soporte vital ante la necesidad de respetar el principio de la santidad inmutable de la vida humana. Finalmente, la norma contempla la intervención judicial en caso de producirse un conflicto entre los parientes del enfermo y el médico y la creación de un Registro nacional donde se recoja copia informatizada de las directrices anticipadas.

5.10. Luxemburgo

Luxemburgo ha sido el último país europeo que ha despenalizado la eutanasia y el suicidio asistido a través de la Ley de 16 de marzo de 2009. La aprobación de esta ley no estuvo exento de polémica. Después de su aprobación en el Parlamento luxemburgués por una ajustada votación de 30 votos frente a 26, el Gran Duque de Luxemburgo, Enrique I, anunció el día 2 de diciembre de 2008 que no sancionaría la ley por motivos de conciencia debido a sus creencias católicas. Esta negativa provocó que el Primer Ministro, Jean-Claude Juncker, propusiera una reforma de la Constitución que redujo las facultades del Jefe de Estado pues, a partir de entonces, su firma no es necesaria para la promulgación de las leyes.

La normativa luxemburguesa define la eutanasia como "aquel acto ejecutado por un médico que persigue acabar intencionalmente con la vida de un persona a petición expresa y voluntaria de éste" y el suicidio asistido como "la acción de un médico de ayudar a una persona a suicidarse o procurarle los medios con dicha finalidad, previa petición expresa y voluntaria de aquélla".

La ley ha optado por despenalizar estas conductas cuando se cumplan los siguientes requisitos: 1) que el paciente sea una persona mayor de edad y con plena capacidad al momento de efectuar la solicitud; 2) que la solicitud se formule de manera voluntaria, previa reflexión del paciente y ajena a cualquier presión exterior; 3) que el paciente padezca un sufrimiento físico o psíquico constante e insoportable sin perspectiva de mejora; y 4) que la solicitud del paciente conste por escrito. Antes de practicar la eutanasia o el suicidio asistido, el médico debe cumplir ciertas obligaciones como, por ejemplo, informar al paciente sobre su esperanza de vida, las posibles opciones terapéuticas –si las hubiera– y la posibilidad de acudir a cuidados paliativos; consultar a otro médico que certifique el carácter grave e incurable de la enfermedad del paciente; entrevistarse con el equipo médico que atiende directamente al paciente; o asegurarse de que el paciente ha podido discutir su decisión con las personas de su elección.

Por otro lado, la ley luxemburguesa –siguiendo casi literalmente la normativa belga– ha regulado las disposiciones sobre el final de la vida como un documento a través del cual cualquier persona mayor de edad puede manifestar de forma anticipada su voluntad de que se le practique una eutanasia para el caso de que se encuentre inconsciente y padezca una enfermedad o patología grave, incurable e irreversible según el estado actual de la ciencia.

El documento debe estar escrito y firmado por el otorgante que puede designar un representante que actúe como interlocutor con el equipo médico a fin de respetar la voluntad manifestada del paciente. Si la persona se encuentra imposibilitada para escribir y firmar puede delegar la redacción del testamento vital en una persona mayor de edad que deberá explicitar las razones de la incapacidad del otorgante así como adjuntar un informe médico acreditativo de dicho extremo. Asimismo, se prevé que el otorgante designe una persona de su confianza para que sea escuchada por el médico cuando el paciente no sea capaz de expresar su voluntad. Al igual que el resto de las normas europeas, se reconoce la posibilidad de modificar o cancelar las directrices anticipadas, siempre que se haga constar por escrito haciendo constar la fecha y la firma del otorgante.

En cuanto a los efectos del documento, el médico debe comprobar si el paciente ha otorgado una directriz anticipada cuando constate que aquél no se encuentra en condiciones de expresar su voluntad. A tal efecto, podrá consultar el registro creado al efecto y, en su caso, preguntar a cualquier persona que considera adecuado para acreditar la existencia de tal documento. El médico deberá comprobar si existe correspondencia entre la situación descrita por el paciente y la que se presenta en el momento actual, debiendo tener en cuenta la evolución del conocimiento médico desde el momento de su redacción. En caso de que el médico constate que falta la correspondencia con el supuesto de hecho previsto en la directriz anticipada, deberá hacerlo constar en la historia clínica e informar la persona de confianza designada por el otorgante o, en su defecto, a la familia. Por otro lado, si el contenido de la directriz anticipada es contrario a las creencias del médico, éste deberá ponerlo en conocimiento de la persona de confianza designada por el paciente o la familia y transferir en el plazo de veinticuatro horas el caso clínico a otro médico que esté dispuesto a cumplir la voluntad expresada en el documento.

Por último, la ley luxemburguesa prevé un sistema de inscripción de las disposiciones sobre el final de la vida en la Comisión Nacional de Control y de Evaluación con la finalidad de que sea consultado por los médicos que atienden a pacientes terminales o desahuciados.

5.11. Portugal

Portugal ha regulado recientemente el testamento vital a través de la Ley nº 25/2012, de 16 de julio, relativa a las directrices anticipadas y la designación de representante para el cuidado de salud y de creación del Registro Nacional de Testamento Vital. La ley define las directrices anticipadas como el documento unilateral y libremente revocable, en el que una persona mayor de edad y capaz, que no padezca una anomalía psíquica, manifieste anticipadamente su voluntad de manera consciente, libre e informada las atenciones de salud que desee o no desee recibir en caso de encontrarse incapacitado para expresar su voluntad. El contenido de este documento puede comprender un amplio contenido y, tal efecto, la ley enumera los siguientes aspectos: 1) no someterse a un tratamiento de soporte artificial de las funciones vitales; 2) no someterse a un tratamiento fútil, inútil o desproporcionado de acuerdo con su cuadro clínico y la buena práctica profesionales y, en particular, medidas de soporte vital básico, nutrición artificial o hidratación destinados a ralentizar el proceso natural de la muerte; 3) recibir los cuidados paliativos adecuados a fin de respetar el derecho a no sufrir a consecuencia de una enfermedad grave o irreversible en fase avanzada, incluyendo un tratamiento sintomático adecuado; 4) no someterse a tratamientos que se encuentran en fase experimental; y 5) autorizar o rechazar expresamente su participación en programas de investigación y ensayos clínicos científicos.

En cuanto a la forma del documento, la ley portuguesa exige que se formalicen en un documento escrito firmado por el otorgante ante el funcionario del Registro Nacional de Testamento Vital o ante Notario. El documento deberá contener la identificación completa del otorgante, el lugar, fecha y hora de su otorgamiento, las situaciones clínicas en las que debe surtir efecto, así como las instrucciones y opciones relacionadas con la atención a la salud que el otorgante desea recibir o, en su caso, rechazar expresamente. Se prevé expresamente la posibilidad de que el paciente busque asesoramiento en un médico para la redacción del documento, en cuyo caso se podrá hacer constar a elección del otorgante o del profesional que le ha asesorado. A fin de facilitar la redacción del testamento vital, se contempla que el Ministerio de Sanidad, previa consulta del Consejo Nacional de Ética para las Ciencias de la Vida y la Comisión Nacional de Protección de Datos, elabore un modelo de testamento vital que, de manera opcional, podrán utilizar los otorgantes.

La legislación portuguesa exige para el otorgamiento de este documento unos requisitos de capacidad que se concretan en tres aspectos: 1) que la persona sea mayor de edad; 2) que no se encuentren incapacitadas por sufrir un trastorno mental; y 3) que sea capaces de expresar su consentimiento de manera consciente, libre e informada.

A pesar de que el testamento vital cumpla todos los requisitos expresados anteriormente, tanto de forma como de capacidad, la legislación portuguesa establece unos límites a su eficacia. Así, en primer lugar, no producen efecto las directrices anticipadas que sean contrarias a la ley, al orden público o que determinen una actuación que sea contraria a las buenas prácticas. En segundo lugar, tampoco se aplican aquellas directrices anticipadas cuyo cumplimiento suponga la causación deliberada de una muerte no natural por cuanto se trata de conductas tipificadas en el artículo 134 y 135 del Código Penal. Y, en tercer lugar, cuando el otorgante no haya expresado de manera clara e inequívoca su voluntad.

La ley portuguesa establece expresamente la vinculación jurídica del testamento vital cuando éste conste en el Registro Nacional, cuando se entregue por el otorgante al equipo sanitario responsable de ofrecerle asistencia sanitaria o por el representante designado por el paciente. No obstante, al igual que otras legislaciones europeas –como, por ejemplo, la española, francesa o italiana– se contemplan una serie de excepciones que reducen notablemente la eficacia práctica de este documento. A este respecto, se contempla que el testamento vital no deberá respetarse cuando: 1) se compruebe que el otorgante no desearía mantener dicha voluntad anticipada en su situación clínica actual; 2) mientras se verifica el estado de degradación de la voluntad del otorgante en función del avance de los medios terapéuticos; y 3) no coincidan las circunstancias de hecho que el otorgante predijo en el momento de la firma. Aparte de estas excepciones, la ley portuguesa prevé que los profesionales sanitarios no tendrán la obligación de aplicar el testamento vital cuando su acceso suponga un retraso que agrave previsiblemente el riesgo para la vida o la salud del otorgante. De esta manera, se reduce considerablemente el ámbito de autonomía del paciente dado que, después de haber planificados los tratamientos que desea recibir en el proceso final de la vida, se otorga a los médicos potestad para apartarse de su contenido ante un hipotético retraso en el acceso al documento.

A diferencia de otras legislación española, la normativa portuguesa establece un plazo de duración del documento que se fija en cinco años desde su firma. Si bien se prevé la posibilidad de renovarlo, lo cierto es que requiere de una nueva declaración de voluntad por parte del otorgante o, en su caso, del representante designado que recibirá un aviso por parte del Registro Nacional con al menos sesenta días de antelación a que venza el plazo de caducidad. El otorgante puede modificar el contenido del documento, incluso de manera oral a través de manifestaciones efectuadas a los médicos responsables de su atención sanitaria. En cualquier caso, se contempla el derecho a la objeción de conciencia del médico, debiendo concluirse convenios de cooperación con otros centros de salud a fin de no impedir la eficacia del testamento vital.

Finalmente, la ley portuguesa prevé la creación del Registro Nacional de Testamento Vital con la finalidad de organizar y mantener actualizado la información relativa a los documentos de directrices anticipadas otorgadas por ciudadanos portugueses, extranjeros y apátridas residentes en Portugal. La inscripción en el citado Registro es meramente declarativa y, por lo tanto, los testamentos vitales no inscritos son plenamente eficaces siempre que cumplan los requisitos exigidos en la ley, especialmente que conste de manera clara e inequívoca la voluntad del otorgante. Para llevar a cabo la inscripción, el otorgante debe presentar personalmente el documento en el Registro o bien enviarlo por correo certificado. Una vez practicada la correspondiente inscripción, se deberá informar por escrito al otorgante o, en su caso, al representante de cuidados de salud y enviar una copia del documento. Este sistema de publicidad permite que el médico encargado de la atención sanitaria del paciente pueda consultar la existencia del testamento vital a fin de aplicar la voluntad anticipada expresada sobre los tratamientos que desea recibir en el proceso final de la vida. Por último, se contempla la obligación de secreto profesional para todas aquellas personas que, por su función, tengan conocimiento del testamento vital, estableciéndose expresadamente que la violación de esta obligación puede acarrear responsabilidad civil, penal o disciplinaria.

5.12. Reino Unido

La legislación británica sobre el testamento vital ha estado en cierta medida influenciada por el debate ético-jurídico sobre la despenalización de la eutanasia y el suicidio asistido pues, según la normativa vigente, las directrices anticipadas nunca pueden ser empleadas para poner fin a la vida del sujeto (MACLEAN, 2007; RUIZ MIGUEL, 2010; WILLIAMS, 2007).

La jurisprudencia inglesa ha mantenido este criterio en el caso Pretty (*The Queen on the Application of Mrs. Diane Pretty v. Director of Public Prosecutions and Secretary of State for the Home Department*, UKHL 61, 29 de noviembre de 2011). La demandante era una mujer de

43 años con una enfermedad neuro-degenerativa de las células motoras dentro del sistema nervioso central (esclerosis lateral amitrófica) que, en el momento de presentar la demanda, estaba paralizada de cuello para abajo, no podía casi hablar y su esperanza de vida no era superior al año, aunque conservaba intacta su capacidad intelectual. No existía ningún tratamiento médico que pudiera frenar la progresión fatal de la enfermedad. El 27 de julio de 2001 la señora Pretty se dirigió al responsable de la acusación pública inglesa, el *Director of Public Prosecutions* (en adelante, DPP), solicitando que no abriera diligencias contra su esposo si éste le ayudara a suicidarse según su propio deseo. En una carta de 8 de agosto de 2001, dicha institución rechazó aceptar dicho compromiso alegando que "los DPP y los fiscales sucesivos siempre han explicado que no conceden, por muy excepcionales que sean las circunstancias, una inmunidad que absuelva, requiera o afirme autorizar o permitir la comisión futura de un delito penal".

Ante dicha negativa, la demandante planteó su solicitud en la *Divisional Court*, si bien dicho órgano desestimó su petición al entender que el DPP no podía asumir dicho compromiso y que la tipificación penal del auxilio al suicidio prevista en el artículo 2 de la *Suicide Act* de 1961 no era incompatible con el Convenio Europeo para la Protección de los Derechos Humanos. La señora Pretty recurrió dicha resolución ante la Cámara de los Lores. La máxima instancia judicial del país no apoyó la solicitud de la demandante al considerar que la Cámara no podía exceptuar la aplicación de la ley a un caso concreto. A este respecto, la sentencia consideró que –si bien el asunto planteado tenía una importancia social, ética y religiosa pues se refería a si los enfermos en fase terminal debían tener la facultad de solicitar ayuda para suicidarse y, en caso afirmativo, en qué condiciones y con qué garantías– la Cámara carecía de poderes legislativos y, por tanto, no podía modificar la normativa vigente que castiga penalmente el auxilio al suicidio.

Esta línea jurisprudencial se ha modificado sensiblemente con el caso Purdy (*Opinions of the Lords of Appeal for judgment in the cause R –on the application of Purdy– v. Director of Public Prosecutions*, UKHL 45, 30 de julio de 2009). Debby Purdy, aquejada de una esclerosis progresiva múltiple en una situación que le dificultaba gravemente tragar, solicitó al DPP información legal sobre si su marido, el violinista cubano Omar Puente, sería o no procesado en caso de que la acompañara a Suiza cuando ella quisiera llevar a cabo su decisión de poner fin a su vida con la ayuda de la Asociación DIGNITAS. A este respecto, la demandante alegaba que, sin tal información o en caso de respuesta afirmativa, se vería forzada a adelantar su muerte a una fecha en la que todavía pudiera valerse por sí misma sin ayuda. Los cinco Lores aceptaron el recurso de Debby Purdy para "exigir que el DPP promulgue una instrucción concreta relativa al delito (de auxilio al suicidio) que identifique los hechos y circunstancias que tomará en cuenta para decidir si en un caso como el que ejemplifica la Sra. Purdy aceptará o no iniciar una persecución judicial".

En respuesta a la decisión de la Cámara de los Lores, y tras un período de consulta pública, el DPP publicó en febrero de 2010 una *Policy for Prosecutors in respect of Cases of Encouraging for Assiting Suicide*. La instrucción comienza afirmando que la inducción y el auxilio al suicidio continúan tipificados como un delito grave y que la *Policy* no puede ser tomada como una garantía de inmunidad para ninguna persona. Sin embargo, más adelante, la instrucción –tras recordar que la persecución de cualquier delito nunca ha sido automática pues debe cumplir el requisito de "interés público"– enumera una serie de "factores de interés público" no exhaustivos tanto a favor como en contra de la persecución que deben sopesarse en cada caso de forma individualizada y no como una mera suma. A este respecto, se citan como factores en contra de la persecución que la "la víctima haya llegado a una decisión voluntaria, clara, firme e informada de cometer suicidio"; que "haya intentado disuadir a la víctima"; o que sus acciones hayan sido de "inducción o asistencia reluctante".

Al margen de estos pronunciamientos judiciales, han existido en Reino Unido algunas iniciativas legislativas para impulsar un cambio de la normativa vigente. En el año 2004, Lord Joffe presentó en la Cámara de los Lores un proyecto de ley llamado *Assisted Dying for the Terminally Ill Bill* en la que proponía la despenalización de la eutanasia voluntaria y el suicidio asistido. Después de una segunda lectura, la Cámara de los Lores creó un comité para debatir las modificaciones legales que proponía el texto presentado. Finalmente, en mayo de 2006, la Cámara de los Lores votó en contra de la ley por una mayoría de 148 frente a 100.

Posteriormente, en el año 2010 se creó la *Commission on Assisted Dying* que, bajo la presidencia Lord Falconer, tenía por finalidad analizar la conveniencia de modificar el marco legal vigente. La Comisión concluyó que la normativa vigente sobre suicidio asistido debía ser modificada para otorgar mayor protección a los pacientes terminales. A este respecto, la Comisión indicó que la legislación penal sobre la materia apenas tenía aplicación práctica desde la publicación en febrero de 2010 de las normas sobre persecución de estos delitos por el DPP, produciéndose la sensación generalizada de que *de facto* se había despenalizado el suicidio asistido. De esta manera, el informe resaltaba la contradicción existente entre la legislación penal –que castiga como criminales a las personas que prestan auxilio al suicidio a una persona moribunda– y la sociedad británica –que se resiste a enjuiciar a estas personas como autores de un delito–. Si se legalizase el suicido asistido, los enfermos desahuciados podrían recibir una adecuada asistencia sanitaria y social, evitando que este proceso se produzca en la clandestinidad y, en ocasiones, por personas del entorno familiar carentes de conocimiento sobre el proceso final de la vida.

Después de este breve *excursus* sobre las propuestas de despenalización del suicidio asistido en Reino Unido, debemos volver al examen de las directrices anticipadas que se han regulado recientemente en la *Mental Capacity Act* de 2005, concretamente en las Secciones 24 a 26 dedicadas a las *advance decisions to refuse treatment*. Esta normativa debe completarse con el *Code of Practice* publicado en el año 2007 donde se establecen unos criterios para la interpretación y aplicación de la normativa legal.

La ley británica exige que el otorgante sea mayor de 18 años y que tenga suficiente capacidad. Deben establecerse con claridad cuáles son los tratamientos médicos que se rechazan y explicar también a qué situaciones o circunstancias afecta dicho rechazo (De Montalvo Jääskeläinen, 2009). El paciente puede manifestar anticipadamente su voluntad de cualquier forma, salvo en los supuestos de tratamientos de soporte vital en cuyo caso se exige que el documento conste por escrito, se firme por el otorgante y por un testigo que acredite que ésta es la voluntad efectivamente deseada por el otorgante. Como se puede advertir, la ley británica prima el principio de libertad de forma en el otorgamiento del testamento vital, pudiendo incluso hacerse de manera verbal. No obstante, a fin de facilitar la prueba de la existencia del testamento vital, se considera útil que se haga constar por escrito incluyendo todos los datos de identificación del otorgante, del médico de cabecera indicando si dispone de una copia del documento, así como de los testigos que concurran. En cualquier caso, lo fundamental es que conste la voluntad clara e inequívoca del otorgante de que el testamento vital se aplique cuando el mismo no pueda otorgar su consentimiento informado, los tratamientos médicos que rechaza y las circunstancias en las que se debe aplicar.

Los médicos deberán aplicar el testamento vital cuando se cumplan dos condiciones, esto es, que el documento sea válido y que se corresponda con la situación clínica actual del paciente incapaz para expresar consentimiento.

En cuanto a la validez, el Código de Practica establece que los profesionales sanitarios deben comprobar que el documento es válido y, a tal efecto, valorarán diversos factores como, por ejemplo, si la persona revocó el testamento vital mientras tenía capacidad para ello, si otorgó el llamado *lasting powers of attorney* confiriendo a un representante la autoridad para adoptar decisiones relacionados con su asistencia sanitaria o si la otorgante realizó alguna acción contraria al contenido del testamento vital que haga suponer que había cambiado de criterio.

En cuanto a la correspondencia con la situación clínica, el Código de Práctica ha especificado que los profesionales sanitarios no deberán aplicar el testamento vital en una serie de supuestos como, por ejemplo, cuando el tratamiento propuesto para el paciente no es el especificado en el documento, cuando las circunstancias actuales sean diferentes de que se pudieron tener en cuenta cuando se expresó la voluntad anticipada o cuando existan motivos razonables para concluir que el otorgante hubiera cambiado de opinión si hubiera tenido conocimiento de la situación actual. Los profesionales sanitarios deben valorar cuánto tiempo ha transcurrido desde que se redactó el testamento vital, si se han producido cambios en la vida personal del otorgante –como, por ejemplo, estar embarazada– que puedan afectar a la validez del documento y los avances científicos que se pueden haber producido para el tratamiento del paciente y que éste no pudo prever cuando manifestó por adelantado su voluntad.

Uno de los aspectos más destacados de la legislación británica es que se contempla específicamente una serie de criterios para determinar cuál es el mejor interés de un paciente que, debido a su enfermedad o estado, es incapaz de expresar su voluntad. En este sentido, el Código de Practica especifica que una persona que trata de averiguar el mejor interés del paciente debe tener en cuenta los siguientes criterios: 1) fomentar la participación, si fuera posible, del paciente en el proceso de toma de decisiones; 2) identificar todos aquellos aspectos que el paciente incapaz tendría en cuenta si tuviera que adoptar la decisión; 3) tratar de encontrar los puntos de vista del incapaz incluyendo los deseos y sentimientos de la persona, sus creencias y valores religiosos, culturales, morales o políticos que influyan en la toma de decisión y cualesquiera otros factores que hubiera tenido en cuenta para adoptar una decisión; 4) evitar hacer suposiciones sobre el interés de la persona tomando como base simplemente su edad, la apariencia, condición o comportamiento; 5) evaluar si la persona puede llegar a recuperar la capacidad y, en tal caso, si la decisión sobre el tratamiento médico puede esperar hasta ese momento; y 6) en caso de que se trata de una medida de soporte vital, es necesario que la persona no actúe motivada por el deseo de provocar la muerte del paciente, evitando realizar conjeturas sobre su calidad de vida. Todos estos criterios deben ponderarse en la aplicación de las instrucciones previas, si bien el Código de Práctica especifica que el contenido del testamento vital prevalecerá sobre el principio de mejor interés si aquel documento es válido y se ajusta a la situación clínica del paciente. En cualquier caso, si surgen dudas acerca de la validez de estas decisiones anticipadas, puede recurrirse a la *Court of Protection*.

No podemos finalizar el estudio de la normativa británica sin hacer mención a los llamados *lasting powers of attorney* cuya regulación se establece en las Secciones 9 a 14. Se trata de un poder general que se atribuye a un representante para adoptar decisiones en nombre y por cuenta del otorgante. La principal peculiaridad de este tipo de representación es que no se extingue en caso de que el poderdante pierda la capacidad de autogobierno. La ley británica de 2005 ha ampliado el ámbito de aplicación de estos poderes de representación que no solo comprenden asuntos relacionados con la administración del patrimonio, sino también aspectos relativos al bienestar personal y a la asistencia sanitaria del poderdante.

Para otorgar este tipo de documento, el poderdante debe ser mayor de 18 años y tener capacidad de obrar suficiente. A diferencia del testamento vital, le ley exige el cumplimiento de una serie de formalidades para que este poder sea válido como, por ejemplo, que se redacte en el modelo oficial establecido al efecto o que el poderdante firme la declaración manifestado que ha leído y comprendido el contenido del documento. También es necesario que se acompañe el certificado emitido por un tercero independiente que acredite que el poderdante ha comprendido la finalidad del poder y que no ha existido fraude o presión para redactar el documento. El apoderado debe ser mayor de 18 años y gozar de plena capacidad. En cualquier caso, se exige que el documento se inscriba en *Office of the Public Guardian* como condición necesaria para ejercitar las facultades conferidas.

Centrándonos en el ámbito que nos ocupa, los *lasting powers of attorney* pueden otorgar al apoderado facultades para adoptar decisiones relativas a la asistencia sanitaria del poderdante. Sin embargo, a pesar de que se haya concedido un poder con este contenido, el representante no podrá adoptar decisiones de esta naturaleza en una serie de supuestos. En primer lugar, cuando el poderdante tenga capacidad para decidir por sí mismo las cuestiones que afectan a su salud. En segundo lugar, cuando el poderdante haya redactado un documento de testamento vital en el que haya expresado su voluntad de rechazar un determinado tratamiento médico. Se exceptúa en aquellos casos en los que el poder se haya otorgado después del testamento vital y se le haya conferido expresamente al representante poder para aceptar o rechazar un determinado tratamiento médico, en cuyo caso aquél podrá escoger no aplicar la voluntad anticipada. Y, en tercer lugar, cuando la decisión verse sobre un tratamiento de soporte vital a menos que el poder le haya autorizado expresamente en esta materia.

La ley británica exige que las decisiones que adopte el representante deben buscar siempre el mejor interés del poderdante incapaz de acuerdo con los criterios enunciados *ut supra*. Si los profesionales sanitarios no están de acuerdo con la evaluación sobre el mejor interés del paciente efectuada por el representante, deberán tratar el caso con otros expertos médicos y/o obtener una segunda opinión formal. Si no consiguen resolver el desacuerdo con el representante, pueden acudir a la *Court of Protection*.

BIBLIOGRAFÍA

ARBE OCHANDIANO, M. (2011). *Estudio de las instrucciones previas en el ámbito sanitario a través del ordenamiento jurídico español.* Salamanca: Ediciones Universidad de Salamanca, Colección Vítor.

BEAUCHAMP T.L. y CHILDRESS, J.F. (1999). *Principios de ética biomédica.* Barcelona: Masson (Orig. 1979).

BERROCAL LANZAROT A.I. y ABELLÁN SALORT, J.C. (2009). *Autonomía, libertad y testamentos vitales (Régimen jurídico y publicidad).* Madrid: Dykinson.

CARBONELL CRESPÍ, J.A. (2010). Los documentos de voluntades anticipadas. Legislación estatal y autonómica. Valencia: Tirant lo Blanch.

CASTRO E CAMARGO, M.A. (2011). *Decretos-Leyes y jurisdicción constitucional. Estudios comparados.* Salamanca: Ediciones Universidad de Salamanca, Colección Vítor.

DE MIGUEL SÁNCHEZ, A.C. y López Romero, A. (2006). "Eutanasia y suicidio asistido: conceptos generales, situación legal en Europa, Oregón y Australia". *Revista de Medicina Paliativa, 13* (4), pp. 207-215.

DE MONTALVO JÄÄSKELÄINEN, F. (2009). *Muerte digna y Constitución. Los límites del testamento vital.* Madrid: Universidad Pontificia de Comillas.

DRAGONE, M. (2008). "La violazioni del riritto allàutodeterminazione". En P. Cendon (Coord.). *La prova e il quantum nel risarcimento del danno non patrimoniale.* Torino: Wolters Kruwer, (pp. 811-844).

DWORKIN, G. (1976). "Autonomy and behavior control". *The Hastings Center Report, 6* (1), pp. 23-28.

ELIZARI, F.J. (2002). "El derecho abre las puertas a la eutanasia". *Revista Moralia, XXV*, pp. 121-146.

FOX, R.C y SWAZEY, J.P. (2008). *Observing bioethics.* Nueva York: Oxford University Press.

GALOFARO, F. (2009). *Eluana Englaro. La contesa sulla fine della vita.* Roma: Meltemi Editori.

GARCÍA RIVAS, N. (2008). "Despenalización de la eutanasia en la Unión Europea: autonomía e interés del paciente". *Estudios de Derecho y Gobierno, 1* (1), pp. 47-78.

GIL, C. (2002). "El panorama internacional de las voluntades anticipadas", Ponencia a la Jornada *El testamento vital y las voluntades anticipadas*, Ilustre Colegio Oficial de Médicos de Zaragoza, pp. 3-4.

GONZÁLEZ R. ARNÁIZ, G. (2008). "Bioética: saber y preocupación". En Junquera de Estéfani (Dir.). *Bioética y bioderecho. Reflexiones jurídicas ate los retos bioéticos.* Granada: Comares. (pp. 5-38).

GRACIA, D. (1991), *Procedimientos de decisión en Ética Clínica.* Madrid: Eudema Universidad.

GÓMEZ-BATISTE ALENTORN, X., y GONZÁLEZ BARBOTEO, J. (2008). "Aspectos clínicos en cuidados paliativos y voluntades anticipadas". En J. Sánchez Caro y F. Abellán (Coord.), *Instrucciones previas en España. Aspectos bioéticos, jurídicos y prácticos*. Granada: Comares. (pp. 239-256).

HAVE, T.H. (1995). "Eutanasia: la experiencia holandesa". *Anales de la Real Academia Nacional de Medicina, Tomo CXII*, Cuaderno Segundo, Sesiones Científicas, pp. 441-444.

HOWSEPIAN, A.A. (1998), "Are Advance Directives an Advance?". *Ethics and Medicine. An International Christian Perspective on Bioethics, 14* (8), pp. 34-41.

HUMBERT, V. (2004). *Pido el derecho a morir.* Barcelona: RBA.

JIMÉNEZ MUÑOZ, F.J. (2010). "Una aproximación a la regulación española del documento de voluntades anticipadas o testamento vital". *Diario La Ley,* Sección Doctrina, Año XXXI, (7334), pp. 1 y ss.

KING, N.M.P. (1996). *Making Sense of Advance Directives. Revised Edition.* Washington D.C.: Georgetown University Press.

KÜNG, H. (2004). *Morir con dignidad. Un alegato a favor de la responsabilidad.* Madrid: Trotta.

LÓPEZ SÁNCHEZ, C. (2003). *Testamento vital y voluntad del paciente (Conforme a la Ley 41/2002, de 14 de noviembre).* Madrid: Dykinson.

MARCOS DEL CANO, A.Mª. (2008). "La autonomía del paciente en los supuestos de incapacidad". En Junquera de Estéfani (Dir.). *Bioética y bioderecho. Reflexiones jurídicas ate los retos bioéticos.* Granada: Comares. (pp. 183-206).

MARCOS DEL CANO, A.Mª. (1999). *La eutanasia. Estudio filosófico-jurídico.* Madrid: Marcial Pons.

MACKLIN, R. (1982). *Man, Mind and Morality: The Ethics of Behavior Control.* Englewood Cliffs: Prentice-Hall.

MCLEAN, S.A.M. (2007). *Assisted Dying. Reflections on the need for law reform.* Nueva York: Routledge-Cavendish.

MÉNDEZ BAIGES, V. (2002). *Sobre morir: eutanasias, derechos, razones.* Madrid: Trotta.

MÉNDEZ BAIGES, V. y Silveira Gorski, H.C. (2007). *Bioética y derecho.* Barcelona: Editorial UOC.

MILANO, G. y RICCIO, M. (2008). *Storia di una morte opportuna. Il diario del medico che ha fatto la volontá di Welby.* Milán: Sironi Editore.

MORENO VILLARES, J.M. y GALIANO SEGOVIA, M.J. (2005). "La eutanasia en niño en Holanda: ¿el final de un plano inclinado? *Cuadernos de Bioética, XXVI,* pp. 345-356.

ORGANIZACIÓN MÉDICA COLEGIAL Y SOCIEDAD ESPAÑOLA DE CUIDADOS PALIATIVOS (2002), *Declaración sobre la atención médico al final de la vida.*

PENNEC, S., MONNIER, A., PONTONES, S. y AUBRY, R. (2012). "Les décisions médicales en fin de vie en France". *Population & Sociétés,* (494), pp. 1-4.

QUINTANA, O. (1998). *Por una muerte sin lágrimas. Problemas éticos al final de la vida.* Barcelona: Flor del Viento.

RODRÍGUEZ-ARIAS, J.I. (2005). *Una muerte razonable. Testamento vital y eutanasia.* Bilbao: Desclée de Brouwer.

ROVIRA, A. (2007). *Autonomía personal y Tratamiento médico. Una aproximación constitucional al consentimiento informado.* Pamplona: Thomson-Aranzadi.

RUIZ MIGUEL, A. (2010). "Autonomía individual y derecho a la propia muerte". *Revista Española de Derecho Constitucional, 89*, pp. 11-43.

SIURANA, J.C. (2005). *Voluntades anticipadas. Una alternativa a la muerte solitaria.* Madrid: Trotta.

TOMAS-VALIENTE LANUZA, C. (2008). "Posibilidades de regulación de la eutanasia solicitada". *Fundación Alternativas.* Madrid.

VEGA GUTIÉRREZ, J. (2007). "La práctica de la eutanasia en Bélgica y la pendiente resbaladiza". *Cuadernos de Bioética,* (62), pp- 72-87.

WILLIAMS, G. (2007). *Intention and causation in medical non-killing: the impacto f criminal law concepts and euthanasia and assisted suicide.* Nueva York: Routledge-Cavendish.

INSTRUCCIONES PREVIAS Y TECNOLOGÍAS DE LA INFORMACIÓN. UNA REFLEXIÓN PARA LA ADMINISTRACIÓN ELECTRÓNICA SANITARIA

Jesús Esteban Cárcar Benito
Doctor en Derecho por la UNED
Ana Mª Marcos del Cano
Profra. Titular de Filosofía del Derecho UNED

Resumen: En el trabajo se expone la innovación que está suponiendo en el disfrute de los derechos, sobre todo, en el que tiene que ver con el derecho a la asistencia sanitaria, la incorporación de la administración electrónica al ámbito de la salud. En concreto, se analiza este fenómeno para el caso de las instrucciones previas.

Palabras clave: e-salud, e-paciente, instrucciones previas, registro.

1. LA ADMINISTRACIÓN ELECTRÓNICA SANITARIA: LA E-SALUD Y LOS E-PACIENTES

La actividad administrativa se basa en gran parte en el tratamiento de la información. En la práctica sanitaria la gestión de los datos constituye una actividad fundamental, sino la más importante. Todo tratamiento médico tiene que partir necesariamente de una información veraz, completa y actual sobre el paciente. Desde que se nace, e incluso desde antes de nacer, las personas son fuente constante de información en el sector sanitario. Esta información resulta imprescindible para la realización de las tareas vinculadas a la protección de la salud y a la asistencia sanitaria.

Es en ese contexto en el que las administraciones y los servicios sanitarios deben comprometerse con su época y ofrecer a sus ciudadanos las ventajas y posibilidades que la sociedad de la información tiene, asumiendo su responsabilidad de contribuir a hacer esta realidad. El mundo científico y tecnológico han puesto en pie los instrumentos, pero su generalización depende, en buena medida, del impulso que reciba de las administraciones públicas, de la confianza y seguridad que genere en los ciudadanos y también de los servicios que ofrezcan.

Al servicio, pues, del ciudadano la administración sanitaria queda obligada a transformarse en una administración electrónica regida por el principio de eficacia que proclama el artículo 103 de nuestra Constitución. En esta búsqueda de la eficacia, las administraciones sanitarias han realizado importantes inversiones para incorporar la utilización de las Tecnologías de la Información y las Comunicaciones (en adelante, TIC) en su quehacer diario. Las TIC han comenzado a articular un proceso que modificará toda la comunicación pública, esto es, el intercambio de información entre representantes y representados, entre administración y administrado, en cualquiera de sus dos vertientes.

En paralelo con el uso de las TIC para mejorar los procesos internos y los procedimientos administrativos, el desarrollo de Internet ha generado una demanda importante en las administraciones para que éstas usen este nuevo canal para facilitar a sus usuarios la información y el acceso electrónico a sus servicios. La aparición de las TICs abre la posibilidad a la tramitación electrónica de procedimientos, que mejora indudablemente las relaciones entre ciudadanos y la administración permitiendo el acceso en condiciones de igualdad especialmente territorial (SÁNCHEZ SÁNCHEZ, 2005 b: 3). Se transforma una administración cuya misión principal es garantizar primero el servicio de los ciudadanos y dar una óptima prestación de servicios sanitarios.

En este sentido, la progresiva utilización de comunicaciones electrónicas, derivada del reconocimiento del derecho a comunicarse electrónicamente con la Administración, suscita la cuestión no ya de la adaptación de ésta –recursos humanos y materiales– a una nueva forma de relacionarse con los ciudadanos, sino también la cuestión de la manera de adaptar sus formas de actuación y tramitación de los expedientes y en general adaptar los procedimientos a la nueva realidad que imponen las nuevas tecnologías.

El hecho de reconocer el derecho de los ciudadanos a comunicarse electrónicamente con la Administración plantea, en primer lugar, la necesidad de definir claramente la "sede" administrativa electrónica con la que se establecen las relaciones, promoviendo un régimen de identificación, autenticación, contenido mínimo, protección jurídica, accesibilidad, disponibilidad y responsabilidad. Exige también abordar la definición a los efectos de la Ley de una serie de términos y conceptos cuyo uso habitual obliga en un contexto de comunicaciones electrónicas a efectuar muchas precisiones. Tal sucede con la definición de expediente electrónico y de documento electrónico; de los registros electrónicos y de las notificaciones electrónicas o del alcance y sistemas de sellados de tiempo.

La consagración de ese derecho de los ciudadanos a comunicarse electrónicamente con la Administración suscita, también, por ejemplo, la cuestión de la forma de utilizar y archivar dichas comunicaciones. Y lo plantea tanto en lo que podría considerarse la formación del expediente o el archivo de oficina –el vinculado a la tramitación de los expedientes–, como en lo que se refiere al archivo de los expedientes ya tramitados.

Es en este contexto donde surge el término *eSalu*d no como un modo alternativo o adicional de atención sanitaria como consecuencia de la aplicación de las TIC, sino como formas diferentes de prestar servicios ordinarios; en muchos casos, como por ejemplo, el sistema de intercambio y acceso a la información clínica entre diferentes profesionales y dispositivos asistenciales, etc. Por tanto, surge como una forma de actuar, no sólo más eficiente y efectiva, sino también de forma más equitativa garantiza la accesibilidad desde cualquier punto del sistema, la interoperabilidad y la explotación adecuada de la información. Para cumplir con estos objetivos deben plantearse diferentes áreas de actuación vinculadas a compatibilizar los distintos sistemas de tarjeta sanitaria, historia electrónica y receta electrónica, etc., en la esfera de la prestación de servicios sanitarios. Gracias al potencial de cambio que las mismas facilitan, son imprescindibles para poder mejorar: la accesibilidad, rapidez en la atención, reducción de tiempos de respuesta, implantación de alertas, ahorro de costes, precocidad diagnóstica, la efectividad diagnóstica o terapéutica y, en fin, la calidad del servicio, etc.

La aparición del usuario informado está generando una nueva área de comunicación en salud. Este hecho se visualiza por el aumento en la cobertura de los temas sanitarios, relacionados con los estilos de vida, en publicaciones divulgativas, la aparición de revistas dedicadas a temas de salud, y la difusión masiva a través de las TIC relativas a la salud y al *autocuidado*. El aumento de la información sobre salud disponible en Internet replantea la relación entre médico y paciente. Internet está cambiando hábitos en muchos aspectos de nuestra vida gracias a nuevas posibilidades. Es decir, de un modo más discreto pero con igual intensidad, Internet está haciendo cambiar los hábitos del paciente, que es cada vez más usuario y está más experimentado en la navegación *on line*. No en vano, se habla del fenómeno citado como "el paciente informado". Con respecto a este último hecho destaca la aparición de sitios *web* de salud *e-salud*– dentro de la estructura de los denominados portales horizontales y el desarrollo de portales verticales monográficos de salud. Pensemos que las expectativas de los pacientes, en relación con las TIC pasan por obtener una información clara y entendible de su enfermedad, de las opciones de tratamiento y pronóstico, esperando que el médico le aclare las dudas que tienen y les informe de las consecuencias y efectos secundarios. Desde aquí podemos preguntarnos: ¿cuáles son los rasgos desde el punto de vista jurídico de esta nueva información?, ¿puede suponer nuevas demandas en el sistema sanitario hasta límites no asumibles colectivamente y no reconocidos previamente por las normas? No hay que olvidar que la demanda de atención sanitaria se incrementa de manera paralela con el nivel de salud.

Como se desprende de lo anterior, el acceso a mayor información sobre la salud de parte de los pacientes ha determinado en los mismos una actitud más activa y esto parece estar provocando cambios en la construcción de las identidades y de las imágenes sociales de los interlocutores involucrados. Nos encontramos ante una nueva generación de pacientes, los *e-pacientes*. Esta expresión se emplea en diferentes contextos para aludir a este tipo de paciente que se caracteriza por el uso de la red como fuente primordial de información con una cultura propia, que reconocen el valor de cuidar la salud, ayudan a los médicos a mejorar la calidad de sus servicios y colaboran conjuntamente con sus profesionales sanitarios dado que existe un incremento exponencial de la información sanitaria que es accesible de forma universal y gratuita. Se trata de un paciente con acceso a información sanitaria y que utiliza este conocimiento en beneficio propio y de la comunidad, para afrontar eficazmente procesos de enfermedad y para hacer eficiente uso de los recursos sanitarios disponibles. Esto provoca un espacio social sobresaturado de información, de hecho, en determinadas patologías los pacientes tienen a veces un profundo conocimiento de su enfermedad.

2. LA EXPRESIÓN DE LA VOLUNTAD EN EL MUNDO SANITARIO. EL CONSENTIMIENTO INFORMADO AD FUTURUM Y LAS TICS

A partir del planteamiento anterior la investigación en el ámbito de la medicina se interesa cada vez más por la puesta en práctica de la exigencia de información que el paciente solicita. La fórmula del consentimiento informado ha sido una respuesta a dicha exigencia. Lo que conviene averiguar, sin embargo, es qué ocurre más allá de la firma de un documento más o menos entendido y aceptado. Conviene investigar sobre la percepción que tienen los pacientes y sus familiares acerca del modo en que se les informa y se les deja participar en algo que les concierne, sobre todo a ellos. En pocas palabras, se trata de acercar un poco más la teoría a la práctica, de ver hasta qué punto la teoría que nos habla de que los individuos son autónomos y han de poder decidir, se corresponde con una práctica desde las TIC que facilita y no entorpece. Necesitamos de una reflexión como paso previo a la forma de manifestación de la voluntad de otorgar las VA a través de las TIC, enmarcando estas como la proyección del consentimiento informado y de la facultad de autodeterminación decisoria *ad futurum*, como autonomía prospectiva (art. 11 LBRAP).

En cualquier caso, la aplicación del citado principio de autonomía de la voluntad de la persona, nos lleva a dos cauces o instrumentos principales: El primero, el derecho de la persona a la información clínica, al consentimiento informado y a la toma de decisiones. El segundo consiste en el derecho de la persona a realizar la declaración de voluntad vital anticipada y apelar a que sea respetada la misma. Se trata de dos derechos que tienen un presupuesto común el principio de autonomía de la voluntad.

Si hablamos de Consentimiento Informado (CI) hay que referirse al art. 3 de la LBRAP donde se define como: "la conformidad libre, voluntaria y consciente de un paciente, manifestada en el pleno uso de sus facultades después de recibir la información adecuada, para que tenga lugar una actuación que afecta a su salud". El CI se ha convertido en el instrumento básico para regular las relaciones entre médico y paciente y, como no podía ser menos, en el ámbito de la salud y las TIC.

Este proceder debe reunir, como mínimo, los requisitos de voluntariedad, información y comprensión. Ya no se trata de imponer el bien del enfermo al mismo enfermo, con su aceptación más o menos presupuesta, sino de descubrir cuáles son sus expectativas y sus preferencias y de adaptarse a ellas con lealtad (SAINZ, QUINTANA, SÁNCHEZ CARO, 1994).

De ahí, ¿cuál es el sentido del CI aplicando las TIC?, ¿cómo se ve afectado desde las TIC? Desde las TIC, en el plano de la *autodeterminación decisoria* de los pacientes, ha de tener en cuenta, entre otras, las siguientes cuestiones: 1) la detallada y equilibrada regulación de la información clínica o sanitaria (arts. 2, 3, 4, 5, 6, 10, 12 y 13 LBRAP); 2) el reconocimiento expreso al paciente o usuario de la titularidad de su derecho a la información (art. 5.1 LBRAP); 3) la consolidación del derecho al consentimiento informado y de la subsiguiente obligación de obtenerlo y respetarlo por parte de los profesionales sanitarios (arts. 2, 3 y 8 ss. LBRAP); 4) la proyección del consentimiento informado y de la facultad de autodeterminación decisoria *ad futurum*, como autonomía prospectiva, bajo la forma de instrucciones previas (art. 11 LBRAP); 5) la regulación de la situación singular del menor maduro, reconociendo una suerte de mayoría de edad y facultad de autodeterminación en el ámbito sanitario (art. 9 LBRAP). Por lo tanto, siendo aplicable a las TIC, y aunque la ley no establece ningún plazo específico, la información previa al consentimiento se le tiene que facilitar al paciente con una antelación suficiente para que pueda reflexionar con calma y decidir libre y responsablemente.

Pero, ¿cómo debe ser la transmisión de la información al enfermo desde las TIC para la validez del consentimiento? Antes de obtener el consentimiento, habría de cerciorarse de la capacidad del paciente o, según los casos, de sus allegados de manejar el instrumental que se ha de usar (el dispositivo electrónico), y de su competencia para autentificar, obtener, cifrar, transmitir, recibir, documentar e interpretar la información que envían y reciben a través del sistema de telecomunicación. En telemedicina, el consentimiento no se refiere sólo a lo que pueda ocurrir durante el examen o tratamiento, sino que ha de incluir el uso que pueda hacerse de los registros de texto o imagen de una tele-consulta.

Sin duda una exigencia que refleja este principio es tomar las debidas precauciones para comprobar la identidad del otorgante, especialmente en los primeros contactos tele-médicos. En este sentido, deben ser resaltados los cambios en la relación médico-paciente, no objetando nada al hecho de que se realice a distancia, salvando la obligación previa de identificarse correctamente, asumiendo que la información ha de facilitarse cuando lo requiere el otorgante o cuando es solicitada; pero no debe interpretarse este requisito como información obsesivamente permanente, que puede conducir a un exceso informativo que puede llegar a ser perjudicial para el paciente. Hay que señalar el estándar de la persona razonable para el consentimiento informado, como un importante avance, pero todavía resulta insuficiente desde este punto de vista, puesto que el deber del médico comprendería igualmente el satisfacer los requerimientos de información del paciente que fuera más allá del estándar (un paciente que requiera demasiada información para tomar una decisión voluntaria).

Proporcionar al enfermo tiempo suficiente para reflexionar con antelación, para poder adoptar decisiones de trascendencia para su salud, es otra de las recomendaciones de los expertos. Ahora bien, ¿cómo ha de afectar a la voluntariedad del consentimiento una incorrecta comprensión de la información? No obstante, la información que se desprende desde la TIC y que el médico debe satisfacer por propia iniciativa vendría determinada por el estándar de la persona razonable. Con respecto a, ¿qué cosas desearía saber una persona razonable para el consentimiento informado? Desde luego, no todo pero sí las cosas importantes; las características de lo que se va hacer, el coste de no proceder de la manera en cuestión y la medida en que hay incertidumbre sobre aspectos anteriores.

Puede significarse también que la LBRAP establece varios sujetos como responsables de informar al paciente que como veremos a continuación se amplifica en el caso de documentos de voluntades anticipadas, a saber, los profesionales que le atiendan durante el proceso asistencial o le apliquen una técnica o un procedimiento concreto (art. 4.3.), (GALÁN CORTÉS, 1997).

Cuando usamos las TIC como forma de comunicación toda la doctrina y las reglas que rigen la información y consentimiento son aplicables, si bien debe exigirse además información específica sobre las concretas intervenciones o tratamientos que van a llevarse o no, y obtener un consentimiento específico conservando siempre el paciente el derecho a negarse total o parcialmente al tratamiento mediante la telemedicina.

3. LAS INSTRUCCIONES PREVIAS Y LA ADMINISTRACIÓN ELECTRÓNICA DESDE LA AUTONOMÍA DE LA PERSONA

La publicación de la Ley 41/2002 de 14 de noviembre, básica reguladora de la autonomía del paciente y de derechos y obligaciones en materia de información y documentación clínica (LBRAP) supone incorporar a la administración sanitaria las voluntades anticipadas. En dicha regulación, y más concretamente en su artículo 11, las conceptúa y establece los requisitos para su otorgamiento, posibles contenidos, eficacia, revocación y registro. El apartado 1, del citado artículo señala: *Por el documento de Instrucciones Previas, una persona mayor de edad, capaz y libre, manifiesta anticipadamente su voluntad, con el objeto de que ésta se cumpla en el momento en el que llegue a situaciones en cuyas circunstancias no sea capaz de expresarlos personalmente".*

Las voluntades anticipadas se convierten, por tanto, en una forma de consentimiento previo o de asegurar una atención sanitaria basada en la ética de máximos a través del ejercicio de la autonomía de forma prospectiva. Adquieren una gran relevancia, sobre todo teniendo en cuenta, el aumento de la expectativa de vida con el consiguiente envejecimiento de la población y la constante generación de conocimientos, fruto de la investigación, que hace que nos situemos continuamente en un escenario de posibilidades nuevas e insospechadas de intervención.

Las VA, como proceso y no solo como acto documental, se convertirán, sin lugar a dudas, en un recurso fundamental en la relación profesional de la salud-paciente, especialmente en la etapa del final de la vida. No sólo permitirán al paciente influir en las futuras decisiones asistenciales, constituyendo el reconocimiento de su autonomía moral, sino que facilitarán a los profesionales de la salud la toma de decisiones respetuosas con la voluntad del enfermo cuando carezca de capacidad para decidir por sí mismo.

Como decíamos la autonomía del paciente puede ser ejercida en el presente o puede plantearse con carácter prospectivo, esto es, para el futuro, de manera que se apliquen cuando la persona ya no es capaz de manifestar su voluntad. (SÁNCHEZ-CARO, 2008).

El art. 11 de la LBRAP recogiendo los primeros precedentes anglosajones, permite que en el documento se recojan no sólo instrucciones sobre cuidados y tratamientos deseados (advanced directives), sino además, incluye el nombramiento de un representante que actúe como interlocutor ante el médico o equipo sanitario (designando un *health care proxy*) (MARCOS, 2013a).

Aun así, esta legislación ya implantada en nuestro país como ley básica y en las comunidades autónomas no ha logrado una repercusión social pareja a su regulación (MARCOS, 2013b). Una razón importante del fracaso inicial de la puesta en marcha de los documentos de voluntades anticipadas (DVA) reside en que no se ha dado la importancia que merece a la comunicación con los pacientes, e-pacientes, porque su propósito fundamental es el de ayudar a los pacientes a prepararse para los momentos de falta de capacidad y también para la muerte. Con el fin de fomentar el uso de estos documentos, que a la postre favorecen el respeto de la autonomía del paciente y facilitan el papel del profesional sanitario y el de los familiares, habría que comenzar por considerar la práctica asistencial como un proceso permanente dentro de la relación clínica, y no como un acto dirigido a producir un producto, la firma de un documento. Por otro lado, sería necesario fomentar la deliberación con el paciente no sólo sobre su situación y diagnóstico concreto, sino sobre sus valores y preferencias vitales a la hora de tomar una decisión de este tipo, incluso incorporando en ese proceso, si es posible, a sus familiares y allegados (MARTÍNEZ, 2007).

Por lo que se refiere al uso de las TICS en la elaboración de los documentos de voluntades anticipadas, estos medios pueden proyectarse en varios niveles:

- *Información* (divulgación de la información sobre estos documentos a través de las webs tanto del Ministerio de Sanidad como de las distintas Consejerías de las Comunidades Autónomas), en los que se dispusiera de la regulación jurídica, los registros y sus direcciones donde realizarlas, así como modelos y formularios para hacerlas.
- *Comunicación* (relación y contactos de manera bidireccional a través del correo electrónico y de espacios de comunicación habilitados en la webs, que dieran la posibilidad de realizar preguntas, comentarios, etc.)

- *Consulta* (formas de saber las opiniones de los ciudadanos sobre los servicios, organizaciones diversas o de sus miembros a través de encuestas, sondeos…).
- *Deliberaciones* (Inclusión también de elementos deliberativos sobre estos documentos, incorporando en esas páginas foros de debate, chats…).

La implantación de las TIC debe siempre asegurar la eficacia de las VA. A la postre, las VA conllevan también el surgimiento de una nueva obligación moral y jurídica para los profesionales sanitarios, que les impone tomar en consideración los deseos de los pacientes para situaciones en las que ya no puede decidir (estado vegetativo, demencia profunda…).

De forma más precisa podemos desglosar el conjunto de obligaciones que origina para los facultativos la expresión anticipada de voluntades (MARTÍNEZ, 2003).

En primer lugar, la progresiva utilización de medios electrónicos suscita la cuestión de la privacidad de unos datos que se facilitan en relación con un expediente concreto pero que, archivados de forma electrónica, como consecuencia de su propio modo de transmisión, hacen emerger el problema de su uso no en el mismo expediente en el que es evidente, desde luego, pero sí la eventualidad de su uso por otros servicios o dependencias de la Administración o en otro expediente. Las normas de la Ley Orgánica 15/1999, de 13 de diciembre, de Protección de Datos de Carácter Personal (en adelante LOPD) deben bastar, pero sí es necesario establecer previsiones que garanticen la utilización de los datos obtenidos de las comunicaciones electrónicas para el fin preciso para el que han sido remitidos a la Administración. En este punto, el Registro de Instrucciones Previas supone la creación de un fichero automatizado de datos de carácter personal, que se ajustará a lo dispuesto en la legislación vigente, y que garantizará la confidencialidad, la seguridad y la integridad de los datos, dada la alta sensibilidad del contenido de las citadas instrucciones previas.

Los documentos de voluntades anticipadas sólo podrán consultarse por: a) El otorgante en cualquier caso, acreditando su identidad; b) Cualquier persona con poder bastante al efecto; c) El médico encargado de la asistencia, o cualquier persona del equipo sanitario en quien delegue por escrito, de lo que se dejará constancia en la historia clínica;

d) Los testigos y el representante interlocutor, en su caso, a los efectos previstos en la Ley Orgánica 15/1999, de 13 de diciembre, de Protección de Datos de Carácter Personal. Siempre además quedará registrado el ordenador desde el que se ha accedido al Registro para realizar la consulta, incurriendo en falta administrativa el que lo hiciere sin haber causa para ello. Por otra parte, los interesados en un procedimiento tienen derecho de acceso al mismo y ver los documentos. Lo mismo debe suceder, como mínimo, en un expediente iniciado electrónicamente o tramitado de esta forma. Dicho expediente debe poder permitir el acceso en línea a los interesados para verificar si existe o no documento de voluntades anticipadas.

En el supuesto de las VA, la familia y el personal sanitario podrán consultar estos documentos cuando haya que aplicarlos, como se ha dicho anteriormente. En cualquier caso y si se accediera al contenido de las mismas por cualquier circunstancia, todos los empleados públicos y profesionales, sanitarios o no sanitarios, que accedan a cualquiera de los datos de los documentos e instrucciones previas por razón de su función, quedan sujetos al deber de guardar secreto. En este sentido, el acceso al Registro de Instrucciones Previas por parte del médico encargado de la asistencia o de la persona del equipo sanitario en quien delegue tendrá lugar siempre que el paciente se encuentre incapacitado, legalmente o de hecho, y no pueda expresar su voluntad. La Administración sanitaria establecerá el sistema de acceso, que deberá garantizar técnicamente la identidad de la persona destinada de la información en el ámbito asistencial, la integridad de la comunicación, la disponibilidad del contenido del documento de Instrucciones Previas inscritas y la confidencialidad de los datos. Una vez solicitado y obtenido el documento de Instrucciones Previas inscritas, se incorporará a la historia clínica, debiendo en todo este proceso salvaguardarse las garantías de confidencialidad y secreto que se establecen en la Ley Orgánica 15/1999, de 13 de diciembre, de Protección de Datos de Carácter Personal; en la Ley 41/2002, de 14 de noviembre, básica reguladora de la autonomía del paciente y de derechos y obligaciones en materia de información y documentación clínica, y en la correspondiente ley de protección de datos de la Comunidad Autónoma si la hubiera.

4. EL OTORGAMIENTO Y LA NORMATIVA AUTONÓMICA: FORMA Y LIMITES

El otorgamiento de instrucciones previas es un acto potestativo. La pluralidad de normas que regulan la misma materia, algunas modulando la esfera de derechos del paciente respecto de la Administración sanitaria, puede dar lugar a un fenómeno confuso en el que, según el territorio, el estándar de funcionamiento del servicio puede variar; esto es especialmente grave siendo como es el Sistema Nacional de salud único para toda España. También existen dentro de la misma administración sanitaria otras prácticas para recoger los deseos del paciente anticipadamente en relación con su futuro tratamiento. Así, la comunicación de preferencias personales se puede realizar verbalmente al médico, quien anotará los deseos del paciente en la historia clínica, fundamentalmente la orden de no reanimación. También se puede dejar constancia de estos deseos a los parientes o amigos, ya sea oralmente o por escrito (LÓPEZ SÁNCHEZ, 2003). Sin embargo, estas declaraciones de voluntad adolecen de un defecto formal pudiendo generar dudas interpretativas y aboga por la elaboración de un documento de instrucciones previas. No obstante, es posible manifestar instrucciones previas en un documento notarial con ocasión de expresión de otras voluntades, entre ellas, la designación de un representante para caso de incapacidad.

Con el fin de que la última voluntad del paciente en materia de salud se cumpla, el artículo 11.2º de la LBRAP, dispone que cada servicio de salud (refiriéndose a las Comunidades Autónomas) regulará el procedimiento adecuado para que, llegado el caso, se garantice el cumplimiento de las instrucciones previas de cada persona, que deberán constar siempre por escrito. En la historia clínica del paciente –artículo 11.3º quedará constancia razonada de las anotaciones relacionadas con estas previsiones. Las Comunidades Autónomas tienen competencia para con arreglo a lo dispuesto en el artículo 11.5º de la misma Ley, establecer los requisitos formales de validez.

En general, las comunidades autónomas han admitido tres formas distintas de otorgamiento, que se recogen en el del Real Decreto 124/2007 y que han dado lugar a dos tipos de documentos: públicos, los otorgados ante notario y ante el funcionario encargado del registro de VA, y privados, los otorgados ante testigos, que se elevarán a documento público tras su inscripción en dicho registro. Las consejerías autonómicas competentes en materia de salud han establecido los requisitos formales necesarios para considerar válido e inscribible el documento de instrucciones previas.

Cataluña, Galicia, Extremadura, Cantabria, Aragón y Navarra han optado por admitir la formalización del documento de instrucciones previas ante notario y ante testigos. Valencia además, permite que sea otorgado de cualquier otra forma legalmente prevista. País Vasco, Madrid, La Rioja, Castilla y León, Castilla-La Mancha, Murcia, Islas Canarias, Islas Baleares y Principado de Asturias han establecido tres formas de otorgamiento: ante notario, ante tres testigos y ante funcionario público competente. Andalucía legalmente ha optado por la libertad formal, siendo suficiente que conste por escrito, quedando plenamente identificado el autor, la fecha y lugar del otorgamiento y permite que el documento pueda ser firmado por otra persona si el otorgante no sabe o no puede, dejando constancia de esta circunstancia en el documento. Sin embargo, en la práctica se traduce en el otorgamiento ante el funcionario encargado del registro ya que la inscripción es necesaria para la validez del documento. El modelo facilitado por la Consejería es un cuestionario cerrado con texto libre en cada uno de los apartados. Aragón, tras la publicación de la Ley 8 / 2009, de 22 de diciembre, por la que se modifica la Ley 6 / 2002, de 15 de abril, modifica el apartado 2 b) del artículo 15 reduciendo el número de testigos a dos, mayores de edad y con plena de capacidad de obrar, de los cuales uno, no puede tener relación de parentesco hasta el segundo grado ni estar vinculado por relación patrimonial con el otorgante.

Cuando el documento ha sido otorgado ante testigos, las comunidades autónomas han establecido una serie de requisitos de idoneidad, excepto Andalucía, que no exige requisito alguno. Por su parte, Murcia únicamente requiere de los testigos que sean mayores de edad, con plena capacidad de obrar, y acrediten que el otorgante actúa libremente y no está incapacitado. Islas Baleares no exige estos requisitos, sino que mantiene un criterio bien diferente al resto de las comunidades autónomas cuando reconoce la pertinencia de testigos cercanos al otorgante, pudiendo mantener con él relaciones de parentesco y exige que los testigos conozcan al otorgante.

El resto de las comunidades autónomas exigen que los tres testigos reúnan los siguientes requisitos: mayoría de edad (La Rioja expresamente exige que sean mayores de 18 años); capacidad plena de obrar (La Rioja expresamente exige que no estén incapacitados legalmente); y que al menos dos de los tres testigos n tengan relación de parentesco hasta el segundo grado con el otorgante. Algunas comunidades autónomas exigen expresamente que esa relación de parentesco no sea ni por consanguinidad ni por afinidad. Así, La Rioja, Galicia, Castilla-La Mancha (donde dicha relación patrimonial no ha de serlo por consanguinidad ni afinidad hasta el tercer grado), y País Vasco, (donde la ausencia de relación de parentesco por consanguinidad y afinidad afecta a los tres testigos); ausencia de relación patrimonial con el otorgante en Cataluña, Galicia, Extremadura, Cantabria, Madrid, Aragón (uno de los dos), La Rioja, Navarra, Valencia, Islas Baleares, Castilla y León, Castilla-La Mancha e Islas Canarias; ausencia de relación matrimonial en Extremadura, Cantabria, País Vasco, Madrid, la Rioja, Castilla-La Mancha e Islas Canarias.

Algunas comunidades autónomas mencionan también otro tipo de relaciones afines al matrimonio, tales como las uniones de hecho, o de análoga relación afectiva. Así, Extremadura, Cantabria, País Vasco, Madrid, La Rioja, e Islas Canarias. Cantabria, Madrid e Islas Canarias se refieren también a relaciones laborales o de servicio, Castilla-La Mancha menciona las relaciones profesionales y Castilla y León se refiere a cualquier otro vínculo obligacional.

Por último, respecto de los documentos registrados ante notario, dada la carencia de formación clínica (BUSQUET, 2008) para peritar el grado de capacidad del otorgante, se presentan algunas advertencias. El criterio de duda razonable puede ser trasladado al encargado del registro de instrucciones previas y a los testigos. A pesar de tratarse de un procedimiento más técnico-jurídico que médico, el notario o el funcionario correspondiente puede servirse del dictamen de facultativos para apreciar la capacidad, posibilidad expresamente admitida en el artículo 665 del Código Civil en materia de testamentos que pretendan otorgarse por personas incapacitadas judicialmente, con sentencia que no contenga pronunciamiento expreso acerca de la capacidad para testar.

5. OTRAS FACULTADES: MODIFICACIÓN, REVOCACIÓN Y SUSTITUCIÓN

El documento de instrucciones previas no tiene plazo de caducidad, salvo que así se hubiera dispuesto expresamente por el otorgante. Podrá revocarse libremente en cualquier momento, mientras conserve capacidad suficiente, dejando constancia por escrito de su revocación según lo dispuesto en el artículo 11.4 de la LBRAP. Las distintas Comunidades Autónomas en el desarrollo de este precepto, han entendido el término revocación en sentido amplio, esto es: revocación, modificación y sustitución.

La modificación consiste en la alteración parcial del contenido del documento anterior Puede realizarse por medio de una ampliación, supresión o rectificación, siempre que éste se mantenga vigente. La sustitución tiene por finalidad privar de efectos al documento anterior, otorgando uno nuevo en su lugar.

Hay revocación cuando se priva total o parcialmente de efectos al documento anterior. En caso de revocación parcial, el contenido que se mantenga vigente no debe contradecir o ser incompatible con el nuevo. En general las comunidades autónomas han optado por admitir la revocación, sustitución y modificación del documento, en cualquier momento, exigiendo para ello los mismos requisitos exigidos para su otorgamiento, tanto de capacidad, como de forma. Islas Canarias admite la revocación verbal.

En general, se exigen las mismas formalidades que para el acto de otorgamiento, sin embargo es posible la revocación, modificación o sustitución verbal en determinadas circunstancias. El otorgante que no ha perdido su capacidad de obrar puede manifestarse de manera diferente o en contrario para el caso presente, pero también de manera excepcional para el futuro. La presunción de veracidad de las manifestaciones realizadas en el documento se rompe ante la manifestación diferente o matizada del paciente capaz en el propio centro hospitalario donde es atendido y al que posteriormente le sobreviene la incapacidad, siempre que se cumpla el presupuesto legal: que quede constancia expresa e indubitada (FERNÁNDEZ, 2013: 220).

Es necesario dejar constancia en la historia clínica esta circunstancia. Si los hechos tuvieran lugar en un ambiente ajeno al hospitalario, la dificultad probatoria sería mayor. La última manifestación de voluntad es más reciente y por tanto se asemeja más a la figura del consentimiento informado, a diferencia de la recogida en el documento de instrucciones previas, sin conocimiento real de la situación en la que deba ser aplicado. La voluntad actual aun cuando sea verbal deja sin efecto al contenido de instrucciones previas, no obstante se propugna la conveniencia de dejar constancia de estos hechos en la historia clínica. El legislador estatal ha previsto un sistema de coordinación de registros, de manera que desde cualquier punto de la geografía española, y aun fuera de nuestras fronteras, pueda conocerse la existencia de documentos de instrucciones previas, y su aplicación sea efectiva con independencia del lugar en que haya sido otorgado e inscrito (artículo 11.5º de la LBRAP, para dotar de eficacia en el todo el territorio nacional al documento de instrucciones previas).

6. INSTRUCCIONES PREVIAS Y SU INSCRIPCIÓN EN EL REGISTRO EN LA ERA DIGITAL

La función principal del Registro es dar a conocer al equipo sanitario que atienda al otorgante la existencia del documento de voluntades anticipadas, a fin de aplicarlo al adoptar cualquier decisión clínica respecto a él. El documento que contiene las IP, una vez inscrito en el Registro, será eficaz de acuerdo con lo establecido en el ordenamiento jurídico cuando sobrevengan las situaciones previstas en dicho documento y en tanto se mantengan las mismas. La declaración contenida en el documento prevalecerá sobre la opinión y las indicaciones que puedan ser realizadas por los familiares, allegados y profesionales que participen en su atención sanitaria. Ahora bien, esta prevalencia sólo se producirá en los concretos aspectos a que se refiere el documento. No serán aplicadas las instrucciones previas de tratamiento médico que incorporen previsiones contrarias al ordenamiento jurídico, a la *lex artis*, ni las que no se correspondan con el supuesto de hecho que el otorgante haya previsto en el momento de formalizar el documento correspondiente. De haber en el Registro varios documentos de instrucciones previas de un mismo otorgante, se tendrá en cuenta el contenido del último documento otorgado.

El Real Decreto 124/2007, de 2 de febrero, es el que crea y regula el Registro nacional de instrucciones previas y el correspondiente fichero automatizado de datos de carácter personal. Hay que reseñar que la propia norma reconoce que el Registro nacional no es capaz de dar seguridad sobre la veracidad de su contenido, teniendo que afirmar que éste puede ser incorrecto, motivo por el cual admite prueba en contrario ("el Registro nacional de instrucciones previas tiene por objeto la constatación, salvo prueba en contrario"), respecto a la constatación de la existencia de IP inscritas en los distintos registros autonómicos. Esta es la consecuencia de que la LBRAP haya creado, en palabras del Consejo de Estado, un doble sistema: el de la formalización de las instrucciones, que se rige por la legislación autonómica, y el de su eficacia en todo el territorio nacional, que se rige por el Registro nacional (Dictamen de Consejo de Estado nº 564/2005 de 14 de Abril de 2005).

Resulta difícil asimilar, que con el actual uso de la TIC, la norma haya previsto un procedimiento registral que establece un plazo de siete días para que las instrucciones inscritas en el correspondiente registro autonómico sean comunicadas por los responsables de éstos al Registro nacional para que puedan inscribirse en éste, dando lugar a que toda consulta efectuada exija la comprobación de que no se han producido modificaciones en el Registro de origen. Del mismo modo, la inexistencia de inscripción en el Registro nacional no garantiza que unas instrucciones previas determinadas no existan, ya que podrían haber sido otorgadas siete días antes.

El Registro Nacional de IP representa una exigencia necesaria ante el carácter básico de la Ley estatal y, en consecuencia, el múltiple desarrollo normativo de la materia en cada comunidad autónoma, y, asimismo, ante la presumible movilidad geográfica de los pacientes a lo largo de todo el territorio español. De esta forma el DIP se configura como un instrumento útil y eficaz para la mejora de la comunicación entre los profesionales de la salud y el paciente, constituyendo un elemento coadyuvante en la toma de decisiones médicas relativas al paciente, teniendo por finalidad el riguroso respeto a la voluntad libre de los pacientes, garantizando el derecho de éstos a la propia libertad de decisión. De esta manera se da un paso más en el proceso de responsabilización del ciudadano en las decisiones relacionadas con su salud.

En consecuencia, la función del Registro de IP o VA telemático supone que a solicitud de la persona otorgante, se inscribirán los documentos de instrucciones previas, su modificación, sustitución y revocación, independientemente del procedimiento de formalización empleado, con objeto de garantizar su conocimiento por los centros asistenciales, tanto públicos como privados, regulando su funcionamiento. Su operatividad y funcionamiento deberá estar de acorde con arreglo a los siguientes principios: a) confidencialidad del contenido de los documentos registrados en los términos previstos tanto en la normativa sanitaria como en la relativa a la protección de datos de carácter personal, de acuerdo con la LOPD; b) interconexión con otros registros de IP y con otros cuya finalidad sea prestar asistencia sanitaria o permitir el acceso a la misma.

Hasta ahora los Registros de Voluntades Anticipadas son todos presenciales. Salvo el Registro nacional de VA al que no se accede desde los ciudadanos, sino que sus datos son enviados desde las comunidades autónomas por procesos telemáticos. Este registro nacional pretende asegurar la eficacia en todo el territorio de las instrucciones previas manifestadas por los pacientes y formalizadas de acuerdo con lo dispuesto en la legislación de las respectivas comunidades autónomas (Informe de marzo de 2013 del Consejo Interterritorial del SNS sobre el Registro nacional de IP). Es decir, la coordinación de los registros autonómicos y su centralización en el Registro Nacional posibilita el conocimiento en todo el territorio nacional de las IP otorgadas por los ciudadanos que hayan sido formuladas de acuerdo con lo dispuesto en la legislación de las comunidades autónomas.

Sería un paso adelante en la formalización de estos documentos el que se pudieran presentar *on line*. En relación al ejercicio de este derecho desde las TIC, las cuestiones que deberían ser resueltos serían: en primer lugar, la comunicación de la inscripción en el Registro que asegure la eficacia y posibilite el conocimiento en todo el territorio de las instrucciones previas otorgadas por los ciudadanos que hayan sido formalizadas de acuerdo con lo dispuesto en la legislación; en segundo lugar, el acceso y consulta por los profesionales sanitarios; en tercer lugar, la presentación de solicitudes, escritos y comunicaciones en el Registro telemático durante las 24 horas de todos los días del año; y en cuarto lugar, la necesidad de anunciar y figurar visiblemente la dirección electrónica de acceso al Registro.

Para este fin, resulta ineludible la adopción de una serie de medidas como son: el uso de la firma electrónica, el sistema de notificaciones por medios electrónicos y otras complementarias que resulten imprescindibles. Materias que, en definitiva, constituyen el objeto de la aplicación de las TIC y a las que deben acompañar una serie de garantías jurídicas y técnicas comunes a todos los procedimientos electrónicos, proporcionando una mayor certeza en la práctica de este derecho y en las relaciones de los ciudadanos con la *eSalud*.

7. EL ACCESO AL REGISTRO DE INSTRUCCIONES PREVIAS. LA PROTECCIÓN DE DATOS Y CONFIDENCIALIDAD DEL CONTENIDO DE LOS DOCUMENTOS INSCRITOS

En relación a la legitimación del acceso, tendrá acceso a los documentos contenidos en el mismo, en cualquier momento, la persona otorgante o su representante legal para revisar el contenido del documento de instrucciones previas, así como ejercitar los derechos de modificación, sustitución o revocación. Corresponderá igualmente el derecho de acceso al Registro al médico responsable de la asistencia sanitaria a la persona que haya otorgado un documento de instrucciones previas, con objeto de conocer su contenido y darle aplicación en aquellas situaciones en que sea preciso. En lo que respecta a estos últimos, es decir, el acceso de los profesionales deberá de quedar acreditada, como requisito previo para posteriormente entrar en el contenido del documento de instrucciones previas, siempre que no conste la oposición del otorgante. Asimismo, la autoridad sanitaria autorizará en los centros sanitarios a los responsables para acceder telemáticamente al Registro a través de su identificación como usuario del sistema con la firma electrónica avanzada o clave de acceso otorgada. A tal efecto, el artículo 4.3° del Real Decreto establece que los responsables de los registros autonómicos y las personas designadas por la autoridad sanitaria de la comunidad autónoma y por el Ministerio de Sanidad deberán disponer de de los certificados de Firma Electrónica. Para ello, se crea un sistema que garantice telemáticamente la identificación de la persona destinataria de la información, la integridad de la comunicación, la disponibilidad las 24 horas del día, la conservación de la información comunicada y la confidencialidad de los datos.

A los efectos de facilitar, por tanto, el conocimiento de los documentos de instrucciones previas, de su contenido y alcance por el facultativo que va a realizar la actuación médica concreta, el legislador estatal y autonómico arbitra dos sistemas: la constancia en la historia clínica y su inscripción en un registro público estatal o autonómico de fácil acceso y conexión por aquellos. Los requisitos, por tanto, *sine qua non* para dotar de eficacia al documento de instrucciones previas en todo el territorio español es la creación de un sistema que garantice de manera inmediata el conocimiento de la existencia y localización de las inscripciones de los documentos. Deberá asegurar, asimismo, la confidencialidad, integridad y exactitud de los documentos registrados, evitando el acceso, su conocimiento, alteración o utilización por quienes no estén autorizados, o su uso para fines diferentes a los legítimos. Son requisitos fundamentales la celeridad y la coordinación de todos los registros autonómicos con el Registro Nacional.

Las comunidades autónomas deberán remitir a este Registro, todas las inscripciones efectuadas en sus registros autonómicos de instrucciones previas, así como las copias de los documentos y cumplimentarán una información mínima que figura en el anexo del Real Decreto 124 / 2007.

Los principios que han de dotar de eficacia al Registro son: confidencialidad, acceso restringido o publicidad limitada, legitimidad y celeridad. Confidencialidad: que implica que se debe garantizar el derecho a la intimidad de los otorgantes que inscriban su documento. Así, el artículo 5.2º del Real Decreto dispone que la unidad encargada del Registro Nacional de IP adoptará las medidas necesarias para garantizar la confidencialidad, la seguridad y la integridad de los datos comprendidas en el Reglamento de medidas de seguridad de los ficheros automatizados que contengan datos de carácter personal, conforme a la LOPD (Título VI con rango de ley ordinaria), y el Real Decreto 1720/2007 por el que se aprueba el Reglamento de desarrollo de la LOPD.

El artículo 8 de LOPD ordena como obligación del responsable del fichero la adopción de las medidas de índole técnica y organizativas necesarias para garantizar la seguridad que deben reunir los ficheros, centros de tratamiento, locales, equipos, sistemas, programas y personas que intervengan en el tratamiento automatizado de carácter personal.

En consecuencia, las medidas de seguridad de los ficheros automatizados que contengan datos de carácter personal (relativos a la ideología, religión, creencias, salud,...) deberán reunir además de las medidas de nivel básico y medio, las calificadas de nivel alto. Ahora bien, ¿cómo se acredita la legitimación? El acceso al registro por los particulares tendrá lugar previa presentación de solicitud escrita al encargado del Registro quien, previa comprobación de la identidad del peticionario procederá a expedir la oportuna certificación acreditativa. Los responsables de los registros autonómicos y las personas designadas por la autoridad sanitaria de la Comunidad Autónoma y el Ministerio de Sanidad podrán acceder al Registro Nacional a través de comunicación telemática previa solicitud del facultativo que estuviera tratando al paciente. A tenor de la anteriores previsiones, y en relación a las funciones que legitiman el acceso a los asientos del Registro nacional, podemos afirmar que un registro no sólo debería dar a conocer la existencia del documento, sino también garantizar su legitimidad respecto de la verdadera voluntad manifestada, la capacidad del otorgante y la idoneidad de los testigos o la compatibilidad del representante (GALLEGO RIESTRA, 2009). En el mismo sentido, en lo referente a los requisitos de legalidad la función de control a cargo del responsable del registro serán los relativos a la capacidad de obrar del otorgante (verificando, por un lado, su edad y por otro lado, tanto si está o no incapacitado) (FERNÁNDEZ CAMPOS, 2013: 227).

Por lo que se refiere al acceso a los registros autonómicos, se acudirá a lo que en cada uno de ellos se determine. En este sentido han previsto con carácter general el acceso al registro en cualquier momento con derecho a obtener una copia del documento el otorgante y el representante legal. En algunas comunidades autónomas se prevé que el representante designado en el documento pueda tener acceso. Los facultativos sólo tendrán acceso al documento cuando estén al cargo de los cuidados del otorgante en el momento en que deba aplicarse por encontrarse incapacitado, se trata, en general, de un acceso *ad hoc*, en el que las personas que por razón de su cargo u oficio accedan a cualquiera de los datos del Registro Nacional o de los registros autonómicos de instrucciones previas están sujetas al deber de guardar secreto.

8. CONCLUSIÓN

La consagración del derecho de los ciudadanos a comunicarse con las Administraciones Públicas a través de medios electrónicos, comporta una obligación correlativa de las mismas. Esta obligación tiene, como premisas, la promoción de las condiciones para que la libertad y la igualdad sean reales y efectivas conforme al art. 9 de la CE, así como la remoción de los obstáculos que impidan o dificulten el ejercicio pleno del principio de neutralidad tecnológica y de adaptabilidad al progreso de las tecnologías de la información y las comunicaciones, garantizando con ello la independencia en la elección de las alternativas tecnológicas por los ciudadanos, pacientes y usuarios. El planteamiento requiere afianzar un sistema de identificación de los usuarios.

En el ámbito sanitario y en relación con las instrucciones previas se requiere que mediante las TICs se garantice, por un lado, el acceso a esa información por los profesionales que le atienden en ese momento, *situaciones en cuyas circunstancias no sea capaz de expresarlos personalmente, sobre los cuidados y el tratamiento de su salud,* con independencia del lugar en que éstos se encuentren, lo que implica una transferencia de datos de los Registros Autonómicos al Registro Nacional continua y eficaz; y, por otro lado, el respeto a la confidencialidad y a la protección de los datos allí contenidos.

El problema no es, por tanto, de principios sino que lo encontramos en los medios para lograr este objetivo. Las dificultades son sobre todo a la hora de establecer criterios de operatividad y funcionamiento de los sistemas que ofrecen las TICs para garantizar la disponibilidad de la información, en garantía del derecho del paciente, que sólo será posible si el profesional concreto que tiene que atenderle dispone de los datos relevantes sobre el citado documento de forma inmediata, contando siempre con las limitaciones al acceso que las organizaciones sanitarias impongan a sus profesionales en aras al respeto a la confidencialidad de la información retenida en los registros, historia clínica informatizada o tarjeta sanitaria electrónica.

BIBLIOGRAFÍA

ABELLÁN- GARCÍA SÁNCHEZ, F. (2008): "Estudio jurídico sobre el marco regulatorio de las Instrucciones previas en España: Estado y Comunidades Autónomas" en SÁNCHEZ-CARO, J./ABELLÁN, F. (coords.), *Instrucciones previas en España, aspectos bioéticos jurídicos y prácticos,* Granada: Comares editorial, pp. 115 ss.

BUSQUETS FONT, J. M. (2008), "Las voluntades anticipadas en Cataluña" en Sánchez Caro, J. y Abellán, F., (coords.), *Instrucciones previas, aspectos bioéticos, jurídicos y prácticos*, Granada: Comares, pp. 189ss.

CONSEJO INTERTERRITORIAL DE DEL SISTEMA NACIONAL DE SALUD, (Ministerio de Sanidad, Servicios Sociales e Igualdad), "Informe de marzo de 2013 del Consejo Interterritorial del Sistema Nacional de Salud sobre el Registro Nacional de Instrucciones Previas; en http://www.actasanitaria.com/fileset/file__Informe_Instrucciones_Previas_50486.pdf (consultada en abril 2014)

FERNÁNDEZ CAMPOS, J. A, (2013), "El derecho a otorgar documentos de instrucciones previas" en SALCEDO HERNÁNDEZ, J.R., (Dir.), *Derecho y Salud, Estudios de Bioderecho (Comentario a la Ley 3/ 2009, de Derechos y Deberes de los Usuarios del Sistema Sanitario de la Región de Murcia),* Valencia; Tirant monografías, pp. 227 ss.

GALÁN CORTÉS, J.C. (1997), *El consentimiento informado del usuario de los servicios sanitarios*, Madrid, Colex.

GALLEGO RIESTRA, S. (2009), *El derecho del paciente a la autonomía pesonal y las instrucciónes previas. Una realidad legal*, Aranzadi.

GALLO RUIZ, G. (2013), "Testamento con firma electrónica reconocida", http://gontzalgallo.com/2013/01/21/testamento-con-firma-electronica-reconocida (consultada en abril de 2014)

LÓPEZ SÁNCHEZ, C., (2003), *Testamento vital y voluntad del paciente (conforme a la Ley 41/2002),* Dykinson, Madrid.

MARTÍNEZ URIONABARRENETXEA, K., (2003), "Reflexiones sobre el testamento vital (II)", *Atención Primaria,* Vol. 31, nº 1, http://zl.elsevier.es/es/revista/atencion-primaria-27/sumario/vol-31-num-01-13001980 (consultada en abril 2014)

MARCOS DEL CANO, A. M. (2013a), "Instrucciones previas: regulación jurídica", *PALOMAR, A./CANTERO, J. (dir.), LARIOS/D y otros (coords.)Tratado de Derecho Sanitario*, Thomson Reuters Aranzadi, Cizur Menor, Pamplona, 2013, pp. 517-557.

MARCOS DEL CANO, A. M. (2013b), "Las decisiones clínicas a través del documento de voluntades anticipadas", en MARTÍNEZ MORÁN, N.; MARCOS DEL CANO, A.M.; JUNQUERA, R., *Derechos Humanos: Problemas Actuales. Estudio en Homenaje al Profesor Benito de Castro Cid*, vol. 2, Universitas, Madrid, 2013, pp. 1477-1498.

MARTÍNEZ URIONABARRENETXEA, K., (2007), "Los documentos de voluntades anticipadas, The living will", *Anales Sistema Sanitario de*

Navarro, Vol. 30, supl.3, Pamplona, http://dx.doi.org/10.4321/S1137-66272007000600007 (consultada en abril de 2014)

MÉJICA, J./ DÍEZ, J.R. (2006), *El estatuto del paciente, a través de la nueva legislación sanitaria*, Cizur Menor (Navarra); Thomson Civitas.

MIGUEL ASENSIO, P. A (2011), *Derecho privado de internet* (4ª ed.), Civitas ediciones, Thomson Reuters, Cizur Menor (Navarra).

PRENAFRETA RODRÍGUEZ, J, (2003), "La prestación del consentimiento por medios electrónicos, *Noticias jurídicas*, http://noticias.juridicas.com/articulos/20-Derecho-Informatico/200305-6551114410331331.html (consultada en abril de 2014)

ROMERO PAREJA, A., "Testamentos electrónicos", *Diario La Ley*, Nº 7151, Sección Doctrina, 7 Abr. 2009, Año XXX.

QUINTERO OLIVARES, G.; RAMOS RIBAS, E. (2005), "Responsabilidad penal", *Deberes de los servidores de acceso y alojamiento: Un análisis multidisciplinar*, Comares (Granada), Editorial Comares, pp. 62 ss.

SAINZ A.; QUINTANA O.; SÁNCHEZ CARO J. (1994) "La información médica: el consentimiento informado. Fundamentos éticos y legales". *Revista de Calidad Asistencial,* Vol. 9, n. 2, pp. 68-71.

SANCHEZ-CARO, J. (2008): "Las instrucciones previas en el contexto de las decisiones al final de la vida", SANCHEZ-CARO, J.; ABELLÁN, F. (coords.), *Instrucciones previas en España, aspectos bioéticos jurídicos y prácticos,* Granada: Comares, pp. 1-60.

SÁNCHEZ SÁNCHEZ, Z., (2005 a): "Las nuevas tecnologías de la información y modernización de la Administración Pública", en *Actualidad Administrativa,* núm. 1, Madrid, enero 2005, LA LEY 2711/2004.

SÁNCHEZ SÁNCHEZ, Z., (2005 b) (Coord.), *Nuevas Tecnologías, Administración y Participación Ciudadana*, Granada: editorial Comares, 2010.

PARTE III.
ANÁLISIS MÉDICO

LA LIMITACIÓN DEL ESFUERZO TERAPÉUTICO

KOLDO MARTÍNEZ URIONABARRENETXEA
Medicina Intensiva.
Complejo Hospitalario de Navarra.
Presidente de la Asociación de Bioética Fundamental y Clínica.

Resumen: En este trabajo expongo cómo la limitación del esfuerzo terapéutico (LET) es un acto médico más por el que el médico no inicia un tratamiento u otro tipo de intervención o lo retira si lo ha iniciado previamente porque se ha llegado a la conclusión de que dicho acto (o sucesión de ellos) no beneficia al paciente. La LET está directamente relacionada con la noción de futilidad, concepto ambiguo y de límites borrosos, a cuyo diagnóstico se debe llegar de modo deliberado entre paciente y médico en la relación clínica. El paciente puede anticiparse a situaciones conflictivas para cuando él se encuentre en una situación que le incapacite para la toma de decisiones mediante la elaboración del documento de voluntades anticipadas en un proceso que resulta óptimo si se realiza en el seno de la relación clínica. La falta de respeto a la voluntad del paciente expresada en el consentimiento informado o en el documento de voluntades anticipadas conduce a la obstinación terapéutica, situación que vulnera todos los principios de la Bioética.

Palabras clave: futilidad, limitación del esfuerzo terapéutico, encarnizamiento, final de la vida, eutanasia.

1. LA FUTILIDAD

El principal objetivo de un tratamiento es el de beneficiar al paciente ayudándole a restaurar su salud en la medida de lo posible, maximizando el beneficio a lograr y minimizando el daño provocado para ello. Cuando un tratamiento no consigue ese objetivo, decimos que es fútil

(LO, JONSEN, 1980), si bien no existe una definición completamente objetiva y concreta de futilidad. Fútil se dice de lo que "no tiene propósito útil", de lo que es "completamente inefectivo". El juicio de futilidad es, por tanto, esencialmente subjetivo aunque realmente indispensable. Se trata de un juicio de valor, según algunos, imposible de definir (Veterans Health Administration Central Office Bioethics Committee, 1994), y que puede responder únicamente al deseo de un paciente de que se suspenda o no se inicie un tratamiento concreto.

La noción de futilidad apareció por primera vez en la década de 1980 (MURPHY, 1988; YOUNGNER, 1998). Su función inicial fue la de limitar el aumento de peticiones de tratamiento que los pacientes hacían a sus médicos. El concepto de futilidad se introdujo, así pues, como una justificación ética y legal para la toma de decisiones unilaterales por parte del médico para abstenerse de proporcionar determinados tratamientos. Si el tratamiento era considerado fútil, el médico tenía el poder de abstenerse de proporcionarlo o de retirarlo, aún en contra de la opinión del paciente o de su representante. En 1988, una provocadora contribución abrió el debate sobre la futilidad al ampliar a los médicos el poder de tomar decisiones unilaterales respecto de la no reanimación de algunos pacientes ingresados en instituciones para enfermos crónicos. El argumento utilizado entonces fue que las indicaciones clínicas debían tener prioridad sobre la autonomía del paciente. El poder de los médicos se suponía más importante que ésta porque se basaba en su experiencia y conocimientos técnicos.

La noción de futilidad fue objeto de grandes críticas desde el primer momento porque se veía en ella el intento de reintroducir el paternalismo médico en la relación clínica. Sus críticos afirmaban que decidir cuándo un caso concreto cae en la futilidad no es un juicio médico técnico complicado sino una decisión delicada basada, al menos en parte, en valoraciones altamente subjetivas y normativas de la calidad de vida (WEIKER, ELLIOT, 1995). Por tanto, argumentaban que los médicos no deberían tener el poder de imponer sus propios valores personales "bajo el disfraz de la experiencia y el conocimiento médicos" a los pacientes (LANTOS et al., 1989).

En respuesta a estas críticas, los proponentes de la idea de futilidad se vieron obligados a estrechar el campo de aplicación del concepto. Mantuvieron entonces que la primacía del conocimiento técnico médico (y en relación con él la posibilidad de excluir al paciente del proceso de toma de decisiones) se aplicara sólo a los casos de futilidad "fisiológica", esto es, a aquellos pacientes en los que el tratamiento no era susceptible de alcanzar el resultado biológico deseado. Así, el análisis de la futilidad se convertía en una operación técnica objetiva que no implicaba utilización alguna de juicios de valor sobre la calidad de vida. Pero los intentos de determinar más específicamente el contenido de la noción de futilidad "fisiológica" no dieron resultados más convincentes que los que habían dado previamente los que pretendían definir la futilidad en general.

Algunas contribuciones sugirieron entonces que los sistemas de puntuación de gravedad podrían ser los instrumentos adecuados que proporcionaran luz sobre la noción de futilidad "fisiológica" (FRICK, UEHLINGER, ZUERHER, 2003). Estos sistemas de puntuación de gravedad o modelos de probabilidad de mortalidad proporcionan información estadística sobre el riesgo de mortalidad hospitalaria de los pacientes ingresados gravemente enfermos. Estos sistemas son utilizados de manera más o menos habitual en las Unidades de Cuidados Intensivos y se clasifican en sistemas generales, sistemas orientados a la enfermedad (por ejemplo, grandes quemados), y sistemas orientados a grupos de pacientes (por ejemplo, niños). Pero a pesar de haber sido aceptados como un buen instrumento para substanciar los juicios clínicos de futilidad mediante datos empíricos, no pueden explicar la gran variabilidad individual respecto del resultado previsto (RIDLEY, 2002), por lo que la noción de futilidad "fisiológica" se ve sometida a las mismas críticas que la de futilidad en general.

A menos que el tratamiento de prolongación de la vida sea imposible, la decisión de intervenir o no se toma siempre, en mayor o menor medida, teniendo en cuenta consideraciones "normativas" de calidad de vida. Por eso, la noción de futilidad puede ser representada no como dos puntos extremos de una línea imaginaria sino como un "*continuum*" que va desde situaciones en las que las dificultades técnicas relacionadas con la intervención son de tal magnitud que las consideraciones sobre la calidad de vida tienen poca importancia hasta situaciones en las que el tratamiento podría estar indicado en teoría pero que podría conducir a una situación de mala calidad de vida (EWER, 2001). Las decisiones así estarían muy cargadas de valores en unos casos, no tanto en otros. Sin embargo, la diferencia entre unos y otros es cuestión de grado y el área de grises entre ambos es mucho mayor que el de los extremos.

A inicios de los 90, se aceptaba de manera generalizada que un análisis puramente técnico de la futilidad no era posible. Había un escepticismo rampante sobre la idea del poder de los médicos para tomar decisiones unilaterales con base en su experiencia técnica (COHEN, 2003; ARDAGH, 2005). Los proponentes de la futilidad intentaron mantener la función original del concepto buscando una definición de "tratamiento fútil" que fuera objeto de un amplio consenso profesional y social (SCHNEIDERMAN, JECKER, JONSEN, 1990; SCHNEIDERMAN, FABER-LAGENDOEN, JECKER, 1994; SCHNEIDERMAN, JECKER, 1995; JECKER, PEARLMAN, 1996). Así, SCHNEIDERMAN et al. (1990, 1994, 1995) defendían que la futilidad de un tratamiento puede medirse según parámetros cuantitativos y cualitativos. Según ellos, una intervención podría ser catalogada como de cuantitativamente fútil si los médicos concluían que "a través de la experiencia personal, de experiencias compartidas con otros colegas o de la consideración de datos empíricos publicados" la intervención no había sido útil en los últimos 100 casos. Estos autores calificaban de "intervención sin utilidad" a aquella en la que el tratamiento "fracasa en el intento de proporcionar beneficio a la persona, aún cuando contribuya al funcionamiento de su organismo". Una intervención "cualitativamente fútil" sería "cualquier tratamiento que únicamente preserva la inconsciencia permanente o que fracasa en el objetivo de acabar con la dependencia total del cuidado médico intensivo". Se puede afirmar que éste fue un intento de definición de un estándar mínimo de calidad de vida por debajo del cual el tratamiento de prolongación de la vida sería considerado fútil.

Algunos críticos subrayaron entonces que el requerimiento de un 1% para definir la futilidad cuantitativa que legitimara la abstención terapéutica era tan bajo que convertía la propia noción de futilidad en algo sin utilidad, en algo fútil. Otros defendieron que la idea de futilidad cuantitativa realmente implicaba juicios de valor en cuanto que presuponía cierta definición de qué es una persona. Otros atacaron la idea de futilidad cualitativa porque aunque quizás sí proporcionaba indicaciones para las situaciones más extremas no lo hacía para las realmente problemáticas éticamente.

De todo ello cabe deducir que, quizás, los intentos de SCHNEIDERMAN et al. (1990, 1994, 1995) eran realmente ambiciosos pero no dieron los resultados esperados.

Visto que el consenso era difícil de conseguir, desde mediados de los 90 se hicieron varios intentos para generar procedimientos que regularan los poderes de los distintos actores implicados en el proceso de toma de decisiones, dirigidos a minimizar –y si fuera posible, a prevenir– los conflictos. La función original del concepto de futilidad se mantenía al dar la última palabra a los médicos en el caso de que persistiera el desacuerdo con el paciente (o con sus representantes).

Algunos autores han sugerido que, dado que el concepto de futilidad es muy abstracto y abierto, más que seguir intentando encontrar una definición de futilidad que todos consideren legítima, lo que parece más lógico y útil es buscar el procedimiento que se pueda utilizar para resolver los casos difíciles (LÖFMARK, NILSTUN, 2002; TRUOG, 2007). Por eso surgieron entonces varios modelos de procedimiento para dirimir la futilidad de unos u otros tratamientos, de entre los cuales quizás el más conocido es el de la Asociación Médica Americana (AMA, 1999).

Así, pues, hasta entonces se habían dado cuatro tipos distintos de definición de futilidad:

- Fisiológica, relacionada con tratamientos que no consiguen alcanzar determinados parámetros analíticos, hemodinámicas, etc., o ciertos objetivos fisiológicos.
- Cuantitativa, en relación con los que no logran resultados cuantitativos apreciables en los estados de salud.
- Cualitativa, si no consiguen niveles de calidad de vida deseados.
- Intencional, si no satisfacen los deseos de las personas involucrada (TRUOG, BRETT, FADER, 1992; BRODY, HALEVY, 1995).

BRODY (1997) ofreció cuatro justificaciones razonables para que el médico retirara tratamientos considerados fútiles: 1) los objetivos de la medicina son curar al paciente y reducir el sufrimiento por lo que ofrecer tratamientos que no alcanzarán estos objetivos es subvertir los objetivos de la medicina; 2) los médicos están obligados a mantener altos niveles de competencia por lo que ofrecer tratamientos inefectivos los desvía de los estándares profesionales; 3) si los médicos ofrecen tratamientos inefectivos estarán sujetos a pérdida de confianza por parte de la población; y 4) los médicos están justificados en provocar algunos daños a sus pacientes sólo si hay una posibilidad razonable de beneficiarle por lo que si ésta no existe, se convierten en agentes provocadores de daño.

Hoy en día también otros autores defienden que el criterio de futilidad sea definido en exclusiva por el médico, tanto en casos de futilidad considerada cuantitativa como cualitativa (JECKER, 2007) o en algunos de futilidad fisiológica o en casos en los que estos juicios reflejen un consenso social amplio sobre determinados valores (RUBIN, 2007; TOMLINSON, 2007).

Ninguna de estas justificaciones parece responder globalmente a la complejidad del concepto de futilidad (MORATTI, 2009), por lo que –como hemos visto– se propuso que su determinación fuera fruto de un proceso de deliberación (HALEVY, BRODY, 1996). Todo ello porque los juicios de futilidad sólo pueden ser entendidos en relación con objetivos concretos y es que una intervención puede ser fútil con respecto de un objetivo pero efectiva con relación a otro. Así pues, que un acto pueda ser calificado como fútil depende de su objetivo. Además, la futilidad debe ser entendida siempre como una probabilidad, esto es, que los actos fútiles son aquellos considerados como los que tienen una gran probabilidad de no conseguir el objetivo, sin que exista certeza absoluta al respecto.

En ese proceso deliberativo se debe pretender conseguir un equilibrio juicioso y prudente entre:

1. La efectividad del tratamiento para alterar la historia natural de la enfermedad. Se trata, pues, de una determinación que pretende ser más objetiva dentro del saber clínico del médico, basada en la evidencia, en resultados previos, y en pronósticos;
2. El beneficio del tratamiento, que viene determinado por la estimación del paciente del valor o deseabilidad del resultado del tratamiento, campo que cae dentro del dominio del paciente, ayudado por los datos proporcionados por el médico; y
3. Las cargas del tratamiento, esto es, el coste, las molestias, el dolor y los inconvenientes del tratamiento en cuestión. La valoración de las cargas incluye un análisis de la calidad de vida. Dado que los costes son subjetivos y objetivos, económicos y no económicos, se determinan por médico y paciente juntos. Ambos agentes, paciente (o sus representantes) y médico, son pues necesarios para la determinación de la futilidad de un tratamiento.

Un buen instrumento en el proceso de determinación de la futilidad es la aproximación denominada "negociación fundamentada sobre principios" que descansa en cuatro pilares esenciales: 1) separar a las personas del problema; 2) centrarse en intereses más que en posiciones; 3) generar una variedad de opciones antes de llegar a un acuerdo; y 4) insistir en que el acuerdo responda a criterios objetivos (FISHER, URY, 1983). Esto es, en un proceso de auténtica comunicación entre profesionales y pacientes que genere confianza.

Para que la relación clínica sea una relación de confianza, deben evitarse conflictos, entre otras cuestiones, sobre la futilidad de cualquier tratamiento o procedimiento, tanto entre los propios profesionales como entre éstos y los pacientes (o sus representantes). Para ello se proponen: a) Un diagnóstico de la razón para el posible conflicto; b) La anticipación de los problemas; c) La deliberación frecuente con los afectados; d) La delimitación conjunta de objetivos y de tiempos; e) La definición conjunta de futilidad; y f) La toma compartida de decisiones.

Todo ello porque hablar de futilidad implica que hay un objetivo a lograr, que se ha puesto en marcha una acción dirigida a conseguirlo, que existe una certeza virtual de que esa acción fracasará en la consecución del mismo, y que puede haber discrepancias respecto de qué constituye esa "certeza virtual", porque ésta depende de las distintas valoraciones sobre qué constituye el equilibrio óptimo entre el deseo de alcanzar el objetivo y el de no malgastar recursos o tiempo para ello; sobre el propio valor del objetivo y sobre la cantidad de recursos y de tiempo que se está dispuesto a utilizar. Todos estos elementos están además influidos por consideraciones de coste y de esfuerzos.

Podríamos pues afirmar que en la historia del concepto de futilidad hemos pasado por tres fases: caracterizada, la primera, por los intentos de definir la futilidad por parte de los médicos; la segunda, por el desarrollo de aproximaciones procedimentales para la determinación de futilidad; y la tercera, en la que nos encontramos, que comparte el análisis procedimental pero con un posicionamiento por parte de los médicos cada vez más claro de respeto a las decisiones de los pacientes (o de sus representantes) en los casos poco frecuentes en que la negociación fracasa y se recurre a los consejos de los Comités de Ética Asistencial de los centros sanitarios (BURNS, TRUOG, 2007).

En resumen: los juicios de futilidad son legítimos sólo si hay acuerdo sobre los objetivos y los medios. Así, pues, el diagnóstico de futilidad deberá hacerse con base en una relación clínica sólida, fundamentada en una buena comunicación con los pacientes o sus representantes y en la deliberación (CABRÉ et al., 2006; MONZÓN et al., 2008). Y aún así, pueden persistir grandes diferencias entre lo que los profesionales y los representantes de los pacientes consideran fútil (ZIER et al., 2009).

2. LA LIMITACIÓN DEL ESFUERZO TERAPÉUTICO

Si se me permite una generalización, afirmaré que hasta hace muy poco tiempo había un único canon de la moralidad en nuestro medio: la sacralidad de la vida. Así mismo, se suponía que la medicina tenía un único objetivo: la salvación de la vida, sin que importara el coste. Aún hoy en día escuchamos decir a muchos de los familiares de nuestros pacientes: "Doctor, ¡haga todo lo que esté en su mano, pero que viva!". Se daba así una especie de matrimonio perfecto entre la medicina y la moralidad. Hoy en día la situación ha cambiado y son cada vez más las personas que valoran la vida como un don, sí, pero que sólo merece la pena ser vivida si tiene un mínimo de calidad, esto es, si el organismo mantiene un mínimo de funcionalidades. Del mismo modo han cambiado los fines de la medicina que, si inicialmente era fundamentalmente el de "salvar" la vida de la persona, se han convertido en: 1) Prevenir la enfermedad y promover y mantener la salud; 2) Aliviar el dolor y el sufrimiento causados por las enfermedades; 3) Cuidar y curar a los enfermos, y cuidar a quienes no pueden ser curados; y 4) Evitar la muerte prematura y procurar una muerte en paz, tal y como los describieron los más importantes bioeticistas del mundo reunidos por el Hastings Center (1996). Esta nueva situación obliga a tomar las decisiones en materia de salud de manera deliberada en el interior de la relación clínica.

Hoy se entiende que el médico debe diagnosticar la enfermedad, pronosticar su probable evolución así como las posibles consecuencias en la vida del paciente, comunicar tanto el diagnóstico como el pronóstico al enfermo, ofrecerle alternativas de tratamiento si las hubiera, fijar con todo ello los objetivos del tratamiento deseados por el enfermo y adecuar el tratamiento a dichos objetivos. Todo ello como fruto de la aceptación del valor de la autonomía del paciente, valor ético que ha sido además asumido por la legislación en nuestro país, y cuya consecuencia más directa es la práctica del consentimiento informado.

Por eso, si un paciente rechaza o desea interrumpir un tratamiento, o si éste no produce un beneficio neto al enfermo, no hay ninguna obligación ni ética ni legal de seguir suministrando dicho tratamiento. Si se da cualquiera de estas situaciones, se debe proceder a no iniciarlo o a retirarlo, lo que se hace mediante el acto médico que ha venido denominándose LET.

BARBERO, CASABONA, GIJÓN, JÚDEZ (2001) denominan LET a la decisión de restringir o cancelar algún tipo de medidas cuando se percibe una desproporción entre los fines y los medios terapéuticos, con el objetivo de no caer en la obstinación terapéutica, si bien añado que esa decisión debe tomarse de forma deliberada y consensuada en la relación clínica. Soy más partidario de definir la LET como el procedimiento médico cuyo objetivo es suspender un tratamiento o procedimiento diagnóstico (o varios de ellos) que ya no son deseados por el paciente o que no consiguen beneficiarle (FABER-LAGENDOEN, SPOMER, INGBAR, 1996). En cuanto tal procedimiento médico, merece la misma preparación y expectativa de calidad que cualquier otro.

La LET suele hacerse, sobre todo, en pacientes en situación al final de la vida. Por eso hay quien defiende que más que llamarle LET deberíamos denominarla "Limitación de Tratamientos de Soporte Vital" (LTSV). Se entiende por tratamiento de soporte vital (TSV) toda intervención médica, técnica, procedimiento o medicación que se administra a un paciente para retrasar el momento de la muerte, esté o no dicho tratamiento dirigido hacia la enfermedad de base o el proceso biológico casual (Hastings Center, 1987). Los TSV son aquellos cuyo objetivo no es el de curar la enfermedad de base sino el de mantener al paciente con vida y permitir que el tratamiento de la causa de la enfermedad pueda ser iniciado o mantenido. Entre ellos podemos citar las maniobras de soporte vital, la intubación, la cirugía, la diálisis, las transfusiones de sangre y hemoderivados, las pruebas diagnósticas, la nutrición e hidratación artificiales, los antibióticos, otros tratamientos (entre ellos de forma importante por frecuentes, los inotrópicos) e incluso futuras admisiones tanto al hospital como a la Unidad de Cuidados Intensivos.

Estos tratamientos de soporte vital prolongan la vida y, aunque generalmente dan tiempo para la recuperación del paciente, no revierten la enfermedad de base, suelen ser molestos y costosos y tienen además beneficios inciertos. Por eso precisamente son objeto de deliberación y análisis entre médicos y pacientes tan frecuentemente.

Un análisis ético de estas decisiones debe comenzar con una valoración realista de los objetivos del tratamiento. Si no hay objetivos prefijados, el tratamiento no tendrá un fin claro o preciso y por ello cualquier decisión tomada al respecto será deficiente por carecer de valor auténtico. Igualmente, si los objetivos del tratamiento no son realistas, las decisiones tomadas respecto de ellos no tendrán un valor ético importante, por estar basadas en falsedades. Y es bueno recordar que hay enfermedades agudas y otras, crónicas, algunas son críticas mientras que otras no lo son, y finalmente algunas son reversibles y otras no. Y que mientras algunos tratamientos son curativos, otros son paliativos, que algunos de ellos son gravosos mientras que otros no lo son, y que algunos están indicados, otros no están indicados y finalmente algunos están contraindicados. Conviene también recordar aquí que cualquier decisión será tanto más ética cuanto más participen en ella todos los afectados por la misma.

Todas estas cuestiones deben ser tenidas en cuenta a la hora de decidir si se hace LTSV o no. Y todas ellas intervienen no solo en la indicación de la LTSV sino también, y de manera importante, en la moralidad de la misma. No debe, por ello, extrañar que exista una amplia variabilidad en la práctica de la LTSV en los distintos hospitales (VINCENT, 1999; SPRUNG et al., 2003) e incluso en distintos servicios de un mismo hospital (Pochard et al., 2001). Se ha llegado incluso a afirmar que la decisión de LTSV depende más que de la situación, edad o condición física del paciente, de la ideología y las circunstancias concretas del médico (HINKKA et al., 2002), y que se dan importantes discrepancias entre la percepción de los médicos y el personal de enfermería sobre la calidad de las decisiones al final de la vida en las Unidades de Cuidados Intensivos (FERRAND et al., 2003) así como que hay grandes diferencias en el modo de analizar y de razonar de los profesionales y el público general en las situaciones críticas (RYDVALL, LYNÖE, 2008) por lo que, para evitar esta serie de problemas, se ha defendido la adopción de un proceso consensuado de toma de decisiones (GIACOMINI, 2006).

El grupo de Bioética de la SEMICYUC ha hecho varias recomendaciones para la toma de decisiones sobre la omisión o retirada de TSV: 1) Esta decisión se debe ajustar al conocimiento actual de la medicina (a poder ser en la medicina basada en la evidencia); 2) La decisión se debe discutir colectivamente (médicos y enfermeras) y tomarse por consenso; 3) (Dado que en la mayoría de los casos de los enfermos ingresados en las Unidades de Cuidados Intensivos estos suelen estar sedados o en coma y, por tanto, rara vez pueden participar directamente en la toma de decisiones) Siempre se debe informar y consultar con los familiares o representantes legales, intentando alcanzar un acuerdo con ellos en el sentido de respetar las preferencias del paciente; 4) En caso de falta de acuerdo entre las partes implicadas es muy conveniente tener en cuenta las recomendaciones del Comité de Ética Asistencial del centro; 5) Una vez tomada la decisión, es obligación médica no abandonar al paciente durante el proceso de morir; y 6) Las decisiones de LTSV se han de hacer constar en la historia clínica (MONZÓN et al., 2003).

Si el proceso de toma de decisiones sobre la LTSV cumple con todas estas características deja de ser "limitación" para convertirse en adecuación proporcional del tratamiento (SINGER et al., 2001), como consecuencia de esa deliberación libre entre paciente y profesional que se fundamenta en una relación asistencial terapéutica que busca la participación y crecer en la confianza mutua (HERNANDO, DIESTRE, BAIGORRI, 2007). Un razonamiento similar se ha postulado también para las decisiones respecto de la resucitación cardiopulmonar (Monzón et al., 2010), incluso por autores que se oponen denodadamente a la utilización del concepto de futilidad para estos casos (KITE, WILKINSON, 2002). No existen, lamentablemente, muchos estudios que aclaren el valor de la utilización de protocolos para la retirada de los TSV y el mejor morir de estos pacientes (KIRCHHOFF KT, CONRADO KL, AUMANDIA, 2003).

3. LAS VOLUNTADES ANTICIPADAS

La LTSV se fundamenta en el respeto a la persona (a los valores de autonomía y libertad) y en los principios de no-maleficencia y justicia. Todo paciente tiene la libertad de rechazar cualquier tipo de TSV aunque de ello se derive incluso su muerte. El valor de la autonomía en el que sustenta este derecho se puede afirmar tanto de forma verbal como escrita a través de los llamados documentos de voluntades anticipadas o de instrucciones previas (DIP).

El llamado testamento vital, término mal traducido del inglés aunque popularmente aceptado, que en las leyes españolas y de las Comunidades

Autónomas ha pasado a denominarse de formas varias –instrucciones previas, voluntades anticipadas, manifestaciones anticipadas de voluntad, expresión anticipada de voluntades o voluntades vitales anticipadas–, sería así el documento que muestra cómo deseamos ser tratados en un momento en que, en caso de incapacidad debida a enfermedad, lesión o edad, no podamos expresar nuestros deseos.

El artículo 11 de la Ley 41/2002, de 14 de noviembre, básica reguladora de la autonomía del paciente y de derechos y obligaciones en materia de información y documentación clínica afirma que mediante el documento de instrucciones previas, una persona mayor de edad, capaz y libre, manifiesta anticipadamente su voluntad, con objeto de que ésta se cumpla en el momento en que llegue a situaciones en cuyas circunstancias no sea capaz de expresarlos personalmente, sobre los cuidados y el tratamiento de su salud o, una vez llegado el fallecimiento, sobre el destino de su cuerpo o de los órganos del mismo.

Personalmente soy más partidario del concepto de planificación adelantada de la asistencia que, idealmente, consiste en un proceso de planificación de la asistencia sanitaria futura, para cuando el paciente sea incapaz de tomar las decisiones por sí mismo, cuestión que debiera ser rutinaria en la asistencia sanitaria y que incluye diversas actividades entre el médico responsable, el paciente y la persona que éste nombre como su representante (EMANUEL, VON GUNTEN, FERRIS, 2000).

Aunque en Estados Unidos estos documentos fueron legalizados hace más de 20 años –y lo fueron fundamentalmente como una vía legal para facilitar la toma de decisiones al final de la vida–, en España se han repetido todos y cada uno de los fallos prácticos que allí se han producido sin que hayamos aprendido nada de su experiencia. Con estos documentos se pretendía proteger las elecciones autónomas de los pacientes, facilitar la comunicación médico-paciente (para prevenir el encarnizamiento terapéutico) y ahorrar dinero (EMANUEL, EMANUEL, 1989; EMANUEL, BARRY, STOECKLE, ETTELSON, EMANUEL, 1991; SINGER, SIEGLER, 1992). Por eso fueron apoyados (casi) universalmente por los bioeticistas (que entendían que defendían la autonomía de los pacientes), los pacientes (que creyeron iban a evitar el encarnizamiento terapéutico), los médicos (que pensaron que estos documentos facilitarían la toma decisiones) y por los gestores (por lo que se suponía provocarían un gran ahorro económico). Pronto se vio, sin embargo, que no conseguían estos objetivos y que las obligaciones superficiales que estos documentos suponían eran fáciles de cumplir pero que las fundamentales exigen cambios de fondo en la política institucional y en la educación de los PS y de la sociedad (MARTÍNEZ, 2003).

Hoy, cuando varias Comunidades Autónomas han aprobado ya lo que llaman leyes de muerte digna y desde el Gobierno Central se ha remitido ya al Parlamento el proyecto de "Ley reguladora de los derechos de la persona ante el proceso final de la vida" (cuya importancia no quiero infravalorar) debo insistir en la fundamental necesidad de formar a los profesionales sanitarios en las cuestiones relacionadas con el final de la vida y la bioética. Porque los DIP, tal y como se están implementando, por desgracia, están demostrado ser, sobre todo, una solución legal a los problemas centrados en los médicos y los abogados y en intervenciones específicas distintas de las preocupaciones reales de los enfermos (DROUGHT, KOENIG, RAFFIN, 1996).

Deberíamos, por tanto, relegar los DIP al papel que deben tener, esto es, a ser una parte necesaria pero no fundamental de la planificación adelantada de la asistencia. No hacerlo así es persistir en el error, reforzando el triunfo del dogma sobre la reflexión y de la esperanza sobre la experiencia. Para ello se debe: 1. Tratar la planificación adelantada de la asistencia como un proceso permanente dentro de la relación clínica, y no como un acto dirigido a producir un producto, la firma de un documento; 2. Cambiar el centro de la planificación adelantada de la asistencia hacia la facilitación de la deliberación sobre valores y preferencias; 3. Llevar el centro de deliberación a la comunidad y a la unidad familiar; y 4. Promover la formación de los profesionales de la salud sobre los problemas del final de la vida (MARTÍNEZ, 2007).

Si lo hacemos así, sólo si lo hacemos así, seremos capaces de evitar el encarnizamiento terapéutico, práctica excesivamente habitual al final de la vida de muchos pacientes, por la cual los pacientes sufren un proceso de morir no acorde con sus deseos ni con la buena práctica médica y que atenta contra todos los principios de la bioética y contra las normas más básicas del ejercicio responsable de la medicina.

4. REFLEXIONES FINALES

Tanto el rechazo o la no aceptación de un tratamiento por parte del paciente informado así como su retirada o no inicio debido a la futilidad del mismo son prácticas que podemos conceptuar como LET. La LET, en cuanto acto médico, requiere de la misma entrega, conocimiento y profesionalidad que cualquier otra acción que los profesionales de la medicina realizan de cara a la atención del paciente. Y está sujeta a los mismos estándares de calidad.

En la práctica se da aún una enorme variabilidad respecto de la LET, influida por conceptos erróneos, desconocimiento del proceso final de la vida, de la Bioética y de las leyes por lo que se considera necesario insistir en la formación de los profesionales de la salud en todas estas cuestiones así como en la información al público en general.

Cuando la LET se realiza cumpliendo unos mínimos pactados y consensuados, se trata de un acto cuya moralidad es aceptada universalmente. Ésta es tanto mayor cuanto más excelentemente se realiza.

BIBLIOGRAFÍA

ARDAGH M. (2005). "Futility has not utility in resuscitation medicine". *Journal of Medical Ethics, 26*, pp. 396-401.

BARBERO J, CASABONA CR, GIJÓN P, JÚDEZ J. (2001). "Limitación del esfuerzo terapéutico". *Medicina Clínica, 117*, pp. 586-594.

BRODY BA, HALEVY A. (1995). "Is futility a futile concept?". *Journal of Medicine and Philosophy, 20*, pp. 123-144.

BRODY H. (1997). "Medical futility: a useful concept?". En M.B. Zucker, H.D. Zucker (Eds.), *Medical Futility and the Evaluation of Life-Sustaining Treatment*. Cambridge, Mass: Cambridge Press (1997), (pp. 1-14).

BURNS J. P., TRUOG R. D. (2007). "Futlity. A concept in evolution". *Chest, 132*, pp. 1987-1993.

CABRÉ L., ABIZANDA R., BAIGORRI F., et al. (2006). "Código ético de la Sociedad Española de Medicina Intensiva, Crítica y Unidades Coronarias (SEMICYUC). Recomendaciones del grupo de Trabajo de Bioética de la SEMICYUC". *Medicina Intensiva, 30*, pp. 68-73.

COHEN N. (2003). "Assessing futility of medical interventions –is it futile?". *Critical Care Medicine, 31*, pp. 646-648.

COUNCIL ON ETHICAL AND JUDICIAL AFFAIRS, American Medical Association. (1999). "Medical futility in end-of-life care". *Journal of American Medical Association, 281*, pp. 937-941.

DROUGHT T.S., KOENIG B.A., RAFFIN T.A. (1996). "Advance directives: Changing our expectations". *Chest, 110*, pp. 589-591.

EMANUEL L.L., BARRY M.J., STOECKLE J.D., ETTELSON L.M., EMANUEL E.J. (1991). "Advance directives for medical care: a case for greater use". *New England Journal of Medicine, 324*, pp. 889-895.

EMANUEL L.L., EMANUEL E.J. (1989). "The medical directive". *Journal of American Medical Association, 261,* pp. 3288-3293.

EMANUEL L.L., VON GUNTEN C.F., FERRIS F.D. (2000). "Advance care planning". *Archives of Family Medicine, 9*, pp. 1181-1187.

EWER M.S. (2001). "The definition of medical futility: are we trying to define the wrong term?" *Heart Lung, 30*, pp. 3-4.

FABER-LAGENDOEN K., SPOMER A., INGBAR D. (1996). "A prospective study of withdrawing mechanical ventilation from dying patients". *American Journal of Respiratory and Critical Care Medicine,* 109, pp. 852-853.

FERRAND E., LEMAIRE F., REGBIER B., et al. (2003). "Discrepancies between perceptions by physicians and nursing staff of Intensive Care Unit end-of-life decisions". *American Journal of Respiratory and Critical Care Medicine,* 167, pp. 1310-1315.

FISHER R., URY W. (1983). *Getting to yes: negotiating agreement without giving in.* New York, NY: Penguin Books.

FRICK S., UEHLINGER D.A., ZUERHER ZENKLUSEN R.M. (2003). "Medical futility: predicting outcome of intensive care unit patients by nurses and doctors –a prospective comparative study". *Critical Care Medicine, 31*, pp. 456-461.

GIACOMINI M., COOK D., DEJEAN D., et al. (2006). "Decision tools for life support: A review and policy analysis". *Critical Care Medicine,* 34, pp. 864-870.

HALEVY A., BRODY B.A. (1996). "A multi-institution collaborative policy on medical futility". *Journal of American Medical Association,* 276, pp. 571-574.

HASTINGS CENTER. (1987). *Guidelines on the termination of treatment and the care of the dying.* Briarcliff Manor, NY: The Hastings Center

HASTINGS CENTER. *Los fines de la medicina.* Consultado el 28 de Mayo de 2011 en http://www.fundaciogrifols.org/docs/pub11%esp.pdf (Orig. 1996)

Hernando P., Diestre G., Baigorri F. (2007). "LIMITACIÓN DEL ESFUERZO TERApéutico: "cuestión de profesionales o también de enfermos?"". *Anales del Sistema Sanitario de Navarra, 30 (Supl. 3)*, pp. 129-135.

HINKKA H., KOSUNEN E., METSÄNOJA R., et al. (2002). "Factors affecting physicians' decisions to forgo life-sustaining treatments in terminal care". *Journal of Medical Ethics, 28*, pp. 109-114.

JECKER N.S., PEARLMAN R.A. (1992). "Medical futility: who decides?". *Archives of Internal Medicine, 152*, pp. 1140-1144.

JECKER N. (2007). "Medical futility: A paradigm analysis". *HEC Forum, 19*, pp. 13-32.

KIRCHHOFF K.T., CONRADO K.L., AUMANDIA P.R. (2003). "ICU nurses' preparation of families for death of patients following withdrawal of ventilatory support". *Applied Nursing Research, 16*, pp. 85-92.

KITE S., WILKINSON S. (2002). "Beyond futility: to what extent is the concept of futility useful in clinical decision-making about CPR?" *The Lancet Oncology, 3*, pp. 38-642.

LANTOS J.D., SINGER P.A., WALKER R.M., et al. (1989). "The illusion of futility in clinical practice". *American Journal of Medicine, 87*, pp. 81-84.

LO B., JONSEN A.R. (1980). "Clinical decisions to limit treatment". *Annals of Internal Medicine, 93*, pp. 764-768.

LÖFMARK R., NILSTUN T. (2002). "Conditions and consequences of medical futility –from a literature review to a clinical model". *Journal of Medical Ethics, 28*, pp. 115-119.

MARTÍNEZ K. (2007). "Los documentos de voluntades anticipadas". *Anales del Sistema Sanitario de Navarra, 30 (Supl. 3)*, pp. 87-102.

MARTÍNEZ K. (2003). "Reflexiones sobre el testamento vital (I y II)". *Atención Primaria, 31*, pp. 52-54.

MONZÓN J.L., SARALEGUI I., ABIZANDA R., CABRÉ L., IRIBARREN S., MARTÍN M.C., et al. (2008). "Recomendaciones en el tratamiento al final de la vida del paciente crítico". *Medicina Intensiva, 32*, pp. 121-133.

MONZON J.L., SARALEGUI I., MOLINA R., et al. (2010). "Ética de las decisiones en resucitación cardiopulmonar". *Medicina Intensiva, 34*, pp. 534-549.

MORATTI S. (2009). "The development of "medical futility": towards a procedural approach based on the role of the medical profession". *Journal of Medical Ethics, 35*, pp. 369-372.

MURPHY D.J. (1988). "Do-not-resuscitate orders. Time for reappraisal in long-term-care institutions". *Journal of American Medical Association, 260*, pp. 2098–2101.

POCHARD F., AZOULAY E., CHEVRET S., et al. (2001). "French intensivists do not apply American recommendations regarding decisions to forgo life-sustaining therapy". *Critical Care Medicine, 29*, pp. 1887-1892.

RIDLEY S.A. (2002). "Uncertainty and scoring systems". *Anaesthesia, 57*, pp. 761-767.

RUBIN S.B. (2007). "If we think it's futile, can't we just say no?" *HEC Forum, 19*, pp. 44-64.

RYDVALL A., LYNÖE N. (2008). "Withholding and withdrawing life-sustaining treatment: a comparative study of the ethical reasoning of physicians and the general public". *Critical Care, 12*, p. 1.

SCHNEIDERMAN L.J., FABER-LAGENDOEN K., JECKER N. (1994). "Beyond futility to an ethic of care". *American Journal of Medicine, 96*, pp. 110-114.

SCHNEIDERMAN L.J., JECKER N.S., JONSEN A.R. (1990). "Medical futility: its meaning and ethical implications". *Annals of Internal Medicine, 153*, pp. 1641-1648.

SCHNEIDERMAN L.J., JECKER N.S., JONSEN A.R. (1996). "Medical futility: Response to critiques". *Annals of Internal Medicine,* 125, pp. 669-674.

SCHNEIDERMAN L.J., JECKER N.S. (1995). *Wrong medicine: doctors, patients, and futile treatment.* Baltimore: JHU Press.

SINGER P.A., BARKER G., BOWMAN K., et al. (2001). "Hospital policy on appropriate use of life-sustaining treatment". *Critical Care Medicine, 29*, pp. 187-191.

SINGER P.A., SIEGLER M. (1992). "Advancing the cause of advance directives". *Archives of Internal Medicine, 152*, pp. 22-24.

SPRUNG C., COHEN S., SJOKVIST P., et al. (2003). "End-of-life practices in European Intensive Care Units. The Ethicus Study". *Journal of American Medical Association, 290*, pp. 790-797.

TOMLINSON T. (2007). "Futility beyond CPR: The case of dialysis". *HEC Forum, 19*, pp. 33-43.

TRUOG RD. (2007). "Tackling medical futility in Texas". *New England Journal of Medicine, 357*, pp. 1-3.

TRUOG R.D., BRETT A.S., FRADER J. (1992). "The problem with futility". *New England Journal of Medicine,* 326, pp. 1560-1564.

VETERANS HEALTH ADMINISTRATION CENTRAL OFFICE BIOETHICS COMMITTEE, SUBCOMMITTEE ON FUTILITY. (1994). *Futility Guidelines: A resource for decisions about withholding and withdrawing treatment.* Washington, DC: National Center for Clinical Ethics.

VINCENT J.L. (1999). "Forgoing life support in western European intensive care units: The results of an ethical questionnaire". *Critical Care Medicine, 27*, pp. 1626-1633.

WEIJER C., ELLIOT C. (1995). "Pulling the plug on futility". *British Medical Journal, 310*, pp. 683-684.

YOUNGNER S.J. (1988). "Who defines futility?" *Journal of American Medical Association*, 260, pp. 2094–2095.

ZIER L.S., BURACK J.H., MICCO G., et al. (1009). "Surrogate decisions makers' responses to physicians predictions of medical futility". *Chest, 136*, pp. 110-117.

LA MEDICIÓN DE LA CALIDAD DE VIDA Y LA EFECTIVIDAD EN LOS CUIDADOS PALIATIVOS Y SU APLICACIÓN EN LA PRÁCTICA CLÍNICA

PEDRO JUEZ MARTEL
Doctor en Medicina
Profesor Titular de Economía Aplicada-UNED

Resumen: En este trabajo estudio cuáles son los parámetros e índices de medición de la calidad de vida y su efectividad en la práctica clínica en el caso de los cuidados paliativos.

Palabras clave: calidad de vida, cuidados paliativos, eutanasia, voluntades anticipadas.

1. INTRODUCCIÓN

La calidad de vida como instrumento de medición de la eficacia sanitaria ha sido introducida en los últimos años tanto en medicina como en economía de la salud, a través de instrumentos como el análisis coste-utilidad o los indicadores de calidad de vida. Debido a la necesidad de tener en cuenta otros parámetros no menos significativos en la mayoría de los casos para la vida del paciente, se inicia una investigación en la búsqueda de técnicas que permitan incorporar variables referidas al bienestar del paciente.

En el campo de los cuidados paliativos donde la prolongación de la vida del paciente tiene menor importancia, este aspecto cobra una importancia primordial. Veamos cuáles son las herramientas que se están usando al respecto en este campo.

2. MEDICIÓN DE LOS BENEFICIOS

El análisis coste-utilidad es una forma de evaluación económica que presta una atención particular a la calidad del resultado sanitario producido o evitado por los programas y tratamientos sanitarios. Tiene muchas similitudes con el análisis coste-efectividad. Es un tipo de análisis, que comenzó a utilizarse en la década de los 80, ante la imperiosa necesidad de introducción en las evaluaciones sanitarias de alguna medida, que nos indicara la utilidad percibida por el individuo respecto a una tecnología sanitaria.

Podríamos definir el concepto de utilidad como la expresión de la calidad de vida en el paciente. Éste ha sido desarrollado por un sinfín de indicadores desarrollados por equipos multidisciplinares, que nos llevan a señalar el nivel de vida de un paciente.

a. Definición del concepto de calidad de vida

El término Calidad de Vida (CV), tiene su origen en la Segunda guerra mundial y se utilizó para referirse al buen vivir. Su asociación a los cuidados de salud se inicia hacia la mitad de la década de los setenta cuando la atención sanitaria, influida por los cambios sociales, va abandonando también el culto a la cantidad y orienta el interés hacia la calidad de la vida humana.

La frecuencia de la aparición de la expresión CV en la literatura de salud no sólo se ha visto incrementada en la última década, sino que en la actualidad aún mantiene una curva notablemente ascendente que atestigua una participación multidisciplinaria en este campo de conocimientos desde un nuevo paradigma de cuidados de salud cuyo objetivo es fomentar estilos de vida y filosofías personales conducentes al mantenimiento y aumento de la calidad de vida de los individuos.

Bajo esta perspectiva de la calidad se reorientan los cuidados de salud y se analiza el impacto de las enfermedades y sus tratamientos sobre el bienestar y satisfacción de los pacientes, el grado en el que pueden mantener unas funciones físicas, emocional e intelectual aceptables, y la capacidad para participar en actividades familiares, comunitarias u ocupacionales. Por tanto, la introducción de consideraciones cualitativas, en adición a las tradicionales dimensiones cuantitativas (mortalidad, morbilidad,...) cuestiona la relativa importancia de la duración de la vida frente a la CV.

En ciertos casos como el de los enfermos terminales de cáncer, o los pacientes con pluripatologías, como los pacientes geriátricos la calidad de vida ocupa un lugar muy importante.

La calidad de vida actualmente es abordada tanto desde un ámbito general, en el que se puede incluir; la CV de la población, de los pacientes hospitalizados (sobre todo en publicaciones de enfermería), en escuelas y universidades, en el anciano, en la pobreza y marginación, como desde una perspectiva más específica, como serían las situaciones de CV en el afectado del Cáncer, en las etapas terminales de los enfermos renales, en los hipertensos, en los sometidos a cirugía cardíaca (sobre todo transplantados), en los afectados de trastornos sensoriales; en enfermos mentales específicos y otros, y en una lista interminable de contribuciones que confirman la importancia e integración de este concepto en el campo de la salud.

b. Indicadores de calidad de vida

Existen muchas aproximaciones a la definición de la calidad de vida; sin embargo, no se ha apreciado todavía una conceptualización `precisa de la misma. Entre las definiciones que se han dado, tenemos las siguientes:

Autor	
Dalkey y Rourke	Es un sentimiento personal de bienestar, de satisfacción insatisfacción con la vida o de felicidad/infelicidad.
Shin y Johnson	Es la posesión de los recursos que see necesitan para la satisfacción de las necesidades o deseos, participación en actividades que hagan posible el desarrollo personal y autoactualización y comparación satisfactoria de uno mismo con otros.
Viney y Westbrook	Es un concepto multidimensional y complejo referido a la manera en que los pacientes hacen significativas sus experiencias.
Holmes	Es un concepto dinámico, abstracto y complejo que representa las respuestas individuales a factores físicos, mentales y sociales que contribuyen a una vida diaria satisfactoria.
Chubon	Es lo que nos hace sentir que la vida vale la pena vivirla
Wisklund et al	Es la disminución de la sintomatología, incremento del bienestar mantenimiento de una buena capacidad funcional para llevar a cabo las actividades básicas de la vida diaria.
Jern	Es la forma en que una persona valora su propia vida.
Spitzer	Es la valoración de una serie de atributos (físicos, sociales y mentales) entre aquellas personas que sufren enfermedades.
Torrance	Es un concepto multidimensional que incluye todos aquellos factores que impactan sobe la vida del individuo.
Birdwood	Es la suma de todas las satisfacciones que hacen a la vida digna de ser vivida.

Fuente: Escuela Universitaria de enfermería de Valencia (1992)

La dificultad estriba en que la calidad de vida es un macroconcepto integrador de diferentes vertientes en las que se implican elementos tan complejos como la satisfacción con los recursos personales y sociales, y el ajuste con las propias expectativas y logros alcanzados.

Históricamente, el término calidad de vida se institucionaliza en la industria, asociado al control. Desde unos patrones óptimos, se mide la calidad en términos de dispersión y se establecen los límites que discriminan la calidad aceptable de aquella que, al ser detectada por el cliente, repercute negativamente en la empresa.

La determinación estadística de estos límites, como puntos de corte que dicotomizan la calidad, centran los estudios en los objetos que quedan fuera (los de calidad inaceptables).

Aunque nacida en la industria, esta perspectiva es de relevante importancia en el sector sanitario, por cuanto que su objetivo es detectar la mala calidad, en la industria para impedir la salida al mercado de productos defectuosos, y en el ámbito clínico, para que el paciente no acumule efectos adversos en el proceso evolutivo de su enfermedad.

La investigación sobre la calidad de vida, es una ciencia que emerge con interés particularmente especial hacia los enfermos en peor situación (oncológicos, cardiacos, respiratorios, renales...). Aquellos en los que se presentan los mayores problemas de salud, en cuanto a la relevancia, recursos del sistema sanitario dirigidos hacia ellos.

Existe una serie de aspectos comunes atribuibles a la mayoría de los índices de calidad de vida, como son:

1. Una referencia a la relación del individuo con su vida.
2. Un enfoque multidimensional o global, donde se incluyen todos aquellos factores que dan carácter integral al ser humano.
3. Una atención especial a la valoración subjetiva que la persona hace de su propia vida. Aquí es importante distinguir entre las definiciones de calidad de vida que toman en cuenta sólo este factor subjetivo y aquellas que incorporan elementos objetivos. En las primeras, aún asumiendo que esta valoración puede verse afectada por determinantes externos, éstos no son considerados ni en la definición ni en los métodos de medida. Najman y Levine señalan que para conocer la CV, no es adecuado utilizar indicadores objetivos, ya que sólo el paciente puede en última instancia

medir sus satisfacciones e insatisfacciones. Por el contrario, la mayoría de los autores preconizan una utilización conjunta de factores subjetivos y objetivos.

4. La Calidad de vida se designa como un fin prioritario para los cuidados de salud, sistemas de salud y programas sociales. Existe un acuerdo considerable sobre la finalidad o utilidad de la medida de CV como variable que pueda describir el impacto de una enfermedad en un paciente, sugerir las posibles áreas que se beneficiarán de la atención sanitaria y evaluar los efectos del tratamiento.

Dimensiones e instrumentos en la medida de la CV

Se encuentra el problema de la dimensión y medida de la CV.

El mayor problema será definir lo que se va a medir.

Una gran parte de la literatura descriptiva orientada hacia el análisis del estado funcional, psicosocial, y sensaciones somáticas (dolor, nauseas, vómitos, fatiga...) presenta cierto acuerdo al admitir que la calidad de vida se puede describir como el conjunto de cuatro factores dominantes: función física, estado psicológico, sociabilidad y somatización. El problema estriba en la influencia de cada componente sobre la calidad de vida global.

Indudablemente la complejidad aumenta al comprobar que las dimensiones se ven afectadas por diversos factores moduladores como el sexo, edad, nivel cultural del paciente, así como por el tipo, duración, pronóstico y gravedad de la enfermedad.

Con todo ello, no se conoce todavía cuál de las dimensiones/factores/variables tiene una mayor relevancia sobre la calidad de vida en los problemas de salud, ni tampoco cuáles son los más afectados en una enfermedad determinada. Mientras que para algunos autores, los problemas físicos son los que correlacionan más fuertemente con la CV, otros señalan que tanto los problemas somáticos como los psicológicos a la calidad de vida, por la estrecha relación de ambos con la falta de satisfacción con la vida.

Por otra parte, los componentes que integran cada dimensión pueden variar en función de la especifidad del problema a estudiar. De esta manera, los autores tienden a orientar los componentes hacia los problemas sintomas esperados en una determinada situación, enfermedad, o tratamiento. Así nos encontramos en la literatura con instrumentos específicos para de terminados problemas de salud (como índices para el cáncer, enfermedades renales terminales, problemas cardiovasculares...).

Problemas de medida

Los problemas de medida abundan cuando se trata de conseguir medidas de resultado en la salud. Los indicadores pueden funcionar bien o mal y son generalmente valorados por pruebas de valdez y fiabilidad.

Validez

La validez concierne a si el indicador realmente mide el atributo subyacente o no. Uno de los aspectos más problemáticos de la valoración de la validez es la variante de la terminología utilizada.

Todos los tipos de validez dirigen el tema sobre el grado de confianza que se puede depositar en las inferencias extraídas sobre las puntuaciones de la escala. Es decir, en qué medida, el indicador mide correctamente la ansiedad, el dolor, o el conjunto de variables relevantes de las variables sobre las que trata el indicador determinado.

Validez de contenido

¿Pueden los componentes de la escala/ítem cubrir todos los aspectos del atributo que se va a medir? ¿el contenido de la variable está ligado al nombre que se le ha dado? Cada ítem debe estar dentro de al menos una de las áreas de contenido que se está utilizando. Si no lo está, el ítem es irrelevante para los objetivos de la escala, o la lista de estos objetivos no está completa. El número de ítems de cada área debe reflejar también su importancia para el atributo.

Tipos de instrumentos de encuestas

La mayoría de los instrumentos utilizados en las ciencias sociales confían en la autodeclaración acerca de sentimientos, actitudes, y conducta realizado por personas en situación de entrevista o respondiendo a un cuestionario autoadministrado.

Medidas basadas en la autodeclaración (self-report)

Las medidas basadas en la autodeclaración son esenciales para muchas investigaciones debido a la necesidad de obtener valoraciones subjetivas de ciertas experiencias (p. ej. sentimientos sobre la recuperación, el nivel de salud y el bienestar). Presentan gran atractivo ya que, son, generalmente, rápidas de administrar y suponen poca interpretación por parte del investigador. Las autodeclaraciones pueden tomar diferentes formas:

Medidas de un solo item. Son autodeclaraciones que utilizan sólo una pregunta, valoración o ítem para medir el concepto de ciertas experiencias (p.ej. sentimientos sobre la recuperación, el nivel de salud y el bienestar). Presentan gran atractivo ya que son, generalmente, rápidas de administrar y suponen poca interpretación por parte del investigador. Las autodeclaraciones pueden tomar diferentes formas:

Medidas de un solo ítem. Son autodeclaraciones que utilizan sólo una pregunta, valoración o ítem para medir el concepto de interés.

Baterías. Se trata de una serie de preguntas autorrespondidas, valoraciones o ítems utilizados para medir un concepto. Las respuestas no se suman ni se ponderan. Una batería es algo así como una serie de diferentes medidas, de un solo ítem, midiendo el mismo concepto.

Escala. Son una serie de preguntas autorrespondidas, valoraciones o ítems, utilizados para medir un concepto. Las categorías de los ítems tienen el mismo formato, se suman y pueden ser ponderados.

Algunas veces el investigador no desea utilizar una escala larga debido a que sus cuestionarios ya son bastante extensos y prefiere preguntas de un solo ítem. Sin embargo, es dudoso, que las medidas con una sola pregunta pueda cubrir efectivamente un fenómeno dado.

Escalonamiento de las respuestas a los ítems

Existe una gran variedad de métodos de escalonamiento de las respuestas a los ítems. Cuanto más sutiles sean las distinciones que se puedan hacer entre sujetos, mayor precisión tendrá la medida. Por ejemplo, en lugar la de preguntar a una persona si está o no de acuerdo con una expresión, lo que lleva a sólo dos categorías nominales (de respuesta), es preferible pedirle que indique su opinión a través de una medida ordinal, por ejemplo una pregunta acerca de la capacidad de lavarse uno mismo, puede tener un rango de respuesta que va desde "ninguna dificultad", pasando por "poca" "moderada" o "mucha dificultad" y "no deprimido" en los extremos. A las personas que responden se les pide que hagan una marca en el punto de la línea correspondiente a su estado. Otro método es ofrecerles la elección de respuestas discretas: ¿qué grado de dolor tiene usted? Ninguno, moderado, extremo.

Ponderación de los ítems de la escala

Muchas escalas consisten simplemente en sumar las puntuaciones de los ítems, a cada uno de los cuales se le ha asignado un mismo valor. Esta es la solución más fácil para obtener la puntuación de la escala. Existe un problema fundamental con este método: algunos ítems pueden ser más importantes que otros para la construcción de la escala, y deben por tanto contribuir más a la puntuación total. sumarlos también convierte equivocadamente lo que son, como mucho, datos ordinales, en niveles de medida de intervalo. Es necesaria cierta precaución estadística.

El problema cono muchos métodos de medida, en especial cuando se aplica el mismo peso para cada ítem, es que una puntuación dada puede conseguirse de diferentes maneras. Una persona que es alegre y lúcida, pero incapaz de andar por culpa de la artritis, puede conseguir la misma puntuación en la escala que cualquiera que es físicamente capaz, pero está desorientada y retraída. La puntuación puede exacerbar la distorsión del instrumento de las experiencias. El problema puede evitarse considerando todos los aspectos de la incapacidad y el estado de salud como iguales contribuyentes en la totalidad de la gravedad, y expresando los resultados para cada ítem por separado. La desventaja de este método es que las discapacidades múltiples no tienen entonces evidencia, y este tipo de desglose puede ser molesto en el análisis, la alternativa es asignar diferentes valores (pesos) a los diferentes ítems de la escala. La alternativa es asignar diferentes valores (pesos) a los diferentes ítems de cada escala. La escala normativa (Normative Scale) se basa en la clasificación de los ítems en categorías mayores o menores: por ejemplo, con los ítems de capacidad, ser capaz de comer por sí mismo. El escalonamiento por componentes principales (Principle Component Scaling) se basa en la evidencia de intervalos en los datos que se están escalando, calculando así los pesos relativos para cada ítem para construir un índice linear aditivo. Numerosos índices de salud se sitúan dentro de estas categorías. los principales métodos de ponderación han sido descritos claramente y en su totalidad por Streitner y Norman. Lo más habitual es utilizar un número distinto de ítems para medir los diferentes aspectos de un rasgo, siendo el número proporcional a su importancia dentro de la construcción. La puntuación total para cualquier subescala será igual al número de ítems con una determinada respuesta dividido por el número total de ítems dentro de la subescala. Las puntuaciones de la subescala pueden ser consideradas pueden ser consideradas simultáneamente para la escala total. Así, cada subescala contribuye del mismo modo a la puntuación total de la escala, incluso cuando cada una puede estar compuesta por un número de ítems diferentes.

En la práctica, sin embargo, es frecuente encontrar que los ítems ponderados aportan ligeras diferencias a las puntuaciones relativas de los individuos, a pesar de la lógica inherente a esta técnica. Esto se debe a que la gente que puntúa alto en una variante de la escala a menudo también puntúa alto en otras. Ejemplos de este caso ha sido presentados por Streitner y Norman. Sin embargo, ponderar ítems puede aumentar la habilidad predictora de un índice, según indican Perloff y Persons.

Tipos de indicadores de calidad de vida

En los últimos tiempos ha habido una gran profusión de indicadores de calidad de vida, por un lado, éstos tenían como fin intentar lograr una medición del bienestar general de aquel tipo de pacientes, que por el tipo de patologías que padecían se hacía necesario medir de alguna manera su bienestar general. De esta manera, se crean indicadores específicos para enfermedades como el cáncer, la artritis, demencia senil etc. En ellos, se miden los síntomas particulares de las patologías que padecen los enfermos. Sobre este punto, merece la pena destacar, la publicación por parte de la revista *Medical Care*, en Diciembre de 1991 de una recopilación bibliográfica de los indicadores de calidad de vida.

Se crean indicadores de calidad de vida para medir distintos aspectos de la vida de los pacientes, como la capacidad funcional, el bienestar psicológico, el estado de ánimo y la satisfacción personal, o los apoyos con los que el paciente puede contar: amigos, familiares etc.

Por último, como intento de lograr una medición del bienestar que pueda servir para la generalidad de las personas, se crean los denominados indicadores de calidad de vida generales.

Medidas de la capacidad funcional

Son medidas que permiten conocer el estado general de un paciente. Evalúan diferentes aspectos sobre la capacidad de un individuo para ejercer diferentes funciones de la vida diaria, englobando así una pluralidad de aspectos. Cuantas más funciones pueda realizar un individuo mayor será su puntuación.

Existe una diversidad de técnicas metodológicas disponibles para medir el estado funcional, como son exámenes físicos directos, observación directa de la conducta o entrevistas con la persona afectada o bien con una tercera persona. La observación directa se utiliza en raras ocasiones debido a que requiere más tiempo para realizarse. Las pruebas físicas directas, tales como la amplitud de movimientos de la cadera, la fuerza de prensión de la mano, el tiempo de paseo o los estándares, como son los derrames articulares, las puntuaciones de dolor, la rigidez matutina, el recuento de articulaciones afectadas, aunque todas ellas son objetivas, no necesariamente dan una indicación precisa de la capacidad (ability) o de la realización o ejecución. La fuerza de prensión de la mano indica cuánto puede un paciente apretar una bolsa en un determinado día; sin embargo, los pacientes pueden estar más preocupados por sentimientos subjetivos y por la limitación en las actividades relacionadas con la vida diaria.

La mayoría de las medidas de la discapacidad funcional son autodeclaradas. A los individuos se les pide que declaren las limitaciones en sus actividades. En muchas ocasiones, los investigadores prefieren no utilizar escalas largas para medir el estado funcional; esto se debe, generalmente, a que sus propios custionarios son ya suficientemente largos, y por ello prefieren preguntas de un solo ítem. un conocido ejemplo de esto es la Encuesta General Domiciliaria (general Household Survey) que realiza anualmente el gobierno de Gran Bretaña, que limita la medida del estado funcional a preguntas como:

P.e. ¿Tiene usted alguna enfermedad crónica, discapacidad o debilidad? Por crónica se entiende alguna situación que le haya molestando durante un período de tiempo o bien que puede afectarle por un periodo de tiempo), ayuda para subir las escaleras. En términos de dependencia, la gravedad puede ser modificada por la existencia de ayudas o por la frecuencia y la duración de esta ayuda. La percepción de la gravedad tanto en la discapacidad como en la dependencia estará también influida por la historia previa y por las expectativas para el futuro. A parte de los aspectos conceptuales, la mayoría de las escalas no son lo suficientemete sensibles, ya que simplemente preguntan a los encuestados si tienen o no dificultad con una actividad o tarea, o bien si son incapaces de hacerla. el problema que surge es: ¿Cómo tiene que ser la limitación para que se conteste afirmativamente? Es necesario el desarrollo de escalas más sensibles con un mayor rango de opciones de respuesta, basadas en los diferentes niveles o grados de gravedad.

Finalmente, se necesita precaución a la hora de decidir qué medida utilizar.

Citaremos algunos ejemplos de estas medidas:

Indice de las actividades de la vida diaria (AVD) (Index of Activities of Daily Living) (Indice de Katz)

Una de las mejor conocidas y más antiguas de las escalas funcionales es la de las Actividades de la Vida diaria (AVD) desarrolladas por Katz. Los autores crearon el Indice de las actividades de la Vida diaria con el propósito de describir, en el ámbito clínico, el estado de los pacientes ancianos.

Contenido

El índice se presenta en forma de clasificación y es cumplimentado por un terapeuta u otro observador. En cada una de las actividades evaluadas, el paciente es clasificado por el observador en una escala de tres grados de independencia para cada actividad. Algunos ejemplos de l formulario de evaluación son:

Baño

No recibe ayuda (entra y sale de la bañera por si solo. si ésta es la forma habitual de bañarse)

Recibe ayuda para lavarse alguna parte del cuerpo como la espalda o una pierna)

Recibe ayuda para lavarse más de una parte del cuerpo (o no se baña).

Vestirse

Coge la ropa y se viste completamente, sin ayuda.

Coge la ropa, y se viste solo, pero necesita ayuda para atarse los zapatos

Recibe ayuda para coger la ropa o vestirse, o se queda parcial o completamente desvestido

Continencia

Controla completamente la micción y las deposiciones por si solo

Tiene perdidas ocasionales

Necesita supervisión para controlar la orina o las deposiciones; necesita catéter o es incontinente

Comer

Come por si solo sin ayuda

Come por sí solo, pero necesita ayuda para cortar la carne o untar el pan

Recibe ayuda para comer o es alimentado parcial o completamente a través de sonda o nutrición parenteral

Los autores desarrollaron con posterioridad un instrumento para encuestas, para obtener información sobre el estado de salud, conteniendo preguntas sobre la necesidad y el uso de los servicios sanitarios y las actitudes frente a la atención médica. En él se definen cinco categorías de necesidad y se ordenan de la siguiente manera: sin discapacidad, actividad restringida sin enfermedad crónica, actividad restringida con enfermedad crónica, limitación de la movilidad y discapacidad que requiere estar en cama.

Puntuación

Los pacientes son clasificados por los entrevistadores en una escala ordinal con su capacidad para bañarse, vestirse, trasladarse, ir al lavabo, contener los esfínteres y comer. Las puntuaciones en las escalas individuales se suman, tratando todos los ítems por igual, y obteniéndose una sola puntuación total. Sobre la base de más de 2.000 evaluaciones del estado de los pacientes, los autores observaron que estas funciones disminuyen en orden. Ellos argumentan tener una medida defunciones fundamentalmente biológicas, aunque este argumento es cuestionado por los usuarios de las escalas de Guttman.

El primer estadio de la puntuación consiste en la traducción de las escalas de tres puntos en una clasificación de dependencia/independencia. La actuación general del paciente se resume en una escala de ocho puntos:

A. Independiente para comer,contener esfínteres, trasladarse, ir al lavabo, vestirse y bañarse.

B. Independiente en todas estas funciones, excepto una.

C. Independiente en todas, excepto bañarse y una función adicional.

D. Independiente en todas, excepto bañarse, vestirse y una función adicional.

E. Independiente en todas excepto bañarse, vestirse, ir al lavabo y una función adicional.

F. Independiente en todas, excepto bañarse, vestirse, ir al lavabo, trasladarse y una función adicional.

G. Dependiente en las seis funciones.

Otros Dependiente en al menos dos funciones, pero no clasificable como C. D, E o F.

Validez

A pesar de la amplia de la escala entre los clínicos de todo el mundo, existe poca evidencia de la validez de la escala. Katz administró el índice y otros instrumentos a 270 pacientes crónicamente enfermos. El índice se correlacionó de una forma débil a moderada con una escala de movilidad (0.5) y con una escala de confinamiento en domicilio (0.39).

Se evidenció que el índice de AVD predice la evolución a largo plazo y la adaptación social de los pacientes con diversas enfermedades, entre las que se incluyen el accidente cerebrovascular y las fracturas de cadera y se utilizó para evaluar el tratamiento ambulatorio de la artritis reumatoide.

Fiabilidad

Se han utilizado muchísimo en la evaluación de la atención a pacientes crónicos y de edad avanzada, respecto a la fiabilidad hay muy pocos estudios.

Escala de realización de Karnofsky

La escala de realización de Karnofsky enfatiza la realización o ejecución física y la dependencia. Fue desarrollada originalmente para evaluar los tratamientos paliativos en pacientes de cáncer de pulmón. Es una escala simple que va del 1 al 10. (Aunque su puntuación se da normalmente en múltiplos de 10: 10,20,30,...,100). Se desarrolló para uso clínico. La escala está mucho más dirigida a las dimensiones físicas de la calidad de vida que a las dimensiones sociales y psicológicas. los pacientes son asignados a diferentes categorías por un clínico un otro profesional sanitario.

Una revisión bibliográfica de seis revistas internacionales de cáncer que examinó la frecuencia con la que se medía al calidad de vida en los ensayos clínicos de evaluación de la asistencia se mostró que sólo el 6 %

intentaron medirla y que la gran mayoría de este 6 % utilizó los criterios del índice de Karnofsky.

Contenido

Las puntuaciones asignadas son:

GRADO

- 100 ACTIVIDAD NORMAL. SIN EVIDENCIA DE ENFERMEDAD. NO NECESITA CUIDADOS ESPECIALES.
- 90 ACTIVIDAD NORMAL. SIGNOS Y SINTOMAS MINIMOS DE ENFERMEDAD. NO NECESITA CUIDADOS ESPECIALES.
- 80 ACTIVIDAD NORMAL CON ESFUERZO. ALGUN SIGNO O SINTOMA DE ENFERMEDAD. NO NECESITA CUIDADOS ESPECIALES.
- 70 CUIDA DE SI MISMO. INCAPAZ DE LLEVAR A CABO UNA ACTIVIDAD NORMAL. INCAPAZ DE LLEVAR A CABO UN TRABAJO ACTIVO.
- 60 NECESITA ASISTENCIA OCASIONAL PARA LA MAYOR PARTE DE SUS NECESIDADES.
- 50 REQUIERE CONSIDERABLE ASISTENCIA Y FRECUENTES CUIDADOS MEDICOS.
- 40 INVALIDEZ FÍSICA. REQUIERE CUIDADOS ESPECIALES Y ASISTENCIA MÉDICA.
- 30 INVALIDEZ SEVERA. REQUIERE HOSPITALIZACIÓN AUNQUE NO HAY INDICIOS DE MUERTE INMINENTE.
- 20 GRAVEMENTE ENFERMO. NECESITA HOSPITALIZACIÓN. NECESITA TRATAMIENTO DE SOPORTE ACTIVO.
- 10 MORIBUNDO. LA ENFERMEDAD PROGRESA RÁPIDAMENTE.
- 0 MUERTO.

Validez

Se ha criticado al indicador de Karnofsky aparte de por su contenido limitado, por el hecho de la categorización de un paciente realizada por otra persona. Este es un defecto fundamental si se tienen en cuenta las discrepancias entre las respuestas de los pacientes y las de los médicos sobre el estado funcional y la calidad de vida. Por ejemplo, en el estudio de Evans de 1984, existieron amplias discrepancias entre la autoevaluación del paciente a través del Sickness impact Profile, y las evaluaciones médicas basadas en el índice de Karnofsky, catalogando estas últimas al paciente como menos impedido.

Mort en 1984 utilizó esta escala en un estudio nacional de evaluación de asilos. Los autores concluyeron que la escala tenía validez de concepto, ya que estaba fuertemente asociada a dos medidas independientes de la función del paciente (la escala de Katz). Asimismo, era capaz de predecir la longevidad en una población de pacientes terminales de cáncer, indicando que también tenía validez predictiva. El punto negativo es que no mide variables de bienestar psicológico.

Como ventaja podemos enunciar la fácil obtención de la puntuación asociada al estado físico del paciente.

Esto hace que vaya a ser una de las medidas que utilicemos como variable explicativa del modelo.

Indice de Barthel

El índice de Barthel fue desarrollado por Mahoney y Barthel. Se basa en funciones observadas. El índice se desarrolló con el propósito de evaluar la capacidad funcional antes y después de tratamientos o intervenciones, y para indicar la cantidad de cuidados requeridos. Se diseñó para ser utilizado en pacientes hospitalizados durante largos períodos que padecían enfermedades neuromusculares o muscoesqueléticas. Desde entonces se ha aplicado con frecuencia creciente creciente para evaluar resultados terapéuticos. El índice de Barthel se basa en una escala de clasificación que es completada por un terapeuta u otro observador. Se tarda 30 segundos en puntuar.

La escala cubre las siguientes dimensiones:

Comer

Movilidad de la cama a la silla

Aseo personal(lavarse etc.)

Ir al retrete

Bañarse

Caminar en superficies lisas.

Subir/bajar escaleras.

Vestirse.

Incontinencia (intestinal y de vejiga)

Se otorga una puntuación de cero cuando el paciente no alcanza los criterios definidos. No se incluyen tareas de la vida diaria, como cocinar o hacer la compra y otras actividades esenciales para vivir dentro de una comunidad. Sólo parece ser adecuado para su utilización en poblaciones institucionalizadas, para las que fue diseñado.

Puntuación

Se asignan diferentes valores a las distintas actividades. los individuos son puntuados en diez actividades. Estas puntuaciones se suman para dar un resultado global de 0 (totalmente dependiente) a 100(completamente independiente). Los autores proveen de instrucciones detalladas para evaluar y puntual a los pacientes; por ejemplo:

Realizar la higiene personal: 5= el paciente puede lavarse las manos, peinarse, limpiarse los dientes y afeitarse. puede utilizar cualquier tipo de afeitadora, pero debe ser capaz de colocar la cuchilla o enchufar la máquina de afeitar sin ayuda, así como sacarla del cajón o del armario. Las mujeres capaz de maquillarse, si lo hacen habitualmente, no siendo necesario que puedan trenzar o arreglarse el cabello.

Las puntuaciones intentan reflejar la cantidad de tiempo y de ayuda que el paciente requiere. Sin embargo, el método de puntuación es inconsistente en estos cambios, ya que una puntuación determinada no refleja cambios equivalentes en cada actividad.

Además, tal y como destacan sus autores, la escala queda restringida a los cambios que se producen más allá de los puntos de la escala. Ésta también está limitada a las actividades físicas y no toma en consideración el estado mental ni el bienestar social. su medida se limita a un único aspecto de la calidad de vida.

Validez

Con este tipo de valoraciones observadas, el problema es que no necesariamente reflejan lo que suele hacer habitualmente una persona en su vida diaria. Existen diversos estudios que demuestran la validez predictiva del Indice de Barthel. Así éste se ha mostrado capaz de predecir de manera adecuada la mortalidad de pacientes con accidentes cerebrovasculares, la duración de la estancia hospitalaria y la evolución del paciente independientemente de las evaluaciones médicas.

Fiabilidad

Granger en 1979 describe un coeficiente de correlación en la prueba de fiabilidad del test-retest de 0.89, en adultos con enfermedad grave, y un coeficiente, de acuerdo entre distintos observadores, superior a 0.95. Aunque se trata de una escala mundialmente popular entre los médicos se necesitan más pruebas sobre su fiabilidad.

Procedimiento de Evaluación de los Ancianos de Clifton (Clifton Asessment Procedures from the Elderly. CAPE)

El procedimiento de Evaluación de los ancianos de Clifton es la medida de dependencia evaluada más extensamente probada y muy difundida en Gran Bretaña para la evaluación psicológica de los ancianos. Se desarrolló para ser aplicada en ancianos que viven en instituciones, y Pattie y Gilleard en 1.979a. El CAPE consiste en dos listas de ítems creados para medir la conducta y la actuación cognoscitiva, conocidos como Escala de Evaluación de Conducta y cognoscitiva. La escala de Evaluación de Conducta es una versión reducida de la Escala de Valoración Geriátrica de Stockton, creada para ser utilizada en ancianos hospitalizados. La respuesta completa del instrumento se realiza de cinco a treinta minutos, dependiendo de la capacidad funcional y mental del entrevistado. Está diseñada para ser contestada por una tercera persona que conozca bien al individuo seleccionado.

Contenido

La escala de ejecución cognoscitiva consiste en una batería de pruebas que incluyen ítems como tratar un círculo con un lápiz o evitar obstáculos; los ítems de información/orientación incluyen las pruebas habituales de memoria, como el lugar de residencia, nombre del primer ministro, fecha, etc.

La escala de valoración de Conducta contiene 18 ítems. Cuatro de estos ítems se refieren a la movilidad, la continencia y las actividades de la vida diaria. El resto de los ítems se refieren a conductas de confusión. La escala pregunta sobre el nivel actual de funcionamiento, centrándose en los problemas de conducta de los ancianos con enfermedad mental. Se instruye a los observadores para que evalúen a los individuos según su nivel actual de funcionamiento y que tengan en cuenta su conducta durante las dos últimas semanas. Los autores señalan que el CAPE se refiere a cuatro subescalas: la discapacidad física, la apatía, las dificultades de comunicación y los trastornos sociales. Algunos ejemplos de la Escala de valoración de la conducta son:

Cuando se baña o se viste, necesita:

0. Ninguna ayuda

1. Alguna ayuda

2. Máxima ayuda

Cuando camina

0. No muestra signos de debilidad

1. Camina despacio sin ayuda, o utiliza un bastón.

2. Es incapaz de caminar, o si es capaz de caminar necesita andador, muletas o alguien que le acompañe.

Está confuso (incapaz de encontrar su camino, pierde las cosas, etc.):

0. Casi nunca está confuso

1. Algunas veces está confuso

2. Casi siempre está confuso

El patrón de sueño por las noches es:

0. Casi nunca se despierta

1. Se despierta algunas veces.

2. Se despierta a menudo.

Puntuación

Se suman los 18 ítems para dar lugar a una puntuación total, o bien se suman ítems seleccionados para obtener las puntuaciones de las subescalas. Cada ítem tiene un rango de puntuación de 0 (ninguno o pocos problemas) a 2 (problemas frecuentes o constantes). Se pueden crear cuatro subescalas con los ítems que se refieren a: la discapacidad funcional, la apatía, la dificultad de comunicación y los trastornos sociales. Los rangos de las puntuaciones totales de la escala van de 0 a 36. Una puntuación de 0-3 indica dependencia; de 4-7 indica una dependencia leve; de 8-12 indica una dependencia media; de 13-17 indica una dependencia elevada, y de 18-36, dependencia máxima. No se utilizan ponderaciones para los ítems.

Validez

En las primeras versiones se observó que, mientras que existía una correlación con las evaluaciones médicas en cuanto a los niveles de asistencia necesarios en las mujeres, ésta no se daba en los hombres.

Los resultados del análisis factorial mostraron dos estructuras factoriales diferentes para los tres grupos de ancianos estudiados y o apareció ninguna estructura clara para los ancianos que no tenían enfermedad mental, este estudio fue realizado por Pattie y Gilleard. No respaldan las cuatro subescalas propuestas por los autores para el análisis de los datos de la Escala de Valoración de la conducta.

Fiabilidad

Pattie y Gilleard en 1979 encontraron correlaciones bastante altas entre los ítems. Esto indica que los ítems son consistentes y que miden las mismas dimensiones de dependencia. La fiabilidad entre observadores se probó en pacientes psiquiatricos y psicogeriátricos y en persona ingresadas en residencias para ancianos.

Los coeficientes de fiabilidad del test-retest fueron de 0.56 en los retest realizados de dos a cinco días después, y de 0.90 en los retest realizados de dos a tres meses después. En un estudio de 39 personas que habían ingresado en residencias de ancianos, se probó la fiabilidad del test-retest seis meses después, con coeficientes de correlación de 0.69 a 0.84.

Examen de las medidas propuestas

- Casi todos los índices de capacidad funcional descritos son muy similares.

Los dos de más fácil uso y aplicación son los índices de Katz y el de Karnofsky. Por ello, junto con otras variables serán los utilizados en la elaboración del índice.

- **Medidas de bienestar psicológico**

Existen numerosas escalas de bienestar psicológico, en particular aquellas dedicadas especialmente a la detección de trastornos psiquiátricos comunes como la ansiedad/depresión, la demencia y la confusión mental.

Depresión

El término depresión se utiliza cada vez más para cubrir un amplio rango de trastorno psicológicos. Existe una confusión considerable sobre la variedad de significados que posee, lo que, a su vez, ha conducido a hallazgos de investigación contradictorios sobre la etiología y la elección del tratamiento. Existe poca duda ante el reconocimiento de un estado grave, algunas veces llamado psicosis, pero los grados intermedios de la condición no cuentan una definición clara. Algunas veces se utiliza el término neurosis depresiva, pero está asociada a una gran variedad de conceptos. Usualmente el estado de ánimo depresivo, se suele relacionar con la pérdida reciente del interés, la autodesvaloración, desesperanza. Existen ciertas definiciones adicionales mantenidas por negligencia, relacionadas con la introversión, la lentitud e hipoactividad, el pensamiento ineficiente, la baja concentración, los actos o planes suicidas, la depresión matinal, el aislamiento social, los sentimientos de culpa y otros síntomas relacionados. Como ejemplos citamos:

Escala de autovaloración de la depresión de Zung

La escala de autovaloración ha sido desarrollada por Zung. Fue construída a partir de los criterios diagnósticos más comúnmente utilizados para caracterizar los trastornos depresivos.

Grupos de síntomas obtenidos mediante el análisis factorial llevaron a la selección de 20 ítems que abarcan el afecto generalizado, equivalentes o concomitantes fisiológicos, y concomitantes psicológicos. Más de la mitad de los ítems de esta escala de depresión, ampliamente utilizada, están compuestos por síntomas o sentimientos que no siempre indican la presencia de un trastorno psicológico.

Contenido

La escala contiene 20 afirmaciones; 10 expresan los síntomas de forma positiva, y 10, de forma negativa. Los encuestados deben indicar en qué medida las afirmaciones son aplicables a un caso. Como escala autoadministrada, el tiempo necesario para completarla es de unos pocos minutos. Ejemplos de la escala son:

Tengo problemas para dormir por las noches.

Como tanto como solía hacerlo.

Estoy perdiendo peso.

Tengo problemas de estreñimiento

Mi corazón late más deprisa de lo habitual

Tengo esperanza en el futuro

Encuentro fácil tomar decisiones.

Existen cuatro categorías de respuesta con valores numéricos del 1 al 4: pocas veces, algunas veces, bastantes veces, casi siempre.

Puntuación

Cada ítem puntúa entre 1 y 4. La puntuación para cada uno de los 20 ítems se suma al final. Posteriormente se obtiene un índice dividiendo la suma de las puntuaciones crudas entre la puntuación máxima posible que es 80, convirtiéndola en decimal y multiplicándola por 100.

Zung indicó que la puntuación media de la escala en pacientes ambulatorios diagnosticados de depresión reactiva fue de 64. Zung indicó también que la puntuación media para pacientes hospitalizados diagnosticados de trastornos depresivos fue de 74.

Validez

Zung comprobó la validez de la escala utilizando el inventario multifásico de personalidad de Minnesota como patrón de referencia. Administraron la escala a nuevos pacientes psiquiátricos externos de la Universidad de Duke.Las correlaciones entre su instrumento y las tres subescalas del Inventario de Minnesota fueron: 0.70, 0.68 y 0.13. Los autores comentaron que la última correlación resultó inesperadamente baja. Brown y Zung probaron la escala frente a la Escala de Depresión de Hamilton, y observaron una correlación de 0.79.

AL escala también es capaz de diferenciar pacientes con diagnóstico confirmado de estado depresivo de otros con diagnóstico inicial de depresión posteriormente revisado y considerado como otro diagnóstico psiquiatrico diferente.

Fiabilidad

Existe poca evidencia de la fiabilidad de la escala. Habiendo escasos estudios poco significativos como el de Byrne.

Escala de depresión de Hamilton

Es una escala muy utilizada que incluye valoraciones de componentes conductuales y cognitivos de la depresión, siendo particularmente minuciosa en la valoración de aspectos somáticos. Al igual que muchas escalas de depresión, la escala de depresión de Hamilton no puede ser utilizada para establecer un diagnóstico de depresión, sino sólo para valorar su gravedad una vez que se ha establecido el diagnóstico. Es completada por un observador que requiere un entrenamiento previo.

Contenido

La escala de Depresión de Hamilton consiste en 21 ítems: estado de ánimo depresivo, sentimientos de culpa, ideas suicidas, trabajo y otras actividades, perspicacia, retraso, agitación insomnio, ansiedad psíquica y somática, síntomas gastrointestinales, somáticos generales y genitales (pérdida de la líbido o trastornos menstruales), hipocondría y pérdida de peso. Ejemplos de la escala son:

Humor depresivo: 0-4

Actitud melancólica, pesimismo sobre el futuro.

Sentimiento de tristeza.

Tendencia al llanto:

Tristeza y/o depresión leve.

Llanto ocasional y/o depresión moderada.

Llanto frecuente y/o depresión grave.

Sintamos extremos

Ansiedad psíquica: 0-4

Tensión e irritabilidad.

Preocupación por cosas sin importancia.

Actitud aprensiva.

Temores infundados

Síntomas somáticos, gastrointestinales: 0-2.

Pérdida del apetito.

Dolor en el abdomen

Estreñimiento

Comprensión: 0-2

Falta de comprensión.

Pérdida parcial o dudosa.

Sin pérdida.

Las categorías somáticas de la escala han sido utilizadas por separado, junto a otras escalas de valoración de la depresión. Los ítems somáticos se refieren a los síntomas muscular y sensorial y a síntomas cardiovasculares, genitourinarios y autonómicos.

Puntuación

Algunos ítems son puntuados de 0 a 4 y otros de 0 a 2. Los que puntúan de 0 a 4 tienen las opciones de respuesta para el observador de: ausente(0), leve o sin importancia (1), moderado (2-3), grave (4); los ítems de la escala que puntúan de 0 a 2 tienen las opciones de: ausente (0), leve o dudoso 81) y claramente presente (2). Los ítems son puntuados individualmente por un observador durante una entrevista.

Las puntuaciones totales oscilan entre 0 y 100 (representando la suma de las puntuaciones de dos evaluadores o la puntuación doble de uno solo).

Validez

La escala presenta alta validez concurrente, con buen acuerdo con otras escalas, p.e. de 0.70 con la de Hamilton.

Fiabilidad

Su fiabilidad interobservador es buena: las correlaciones se sitúan en un rango alto, de 0.84 a 0.90. sin embargo seis de los ítems de la escala son síntomas de trastornos somáticos y son responsables del 31 % de la puntuación total posible; si se incluyen los ítems de insomnio, que suelen estar afectados en las enfermedades físicas, entonces llegan a ser responsables del 42 % del total.

Aunque popular, la escala debe ser contemplada con cautela, dada la cantidad de ítems que miden problemas somáticos.

Escala de depresión y ansiedad hospitalaria (HAD)

Fue desarrollada por Zigmond y Snaith. Es una breve valoración de la ansiedad y la depresión, consistente en 14 ítems divididos en dos subescalas, una para la ansiedad y otra para la depresión, en las que el paciente valora cada ítem en una escala de 4 puntos.

En la detección de trastornos del estado de ánimo se dan dos problemas comunes a los cuestionarios: que la puntuación está afectada por la salud física del paciente y que la distinción entre un trastorno del ánimo y otro es insuficiente. Zigmond y Snaith desarrollaron esta escala como respuesta para resolver estos problemas.

Contenido

A diferencias de otras muchas escalas, el HAD no se derivó de un análisis factorial, sino de la experiencia clínica. Consiste en dos secciones, con escalas de respuestas de 4 puntos. Esta escala se adjunta entera como anexo. Ejemplos de la escala son:

Me asaltan pensamientos preocupantes:

Una gran parte del tiempo.

Muchas veces.

De vez en cuando, no muy a menudo.

Sólo ocasionalmente.

Me siento enlentecido:

Casi todo el tiempo

Muy a menudo

Algunas veces.

Nunca.

Siento ataques de pánico repentinos:

Muy a menudo.

Bastante a menudo.

No muy a menudo.

Nunca.

Puntuación

Existen 7 preguntas referidas a la ansiedad, y 7 referidas a la depresión que se alternan. Las puntuaciones van de 0 a 3 y de 3 a 0. Siendo 0 cuando no se presenta el síntoma, es decir el 0 en el ejemplo del ítem acerca de si el paciente se encuentra enlentecido sería la respuesta de nunca, que equivaldría a un 0, el 3 sería casi todo el tiempo. Las puntuaciones de 7 ó menos en el HAD, ya sea en las 7 preguntas de ansiedad o en las 7 de depresión son consideradas como no casos; puntuaciones de 8 a 10 se consideran como casos dudosos, y puntuaciones de 11 ó más implican casos de depresión ciertos.

Validez

La validez de las escalas fue probada en unos 100 pacientes ambulatorios y hospitalizados con buenos resultados, por Zigmond y Snaith. Esta escala por su reducido número de preguntas es bueno utilizarlos en pacientes, que por su estado físico hace difícil la realización de un número elevado de preguntas.

Fiabilidad

En estudios recientes, se ha calculado que la correlación para los ítems de ansiedad fue de alrededor de 0.76, y para depresión de 0.70.

Cuestionario de salud general

El cuestionario de salud general es una de las medidas de trastornos psiquiátricos más utilizada.

Fue diseñada en Londres durante los años 60 y 70 y fue diseñada originariamente para su uso en atención primaria.

La versión completa consta de 60 ítems, aunque existen versiones reducidas de 12, 20, 28 y 30 ítems.

Contenido

La versión original del GHQ consta de 60 ítems (preguntas).

Ejemplos de las preguntas, centradas en las últimas semanas son;:

¿Ha podido concentrarse bien en lo que hacía?

Mejor que lo habitual, igual que lo habitual, menos que lo habitual, mucho menos que lo habitual.

¿ha pasado mucho tiempo charlando con la gente?

Más tiempo de lo habitual, aproximadamente lo mismo que lo habitual, menos que lo habitual, mucho menos que lo habitual.

¿Ha tenido la impresión, en conjunto, de que está haciendo las cosas bien?

Mejor que lo habitual, aproximadamente lo mismo, peor que lo habitual, mucho peor que lo habitual.

¿Se ha sentido poco feliz y deprimido?

No, en absoluto; no más que lo habitual; bastante más que lo habitual; mucho más que lo habitual.

¿Ha tenido el sentimiento de que la vida no merece la pena vivirse?

No, en absoluto; no más que lo habitual; bastante más que lo habitual; mucho más que lo habitual.

Puntuación

El GHQ consiste en una lista de frases que indican a la persona que responde que responde que compare su experiencia reciente en un determinado aspecto con su estado habitual, en una escala de cuatro niveles de gravedad. La puntuación de la escala consiste en 0 o 1 (la escala de puntuación 0-0-1-1, siguiendo de izquierda a derecha la secuencia de categorías de respuestas, es la más utilizada). Algunos ítems son negativos y otros positivos. La puntuación total del GHQ es la suma de las puntuaciones para cada ítem. La escala de puntuación 0-0-1-1 es simplemente un recuento de los síntomas y, además de ser la más simple, no se halla afectada por los problemas del sesgo de respuesta intermedia. Goldberg y Williams demostraron que se obtienen resultados similares con los diferentes métodos de puntuación existentes, y que se gana poco con una escala de gravedad tipo Likert.

Validez

Existe una evidencia clara de que las valoraciones de gravedad de la enfermedad psiquiátrica son directamente proporcionales al número de síntomas declarados en el GHQ. La validez predictiva del GHQ en comparación con otras escalas bien conocidas de depresión es también buena.

El análisis de componentes principales y de ítems utilizado durante el desarrollo del GHQ asegura que posee validez de contenido.

Berwick llevó a cabo un análisis factorial de las respuestas que recogió en seis factores (ansiedad/tensión, confianza, depresión, energía, función social e insomnio).

Fiabilidad

Se han calculado para el GHQ las correlaciones de las dos mitades, y el test-retest, obteniéndose buenos resultados. La fiabilidad de las dos mitades se ha llevado a cabo con 853 cuestionarios completos, consiguiéndose una correlación de 0.95.

- **Medidas del apoyo social disponibles**

Recientemente, Payne y Graham-Jones han revisado una selección de las medidas del soporte social existentes. Estos autores piensan que las medidas que existen en la actualidad pueden medir razonablemente el soporte social, pero no se incluye en muchas ocasiones una validez del criterio de las mismas.

Autores como O'Reilly describe un acuerdo tan sólo modesto en cuanto a las definiciones conceptuales de los mismos.

Citaremos como ejemplo 2 escalas: Inventario de conductas de apoyo social (Inventory of Socially Supportive Behaviours,ISSB), y la del apoyo social percibido de familiares y amigos.

Inventario de conductas de apoyo social (Inventory of socially Supportive Behaviours. ISSB)

Es una medida creada por Barrera en 1981 para ser utilizada en un amplio rango de poblaciones comunitarias. El apoyo social se conceptualizó como la variedad de conductas de ayuda natural que recibe el individuo, a partir de estudios previos sobre el apoyo social.

Esta escala se compone de 40 ítems (preguntas) obtenidos a partir de la literatura para especificar la cantidad de ayuda recibida durante el mes anterior a la entrevista. El tiempo medio para contestar el cuestionario es de unos 10 minutos.

Contenido

El ISSB mide cuatro tipos de apoyo social: el emocional, el instrumental, el informativo y la capacidad de relacionarse socialmente.

El índice pide a los entrevistados que respondan en qué manera han sido ayudados por otras personas en el último mes, incluyendo para cada uno de los ítems una escala de respuesta de cinco puntos: Nada, En una o dos ocasiones, una vez a la semana, varias veces a la semana, una vez a la semana. Esta escala mide la recepción de la ayuda, pero no la fuente de la misma. Algunos ejemplos de los ítems que miden si alguien les ha dado ayuda o apoyo son:

Ha expresado interés y preocupación sobre su bienestar.

Le han escuchado cuando hablaba de sus sentimientos privados.

Estaban con usted (físicamente) en una situación difícil.

Items sobre evaluación del apoyo instrumental

Le ofrecieron un lugar para que usted pudiera retirarse durante un tiempo.

Le han prestado más de 25 dólares.

Le facilitaron algún tipo de transporte.

Apoyo informativo (Information al appraisal support)

Le dieron alguna información sobre cómo hacer alguna cosa.

Le informaron sobre cómo lo estaba haciendo sin decirle si estaba bien o mal.

Le ayudaron a entender por qué no había hecho bien alguna cosa.

Capacidad de relación social:

Hablaron con usted sobre algún tema de su interés.

Hicieron alguna cosa juntos para ayudarle a despreocuparse.

Existe un problema con todas estas frases, ya que puedan referirse o no a situaciones en la vida de las personas interrogadas y algunos de los ítems pueden estar midiendo más los recursos disponibles del que proporciona la ayuda de quien la recibe (p.ej. ítems sobre prestamos financieros o del coche).

Puntuación

Las puntuaciones de cada ítem, una escala de 1 a 5, se suman para dar lugar a la puntuación total donde valores más altos indican un mayor apoyo. El autor sugiere que se calcule una puntuación de frecuencias medias, lo que permite llegar a una puntuación global aun en el caso de que falte información en alguno de los ítems.

Una limitación de las escalas de este tipo en las que no existe distinción entre el apoyo potencial y el recibido es que pueden estar midiendo simplemente el número, el tipo, y la gravedad de los problemas que el encuestado ha experimentado recientemente.

Validez

Se probó la validez del ISSB a través de su correlación con una medida de relaciones familiares como la Escala del Entorno familiar (Family Environment Scale), en un estudio con 43 pacientes; la correlación resultó significativa aunque no fue alta (0.35).

Dos estudios publicados que han abordado empíricamente la dimensionalidad del ISSB incluyen análisis factoriales explicativos y muestran un acuerdo considerable.

Fiabilidad

El coeficiente de fiabilidad en el test-retest, basado en un estudio de 71 estudiantes analizados durante dos días, fue de 0.88; los coeficientes de fiabilidad en el test-retest, analizando también a estudiantes pero en el periodo de un mes, fueron de 0.80 y 0.63.

En resumen, existen problemas a la hora de interpretar la escala. Asimismo, aunque los resultados preliminares de los análisis de fiabilidad parecían satisfactorios.

Apoyo social percibido de familiares y amigos (Perceived social support from family and friends).

Fue creado por Procidano y Heller como una medida de apoyo social percibido. Se creó para evaluar las funciones de las redes sociales definidas por Caplan: "El grado en que un individuo percibe que sus necesidades de apoyo, información y retroalimentación están satisfechas por los amigos...y por las familia". La escala mide el apoyo disponible y el recibido, en especial el apoyo emocional. Se necesitan alrededor de 8 minutos para completarla.

Contenido

Comprende dos medidas de 20 ítems cada una, obtenidas a partir de pruebas realizadas con estudiantes con un conjunto inicial de 84 ítems. Una de las medidas de 20 ítems se dirige a las percepciones del apoyo familiar, y la otra a las percepciones del apoyo dado por los amigos. El sistema de respuestas es simple: Si. No, No sé. Algunos ejemplos son:

Familia

Cuento con mi familia como apoyo emocional.

Mi familia es sensible a mis necesidades personales.

Mi familia me da el apoyo moral que necesito.

Amigos

Mis amigos se divierten escuchando lo que pienso.

Mantengo una relación profunda con varios amigos.

Siento que estoy alejado del centro de mi circulo de amigos.

Algunos ítems referidos al apoyo dado

Mis amigos vienen a mí en busca de apoyo emocional.

Algunos miembros de mi familia vienen a mí cuando tienen problemas o necesitan consejo.

Puntuación

Las respuestas a los ítems positivos se suman y presentan por separado para la familia y para los amigos. Se puede calcular una puntuación global.

Validez

Los autores declaran que la escala se correlaciona con medidas de psicopatología y sufrimiento (0.85-0.98), y que posee, por tanto, validez de concepto y predictiva.

Fiabilidad

En análisis realizados con 222 estudiantes, los coeficientes de correlación de consistencia interna resultaron de 0.88 y 0.9, respectivamente, para los ítems relacionados con la familia y para los relacionados con los amigos. El coeficiente de fiabilidad en el test-retest después de 1 mes fue de 0.83, analizado en 222 estudiantes.

Medidas de la satisfacción y del estado de ánimo.

Estado de ánimo

El estado de ánimo es el concepto peor definido y medido de los tres. Kutner define el ánimo como un continuo de respuestas a la vida y a sus problemas que refleja la presencia o ausencia de satisfacción, optimismo y amplitud de perspectivas en la vida.

La principal dificultad para los investigadores en esta área es la conceptualización: si las dimensiones del bienestar empleadas reflejan, o no, representado por una combinación de éstos.

Los estudios realizados sugieren que la autoestima positiva es un importante componente de la evaluación general de la vida. Mencionamos una evaluación de la autoestima.

Escala de equilibrio afectivo

Bradburn describió la Escala de Equilibrio afectivo como un indicador de felicidad o de bienestar psicológico. No va dirigida a detectar problemas psiquiátricos o psicológicos. Bradburn y Caplovitz proponen la hipótesis de que el bienestar psicológico puede venir indicado por la posición de la persona en dos dimensiones independientes: sentimiento positivo y negativo. El bienestar viene expresado por el equilibrio entre los dos.

Esta escala ha estado sometida a gran cantidad de análisis. En la versión original estaba compuesta por 12 ítems; ahora tiene 10 ítems, 5 referidos a sentimientos positivos y 5 que se refieren a sentimientos negativos. Las dos subescalas son independientes a pesar de que ambas se correlacionan con la felicidad.

Contenido

El enunciado de las preguntas parece haber variado de unos estudios a otros. Bradburn indicó que el tiempo de referencia debería ser en las últimas semanas. Otros han utilizado en los últimos meses o bien no han incluido tiempo de referencia.

Una ventaja de utilizar la escala es que algunos ítems se refieren a estados psicológicos positivos, reflejando el interés reciente sobre la salud positiva. Algunos ejemplos de esta escala son:

Los ítems positivos incluyen:

En la cima del mundo, porque alguien le ha dado un cumplido.

Todo va bien.

Excitado, muy interesado por algo en particular.

Feliz de haber terminado algo.

Los ítems negativos incluyen:

Demasiado inquieto para estar mucho tiempo sentado (ansiedad).

Deprimido o muy infeliz.

Molesto porque alguien me ha criticado.

Muy solo, aislado de la gente.

Aburrido.

Puntuación

Las respuestas son dicotómicas (sí/no). Se han probado diferentes ponderaciones, pero no alteraban significativamente los resultados y, por tanto, no se utilizan.

La puntuación global en la ABS se obtiene tras un cálculo complejo. Las puntuaciones de las subescalas se obtiene de manera independiente a través de la suma de los puntos para los 5 ítems que componen cada subescala. En cada subescala, los 2 ítems con las frecuencias más bajas se combinan; por tanto, el rango de las puntuaciones de las subescalas va de 0 a 4. La puntuación de los sentimientos negativos se resta entonces de la puntuación de los sentimientos positivos, y la puntuación general resultante se transforma sumándolo una constante (+5), oscilando entre +1 y +9. La contribución de cada construcción psicológica a la puntuación total viene determinada por el número de ítems que miden la construcción. La puntuación total de la ABS refleja de manera casi igual los sentimientos positivos y los negativos, ya que los ítems de la ABS están divididos por igual en ambas construcciones.

Validez

Las correlaciones con otras medidas se sitúan alrededor de 0.66.

Cherlin y Reeder han criticado esta escala, sugiriendo que su estructura en dos dimensiones no es correcta .Estos autores sugieren que existe un tercer componente: el nivel de activación (p.e. estar particulamente excitado o alterado por algo).

La escala ha mostrado ser sensible respecto a los cambios como demostraron Berkanovic y Bradburn en una encuesta sobre estrés y búsqueda de ayuda en 950 personas de Los Angeles.

Fiabilidad

Las correlaciones de consistencia interna varían de 0.47 a 0.73 para la escala positiva, y de 0.48 a 0.73 para la escala negativa. las correlaciones entre las escalas son moderadas.

Escalas de autoestima

Las medidas de autoestima más populares y las utilizadas con mayor frecuencia son la Escala de autoestima (Self-Esteem Scale); la escala de autoconcepto de Tenesee, el inventario de autoestima. La mayoría de las escalas necesitan más pruebas de validez, fiabilidad y sensibilidad, adoleciendo de una gran concentración de estudios hechos en estudiantes y aportando poca información sobre su aplicabilidad a otros grupos poblacionales.

Escala de autoestima (Self-Esteem Scale)

Rosenberg define la autoestima como la autoaceptación o como un sentimiento básico de autovalía. Rosenberg desarrolló la Escala de Autoestima, basándose en un escalonamiento de Guttman, en un estudio de 5024 estudiantes de escuelas públicas de Nueva york. Existe poca información sobre el desarrollo de esta escala. Las puntuaciones de autoestima se correlacionaron con características como la participación o el liderazgo en las actividades escolares. La intención era crear una medida breve, global y unidimensional. Ha sido utilizada ampliamente en diversas situaciones. Existe evidencia para pensar que puede ser útil para trabajar con población anciana.

Contenido

La escala consiste en 10 ítems con respuestas que están presentadas en una escala continua de cuatro puntos que van desde "Totalmente de acuerdo" hasta "Totalmente en desacuerdo". Algunos ejemplos de los ítems son:

Me siento una persona valía, ,al menos en un mismo plano que los demás.

Siento que tengo bastantes cualidades.

En general, creo que soy un fracaso.

Siento que no tengo muchas cosas de las que estar orgulloso.

Hay momentos en que pienso que no sirvo para nada.

En general, estoy satisfecho conmigo mismo.

Tengo una actitud positiva frente a mi mismo.

Totalmente de acuerdo (1)/ De acuerdo (2)/ En desacuerdo (3)/ Totalmente en desacuerdo (4).

Puntuación

La medida se diseñó como una escala de Guttman de 10 ítems. Las categorías de respuesta se crearon originalmente para ser puntuadas de 0 a 6 (de totalmente de acuerdo hasta totalmente en desacuerdo). Sin embargo, no existe consenso sobre el método de puntuación, y algunos usuarios puntúan las respuestas de manera dicotómica como "de acuerdo" o "en desacuerdo", y otros investigadores utilizan una simple escala sumatoria.

Validez

Silber y Tipett evaluaron la validez convergente de la escala y presentaron correlaciones de los ítems de 0.56 a 0.83. Rosenberg escogió explícitamente los ítems de la escala que pensaba que tenían apariencia de validez.

A pesar de que existen evidencias que apoyan al validez de construcción de la escala existen pocas pruebas sobre su sensibilidad a los cambios.

Medidas generales del estado de salud

Las medidas generales del estado de salud se focalizan generalmente en las percepciones subjetivas del estado de salud. la salud percibida o subjetiva puede ser definida como la experiencia de un individuo acerca de cómo los sucesos mentales, físicos y sociales influyen sobre los sentimientos de bienestar.

Muchos estudios en sociología médica han indicado la importancia del componente porcentual de la enfermedad a la hora de determinar si la gente se siente enferma o solicita ayuda. Las medidas generales del estado de salud recogen normalmente los aspectos principales de la vida de un individuo. Comentaré tres de estas medidas, aunque hay muchas más. El SIP , el Nottingham Health Profile) y el Euroqol.

Perfil de las consecuencias de la enfermedad (Sickness Impact Profile)

Uno de los mejores instrumentos desarrollados en Estados Unidos ha sido el perfil de las consecuencias de la enfermedad (SIP). Fue desarrollado como una medida del estado de salud percibida, para ser utilizado como una medida de resultado para la evaluación de los cuidados sanitarios a lo largo de un amplio rango de problemas de salud y enfermedades, grupos culturales y demográficos. La enfermedad (sickness) se mide en relación con su impacto sobre el comportamiento.

El SIP se concentra en la evaluación del impacto de la enfermedad sobre las actividades diarias y el comportamiento, en lugar de hacerlo sobre los sentimientos o los informes clínicos.

Se han realizado muchas aplicaciones del SIP en una amplia variedad de grupos de pacientes, principalmente en Estados Unidos, pero también en el Reino Unido y en otros lugares del mundo. El SIP ha sido ampliamente utilizado en las evaluaciones de los transplantes de corazón en Estados Unidos.

Contenido

El SIP no sólo incorpora preguntas de función, sino también de sensación de bienestar emocional y de función social. Contiene 136 ítems referidos a disfunciones relacionadas con la enfermedad en 12 áreas:

trabajo, recreo, emoción, afecto, vida en el hogar, sueño y descanso, comer, deambulación, movilidad, comunicación e interacción social. Las preguntas típicas del SIP solicitan a los entrevistados que señalen las expresiones aplicables a su persona y relacionadas con su estado de salud, en un día dado:

Paso gran parte del día echado para descansar.

Estoy sentado gran parte del día.

Duermo o estoy adormecido la mayor parte del tiempo-día y noche–.

Sólo me pongo en pie con la ayuda de alguien.

Sólo me arrodillo, flexiono o inclino sujetándome algo.

Siempre estoy en una postura limitada.

Hago trabajos en casa sólo durante cortos períodos de tiempo o descanso muy a menudo.

Hago menos tareas domésticas de las que haría normalmente.

Salgo menos de visita.

No salgo nunca de visita.

Realizo menos actividades sociales en grupo.

Sólo se registran aquellas preguntas a las que los entrevistados contestan sí de forma que no hay modo de saber en el análisis si las columnas en blanco representan respuestas negativas o si el entrevistado/entrevistador las ha omitido deliberadamente o por error.

Puntuación

Las respuestas a los 136 ítems pueden ser resumidas para cada componente, por dimensión física o psicológica o como una simple puntuación en un rango de 0-100. Cuanto más baja es la puntuación, mejor es el estado de salud del que responde.

LA puntuación del SIP puede ser calculada utilizando pesos para cada ítem, que indican la relativa gravedad de la limitación implicada en cada expresión. Los pesos fueron derivados a partir de un procedimiento de escalonamiento en intervalos aparentemente iguales que implicó a más de 100 jueces. Estos situaron cada ítem en una escala de 11 intervalos iguales, que iban desde minimamente disfuncional hasta gravemente disfuncional. La técnica de escalonamiento ha sido justificada y descrita por Carter.

La puntuación total para el SIP se calcula añadiendo los valores escalares de cada ítem señalado a lo largo de todas las categorías y dividiendo el resultado por la puntuación de máxima disfunción para el SIP. Este número se multiplica entonces por 100 para obtener la puntuación total. Las dos subpuntuaciones (física y psicológica) se calculan utilizando una fórmula similar que limita los cálculos a los ítems relevantes.

Aunque muchos estudios que utilizaron el SIP han asegurado la existencia de puntuaciones para la comparación, no queda claro lo que cada puntuación representa. Otras muchas escalas presentan este problema. Es sabido que una población normal puede puntuar entre 2 y 3 en el SIP, aumentando hasta unos 30 puntos en el caso de enfermos terminales de cáncer y pacientes de con accidente vascular, pero la definición precisa de las puntuaciones de la escala aún no ha sido detallada.

Validez

En los primeros estudios de validez, el SIP fue comparado con autores del estado de salud, valoraciones del estado de salud realizadas por los clínicos y con instrumentos de evaluación funcional, evaluándose un total de 278 personas. Las puntuaciones del SIP discriminaron entre cuatro subgrupos divididos de acuerdo con la gravedad de la enfermedad, y las correlaciones entre las medidas fueron mejores para las autovaloraciones de los pacientes que para las valoraciones de los médicos. La combinación de la puntuación del SIP fue comparada con la escala funcional de Katz, obteniéndose una correlación de 0.64.

El SIP ha sido utilizado con éxito en ensayos clínicos es sensible al cambio y resulta valioso para evaluar el impacto de la enfermedad en los enfermos crónicos y para medir los efectos de las intervenciones no curativas.

Fiabilidad

El trabajo con el SIP se inició en 1972, y las pruebas de fiabilidad y validez se continuaron realizando durante más de una década. Se han estudiado pacientes con hipotiroidismo, con artritis reumatoide y con prótesis de cadera. la fiabilidad test-retest fue alta (0.88-0.92). La consistencia interna fue también alta (0.81-0.92).

Perfil de salud de Nottingham (Nottingham Health Profile, NHP)

El NHP fue desarrollado e Gran Bretaña y está basado en las personas de personas legas sobre el estado de salud. Conceptualmente, debía reflejar las definiciones de salud de profanos y no de profesionales de la salud.. Fue desarrollado después de entrevistar a un gran número de personas expertas sobre el efecto de la enfermedad en el comportamiento.

El NHP es breve y sencillo y puede ser utilizado en grupos de pacientes o en población general.

Contenido

La parte I mide el estado de salud percibida o subjetiva, solicitando respuestas sí/no a 38 expresiones dentro de seis dimensiones: movilidad, energía, sueño, reacciones emocionales y aislamiento social. Cada dimensión tiene un rango de puntuación posible que va de 0 a 100.

La parte II pregunta sobre cualquier efecto de la salud sobre siete áreas de la vida diaria: trabajo, tareas del hogar, vida social, vida familiar, vida sexual, intereses, aficiones y vacaciones. Los ítems de la parte II se codifican con un 1 para el sí y con un 0 para el no, y luego se contabiliza el total. La parte II no es siempre un útil añadido. Para algunos grupos, muchos ítems no son aplicables, por ejemplo, los ancianos, los desempleados, los incapacitados, o los individuos con bajos ingresos. Los autores han llevado a cabo diversos trabajos con la parte II y han recomendado que ésta no se use hasta que hayan sido totalmente completados.

Ejemplos de los ítems del NHP:

Parte I

Estos preguntan sobre la aplicabilidad de las expresiones al que contesta, en la actualidad:

Siempre estoy fatigado.

Tengo dolor por las noches.

Las cosas me deprimen.

Tengo un dolor insoportable.

Tomo pastillas para dormir.

Parte II Actualmente, su estado de salud le causa problemas:

¿Con su puesto de trabajo?

¿Con los trabajos domésticos?

¿Con su vida social?

¿Con su vida familiar?

Una de las principales del NHP es que los autores han publicado un libro que contiene una revisión del desarrollo de la escala, estudios de su fiabilidad y validez.

Puntuación

El NHP se puntúa con valores que van del 0 (sin problemas, ninguna respuesta afirmativa) al 100 (se afirman todos los problemas de una sección). Se ha probado extensamente su fiabilidad y validez, y los resultados han sido buenos.

Los pesos para el NHP se han derivado utilizando el método de comparación de parejas de Thurstone. Los juicios se obtuvieron de varios centenares de personas y fueron convertidos en pesos utilizando la fórmula apropiada.

Las puntuaciones del NHP no son números verdaderos, pero se obtienen a partir de una técnica de escalamiento; así, las pruebas estadísticas apropiadas para comprobar hipótesis son no paramétricas. Las distribuciones de sus puntuaciones, altamente desviadas, indican que hay que tener una cuidadosa consideración en la aplicación de las pruebas estadísticas, ya que muchas asumen que los resultados están normalmente distribuidos.

La parte I del NHP requiere que los que responden indiquen sí o no en función de si la expresión se aplica a ellos, en general en este momento. A estas respuestas se aplican pesos relativos. Todas las expresiones se relacionan con limitación de la actividad o aspectos de sufrimiento. Puntuaciones de 100 para las dimensiones indican la presencia de todas las limitaciones enumeradas, y una puntuación de 0, la ausencia de dichas limitaciones, pero estos dos extremos no reflejan los de muerte o salud perfecta.

La parte II se relaciona con siete áreas de desarrollo de actividad afectadas por la salud. Los entrevistados contestan sí si su estado de salud actual les causa problemas con la actividad. La parte II no tiene pesos: el número de respuestas afirmativas se utiliza como resumen estadístico.

No es posible calcular una puntuación total del estado de salud, aunque se permite la suma dentro de las categorías.

Puede haber problemas con la sensibilidad del NHP como instrumento de encuesta debido a las respuestas negativas (valor modal de respuesta = 0), que significa que el NHP no discrimina dentro de una proporción sustancial de la población adulta.

El NHP cubre claramente sólo el extremo final de los problemas de salud percibida. Tal distribución fue premeditada para el NHP durante su desarrollo. En un principio, se decidió que sería indeseable incluir problemas de salud que podrían ser afirmados por una amplia proporción de la población.

Validez

Se ha probado su apariencia de validez y la validez de contenido y criterio del NHP, comprobándose que se trata de una medida satisfactoria del estado de salud subjetiva en el ámbito físico, social y emocional.

El NHP ha demostrado en otros estudios ser sensible a los cambios en el estado de salud.

Fiabilidad

Se han llevado a cabo dos estudios utilizando la técnica del test-retest para evaluar la fiabilidad del NHP, basándose en 58 pacientes con artritis y 93 con enfermedad vascular. Los cuestionarios se administraron de nuevo a estos dos grupos a las cuatro y ocho semanas de la primera administración, respectivamente. Ambos demostraron un nivel bastante alto de fiabilidad, con correlaciones entre 0.71 y 0.88, con excepción de algunos ítems.

Si el principal interés de la investigación consiste en elicitar continuos en lugar de respuestas categóricas, existen varias técnicas disponibles. Un acercamiento es solicitar, a las personas que responden que, indiquen sus respuestas en una escala analógica visual; por ejemplo en una escala de 100 mm. con descripciones como “muy deprimido”.

Euroqol

Este último índice surge de las investigaciones de varios investigadores de Suecia, en Lund, Holanda (Zoom), y el Reino Unido. Se realizaron tanto en esos países como en otros del entorno geográfico con el fin de determinar el grado de calidad de vida de los individuos que pudiese quedar plasmado en un índice. Se realizaron así miles de encuestas en diferentes países, este índice distingue seis dimensiones del individuo:

Contenido

Se distinguen las siguientes áreas con los siguientes ítems:

1.- MOVILIDAD

1.- No existen problemas para andar.

2.- Incapaz de andar sin un bastón, o instrumento de ayuda o apoyo.

3.- Confinado en cama.

2.- POSIBILIDAD DE CUIDARSE POR SI MISMO

1.- No existe ningún problema para hacerlo.

2.- Incapaz de vestirse.

3.- Incapaz de alimentarse.

3.- POSIBILIDAD DE DESARROLLAR LA ACTIVIDAD PRINCIPAL

1.- Capaz de desarrollar la actividad principal sin ningún problema (trabajar, estudiar, trabajo de casa etc.).

2.- Incapaz de desarrollar la actividad principal o con muchos problemas.

4.- RELACIONES SOCIALES

1.- Desarrolla actividades familiares y/o de ocio.

2.- No desarrolla actividades familiares y/o de ocio.

5.- DOLOR

1.- No existe dolor o molestias.

2.- Dolor moderado o molestias.

3.- Dolor extremo.

6.- ESTADO DE ÁNIMO

1.- No existe ansiedad o depresión en grado elevado.

2.- Existe ansiedad o depresión en el paciente.

Puntuación

El individuo es juzgado en relación a esta escala: P.e. un individuo, que tuviese:

112121

1.- No tendría problemas para caminar

2.- No tendría problemas para cuidar de si mismo.

3.- Incapaz de desarrollar su actividad principal.

4.- Capaz de realizar actividades de Ocio o de relación familiar.

5.- Moderado dolor o malestar.

6.- No estaría ansioso ni deprimido.

Otro que tuviese:

111122:

1.-No tendría problemas para caminar.

2.-No tendría problemas para caminar por si mismo.

3.-Sería capaz de desarrollar su actividad principal

4.-Sería capaz de realizar actividades de ocio o de relación familiar.

5.-Estaría ansioso o deprimido.

y uno que tuviese:

111111

1.- No tendría problemas para caminar.

2.- Sin problemas para cuidar de si mismo.

3.- Capaz de desarrollar su actividad principal.

4.- Capaz de realizar actividades de ocio o de relación familiar.

5.- Sin dolor ni molestias.

6.- Ni ansioso, ni deprimido.

Una vez realizado esto, y en base a estas encuestas los investigadores encuadran cada estado formado por estos seis componentes, en una escala de 0 a 100, que dará como resultado un indicador de calidad de vida más alto o más bajo, señalándose en a base a estas encuestas una relación cardinal.

A continuación se señala el índice numérico al que llegó cada escuela, mostrándose tanto la mediana como la media de dichas observaciones.

ESTADO DE SALUD	MEDIANA DE LA EVALUACIÓN			MEDIA DE LA EVALUACION		
	Lund	Frome	Zoom	Lund	Frome	Zoom
111111	100	99	95	93	95	93
111121	86	84	86	83	81	81
111112	75	70	75	69	67	71
111122	70	68	70	64	65	69
112121	65	70	65	61	67	63
112131	50	59	60	51	56	56
112222	35	40	43	36	41	43
112232	35	35	33	36	36	37
212232	22	25	20	26	26	26
222232	10	10	7	14	12	12
232232	7	5	6	12	8	10
322232	4	2	5	9	5	10
332232	1	1	4	8	4	7

De esta manera se llega a la estimación de la calidad de vida del paciente, a través de una escala que va de 0 a 100.

Validez y fiabilidad

Se ha comprobado su validez y fiabilidad para los distintos aspectos, y parece adaptarse correctamente para un gran número de patologías.

Indicadores de calidad de vida por enfermedades

Existe un sinfín de indicadores para una gran cantidad de enfermedades, como he indicado al principio la revista médica medical Care publicó en Diciembre de 1.991 un monográfico sobre bibliografía indicadores de calidad de vida, donde se realiza una exhaustiva relación por patologías.

Como ejemplo, citaré ejemplos de indicadores de calidad de vida relacionados con el cáncer:

1. Iszack and Medalie ability index. Consta de una serie de escalas que miden variables físicas, sociales y psicológicas. es especifica para algunos cánceres, pero no para la generalidad de los procesos cancerígenos.

2. Sistema LASA de Baum y Priestman. Consta de una serie de escalas analógicas que originariamente cubrían 10 aspectos: Estado general, humor, actividad, dolor, nauseas, anorexia, capacidad para realizar actividades cotidianas, actividad social, ansiedad y ayuda del tratamiento.

3. Indice funcional de vida para el cancer (Functional living index for cancer). Consta de 22 preguntas que cubren síntomas físicos, humor actividad física, trabajo e interacción social. los ítems están presentados en escalas analógicas. Es fácil de administrar y fue sugerido por una serie de expertos basándose en los sintomas más habituales de este tipo de pacientes.

4. Escala de calidad de vida del instituto del cáncer de Ontario. Comprende 32 escalas analógicas que cubre una gran variedad de dimensiones. Estos ítems están derivados del SIP. Aunque es bueno para ciertas investigaciones. No parece ser muy válido para juicios clínicos.

5. Escala de calidad de vida de Padilla. Presenta tan sólo 14 preguntas conteniendo para cada ítem (pregunta) en tres subescalas. Se administra en sólo cinco minutos. Aparentemente es inferior al FLIC o al OCI, y no recoge bien los cambios.

6. Indice de calidad de vida de Spitzer. Este índice mide cinco areas: actividad física, vida diaria, percepción de su propia salud, apoyo de familia y amigos, nivel general de vida. Estas puntuaciones se suman para producir una puntuación total de calidad de vida. Es atractivo por ser fácil de administrar. Se encuentra una baja correlación entre los juicios médicos y los de los pacientes.

7. EORTC Questionnaire: Este cuestionario fue confeccionado para un grupo heterogéneo de pacientes. Busca medir dimensiones clave para este tipo de pacientes, incluyendo sintomas de la enfermedad, aspectos físicos, psicológicos, sexualidad, imagen propia, y satisfacción con el cuidado médico. Las preguntas (ítems) sobre los aspectos físicos, varían de respuestas dicotómicas: sí, no, a preguntas en escala ordinal, que van de: "En absoluto" a "Mucho". La lista de síntomas recogidos varían según el tipo de cáncer que el sujeto padezca, se tarda alrededor de diez minutos en ser administrado. Es fácil de valorar, y se obtiene una puntuación global y por subescalas para cada paciente.

8. The Rotterdam sympton Checklist: Fue cuidadosamente diseñado a través de cuestionarios ya probados, siendo comprobado posteriormente con pacientes onco ógicos.

Comprende 38 ítems (preguntas) y cada ítem se evalúa en una escala que va de 0=En absoluto a 3=Mucho. Se pide a los pacientes que indiquen cómo han evolucionado sus síntomas a partir de la última semana. Todos los ítems son fácilmente evaluables.

El Rotterdam Sympton checklist se miden dos aspectos principales, que miden aspectos físicos y psicológicos. Es juzgado como un cuestionario fácil de administrar que ha sido validado, y es considerado un buen instrumento.

i. Concepto de AVAC

A la hora así, de medición de la utilidad, se deberán tener en cuenta:

- Funciones físicas
- Funciones psicológicas
- Funciones sociales
- Funciones intelectuales
- De bienestar general

En el año 1980 Rosser, en la Universidad de York, comienza a ver la necesidad de incorporación de utilidades en los análisis económicos.

Realiza un cuadro de doble entrada, colocando en el eje de ordenadas el grado de dolor del paciente, que divide en 4 tipos

A Ausencia de dolor

B Ligero dolor

C Moderado dolor

D Gran dolor

En el eje de abscisas colocó el grado de incapacidad del paciente, que iba del I, que indicaba ausencia de incapacidad, hasta el VII, que indicaba inconsciencia, tras gran numero de entrevistas a enfermos, fue realizando una escala de utilidades que se graduaban desde 0 hasta 1, partiendo del cuadrante IA, que era un 1 (Ausencia de dolor e incapacidad).

D							
C							
B	0,95	0,85					
A	1						
	I	II	III	IV	V	VI	VII

Llegó así a calibrar la utilidad de diferentes situaciones, y enfermedades, por poner un ejemplo de lo que fueron sus conclusiones:

Tales eran p.e.

ESTADO DE SALUD	1.00
VIDA CON SINTOMAS DE MENOPAUSIA (J)	0.99
EFECTOS COLATERALES TTO. HIPERTENSION	0.95-0.99
ANGINA LEVE (J)	0.90
TRANSPLANTE DE RIÑON	0.84
EQUIPAMIENTO MECÁNICO PARA ANDAR	0.79
ANGINA MODERADA	0.70
LIM. FISICAS Y DOLORES OCASIONALES	0.67
DIALISIS DOMICILIARIA	0.54-0.64
ANGINA SEVERA	0.50
ANGUSTIA Y DEPRESIÓN PERMANENTE	0.45
CIEGO, SORDO Y MUDO	0.39
AYUDA DE OTRA PERSONA PARA CAMINAR	0.31
MUERTE	0.00
CONFINADO EN CAMA CON INTENSOS DOLORES	< 0.00
INCONSCIENTE	< 0.00

A partir de esto se crea la medida por antonomasia del análisis coste-utilidad, los QALY's o Años de Vida Ajustados por la Calidad (AVAC).

Los AVAC combinan años de vida ganados por un determinado tratamiento, con el nivel de utilidad alcanzado como consecuencia del mismo.

Así p.e. un AVAC sería equivalente a 1 año más de vida a un nivel óptimo de salud (1), o a 10 años más de vida con una utilidad del 0.10, o a que 10 individuos ganasen un año más de vida, aun nivel de utilidad del 0.10. Gráficamente podríamos ver, como las áreas serían equivalentes:

A partir de aquí sabiendo estos dos datos, se puede calcular los AVAC, de cualquier situación médica.

ii. Ejemplo

Se trata de una intervención quirúrgica a pacientes cuyo desenlace es el fallecimiento dentro de las siguientes 48 horas. El pronóstico es que el 70 % de los afectados fallece a los pocas horas de la intervención, mientras que los que sobreviven se recuperan progresivamente a lo largo de seis meses, a partir de unos primeros días de escasa autonomía y severa incapacidad (Utilidad = 0.70). Desde entonces, la esperanza media de vida será de 0.90 (que en el último año disminuirá progresivamente hasta 0). La incidencia esperada es de 20 individuos/año.

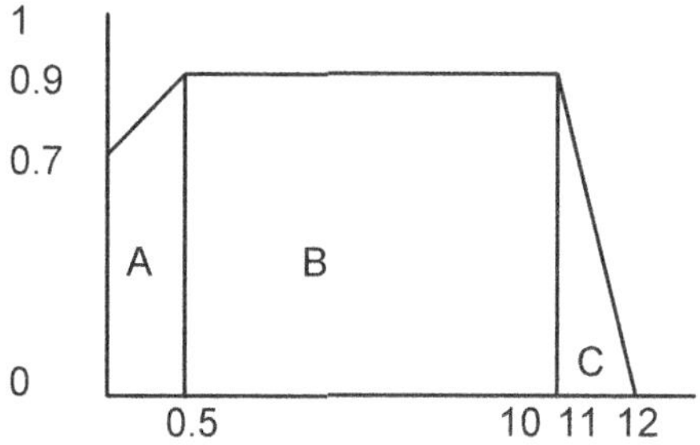

CALCULO DE LOS AVAC = AREA A + AREA B + AF

AREA A = ((Base Mayor+Base menor)/2)*altura=((0.9+0.7)/2))*0.5 = 0.4

AREA B =10.5*0.9 = 9.45

AREA C =((1*0.9)/2) = 0.45

TOTAL AVAC = 0.4+9.45+0.45=61.2 AVAC'S

De esta manera se calculan los beneficios en el análisis coste-utilidad.

Al comparar, mediante un ratio coste-beneficio, los resultados de uno u otro proyecto escogeremos aquellos que posean un ratio menor.

El análisis coste-utilidad se utiliza:

1.- Cuando la calidad de vida es el resultado de importancia. Como ejemplo se puede citar el tratamiento de la artritis, en la que no se espera que ninguno de los programas tenga algún impacto sobre la mortalidad y el interés se centra en cómo mejoran los diferentes programas la función física, la función social y el bienestar psicológico del paciente.

2.- Cuando la calidad de vida es un resultado de importancia.

3.- Cuando el programa afecta tanto a la morbilidad (posibles efectos secundarios) y se desea tener una unidad de resultado común que combine a ambos efectos.

4.- Cuando los programas que se están comparando tienen un amplio espectro de clases diferentes de resultados y se desea tener una unidad de resultado común para establecer comparaciones.

5.- Cuando se desea comparar un programa con otros que ya han sido evaluados utilizando un análisis coste utilidad.

6.- Respecto a los valores de la utilidad, indica que serán válidos si:

- Los sujetos sean adecuados.

- Las descripciones del estado de salud son apropiadas, lo describen correctamente y son neutrales en su influencia sobre la medida.

- Las preguntas están formuladas de manera neutral o equilibrada y

- La propia técnica de medida es fiable y válida.

iii. Diferencias del análisis coste-utilidad con el análisis coste-beneficio y coste-efectividad

La diferencia básica con el A.C.B, estriba en que la unidad básica de medición de los beneficios no es el dinero, sino la utilidad. De esta manera, en este enfoque la cantidad de años de vida que un sujeto gana, viene ponderada por la calidad de vida, proporcionados por diferentes índices de esta calidad, manifestadas por las preferencias de los individuos, juicios de los facultativos, y personal médico o experiencias anteriores.

Respecto a la diferencias con el análisis coste-efectividad, en éste se compara el coste incremental de un programa, con los efectos incrementales sanitarios del mismo, y estos efectos se miden en unidades naturales relacionadas con el objetivo del programa; por ejemplo, casos detectados, casos de enfermedad evitados, vidas salvadas o años de vida ganados. Habitualmente, los resultados se expresan como el coste por unidad de efecto.

En el análisis coste-utilidad (ACU), se compara el coste incremental de un programa con la mejoría incremental sanitaria atribuible al mismo midiéndose la mejoría sanitaria en años de vida ganados ajustados por su calidad (AVAC). En general, los resultados se expresan como el coste por AVAC. Así vemos que existen muchas similitudes entre el ACE y el ACU.

Así pues las diferencias entre ambas técnicas se encuentran en la medición de los resultados sanitarios. Ambas técnicas requieren datos válidos sobre la efectividad (de la literatura, de estudios propios o de juicios de expertos), pero en el caso del ACU es suficiente con sólo el dato del resultado final sobre la efectividad (por ejemplo, vidas salvadas, días de incapacidad evitados etc.).

Mediante la conversión de los datos sobre la efectividad a una unidad común de medida, AVAC, el ACU es capaz de incorporar simultáneamente tanto el incremento cuantitativo de vida (reducción de la mortalidad) como el incremento en la calidad de vida (reducción de la morbilidad). El ajuste según la calidad está basado en un conjunto de valores o fuerzas denominadas utilidades, una por cada estado de salud posible, que reflejan lo deseable que es relativamente un estado de salud.

Algunos autores por las similitudes entre el ACE, y el ACU llegan a considerar al ACU, como un caso particular del ACE.

Con el termino "utilidad" hacemos referencia a las preferencias que los individuos tienen por los distintos resultados de los tratamientos con independencia de su coste o si producen algún beneficio financiero.

En el ACU el aumento de los costes que un tratamiento produce se compara con la mejora que produce en el nivel de salud o bienestar de las personas.

ANÁLISIS DE LA EFECTIVIDAD EN EL TRATAMIENTO EN UNA UNIDAD DE CUIDADOS PALIATIVOS (HOSPITAL DR. MOLINER VALENCIA)

A la luz de todo lo señalado anteriormente y basándonos en escalas e indicadores de calidad de vida se ha realizado un análisis de la efectividad en el tratamiento y relación de los principales síntomas de una unidad de cuidados paliativos.

La importancia cualitativa y cuantitativa de este tipo de enfermos (ocupan alrededor de un 10 % del total de las camas hospitalarias a nivel nacional) requiere una evaluación adecuada de los principales sintomas, y conocer la efectividad en el control de los mismos.

Para valorar los síntomas se han empleado distintas escalas de medición, una de ellas el STAS que analiza los principales síntomas de los pacientes oncológicos recogidos en una escala ordinal, que van de 0= Ausencia de sintoma a 4= Nivel muy elevado del mismo.

La simplicidad del instrumento, y su fácil administración permite la valoración de los pacientes en diferentes momentos del tiempo, lo que permite la utilización de tests estadísticos de datos apareados, que comparan cada paciente consigo mismo, e impiden un equívoco análisis de la efectividad, al compararse muestras completamente homogéneas.

Con el fin de comprobar la similitud entre las apreciaciones del médico y del paciente se ha empleado el coeficiente de concordancia de Kendall, descrito en el capítulo III, se aprecia así claramente una clara correspondencia entre los dos juicios (Ver anexos).

El test estadístico utilizado es el test de Wilcoxon, dicho test analiza datos apareados y permite la utilización de variables medidas en una escala ordinal.

Se describen por parte del equipo multidisciplinar las características más importantes del equipo multidisciplinar (edad, sexo, apoyo familiar, síntomas, mortalidad, etc.) de más de 100 pacientes oncológicos terminales, (la muestra analizada es de 76 pacientes), y se comparan los cambios evolutivos (ingreso y alta) de los "ítems" que conforman el STAS (Dolor, debilidad, anorexia, tristeza, somnolencia...).

El análisis mediante el test de Wilcoxon permite analizar la efectividad en el control de los síntomas del equipo multidisciplinar.

RESULTADOS: Edad media= 73 (46-90) años, el 68 % de los pacientes eran hombres. Más del 20 % carecían de apoyo sociofamiliar. La astenia, anorexia, nauseas, vómitos y dolor fueron los síntomas más frecuentes. La mortalidad en la unidad fue del 84 %. Los principales resultados de la valoración del STAS se muestran a continuación:

RESULTADOS TEST DE WILCOXON (COMPARACION INGRESO-ALTA).

SINTOMA	EFECTIVIDAD	Z	PROB
DOLOR	MEJORA	2.5	0.01 (*)
DEBILIDAD	EMPEORAMIENTO	2.5	0.01 (*)
ANOREXIA	EMPEORAMIENTO	2.9	0.003(*)
TRISTEZA	EMPEORAMIENTO	2.01	0.04 (*)
SOMNOLEN-CIA	EMPEORAMIENTO	4.91	0.0 (*)
DISNEA	ESTABILIDAD	0.38	0.7
NAUSEAS	MEJORA	2.40	0.01 (*)

MOLESTIAS BOCA	ESTABILIDAD	0.65	0.51
INSOMNIO	ESTABILIDAD	0.43	0.66
ANSIEDAD PACIENTE	ESTABILIDAD	1.35	0.17
ANSIEDAD FAMILIA	ESTABILIDAD	1.10	0.26
COMUNICA-CION PTE.FAMILIA	ESTABILIDAD	1.48	0.13

CONCLUSIONES: ANÁLISIS DE LA EFECTIVIDAD EN LOS CUIDADOS PALIATIVOS

El análisis coste utilidad y los indicadores de calidad de vida son el mejor método para valorar la efectividad del tratamiento de un equipo multidisciplinar en cuidados paliativos.

De la investigación realizada se deduce que en la unidad estudiada tanto el dolor como otros síntomas como náuseas son bien controlados, mientras otros como la sensación de debilidad (astenia), anorexia son de más difícil control hasta que el paciente fallece.

Este tipo de instrumentos es de gran utilidad para valorar la efectividad en el control de síntomas por parte del equipo sanitario permitiendo comparar y valorar unas unidades frente a otras.

BIBLIOGRAFÍA

Drumond, M.F., Stoddart, G.L., Torrance, G.W. (1991). *Métodos para la evaluación económica de los programas de atención de salud.* Edit. Díaz de Santos

Drummond, M.F.: (1981) "Welfare economics and cost-benefit analysis in health care". *Scottish Journal of Political Economy* 28, 125-45.

Escuela Universitaria de enfermería de Valencia (1992). "Indicadores de calidad de vida". *Medicina interna.* págs.251-277.

Fein, R. Editorial,"Aproximación al análisis coste-efectividad" *N engl. J. Med.* 296,751, (1977).

Fernández Miranda, E. (2000): *Transferencias sanitarias: descentralizar y vertebrar*. Edit. PricewaterhouseCoopers.

Donald, C.A. Ware, J.E. Brook, R.H. et al. (1978) conceptualization and measurement of health for adults in the health insurance study, vol IV, Social Health. Rand corporation: Santa Monica, California.

Ehreth, J.L. (1994): "The Development and Evaluation of Hospital Performance Measurement for Policy Analysis". Medical Care, 32(6),pp.568-587.

PARTE IV.
PONENCIAS Y COMUNICACIONES PRESENTADAS EN LAS JORNADAS SOBRE SALUD Y CUIDADO AL FINAL DE LA VIDA Y AL CONGRESO MULTIDISCIPLINAR SOBRE TESTAMENTO VITAL

VOLUNTADES ANTICIPADAS EN CASTILLA LA MANCHA: PROCEDIMIENTO DE INSCRIPCIÓN Y REALIDAD SOCIAL

MARIA TERESA MARTÍNEZ MERCHANTE
Jefa de Sección de los Servicios Periféricos de la Consejería de Sanidad y Asuntos Sociales; Encargada del Punto de Registro de los Servicios Periféricos de Cuenca

Resumen: En este trabajo analizo la normativa autonómica de Castilla La Mancha sobre voluntades anticipadas, así como todo el procedimiento administrativo para la inscripción de estos documentos en el Registro Autonómico. A la vez y teniendo en cuenta los datos de los que disponemos, doy una muestra de la realidad social respecto a estos documentos en la Comunidad Autónoma de Castilla La Mancha.

Palabras clave: Voluntades Anticipadas, Registro, profesional sanitario, derechos de los pacientes.

1. INTRODUCCIÓN

Todos los seres humanos aspiran a vivir dignamente. El imperativo de la vida digna alcanza también a la muerte. Una vida digna requiere de una muerte digna. El derecho a una vida digna no se puede truncar con una muerte indigna.

Aunque nuestra sociedad trata de negarla u ocultarla, lo cierto es que la muerte es un acontecimiento esencial e inevitable en la biografía de las personas, forma parte de nuestra vida, y todos queremos que acontezca de la mejor manera posible.

Ya entre 961 y 1049 el 5° Abad de Cluny expresaba su deseo de una muerte digna: "De nada sirve vivir bien si se muere mal", y de la misma manera se manifestaba RAINER MARÍA RILKE en el año 1905: "Oh Señor, da a cada uno su muerte propia".

El ordenamiento jurídico está llamado a concretar y proteger también este ideal de muerte.

En nuestro país, las Voluntades Anticipadas adquieren status legal con la publicación de la Ley 41/2002, de 14 de noviembre, básica reguladora de la autonomía del paciente y de derechos y obligaciones en materia de información y documentación clínica. (B.O.E. nº 274, de 15 de noviembre).

Esta Ley regula los registros de carácter público en todas las Comunidades Autónomas y el Registro Nacional de Instrucciones Previas.

2. LA DECLARACIÓN DE VOLUNTADES ANTICIPADAS EN CASTILLA LA MANCHA

La regulación en el ámbito autonómico de Castilla-La Mancha comienza con la Ley 6/2005, de 7 de julio, de Castilla-La Mancha, sobre la Declaración de Voluntades Anticipadas en materia de la propia salud, (D.O.C.M. nº 141, de 15 de julio).

El objeto de esta regulación no es otro que dar un trato especial al derecho de autonomía que asiste a los pacientes mediante un instrumento que se ha dado en llamar voluntades anticipadas.

La estructura de la norma contempla el objeto de la ley, el concepto de declaración de voluntades anticipadas, la capacidad para otorgarla, el contenido, los requisitos y la formalización del documento, su modificación, la sustitución o revocación, su registro y la comunicación de las voluntades anticipadas al médico o a los centros sanitarios.

Esta regulación, por un lado, mejora la atención sanitaria a los ciudadanos en Castilla-La Mancha y, por el otro, dota de instrumentos seguros a los profesionales sanitarios que se enfrentan a situaciones clínicas extremas, objetivos que contribuirán al bienestar general y al respeto a los derechos y libertades personales.

Además de la citada Ley 6/2005, de 7 de julio, el Decreto 15/2006, de 21 de febrero, regula el Registro de Voluntades Anticipadas de Castilla-La Mancha, (D.O.C.M. nº 42, de 24 de febrero). Por otro lado, la Orden de

31 de agosto de 2006, de la Consejería de Sanidad crea el fichero automatizado de datos del Registro de Voluntades Anticipadas de Castilla-La Mancha, (D.O.C.M. nº 193, de 18 de septiembre). Y posteriormente se dictan la Resolución de 8 de enero de 2008, de la Consejería de Sanidad, por la que se crean nuevos puntos del Registro de Voluntades Anticipadas de Castilla-La Mancha, (D.O.C.M. nº 16, de 22 de enero); y la Resolución de 5 de marzo de 2012, de la Consejería de Sanidad y Asuntos Sociales, por la que se crea el punto del Registro de Voluntades Anticipadas en el Hospital Nacional de Parapléjicos, (D.O.C.M. nº 53, de 13 de marzo).

El artículo 2 de la Ley 6/2005, describe la Declaración de Voluntades Anticipadas (en adelante DVA) como: "La manifestación escrita de una persona capaz que, actuando libremente, expresa las instrucciones que deban tenerse en cuenta sobre la asistencia sanitaria que desea recibir en situaciones que le impidan expresar personalmente su voluntad, o sobre el destino de su cuerpo o sus órganos una vez producido el fallecimiento."

Sólo podrán otorgarlas, según el artículo 3 de la citada Ley 6/2005, toda persona mayor de edad, que actúe libremente y que no se encuentre incapacitada judicialmente para emitirla, podrá formular la declaración.

En cuanto a su contenido, si bien la legislación no realiza una enumeración exhaustiva de cuidados y tratamientos relacionados con su salud sobre los que puede optar el solicitante, nunca se aplicarán actuaciones que vayan en contra de la legislación vigente, o en contra de la *lex artis,* ni las que no se correspondan con el supuesto de hecho que el interesado haya previsto en el momento de manifestarlas (por ejemplo, cuando la declaración se realizó mucho tiempo antes del momento de la intervención, y desde entonces han avanzado los conocimientos científicos).

Por buena práctica clínica o lex artis, se entiende el conjunto de prácticas médicas aceptadas en el momento como adecuadas para tratar a los enfermos (protocolos consensuados, guías médicas de actuación, etc.)

En lo que se refiere a que se deje expresado mediante un documento de voluntades anticipadas el destino de su cuerpo y sobre los órganos del mismo, una vez llegado el fallecimiento, en España todo el proceso de donación y el trasplante de órganos están regulados por la Ley 30/1979, de 27 de octubre, sobre extracción y trasplante de órganos y la legislación de desarrollo, como el Real Decreto 426/1980, de 22 de febrero, por el que se desarrolla la Ley 30/1979, de 27 de octubre, sobre extracción y trasplante de órganos, garantizando el altruismo de la donación y la equidad en el acceso al trasplante.

En principio, el donante tiene que encontrarse en un hospital en el momento del fallecimiento, sólo así se puede mantener el cuerpo artificialmente desde el momento de la muerte hasta la extracción. Los órganos de las personas que fallecen fuera de un hospital pueden ser válidos en determinadas circunstancias, pero en la mayor parte de los casos no son válidos para trasplante, ya que se deterioran rápidamente.

Sin embargo, la muerte puede ser secundaria a procesos que conduzcan primariamente a un daño completo e irreversible de las funciones encefálicas (donante en muerte encefálica), o a procesos que conduzcan a un paro cardiorrespiratorio (donante en asistolia). En el caso de muerte encefálica, la persona fallecida no tiene respiración, por lo tanto resulta obligado el soporte de respiración artificial para mantener la viabilidad de los órganos hasta su extracción.

Para ello, se puede indicar que se acepta se apliquen los procedimientos necesarios para la certificación de la muerte y mantener viables los órganos hasta su extracción. Así pues, primero se ha de diagnosticar la muerte de la persona, que se certificará tras la confirmación del cese irreversible de las funciones cardiorrespiratorias o del cese irreversible de las funciones encefálicas. (Los demás órganos pueden funcionar durante un tiempo si la persona fallecida está conectada a un respirador. Sin embargo la función del corazón y del pulmón cesa si se desconecta el respirador y se suspenden las medidas de soporte artificial).

La legislación española exige que la muerte cerebral de una persona que va a ser donante sea diagnosticada por tres médicos, entre los que debe figurar un neurólogo o neurocirujano y el Jefe de Servicio de la unidad médica donde se encuentre ingresado. En ningún caso, dichos facultativos podrán formar parte del equipo extractor o trasplantador de los órganos que se extraigan (Real Decreto 1723/2012, de 28 de diciembre por el que se regulan las actividades de obtención, utilización clínica y la coordinación territorial de los órganos humanos destinados a trasplante y se establecen los requisitos de calidad y seguridad).

La edad no es actualmente un factor limitante para ser donante de órganos.

Una persona con esclerosis múltiple puede ser donante de órganos si se hace un seguimiento adecuado de su enfermedad.

En el caso de los testigos de Jehová, que para donar los órganos solicitan que se extraiga su sangre de los órganos antes de trasplantarlos, la donación sería posible lavando el órgano con suero sintético.

En el caso de una mujer embarazada, puede dejar expresado que es donante de sangre de cordón umbilical, pero no basta con expresarlo en la DVA, sino que hay que dirigirse a uno de los Bancos de Sangre de Cordón existentes en España.

En el caso de un donante fallecido, no se puede donar un órgano para alguien en especial, sino que se adjudica al enfermo que sea más compatible, según el orden en la lista de espera, o al que necesita el trasplante con más urgencia.

En el caso de donante vivo, se puede donar a alguien en concreto, generalmente un familiar directo (padre o madre, hijo, hermano o hermana) o un amigo, de acuerdo a unos requisitos muy estrictos.

Existen diversas causas que pueden ocasionar que no se puedan utilizar los órganos de un donante, tales como contraindicación médica debido a alguna enfermedad, problemas en el mantenimiento del órgano en condiciones idóneas para el trasplante, y negativa judicial.

En Castilla-La Mancha, cualquier persona puede declararse donante de órganos y cuerpo simultáneamente, aunque en el caso de marcar las dos casillas, tiene prioridad la obtención de órganos para trasplante siempre que éste sea posible.

En el caso de que el donante no sea adecuado para trasplante, se notificará a la Facultad de Medicina la donación del cuerpo.

Si la persona fallece en el hospital, primero se avisa al equipo de trasplantes, que estudiará la posibilidad de donación de órganos.

Si es posible, se extraen los órganos y el equipo quirúrgico sutura y deja el cuerpo preparado para que los familiares se hagan cargo de él (es decir, la extracción de órganos no retrasa, ni modifica la decisión final de la familia sobre ceremonias religiosas, entierro, incineración, etc., y es la familia la que se hace cargo de estos gastos).

Si la persona fallece en su domicilio, al no existir forma de mantener los órganos viables, no sería susceptible de donación de órganos, y por lo tanto se debe avisar directamente a la Universidad.

Si no es posible donar los órganos, entonces se tiene en cuenta la donación del cuerpo. En este caso, si la facultad de Medicina acepta la donación, envían una funeraria que recoge el cuerpo y lo traslada hasta la Universidad (gastos a cargo de la Universidad). Tras dos años lectivos de utilizar el cuerpo y dependiendo de lo manifestado por el donante, los restos son incinerados o enterrados (a cargo de la Universidad) tras una ceremonia de agradecimiento. En el caso de que la familia hubiera manifestado su deseo de recoger las cenizas, serían avisados desde la Universidad.

Los cuerpos donados son imprescindibles tanto para la docencia en las Facultades de Medicina como para la investigación biomédica.

La mayoría de los cuerpos son aceptables para la donación. Sin embargo la donación podría ser rechazada de forma general en el caso de que los órganos hayan sido destruidos o algunos órganos hayan sido extraídos para trasplante; el cuerpo esté sometido a un proceso de instrucción judicial (autopsia médico-legal); o el donante padezca una enfermedad infecto-contagiosa, o cualquier otra enfermedad que suponga un riesgo potencial de salud de las personas que trabajen con el cuerpo.

La Universidad se reserva el derecho de determinar la aceptabilidad de una donación potencial.

Si se quiere donar el cuerpo para la ciencia a otra facultad se debe contactar con la facultad que se haya elegido para que indiquen los trámites que se deben seguir.

Los extranjeros no residentes pueden ser donantes del cuerpo para la ciencia, pero es recomendable que tengan en carné de donante emitido por la Universidad, o lo dejen reflejado por escrito en su DVA.

Para activar el protocolo cualquier persona (un familiar, el representante, cualquier profesional sanitario que participó en la asistencia del donante…etc.) puede llamar y en la funeraria informan de los pasos a seguir.

La legislación de Castilla La Mancha también prevé la designación de un representante para tomar las decisiones al final de la vida en el caso de que el paciente haya perdido su capacidad. Puede ser representante cualquier persona mayor de edad y capaz, con la excepción del notario ante quien se formule la declaración, el personal del Registro de Voluntades Anticipadas, el personal sanitario que deba aplicar las voluntades anticipadas, los testigos ante los que se haga la declaración, y los gestores o propietarios de las instituciones que financien o presten la atención sanitaria al otorgante de la declaración.

La función del representante es la de actuar como interlocutor con el médico o equipo sanitario para que se cumplan las instrucciones contenidas en la DVA, debiendo constar por escrito su aceptación.

Respecto a la formalización del documento, hay un modelo que ayuda a realizar la declaración y que se puede obtener en los puntos de registro y en la página Web de la Junta de Castilla LA Mancha.

El documento en que se formalice la DVA deberá contener los siguientes extremos: Los datos de identidad del otorgante y los del funcionario o testigos, así como , en su caso, del representante nombrado, mediante la consignación del nombre, apellidos, domicilio, DNI, u otro documento oficial con efectos legales de identificación; La manifestación del funcionario o de los testigos de haber identificado al otorgante por medio de su reseñado documento identificativo; La DVA; lugar, fecha y hora en que se firma; y la firma de quien la otorga y la del funcionario o la de todos los testigos, y en su caso la del representante nombrado, que se entenderá como aceptación de la representación.

El documento otorgado ante notario se formalizará conforme a la legislación notarial.

El modelo podrá otorgarse ante:

- Un notario.
- Un funcionario del Registro, que esté habilitado.
- Tres testigos, que deberán ser mayores de edad y con plena capacidad de obrar, de los que al menos dos no estarán vinculados con el otorgante con parentesco de hasta tercer grado de consanguinidad o afinidad, por matrimonio o por relación profesional o patrimonial alguna.

Posteriormente, el otorgante o su representante podrán entregar el documento en el Registro de Voluntades Anticipadas (en adelante RVA) para su inscripción. También el interesado puede requerir al notario para que remita copia autorizada al RVA de Castilla-La Mancha.

El responsable del Registro comprobará que el declarante aporta toda la documentación requerida, y procederá al procesamiento informático de los datos.

Las voluntades anticipadas, formalizadas en un documento conforme a lo dispuesto en esta Ley, obligarán al médico, al equipo sanitario o a cuantas personas deban ejecutar lo dispuesto en las mismas.

Cuando se preste atención sanitaria a una persona que se encuentre en una situación que le impida tomar decisiones por si misma, los profesionales sanitarios responsables del proceso deberán consultar si existe en el Registro constancia del otorgamiento de la voluntad anticipada y, en caso positivo, recabarán la misma y actuarán conforme a lo previsto en ella.

Al otorgar la DVA se deja constancia escrita de los cuidados y tratamientos que quiere el otorgante que se le hagan, cuando reúna los requisitos previstos en la normativa.

Si se registra, se inscribe la DVA en el RVA y de este modo se tiene la seguridad de que pueden ser obtenidas y consultadas de una forma rápida por el médico que las tiene que aplicar, en el momento necesario.

Aunque también serán eficaces las declaraciones no inscritas, es aconsejable inscribirlas en el RVA de Castilla-La Mancha, para facilitar el acceso del personal sanitario al contenido de la declaración, tanto en la Comunidad Autónoma, como en el resto de España.

Una vez que la DVA se registra se incorpora un acceso desde la historia clínica para que el personal sanitario pueda consultarla cuando sea necesario y garantizar que los deseos y preferencias del paciente sean respetados.

Si se viaja al extranjero la Declaración no puede ser consultada, por lo que se recomienda que se lleve una copia de la misma.

Hay que señalar que el procedimiento de inscripción de la declaración en el Registro no conlleva ningún coste para el ciudadano.

3. REGISTRO DE VOLUNTADES ANTICIPADAS DE CASTILLA-LA MANCHA

Por el Decreto 15/2006, de 21 de febrero, se regula el Registro de Voluntades Anticipadas de Castilla-La Mancha, que se crea por Ley 6/2005.

El Registro es único para toda la Comunidad, pero se gestiona de manera descentralizada desde los diferentes puntos de registro.

El Registro depende de la Consejería de Sanidad y Asuntos Sociales y se crea para la constancia y custodia de las declaraciones emitidas en el territorio o por residentes de la Comunidad Autónoma, y para facilitar el acceso a las mismas.

El RVA de Castilla-La Mancha está sincronizado on line con el Registro Nacional de Instrucciones Previas (en adelante RNIP).

Esto permite que las declaraciones inscritas en cualquier Comunidad Autónoma puedan ser consultadas desde cualquier otra, lo que hace innecesario que el declarante tenga que inscribir de nuevo su declaración cuando cambia su residencia a otra Comunicad Autónoma.

Existen puntos de registro en todos los Servicios Periféricos de la Consejería, es decir en las diferentes provincias. En la provincia de Toledo además en el Hospital Nacional de Parapléjicos y en el Instituto de Ciencias de la Salud con sede en Talavera de la Reina; en la de Albacete, en los Hospitales de Almansa, Hellín y Villarrobledo; y en la de Ciudad Real en los Hospitales de Manzanares, Alcázar de San Juan, Puertollano, Tomelloso y Valdepeñas. En total, en la actualidad existen 15 puntos de registro en la región.

La función principal del Registro es dar a conocer al equipo sanitario que atiende al otorgante la existencia de la DVA, a fin de aplicarla al adoptar cualquier decisión clínica respecto a él.

El Registro a su vez cumple otras funciones, aparte de la inscripción de los Documentos de Voluntades Anticipadas, prevé su modificación, sustitución o revocación; así como su custodia hasta pasados cinco años del fallecimiento del otorgante, transcurrido dicho plazo se procede a su cancelación.

Por otro lado, facilitar a las personas autorizadas el acceso a las DVA y su consulta de manera ágil y rápida, mediante la creación de un fichero automatizado de datos y, una función esencial, dada la movilidad actual, es la de mantener la debida coordinación con el RNIP, para asegura la eficacia en todo el territorio nacional de las declaraciones.

El sistema informático que da soporte a este Registro permite el cumplimiento de estas funciones y facilita la gestión del archivo de los documentos originales de la declaración. La aplicación informática del

RDVA de Castilla-La Mancha entró en funcionamiento en el año 2006. Está sincronizada en tiempo real con la del Ministerio, donde vierten sus datos todos los registros autonómicos de Voluntades Anticipadas que ya están sincronizados.

Las personas autorizadas para acceder al Registro de Voluntades Anticipadas de Castilla-La Mancha son:

- El declarante autor de la misma, el representante que conste en la declaración y el representante legal (en su caso).
- Los enfermeros para consultar información básica sobre un declarante, pueden consultar datos identificativos del declarante, así como si tiene nombrado representante y es donante de órganos y/o cuerpo.
- Los médicos del Servicio de Salud de Castilla la Mancha (SESCAM), accederán a través de la Intranet, o personalmente en los puntos de registro presentando su carné de colegiado, (la consulta se puede hacer por DNI y por nombre y apellidos).
- Los médicos en ejercicio en un centro sanitario con internamiento no dependiente del SESCAM, llamando al teléfono de los puntos de registro de los Servicios Periféricos en horario de oficina, o al 112 si se trata de un día festivo o laborable de 14 a 9h. Se le informará sobre si el paciente tiene o no inscrita la declaración y en caso afirmativo los pasos a seguir para poder acceder a ella, asegurando la confidencialidad y el respeto a la legislación de protección de datos de carácter personal.

Para el acceso y la consulta física están habilitados los puntos de registro.

El acceso telemático mediante firma electrónica, se habilitará a través del portal de la Junta, y requerirá certificado digital de clase 2CA, emitido por la Fábrica de Moneda y Timbre. El personal sanitario podrá acceder con su identificación como usuario del sistema y firma electrónica avanzada o clave de acceso.

En cumplimiento de la LO 15/1999, de Protección de Datos de Carácter Personal (LOPD), todas las consultas efectuadas quedan registradas en el sistema.

Las personas encargadas de los puntos de registro, normalmente funcionarios, deberán:

- Recibir las solicitudes de inscripción.
- Constatar la personalidad y capacidad del autor.
- Comprobar los requisitos formales de validez de las declaraciones.
- Informar y asesorar a los otorgantes de los documentos sobre dichos requisitos.
- Informar a los ciudadanos sobre las VA en el ámbito de la Sanidad.
- Cumplimentar la DVA.
- Inscribir los documentos de VA, de acuerdo con los requisitos formales y materiales establecidos en el Decreto. (Las personas que por distintas razones no puedan desplazarse al punto de registro y que puedan acreditar dicha condición pueden solicitar la visita del responsable del registro a su lugar de residencia, para efectuar la declaración en su presencia.)
- Informar la propuesta de denegación de inscripción en los supuestos del artículo 5.2 del citado Decreto 15/2006.
- Archivar y custodiar el original o la copia auténtica del documento de VA.

3.6. Procedimiento de inscripción

El declarante ha de presentarse en el punto de registro en el que va a efectuar la inscripción de su DVA, con toda la documentación requerida, que es la que se recoge en el artículo 4 del Decreto 15/2006.

El procedimiento de inscripción se inicia mediante solicitud de la persona otorgante, que se ajustará al modelo previsto en el Anexo I del mencionado Decreto 15/2006, de 21 de febrero.

La puede presentar el propio declarante, bien físicamente, o remitida desde la Notaría si así consta en la DVA otorgada ante Notario. Si la presenta cualquier otra persona en el caso de otorgada ante testigos, deberá aportar un poder notarial de representación.

Por el funcionario se comprueba toda la documentación entregada, cuando la declaración se otorga ante él, debe además firmar y sellar el apartado correspondiente, y procede a la inscripción en el Registro informatizado. Para ello, escanea la declaración, introduce en la aplicación informática los datos identificativos del declarante y adjunta el archivo con la declaración escaneada. Así queda guardada la declaración en el archivo informatizado del RVA de Castilla-La Mancha y en el RNIP. Desde este momento la declaración estará accesible para cualquier médico autorizado que necesite consultarla.

A continuación, el funcionario procede a imprimir el archivo escaneado de la declaración original en papel oficial, con los datos identificativos del declarante, y sella y firma este documento acreditando así su registro. Esta copia de la declaración es la que se entrega al declarante.

Asimismo, y si lo desea, recibirá también el carné del RVA de Castilla-La Mancha, que atestigua que la persona titular del mismo tiene registrado un documento y su voluntad en cuanto a la donación de los órganos o del cuerpo.

Finalmente, la declaración original junto con las fotocopias de los DNI correspondientes, y el resto de la documentación complementaria, se guarda en un sobre que queda archivado y custodiado conforme a lo establecido en la Ley Orgánica 15/1999, de 13 de diciembre, de protección de datos de carácter personal.

El documento de voluntades anticipadas puede ser objeto de modificación, sustitución o revocación por parte de la persona otorgante en todo momento, siguiendo el mismo procedimiento que el establecido para la primera inscripción.

La declaración sustituida se guardará en el mismo sobre que contiene el expediente completo, junto con la nueva DVA.

4. REALIDAD SOCIAL EN CASTILLA-LA MANCHA

Según datos facilitados por la Dirección General de Calidad, Planificación, Ordenación e Inspección, de la Consejería de Sanidad y Asuntos Sociales de la Junta de Comunidades de Castilla-La Mancha, desde el 2 de octubre de 2006 – fecha en que se inscribió la primera declaración – hasta el 1 de julio de 2013, hay un total de 4.302 personas que han inscrito su DVA en el RDVA.

Los años en los que se han inscrito más otorgantes fueron el 2011 (19,76 %) y el 2010 (17,85%). En los seis años del periodo 2007-2012 se han efectuado una media anual de 660 inscripciones. En 2012 se realizaron 589 inscripciones, un 30,71% menos que en 2011, continuando esta misma tendencia en el primer semestre de 2013.

Los puntos de registro con más inscripciones son los ubicados en los Servicios Periféricos de la Consejería de Sanidad y Asuntos Sociales (SP-CSyAS) los cuales empezaron a funcionar antes que los situados en los hospitales y el Instituto de Ciencias de la Salud (ICS). El punto del Hospital Nacional de Parapléjicos se puso en funcionamiento en marzo de 2012.

Casi todas las declaraciones inscritas (el 97,77%) corresponden a ciudadanos residentes en Castilla-La Mancha.

Aunque se puede elegir cualquiera de los 15 puntos de Registro habilitados al efecto para inscribir la declaración, sólo un 2,14% de los otorgantes lo hizo en alguno de los puntos ubicados fuera de su provincia de residencia.

Un total de 96 personas residentes en otra Comunidad Autónoma inscribieron su DVA en el RDVA.

El 29,96% del total de inscritos (1.289 otorgantes) residen en la provincia de Toledo. En Albacete residen el 24,48%, en Ciudad Real el 23,55%, en Guadalajara el 13,11% y el 6,67% en Cuenca.

Teniendo en cuenta la población que legalmente puede otorgar la declaración, es decir los que tienen 18 o más años de edad, los 4.302 residentes en Castilla-La Mancha suponen una tasa bruta acumulada de 19,84 otorgantes inscritos por 10.000 habitantes. Por sexo, tanto en varones como en mujeres, Cuenca es la provincia con las tasas más bajas (9,98/10.000 y 16,49/10.000 respectivamente) y Albacete con las más altas 19,64/10.000 en varones y 32,66/10.000 en mujeres.

La tasa media anual de inscripciones en el periodo 2007-2012 fue de 3,84/10.000 residentes mayores de 18 años.

Otro dato a destacar es que hay más mujeres inscritas (60,46%) que varones (39,54%) y esta diferencia entre sexos en los datos acumulados se mantiene también en torno al 20% en los datos de cada año.

La tasa de mujeres residentes en la Comunidad que han inscrito su declaración (24,21/10.000) es superior a la de hombres (15,55/10.000) y también es mayor en todos los grupos de edad. En el grupo de 55-59 años la tasa de las mujeres casi duplica la de los varones.

Por grupos de edad las tasas de otorgantes, tanto en varones como en mujeres, aumentan de forma progresiva hasta los 55-59 años, grupo en el que se alcanza a cuadruplicar las tasas de los más jóvenes (menores de 25) y los de mayor edad (mayores de 84 años). A partir de este grupo de 55-59 años en las mujeres y 60-64 en los varones las tasas descienden de forma progresiva en ambos sexos.

Los otorgantes entre 30 y 74 años de edad suponen un 83% del total de los inscritos.

El 97,16% de los otorgantes formalizó la declaración ante un funcionario del Registro. El número de las realizadas ante tres testigos fue de 73 (1,70%) y 49 (1,14%) las otorgadas ante notario.

La mayor parte de los declarantes (69,43%) nombró un representante para que actúe como interlocutor ante el médico responsable y el equipo sanitario no existiendo apenas diferencia entre el porcentaje de hombres (71,49%) y mujeres (68,09%) respecto a esta preferencia.

Si exceptuamos las declaraciones inscritas en los tres meses de funcionamiento del Registro en el año 2006 y en las que el porcentaje de documentos con representante no alcanzó el 42%, en el resto de los años se ha mantenido entre el 60 y el 80 por ciento. La evolución anual de este porcentaje es muy similar en varones y mujeres.

Un total de 2.013 otorgantes, el 46,79% de los inscritos, se han pronunciado manifestando su voluntad de donar los órganos.

El porcentaje de mujeres (47,60%) que se han pronunciado declarándose donantes es dos puntos porcentuales mayor que el de los hombres (45,56%).

En los menores de 65 años el porcentaje de donantes declarados se sitúa por encima del 50%, siendo aún más elevada la diferencia entre varones (47,27%) y las mujeres (52,05%). Entre los mayores de 65 años sin embargo el porcentaje de varones (39,29%) supera al de las mujeres (32,72%).

En cuanto a la evolución anual, en 2009 y 2010 los otorgantes que manifestaron su voluntad de donar los órganos superaron a los no donantes. Esta tendencia, que se invirtió en 2011, para volver a cambiar en 2012, podría continuar en 2013 si se mantienen las proporciones observadas en el primer semestre.

Son seis los puntos de registro en los que más de la mitad de los otorgantes inscritos se han manifestado sobre la voluntad de donar los órganos: el hospital de Villarrobledo (70,65%), el hospital La Mancha-Centro en Alcázar de San Juan (63,29%), el hospital de Almansa (61,64%), el Instituto de Ciencias de la Salud en Talavera de la Reina (57,14%), los Servicios Periféricos de Albacete (56,13%) y el Hospital Nacional de Parapléjicos (55,56%).

El punto de registro con mayor número de otorgantes inscritos (1.076), ubicado en los servicios periféricos de la Consejería en Toledo, es el que tiene menor porcentaje (33,46%) de otorgantes que han puesto de manifiesto su voluntad de donar los órganos.

Un total de 688 personas (el 15,99% de los otorgantes inscritos) ha manifestado su voluntad de donar su cuerpo para la investigación y la docencia.

El punto de registro con mayor porcentaje de donantes de cuerpo es el hospital de Villarrobledo (27,17%).

El porcentaje anual de donantes de cuerpo se ha incrementado del 5,66% en 2007 al 24,62% en 2012. En el primer semestre de 2013, un total de 55 otorgantes (el 21,24% de los inscritos) ha manifestado su voluntad de donar su cuerpo para la investigación y la docencia.

LAS INSTRUCCIONES PREVIAS Y EL REGISTRO EN LA COMUNIDAD AUTÓNOMA DE LA REGIÓN DE MURCIA: REGULACIÓN JURÍDICA

JESÚS ESTEBAN CÁRCAR BENITO
Doctor en Derecho por la UNED.

1. INTRODUCCIÓN

La problemática que subyace al proceso de morir ha adquirido una relevante importancia en nuestra sociedad. Por un lado, los avances de la medicina y otras ciencias permiten la prolongación de la vida o el mantenimiento de las funciones vitales hasta límites inimaginables hace pocos años. Por el otro, el aumento de la expectativa de vida, sumado al incremento de las enfermedades crónicas, hace que un número de personas con enfermedades degenerativas o irreversibles lleguen a una situación terminal caracterizada por la no curación de la enfermedad o patología causal, teniendo un pronóstico de vida limitado muchas veces en un ámbito y contexto de atención sanitaria de intensiva altamente tecnificada.

Esto ha supuesto también una evolución del concepto de instrucciones previas, desde su finalidad originaria, a saber, limitar la actuación médica en ciertas situaciones terminales o de inconsciencia irreversible, hasta la consideración actual de verdadera planificación anticipada de tratamientos, que pretende satisfacer las preferencias del paciente en un máximo de situaciones y tratamientos posibles (SÁNCHEZ GONZÁLEZ, 2005).

El Estatuto de Autonomía de la Región de Murcia, aprobado por Ley Orgánica 4/1982, de 9 de junio, atribuye en su artículo 11.1, a la comunidad autónoma la competencia de desarrollo legislativo de la legislación básica del Estado en materia de sanidad y, en su caso, en los términos que la misma establezca, siendo tales términos, primeramente, los recogidos en el artículo 11.2 de la Ley 41/2002, de 14 de noviembre, básica reguladora de la autonomía del paciente y de los derechos y obligaciones en materias de información y documentación clínica (en adelante LBRAP) según el cual por las comunidades autónomas se regulará el procedimiento adecuado para que, llegado el caso, se garantice el cumplimiento de las instrucciones previas de cada persona, que deberá constar siempre por escrito.

El segundo parámetro para tratar el alcance de la competencia autonómica es ese mismo artículo 11 de la LBRAP, en su apartado 5, cuando atribuye la eficacia de las instrucciones previas a la legislación de las comunidades autónomas. Así pues, la competencia autonómica no alcanza a regular plenamente el instituto jurídico de las instrucciones previas (su contenido, elementos estructurales subjetivos, objetivos, y eficacia) sino sólo el procedimiento que salvaguarde la específica aplicación práctica de las voluntades formalizadas por sus autores y el modo de formalización de las mismas, como señala el Decreto 80/2005.

Dentro de los derechos relativos a la autonomía de la decisión, recogidos en el Título V de la Ley 3/2009 de 11 de mayo de derechos y deberes de los usuarios del Sistema Sanitario de la Región de Murcia, se recoge en el Capítulo III la regulación de las Instrucciones Previas. En consecuencia, más allá de los requisitos mínimos exigidos por la ley básica es condición obligada la referencia a la ley regional (SÁNCHEZ GONZÁLEZ, 2008).

El objeto de la normativa de la comunidad autónoma de Murcia lo constituye el derecho que asiste a toda persona a decidir sobre las actuaciones sanitarias de que pueda ser objeto en el futuro, en el supuesto de que, llegado el momento, no goce de la capacidad de consentir por sí misma. En este sentido, su fin no es otro que dar un trato especial al derecho de autonomía que asiste a los pacientes mediante un instrumento que se ha dado en llamar instrucciones previas o voluntades anticipadas. Las Instrucciones Previas y su garantía de efectividad se constituyen, de esta forma, en un instrumento mediante el cual se garantiza a todos los ciudadanos, en el ámbito territorial de la región de Murcia, la expresión efectiva de este derecho a la autonomía personal. Se aborda la puesta en funcionamiento de un Registro que contribuirá a que los ciudadanos puedan dejar constancia de sus voluntades anticipadas y, al mismo tiempo, facilitará que los profesionales sanitarios presten asistencia, respetando todos los derechos que corresponden a los pacientes en relación con las mismas.

El documento de Instrucciones Previas, como inicia el preámbulo del Decreto 80/2005 de 8 de julio, por el que se aprueba el reglamento de instrucciones previas y su registro, con inferior rango, publicado en el BORM nº 164, de 19 de julio de 2005 (en adelante Decreto 80/2005), se configura como una herramienta útil para la mejora de la comunicación entre los profesionales de la salud y el paciente. Constituye, de este modo, un elemento coadyuvante en la toma de decisiones médicas relativas al paciente, teniendo por finalidad el riguroso respeto a la voluntad libre de los pacientes y garantizando el derecho de éstos a la propia libertad de decisión.

2. ORIGEN DE LA REGULACIÓN DE LA COMUNIDAD AUTÓNOMA DE MURCIA

La posibilidad de realizar el Documento de Instrucciones Previas se recogió primeramente en el Decreto 80/2005. La norma regula a nivel autonómico el documento, su formalización, modificación, sustitución o revocación, a la vez que se le dota con las mayores garantías de autenticidad y eficacia y se recoge su inscripción en el Registro de Instrucciones Previas de la Región de Murcia. El Decreto 80/2005 adelantó contenidos que incorporó después la Ley 3/2009. Así, la Ley Regional regula en el Capítulo III, las Instrucciones Previas: "Derechos relativos a la autonomía de de decisión". En este sentido, el Dictamen 198/08 del Consejo Jurídico de la Región de Murcia sobre el Anteproyecto de Ley de los derechos y deberes de los usuarios del Sistema Sanitario de la Región de Murcia hace las siguientes precisiones: "el derecho a la autonomía del paciente fue regulado por la Ley 41/2002 estableciendo en su artículo 11 la regulación del documento de instrucciones previas, remitiendo, para su formalización, a "lo dispuesto en la legislación de las respectivas Comunidades Autónomas", salvo en tres puntos: la necesidad de que se formalicen por escrito (apartado 2 del artículo 11); la posibilidad de que en cualquier momento puedan revocarse (apartado 4); y que en la historia clínica del paciente quedará constancia razonada de las anotaciones relacionadas con estas previsiones (apartado 3)", Es decir, la obligación de desarrollo sería en lo que atañe al procedimiento que salvaguarde la específica aplicación práctica de las voluntades formalizadas por sus autores y el modo de formalización de las mismas (Dictamen 91/2005, de este Consejo Jurídico). En este sentido, en este concreto ámbito, se aprecia claramente, primero, la falta de necesidad de definir las finalidades de las instrucciones previas, y, segundo, la inconveniencia de hacerlo en términos, aunque parecidos, diferentes a los de la legislación básica.

Respecto a valoración de la Ley 3/2009, el Dictamen 4/2007 del Consejo Económico y Social de la Región de Murcia en su fase de anteproyecto, lo valoró positivamente porque supone una opción legislativa, frente a las otras posibles de regulación parcial o sectorial, ofrece la ventaja de la accesibilidad de su conocimiento por parte de los pacientes y usuarios, pero también por parte de los profesionales sanitarios y de las entidades y organismos encargados de su aplicación y salvaguarda. Por otra parte, añade que "también considera conveniente que se determine de forma expresa que en el documento de instrucciones previas se puedan incluir disposiciones en relación con el destino del cuerpo o de los órganos del paciente", como hace el artículo 11.1 de la LBRAP.

El artículo 50 de la Ley 3/2009 (Documento de instrucciones previas: 1. De conformidad con lo dispuesto en la legislación básica estatal, se entiende por instrucciones previas el documento por el que una persona mayor de edad, capaz y libre, manifiesta anticipadamente su voluntad, con objeto de que ésta se cumpla en el momento en que llegue a situaciones en cuyas circunstancias no sea capaz de expresarlos personalmente, sobre los cuidados y el tratamiento de su salud o, una vez llegado el fallecimiento, sobre el destino de su cuerpo o de los órganos del mismo) comienza ofreciendo en su apartado primero (FERNÁNDEZ CAMPOS, 2013: 189), una definición legal de nuestra institución que, como textualmente se reconoce, no es sino una reproducción de la noción que, a su vez contienen el artículo 11 de la Ley 41/2002. Es más, conforme al art. 50.2 de la Ley 3/2009, se podrá designar un representante para promover su cumplimiento: "otorgante del documento puede designar un representante para que, llegado el caso, sirva como interlocutor con el médico o equipo sanitario para promover el cumplimiento de las instrucciones previas. A esta función, el representante, en cuanto persona de confianza que es del paciente, contribuirá también a la correcta interpretación de la voluntad del otorgante que, a caso, no haya quedado manifestada de una manera clara y precisa". Pero, como señala el citado apartado, el representante actúa como *interlocutor o vocero* con el equipo sanitario.

El documento de instrucciones previas deberá ser respetado por los centros, servicios o establecimientos sanitarios y por las personas que tengan relación con el otorgante. No se tendrán en cuenta aquellas instrucciones previas que contengan previsiones contrarias al ordenamiento jurídico o la *lex artis*. Es decir, el profesional sanitario no tendrá en cuenta previsiones del documento en las que el paciente solicite un tratamiento que no se corresponda con la patología que sufra o que resulte inútil en un proceso terapéutico, en cuyo caso, es deducible, el respeto a la voluntad del paciente no puede llegar al extremo de aplicarle un cuidado o un tratamiento incoherente o no indicado a su estado de salud (FERNÁNDEZ CAMPOS, 2013: 216).

Finalmente en relación a otros aspectos, el artículo 51 determina, con carácter general, el contenido del documento de instrucciones previas y dispone que el mismo deberá formalizarse por escrito ante notario, ante tres testigos mayores de edad o ante empleado o funcionario público encargado del Registro de Instrucciones Previas de la Región de Murcia.

Las instrucciones previas pueden modificarse en cualquier momento por la sola voluntad de la persona otorgante. El citado precepto establece que los documentos de instrucciones previas, su modificación, sustitución y revocación deberán inscribirse en el Registro de Instrucciones Previas de la Región de Murcia y de los derechos y obligaciones en materias de información y documentación clínica.

3. CONTENIDO DEL DERECHO

El documento de Instrucciones Previas permite, en general, desde la propia manifestación de los objetivos vitales y valores de la persona otorgante, hasta detalladas directrices sobre las intervenciones y tratamientos que desea o rechaza, siempre de forma acorde con el ordenamiento jurídico; la designación de representantes como interlocutores ante los profesionales sanitarios y otras previsiones tales como el destino final de sus órganos o cuerpo tras el fallecimiento (BROGGI, 2001).

El Decreto 80/2005 regula el documento de Instrucciones Previas, su formalización, modificación, sustitución o revocación, dotándolo con las mayores garantías de autenticidad y eficacia, así como su inscripción en el Registro de Instrucciones previas de la Región de Murcia, como norma anterior a la Ley 3/2009.

De acuerdo con ello, se regulan en el Capítulo I el contenido, forma de otorgamiento y requisitos de validez del documento de Instrucciones Previas. En este sentido, no hay duda de que estamos en presencia de un documento que contiene la declaración de voluntad del ciudadano relativa a diferentes aspectos de la asistencia sanitaria, y llamada a tener efectos jurídicos a la hora de tomar las correspondientes decisiones clínicas que le incumben (FERNÁNDEZ CAMPOS, 2011: 191). Este documento incide de forma positiva en la relación médico-paciente, aportando un mayor grado de confianza y transparencia, puede, sin embargo, resultar inoperante si no es conocido por los profesionales sanitarios responsables, en el momento en que haya de ser tomado en consideración por razón de las circunstancias concurrentes.

Por consiguiente y sin perjuicio de que el propio otorgante o las personas de su entorno puedan darlo a conocer directamente al centro sanitario donde esté hospitalizado y/o a cualquier otro lugar donde esté siendo atendido, resulta conveniente dotar al sistema sanitario de un instrumento que, sin que tenga el carácter de condición necesaria para la validez del documento de instrucciones previas, facilite el acceso de los profesionales implicados a las directrices anticipadas expresadas por la persona que lo haya emitido. En consecuencia, se procedió a regular, previa creación, el Registro de Instrucciones Previas de la Región de Murcia, recogido en el Capítulo II, que permitirá el conocimiento por parte de los profesionales sanitarios de la existencia de instrucciones previas de los pacientes a los que tratan.

4. CAPACIDAD Y FORMALIZACIÓN DE LAS INSTRUCCIONES PREVIAS

La Declaración de Instrucciones Previas se define como "la manifestación escrita hecha por una persona capaz quien, consciente y libremente, expresa las opciones e instrucciones que deben respetarse en la asistencia sanitaria a recibir, cuando se produzcan circunstancias clínicas que le impidan comunicar personalmente su voluntad" (Art. 11 de LBRAP).El que éstas se formalicen por escrito constituye una garantía para que se respete la voluntad del paciente y también una prueba documental que exonerará al médico que deba aplicar u omitir el tratamiento.

Ahora bien, el documento de Instrucciones Previas permite a los ciudadanos hacer efectivo su derecho a expresar de forma anticipada su voluntad respecto a las decisiones clínicas que les atañen, por si en un futuro está incapacitado para tomar decisiones. Cualquier persona mayor de edad, capaz, libre y que no se encuentre judicialmente incapacitada puede otorgar el documento de instrucciones previas. Puede hacerse por cualquiera de los procedimientos siguientes: declaración ante notario mediante acta notarial; declaración ante tres testigos mayores de edad y con plena capacidad de obrar.; declaración ante funcionario o empleado público encargado del registro de instrucciones previas.

Esta capacidad para otorgar instrucciones previas es una capacidad de obrar para tomar decisiones por adelantado en relación con los cuidados de la propia salud, o con la donación parcial o completa de los órganos. Se requiere, en consecuencia, para ejercerla ser mayor de edad, manifestar libremente la voluntad y poseer la inteligencia y el discernimiento de los actos (LÓPEZ FRÍAS, 2003). En nuestro ordenamiento la capacidad de la persona se presume mientras no se demuestre lo contrario. Así, se prevé desde un punto estrictamente legal, sólo es incapaz quien ha sido declarado como tal mediante resolución judicial y en virtud de alguna de las causas establecidas en la Ley.

La posibilidad de hacerlo ante el funcionario del registro o ante personal de la administración, sometidos por otra parte a la salvaguarda de la confidencialidad de los datos, aseguraría evitar el tener que recurrir a terceros, como son testigos o fedatarios públicos para un acto que se sitúa en la esfera de la autonomía personal y la intimidad de las personas. Asimismo, facilitaría la posibilidad de recurrir a una asesoría profesional (NAVARRO, 2007)

La formalización ante notario, a mi juicio, puede asegurar la libertad en el otorgamiento, pero puede plantear la duda de que sea debidamente informada. Es posible que el interesado no haya consultado ni solicitado información médica sobre los posibles tratamientos y sus consecuencias y desde luego esa información no le corresponde al notario.

En lo referente a los testigos, se aprecia mucha variabilidad en los requisitos de relación con el otorgante para que sean válidos. Desde la no existencia de requisitos especificados para ninguno, excepto conocer al otorgante, hasta exigencias de relación social o familiar de diverso tipo.

En el documento de instrucciones previas, la persona, conforme al art. 50.1 de la Ley 3/2009, recogiendo lo términos de las LBRAP, que lo otorga puede incluir las siguientes manifestaciones o declaraciones: expresión de su proyecto vital y valores personales de calidad de vida, a fin de ayudar en su día a la interpretación del propio documento y para que sirvan de orientación a los médicos en el momento de tomar las decisiones clínicas que afecten al otorgante del documento; instrucciones sobre el alcance del tratamiento médico de la persona que otorga el documento, ya se refieran a una concreta enfermedad o lesión que padezca en el momento de otorgarlo o a otras que pueda padecer en el futuro. Puede también indicar intervenciones médicas que desea recibir en caso de enfermedad, siempre que sean acordes con la buena práctica clínica, y puede también señalar aquellas que no desea recibir. Podrá hacer constar el otorgante la decisión respecto a la donación de órganos. Por último, se otorgarán instrucciones sobre el destino del cuerpo tras el fallecimiento, asistencia religiosa a recibir y lugar donde se presten los últimos cuidados.

En suma, debemos prever que la cumplimentación del documento de Instrucciones Previas se va a desarrollar básicamente en dos escenarios. Uno, en el que ya esté iniciada una relación clínica y por tanto el documento final debiera ser el resultado del proceso continuo reflexivo y dialógico que debe sustentar dicha relación. Pero un segundo escenario es el de personas que en situación de salud o en las que no existan razones desde el punto de vista sanitario para esperar una muerte cercana, ejerzan este derecho con el objeto de prever situaciones que hipotéticamente se pudieran dar en el futuro. Habrá que respetar lo dispuesto por el paciente en el documento, con las limitaciones legales (no pueden cumplirse las instrucciones que contraríen el ordenamiento jurídico, la *lex artis*, o que se refieran a distinto supuesto de hecho previsto por el interesado). Parece aconsejable que los pacientes actualicen el contenido del documento, cuando aparezcan posibilidades médicas que el enfermo no hubiera previsto.

5. LOS REPRESENTANTES

Como señala el Decreto 80/2005, el representante ha de interpretar los valores y directrices que consten en el documento de Instrucciones previas, de forma adecuada a las circunstancias y proporcionando a las necesidades que haya que a tender, siempre a favor del otorgante y con respeto a su dignidad como persona.

Esta posibilidad legal supone desde el punto de vista clínico una opción que debe aconsejarse, pues se entiende que el representante es quien proporciona mayor garantía de interpretación de la voluntad del enfermo ante la necesidad de adecuarla a una situación concreta, y ello debido a lo difícil que es preverla en toda su complejidad. La persona designada pasa a convertirse en el gestor de su autonomía, interpretando con mayor fidelidad que cualquier documento escrito las decisiones que su representado tomaría en cada momento y consiguiendo en colaboración con el equipo de salud que la calidad moral de las decisiones sea máxima y por tanto ajustada a los deseos del otorgante (SÁNCHEZ GONZÁLEZ, 2007: 334-336).

La normativa regional no precisa quien no puede ser representante legal, se debería pretender que no sea las personas directamente involucradas en la puesta en práctica de las disposiciones obrantes en dicho documento por ocupar puestos o desempeñar funciones necesarias para que se puedan llevar a cabo las voluntades anticipadas del sujeto(notario autorizante del documento, los testigos ante los que se formalice el documento, el funcionario encargado del Registro de Instrucciones Previas de la Región de Murcia, los profesionales que hayan de aplicar las instrucciones previa.

Tampoco se hace mención a un supuesto muy común, y que debería tenerse en cuenta, me refiero al supuesto en el que la representación recae a favor del cónyuge o pareja de hecho de la persona otorgante. Dicho nombramiento se debería extinguir a partir, bien de la interposición de la demanda de nulidad, separación matrimonial o divorcio. No obstante, y si a pesar de la ruptura de la pareja el otorgante deseara mantener la designación, a mi juicio, sería necesario, en caso de nulidad, separación matrimonial o divorcio, que constará expresamente en la resolución judicial dictada al efecto. En el supuesto de extinción formalizada de la pareja de hecho o unión libre, sería necesaria la manifestación expresa en un nuevo documento.

Por último, se debería, a mi juicio, considerar la conveniencia de concretar más su función, así como los criterios hermenéuticos que pueda tener en cuenta la persona representante (IGARTUA SALAVERRIA, 1994: 7). De este modo, bajo el presupuesto de que ésta actuará siempre buscando el mayor beneficio de la persona que representa y con respeto a su dignidad personal, se debería disponer que para las situaciones clínicas no contempladas explícitamente en el documento deberá tener en cuenta tanto los valores vitales recogidos en la declaración, como la voluntad que presuntamente tendrían los pacientes si estuvieran en ese momento en situación de capacidad.

6. REGISTRO MURCIANO DE INSTRUCCIONES PREVIAS

Es un registro dependiente de la Dirección General de Atención al Ciudadano y Drogodependencias de la Consejería de Sanidad y Política Social, de carácter confidencial e interconectado con el resto de los registros de las mismas características que existen en el Estado Español. Los otorgantes deberán inscribir en el registro los documentos de instrucciones previas, de acuerdo con los requisitos establecidos, donde manifiestan las instrucciones a seguir y actuaciones médicas que se deben tener en cuenta cuando se encuentren en una situación que no les permita expresar libremente su voluntad. También pueden hacer una revocación, modificación o sustitución del documento indicado.

La finalidad del citado registro es que el equipo sanitario que atienda al otorgante tenga conocimiento de la existencia del documento de instrucciones previas, a fin de tenerlo en cuenta al adoptar cualquier decisión clínica respecto al otorgante. Por ello, si el documento no ha sido inscrito en el registro, recae sobre el otorgante la obligación de poner en conocimiento del centro sanitario la existencia contenido del mismo.

6.1. Acceso facultativo y protección de datos

El médico responsable accede al Registro de Instrucciones Previas por vía telemática para conocer si existe inscripción del documento de

Instrucciones Previas y conocer así su contenido, independientemente de que en la historia clínica figure o no una copia del mismo. La disponibilidad de comunicación será permanente.

En consecuencia, se garantiza la confidencialidad y seguridad de los datos conforme a la Ley Orgánica de Protección de Datos de Carácter Personal (en adelante, LOPD). Las personas que por razones laborales accedan a los datos del registro de instrucciones previas están obligadas a guardar secreto. Es decir, para proteger la intimidad de las personas, sólo podrán acceder al registro de Instrucciones Previas las personas autorizadas a ello.

La Dirección General de Atención al Ciudadano y Drogodependencias como órgano responsable del fichero, garantizará la confidencialidad y seguridad de los datos. El documento debe entregarse en el Registro de Instrucciones Previas en persona o por correo, o mediante alguno de los medios previstos en el artículo 38.4 de la Ley 30/1992, de 26 de noviembre, de Régimen Jurídico de las Administraciones Públicas y del Procedimiento Administrativo Común (en adelante LRJAPPC).

También puede entregarse en el Centro Sanitario donde sea atendido. En este supuesto, si el otorgante así lo manifiesta se dará traslado del documento al Registro de Instrucciones Previas para su inscripción.

6.2. Registro de Instrucciones Previas y Ley Orgánica de Protección de Datos

Debe recordarse, en relación con el Registro que se regula, que LOPD, define el fichero como todo conjunto organizado de datos de carácter personal, cualquiera que fuera la forma o modalidad de su creación, almacenamiento, organización y acceso. Y por tratamiento entiende las operaciones y procedimientos técnicos de carácter automatizado o no, que permitan la recogida, conservación, elaboración, modificación, bloqueo y cancelación, así como las cesiones de datos que resulten de comunicaciones, consultas, interconexiones y transferencias (artículo 3 b y c), por lo que, dándose tal supuesto, debe también procederse a la regulación del fichero correspondiente, con las particularidades requeridas por los artículos 20 y siguientes de dicha Ley.

La Disposición Adicional primera de dicho Decreto 80/2005 establece que la Consejería de Sanidad podrá formalizar Convenios de colaboración con el Ilustre Colegio Notarial de Albacete para facilitar la transmisión telemática de documentos de instrucciones previas autorizados notarialmente, cuando la persona otorgante haya manifestado su voluntad de inscripción en el Registro de Instrucciones Previas de la Región de Murcia y el Notario así lo haga constar en la escritura. Para esta finalidad los notarios disponen de un aplicativo informático mediante el cual a través de la plataforma tecnológica corporativa del Notariado gestionada por una Agencia de certificación que podrán transmitir al Registro de Instrucciones Previas de la Consejería de Sanidad las copias electrónicas de las escrituras públicas de Documentos de Instrucciones Previas. No obstante, la persona otorgante tendrá que haber manifestado al notario su voluntad de inscribir el documento telemáticamente en el Registro y esto debe constar en la escritura(Convenio de Colaboración entre la Comunidad Autónoma de la Región de Murcia, a través de la Consejería de Sanidad, y el Ilustre Colegio Notarial de Albacete para facilitar la transmisión telemática de documentos de instrucciones previas autorizados notarialmente, Boletín de la Región de Murcia de 24 de abril de 2006)

6.3. La coordinación de los Registros

De modo más reciente, la Ley 16/2003, de 28 de mayo, de Cohesión y Calidad del Sistema Nacional de Salud (LCSS) ha supuesto un nuevo paso en la vertebración del sistema sanitario español, convirtiéndose en el segundo gran texto legal surgido tras la Constitución Española, y que esencialmente ha procurado, una vez finalizado el proceso de transferencias sanitarias a todas las Comunidades Autónomas, concretar determinados mecanismos de coordinación y cohesión aplicables al conjunto de Administraciones Sanitarias que conforman el Sistema Nacional de Salud, a fin de garantizar la equidad, la calidad y la participación en el ejercicio del derecho a la protección de la salud a todos los ciudadanos, sin desigualdades o desequilibrios territoriales. El art. 9 del Decreto 80/2005, preceptúa que el Registro de Instrucciones Previas de la Región de Murcia tendrá como función la coordinación con el Registro Nacional, previsto en la Ley 41/2002, de 14 de noviembre, básica reguladora de la autonomía del paciente, De la misma forma, el art.51. 4 de la Ley 3/2009 señala que "deberá actuar en coordinación con el Registro Nacional de Instrucciones Previas, de conformidad con lo dispuesto en la legislación básica estatal".

También el Real Decreto 124/2007 , de 2 de febrero, por el que se regula el Registro Nacional de Instrucciones Previas y el correspondiente fichero automatizado de datos de carácter personal recalca en su preámbulo que la efectividad de este derecho del paciente exige que el documento de Instrucciones Previas, independientemente del lugar en el que haya sido formalizado, pueda ser conocido precisa y oportunamente por los profesionales de la salud a los que, en su momento, corresponda la responsabilidad de la asistencia sanitaria que deba prestársele (RUBIO TORRANO, 2006)

7. EL DOCUMENTO DE INSTRUCCIONES PREVIAS Y LA ÉTICA ASISTENCIAL

La plasmación de las Instrucciones Previas, debe ser el final de un proceso dialógico y deliberativo basado en los valores (MARCOS DEL CANO, 2004:217), creencias e intereses personales del otorgante, con los límites de la ética de mínimos encuadrados por los principios de justicia y no maleficencia

Sin embargo, el fundamento ético de las instrucciones previas abarca la proyección de los principios que se enumeran a continuación: el principio de autonomía, esto es el que conocimiento de que el individuo debe tener libertad para elegir (dentro de ciertos límites) su forma de morir y para controlar su autonomía prospectiva, que otorga autoridad decisoria futura a los pacientes que hayan hecho constar su voluntad previamente; el "principio autonomía prospectiva"; el principio de respeto a las personas , esto es, aquel que acepta las opciones personales del paciente; el principio de beneficencia, ya que realiza el mayor bien del enfermo puede no ser otra cosa que respetar sus opciones vitales (Couceiro A., 2007: 213-222); por último, el principio de lealtad, puesto que hay que respetar las promesas y compromisos contraídos con el enfermo.

En el documento de Instrucciones Previas, en el que el paciente expresa su voluntad en relación con los cuidados y tratamientos que desea recibir cuando no sea capaz, se pueden incluir decisiones específicas sobre los tratamientos de soporte vital (Wegner, 2000: 487), como la de no intentar la resucitación, medidas de sedación y analgesia, o medidas sobre el rechazo de sangre (especialmente en pacientes testigos de Jehová). Otras medidas más recientes son las órdenes médicas sobre tratamientos de soporte vital. Asimismo, se pueden incluir otro tipo de previsiones y manifestaciones: la donación de órganos o tejidos, el destino de su cuerpo, el uso de su material reproductor o la obtención y análisis de sus muestras biológicas (Seoane, J. A., 2006: 289). En la normativa de la Región de Murcia aparece la posibilidad de la objeción de conciencia por parte del facultativo o profesional sanitario a quien corresponda aplicar las instrucciones previas, en cuyo caso la Administración deberá adoptar las medidas necesarias para garantizar su cumplimiento.

Otra cuestión es el supuesto cuando los pacientes no se hallan capacitados para tomar decisiones y prestar su consentimiento informado, y tampoco existen voluntades anticipadas, la toma de decisiones corresponde a otras personas. En el ámbito de la salud han sido tradicionalmente los profesionales sanitarios, pero en la actualidad son mayoritariamente los familiares o allegados (Murray, TH; Jennings, B. 2005: 852-857.) Antes de que la decisión sea tomada por un representante debe comprobarse si el paciente ha previsto qué hacer en tal circunstancia.

7.1. La objeción de conciencia y el deber de asistencia

El reconocimiento es una cuestión de importancia ya que se cuestiona si la objeción de conciencia puede aplicarse de forma general y directamente desde la propia Constitución Española, o por el contrario, requiere un reconocimiento normativo particular y explícito en cada caso, El Tribunal Constitucional 15 /1982 señala que el derecho a la objeción de conciencia supone una concreción del derecho fundamental a la libertad ideológica y religiosa. En supuestos de objeción de conciencia de algún facultativo o de dudas de interpretación del documento, el artículo 50 de la Ley 3/2009 señala que los supuestos de objeción de conciencia de algún facultativo o de dudas de interpretación del documento, se formulará consulta al Comité de Ética Asistencial del centro o, en su defecto, a una Comisión constituida a estos efectos. En todo caso, la autoridad sanitaria deberá hacer lo necesario para atender las instrucciones previas de los pacientes sí éstas se ajustan al ordenamiento jurídico.

La resolución de conflictos en la interpretación de las instrucciones previas es necesaria para garantizar su cumplimiento y, por ello, constituye uno de los aspectos de la materia que están dentro de la competencia autonómica. No obstante, el precepto debe ser congruente con el resto del ordenamiento, especialmente con las normas más próximas de su grupo y, en particular, con el Decreto 26/2005, de 4 de marzo, por el que se regula el Consejo Asesor de Ética Asistencial "Dr. J. G. R." y los Comités de Ética Asistencial, cuyo artículo 17, apartado primero, indica que a dicho Comité podrá solicitar informe cualquier profesional sanitario, mientras que el artículo 6 del Decreto 80/2005, en caso de conflicto, parece limitar esa posibilidad a la dirección del centro asistencial, ya que condiciona que la resolución del conflicto se haga "a través del Comité de Ética Asistencial". Podría simplemente establecerse que la dirección resolverá *oído* el Comité de Ética Asistencial, si éste no hubiera emitido dictamen a solicitud del médico responsable. Así, el artículo 5 del citado Decreto-Cumplimiento y objeción de conciencia- determina: 1. El documento de instrucciones previas deberá ser respetado por los servicios sanitarios, médico responsable o equipo sanitario y por cuantas personas tengan relación con el autor del mismo. Las posibles dudas sobre la aplicación de los documentos de instrucciones previas podrán ser consultadas por el médico responsable al Comité de Ética Asistencial del centro o, en su defecto, Comisión específica constituida a tal efecto, salvo en aquellos supuestos en los que por razones de urgencia y gravedad no sea posible, quedando en este caso a criterio del médico responsable.

2. En el caso de que surgiera la objeción de conciencia de algún facultativo, la autoridad sanitaria dispondrá los recursos suficientes para atender la instrucción previa de los pacientes en los supuestos recogidos en el ordenamiento jurídico. En relación a la resolución de conflictos, el artículo 6 señala que Los posibles conflictos que pudieran surgir en la aplicación de los documentos de instrucciones previas se resolverán por la dirección del centro sanitario, en su caso, oído el Comité de Ética Asistencial, pudiendo a tales efectos solicitar informe al Consejo Asesor Regional de Ética Asistencial.

En consecuencia, este articulado que recoge la previsión del artículo 11 de LBRAP resulta muy poco acertado y a su vez desafortunada en su redacción. En efecto, por un lado, la exigencia de respetar el contenido del documento de Instrucciones Previas se impone a todos cuantos tengan relación con el autor; sin embargo, la posibilidad legal de objetar se reduce exclusivamente al facultativo (ABELLÁN-GARCÍA SÁNCHEZ, F, 2008:147).

Ciertamente, es el facultativo a quien corresponde realizar la tarea valorativa e interpretativa del contenido del documento a que hemos hecho referencia. Pero no sólo se le puede plantear el conflicto de conciencia. En el caso de que se muestre conforme y dispuesto a cumplir las previsiones del documento, puede que alguien del equipo sanitario que deba ejecutar alguna acción en este sentido la considere incompatible con sus convicciones morales. En definitiva, dado su carácter de derecho fundamental, a pesar de la exclusiva mención del facultativo en el precepto legal, podrán ejercitar la objeción todas las personas obligadas a respetar las instrucciones consignadas. Es decir, el médico, el equipo sanitario y cuantas personas atiendan al paciente.

Hay que señalar que cuando el facultativo recurre a la objeción de conciencia es porque tras haberlo sometido a la evaluación jurídica, técnica y clínica a la que obliga la norma, acepta la plena validez del documento de voluntades anticipadas pero la intervención médica que éste le exige resulta incompatible con las convicciones morales. Es decir, no cuestiona la autonomía del paciente y su derecho a decidir dentro del marco legal establecido, pero pretende preservar a su juicio la conciencia siendo eximido de cumplir lo que la voluntad del paciente pretende y la ley avala esa exención (TALAVERA FERNÁNDEZ: 2011). La administración debe poner los medios para que la voluntad del paciente se lleve a cabo porque es un derecho que le asiste (siempre y cuando se ajuste al marco legal establecido).

Habría que afirmar que el texto establece un procedimiento no detallado para su ejercicio. En consecuencia, y dado su carácter de derecho fundamental, este podrá alegarse verbalmente o por escrito ante la correspondiente autoridad sanitaria. Y aunque tampoco consta expresamente, cuando es el facultativo el que la ejercita, deberá comunicarlo también al paciente, a los representantes de éste si es que se han designado y a sus familiares, indicándose que será otro facultativo el que asume la dirección médica del paciente y ejecute lo previsto en el documento. Una vez formulada la objeción, esta será eficaz por si misma sin necesidad de que sea controlada excepto la obligación que tiene la autoridad sanitaria de disponer los recursos suficientes para atender la instrucción previa de los pacientes.

Al objeto de asegurar de manera efectiva la plena dignidad en el proceso de morir y de la muerte, la normativa regional si bien establece y desarrolla los derechos que asisten a las personas en este trance, no determina los deberes del personal sanitario que atiende a los pacientes. Ahora bien, podríamos preguntarnos, si es necesaria la regulación de los deberes de los profesionales sanitarios encargados de la atención a personas ante el proceso de muerte, en lo que se refiere a la información sobre su proceso, de la que deberá quedar constancia en la historia clínica, y al respeto de las preferencias de los pacientes en la toma de decisiones, ya se expresen estas a través del consentimiento informado o en forma de testamento vital, estableciéndose para este caso criterios mínimos para la valoración de la incapacidad de hecho de los pacientes. Así, la normativa europea y autonómica han entrado a regular los deberes de los profesionales respecto de la limitación de las medidas de soporte vital, con el fin de evitar la denominada obstinación terapéutica y determinar el procedimiento de retirada o no instauración de estas medidas de forma consensuada entre el equipo asistencial y preservando las intervenciones necesarias para el adecuado confort de la persona en estas circunstancias.

8. CONCLUSIONES PARA UNA CORRECTA APLICABILIDAD Y FUNCIONAMIENTO

1. La normativa regional colma sus objetivos cuando se comprueba que en el Registro regional, que comenzó su funcionamiento el 19 de enero de 2006, se recogen los documentos que contiene la declaración de instrucciones previas, cuya utilidad es apreciada y clarifica la toma de decisiones de los profesionales.

Es necesario insistir en que de nada servirán documentos administrativamente muy depurados, si el proceso no reúne las características de claridad (entendimiento por parte de todos los involucrados de qué son y para qué sirven), facilidad (establecimiento de procedimientos dialógicos y deliberativos que permitan su cumplimentación y registro de forma sencilla) y utilidad (que en el momento en el que sea preciso su activación, responda a las expectativas depositadas por el otorgante). No obstante, se debería prescribir legalmente que en el supuesto de que el titular del documento de Instrucciones Previas hubiere dispuesto la donación de órganos o piezas anatómicas no se requerirá ninguna otra autorización para su extracción o utilización.

2. Es conveniente la introducción, en el documento, de los objetivos vitales y valores personales del otorgante, para que llegado el caso se configuren como un elemento clarificador y en el mejor criterio interpretativo, para ajustar lo más fielmente posible las actuaciones a sus deseos reales.

3. El documento, como parte del proceso, debe estar siempre vivo y en continuo debate por parte de los interesados, debiendo alcanzar cada vez más concreción conforme vayan evolucionando las variables que lo rodean, para que siempre esté lo más cerca posible de la voluntad real del otorgante.

4. Es necesario, por tanto, dotar a estos documentos de un dinamismo acorde a la realidad, por lo que parecería pertinente establecer la revisión y la promoción de ésta a través del registro, cuando surgen situaciones clínicas nuevas que no han sido previstas en el momento del otorgamiento.

5. El otorgante debe disponer de toda la información necesaria, pero además debe tener la seguridad de que su voluntad no se verá desvirtuada por una trascripción inadecuada, por lo que se hace imprescindible una asesoría profesional de carácter interactivo. Es conveniente garantizar en todas las Áreas sanitarias la formalización del documento.

6. Para la implementación de las Instrucciones Previas son necesarias tanto la familiarización y educación de los profesionales, como la percepción de sus beneficios por parte de los potenciales otorgantes.

7. Hay que establecer estrategias de formación y asesoría, para que sean los ciudadanos los que progresivamente vayan generando la demanda al comprender su alcance e importancia, y en paralelo, es necesario llevar a cabo un esfuerzo institucional, para que los profesionales de la salud entiendan la significativa contribución.

BIBLIOGRAFÍA

ABELLÁN-GARCÍA SÁNCHEZ, F. (2008), "Estudio jurídico sobre el marco regulatorio de las instrucciones previas en España: Estado y comunidades Autónomas", en SÁNCHEZ CARO, J.; ABELLÁN, F.

(2008) (coord.), *Instrucciones Previas en España: aspectos bioéticos, jurídicos y prácticos,* Granada: Comares, pp. 147 ss.

BARRIO CANTALEJO I. M.; SIMÓN LORDA, P. (2006), "Criterios éticos para las decisiones sanitarias al final de la vida de personas incapaces", *Revista española de salud pública,* vol. 80, n. 4 pp. 303-315.

BROGGI, M. A., "El documento de Voluntades Anticipadas, (2001), *Medicina Clínica* (Barcelona), n. 117, pp. 114-115.

COUCEIRO, A. (2007), "Las directivas anticipadas en España: contenido, límites y aplicaciones clínicas", *Revista de Calidad Asistencial*, vol. 22, n. 4, pp. 213-222.

EMANUEL E.J.; EMANUEL L.L., "Living wills: past, present and future", *Journal of Clinical Ethics*, Vol. 1, n. 1, 1990, pp. 9-19.

FERNÁNDEZ CAMPOS, J.A (2011), "El documento de voluntades anticipadas una denominación controvertida", en *El nuevo Derecho de la Persona y de la Familia, Libro II del Código Civil de Cataluña,* Barcelona, Bosch, pp. 171-178.

FERNÁNDEZ CAMPOS, J.A, (2013), "El derecho a otorgar documentos de instrucciones previas" en José Ramón Salcedo Hernández, (Dir.), *Derecho y Salud, Estudios de Bioderecho (Comentario a la Ley 3/ 2009, de Derechos y Deberes de los Usuarios del Sistema Sanitario de la Región de Murcia),* Valencia; Tirant monografías, p 189.

GALLEGO RIESTRA, S.(2009), *El derecho del paciente a la autonomía personal y las instrucciones previas: una nueva realidad legal,* Aranzadi, Cizur Menor (Navarra), p.152.

LÓPEZ FRÍAS, M.J., "Algunas notas sobre la graduación de la incapacitación en beneficio del incapacitado", *Actualidad Civil*, n. 13, 24 al 30 de marzo de 2003, p. 327-338.

MARCOS DEL CANO, A. M., (1999), *La Eutanasia. Estudio filosófico-jurídico,* Marcial Pons, UNED, pp. 116 ss.

MARCOS DEL CANO, A.M., (2011), voz "calidad de vida" en ROMEO CASABONA, C.M. (dir.), *Enciclopedia de Bioética y Bioderecho,* edición de la Catedra Interuniversitaria de Derecho y Genoma Humano, la editorial Comares y el instituto Roche, 2011.

MARCOS DEL CANO, A. M. (2013), "Las decisiones clínicas a través del documento de voluntades anticipadas", MARTÍNEZ MORÁN, N.; MARCOS DEL CANO, A.M.; JUNQUERA, R., *Derechos Humanos: Problemas Actuales. Estudio en Homenaje al Profesor Benito de Castro Cid*, vol. 2, Universitas, Madrid, 2013, pp. 1477-1498.

MURRAY, T.H.; JENNINGS, B., (2005), "The quest to Reform End of life care: Rethinking assumptions and Setting New Directions. Improving. End of life care. Why has it been so difficult?" *Hastings Center Report Special Report* n. 6, pp. 852-857. NAVARRO, M. (2007), "Médicos, familia y Pacientes. Sobre las Voluntades Anticipadas", *Revista Jurídica de Catalunya*, 2007, n. 3, pp. 687-718.

RUBIO TORRANO, E., (2006) "Autonomía del paciente y Registro Nacional de Instrucciones previas", *Aranzadi Civi,* n. 3, pp. 2338-2340.

PALOMARES, M. (2002), *El consentimiento informado en la práctica médica y el testamento vital,* Granada, Comares.

SÁNCHEZ CARO, J.; ABELLÁN F., (2003), *Derechos y deberes de los pacientes (Ley 41/2002 de 14 de noviembre: consentimiento informado, historia clínica, intimidad e instrucciones previas)*, Comares: Granada, pp. 91 ss.

SÁNCHEZ GONZÁLEZ, M .A., (2008) "Informe sobre Instrucciones Previas", en MARTÍN SÁNCHEZ, I. (coord.), *Bioética, religión y salud,* Consejería de Sanidad y Consumo de la Comunidad de Madrid, Dirección General de Aseguramiento y Atención al Paciente, Subdirección General de Bioética y Orientación Sanitaria, Madrid, pp. 334-336.

SEOANE, J. A. "Derecho y planificación anticipada de la atención: panorama jurídico de las Instrucciones Previas en España" (2006), *Derecho y Salud,* Vol. 14, n 2, pp. 285-296.

SIMÓN LORDA P; BARRIO CANTALEJO I. M. (2004), *¿Quién decidirá por mí? Ética de las decisiones clínicas en pacientes incapaces*, Madrid: Triacastela.

TALAVERA FERNÁNDEZ, P., "Autonomía del paciente y deberes del profesional sanitario. Objeción de conciencia", en las Jornadas de Voluntades anticipadas de la Comunitat Valenciana, 15 de febrero de 2011.

VILLAR ABAD, G., (2004) "La regulación de las Instrucciones Previas en la Ley 41/2002", en GONZÁLEZ SALINAS, P.; LIZÁRRAGA BONELLI, E. (cords.) *Autonomía del Paciente, Información e Historia Clínica (Estudios sobre la Ley 41/2002, de 14 de noviembre),* Thomson-Civitas, Madrid, 2004, pp. 321 - 364.

DERECHO A RECHAZAR TRATAMIENTO, EVALUACIÓN DE CAPACIDAD EN PACIENTES CON PROBLEMAS DE SALUD MENTAL, EL CASO COMPLEJO DE LA DEPRESIÓN[1]

IRENE CARO CAÑIZARES
Residente de Psicología Clínica. Fundación Jiménez Díaz, Madrid.
MIGUEL ÁNGEL SÁNCHEZ GONZÁLEZ
Psiquiatra de Interconsulta y Enlace. Fundación Jiménez Díaz, Madrid.

Resumen: En el ámbito clínico, el derecho de los pacientes a disponer de la propia vida suele manifestarse como el rechazo de tratamiento médico. En esta circunstancia, suele solicitarse a los especialistas en salud mental una valoración de la capacidad del paciente para tomar dicha decisión. En la valoración de capacidad resulta fundamental atender a los procesos de comprensión y toma de decisiones del paciente, más que a una patología mental. En el caso concreto de la depresión, la valoración debe ser exhaustiva, ya que existen algunos procesos cognitivos que pueden estar alterados como consecuencia del estado emocional y pueden condicionar la toma de decisiones.

Palabras clave: final de la vida, decisiones, depresión, capacidad del paciente.

1. INTRODUCCIÓN

1.1. Marco General

La Constitución Española establece que todas las personas "tienen derecho a la vida y a la integridad física y moral, sin que, en ningún

---

[1] Comunicación presentada en el Congreso Multidisciplinar sobre Testamento Vital: decisiones al final de la vida, celebrado en Las Palmas de Gran Canaria los días 18 al 20 de octubre de 2012 y organizado dentro de las actividades del proyecto de investigación DER 2010-21129.

caso, puedan ser sometidos a tortura ni a penas o tratos inhumanos o degradantes". A pesar de que la Constitución hable en términos positivos, el Tribunal Constitucional ha defendido en múltiples ocasiones (Díez Ripollés, 2009) que "la privación de la vida propia o la aceptación de la propia muerte es un acto que la Ley no prohíbe", llegando a considerarse ilícito cualquier impedimento a la realización de esa voluntad, incluida la asistencia médica obligatoria.

En el ámbito clínico, el derecho a disponer de la propia vida suele manifestarse como la potestad del sujeto para aceptar o rechazar tratamientos médicos.

La Ley General de Sanidad (Ley 14/1986, de 25 de abril) regula la labor clínica a este respecto, reconociendo a los pacientes su derecho a "negarse al tratamiento, debiendo solicitar para ello el alta voluntaria".

La Ley de Autonomía del Paciente (Ley 41/2002, de 14 de noviembre), que aparece unos años después, nace como una "adaptación de la Ley General de Sanidad con el objetivo de aclarar la situación jurídica y los derechos y obligaciones de los profesionales sanitarios, de los ciudadanos y de las instituciones sanitarias". Igualmente contempla el derecho de los pacientes a negarse a un tratamiento, después de haber sido correctamente informados. A este respecto, realiza especial énfasis en el derecho a la información del paciente y en la obligación de obtención de consentimiento informado para cualquier intervención.

1.2. Consentimiento Informado

El Tribunal Supremo cataloga el consentimiento informado como "un derecho humano fundamental", es decir, un "derecho a la libertad personal, a decidir por sí mismo en lo atinente a la propia persona y a la propia vida y consecuencia de la autodisposición sobre el propio cuerpo" (SSTS, 1ª, 12 enero 2001, RJ 2001/3; 11 mayo 2001, RJ 2001/6197).

Según la Ley de Autonomía del Paciente, la información médica proporcionada "habrá de ser exhaustiva, es decir, que en la comprensión del destinatario, se integre con los conocimientos suficientes a su alcance para entenderla debidamente, y también ha de tratarse de información suficiente a fin de poder contar con datos claros y precisos para poder decidir si se somete a la intervención que el facultativo o los servicios médicos le proponen".

A la vez, matiza que "la información, en todo caso, debe ser correcta, veraz y leal, pues, en definitiva, de este modo se conformará el consentimiento debidamente informado, el que operará en el ámbito de la libertad que es patrimonio indiscutible de cada persona, a través del principio de autonomía de su voluntad" (STS (1ª) 27 abril 2001, RJ 2001/6891).

No obstante, la propia Ley contempla circunstancias en las que no sería necesario recabar el consentimiento informado.

A) Por un lado, casos en lo que no es necesario informar al paciente:

- Aquellos casos en los que el paciente renuncia a recibir información, "limitada por el interés de la salud del propio paciente, de terceros, de la colectividad y por las exigencias terapéuticas del caso".
- Aquellos casos en los que existe un estado de necesidad o privilegio terapéutico, en referencia a situaciones en las que se valora que informar al paciente puede ser más perjudicial que no hacerlo.

B) Los médicos están dispensados de recabar el consentimiento informado cuando:

- Existe un riesgo para la salud pública.
- Existe un riesgo inmediato grave para la integridad física y psíquica del enfermo y no es posible conseguir su autorización. En este caso deben concurrir tres circunstancias:
    - o Una situación de riesgo grave e inminente para la integridad física y psíquica del enfermo.
    - o Que no sea posible conseguir su autorización. Esto puede ser debido a que el paciente se encuentra inconsciente o a que se encuentra temporalmente incapacitado.
    - o Y que, debido a la urgencia o el desconocimiento, no sea posible recabar el consentimiento por representación de los representantes legales del paciente o de las personas que por lazos familiares o personales están legitimados por el art. 9.3.a) para prestarlo (ver 1.3).

1.3. Agente del consentimiento

El agente del consentimiento es el propio paciente. Es decir, el paciente es quien debe prestar su consentimiento, tras la adecuada información de sus opciones, para la intervención sanitaria y tiene derecho a renunciar a dicha intervención, siempre y cuando tenga capacidad suficiente para hacerlo.

Si el paciente no está capacitado y la situación médica no es de urgencia grave, habrá que recabar el consentimiento informado de alguien en el lugar del paciente. La Ley de Autonomía del Paciente señala que "las personas vinculadas al paciente por razones familiares o de hecho" serán los agentes del consentimiento en el caso de pacientes incapacitados de hecho, y los tutores legales en los casos de pacientes incapacitados legalmente. Si el paciente no tiene allegados ni tutores legales habrá que buscar un representante legal o tutor (temporal o permanente) para que tome la decisión por él. Siempre que la situación clínica lo permita, se ha de seguir la máxima "si el paciente no puede decidir, busca alguien que lo haga por él". En la práctica hospitalaria, con decisiones médicas que aunque no sean urgentes no se pueden demorar más que unos días, esto es complicado, y suele ser el médico, como benefactor del enfermo (en una concepción amplia del concepto de "cercanía" o vinculación de hecho al paciente) quien ejerce de agente del consentimiento.

En los casos en los que el paciente no está capacitado y no puede ser por tanto el agente del consentimiento, la Ley dispone no obstante que debe ser informado periódicamente y se le debe hacer partícipe de la toma de decisiones en la medida de sus posibilidades.

1.4. Capacidad del paciente

Se entiende como capacidad la aptitud que las personas manifiestan para ejercer sus derechos y obligaciones, así como para tomar decisiones y desempeñar tareas. El diccionario de la Real Academia de la Lengua define la capacidad como la "aptitud o suficiencia para alguna cosa o talento o disposición para comprender bien las cosas".

Desde el punto de vista jurídico, la capacidad es "la aptitud que tiene el hombre para ser sujeto o parte, por sí o por representante legal, en las relaciones de derecho, o bien aptitud para ser titular de Derecho"; en otras palabras, es la aptitud o idoneidad para poder obrar válidamente. En nuestro ordenamiento jurídico tiene capacidad jurídica todo ser humano por el hecho de serlo, sin más requisitos, desde su nacimiento (Art 29 CC) hasta la muerte (Art. 32 CC), asimilándose el concepto de capacidad jurídica con el de personalidad. La capacidad jurídica a su vez puede dividirse en Capacidad Civil propiamente dicha (aptitud para ser titular de derechos y obligaciones) y Capacidad de Obrar (aptitud para poder actuar con eficacia jurídica). La Capacidad de Obrar es la que interesa a los clínicos, y tiene su sustrato en las condiciones naturales del sujeto. Mientras que la Capacidad Civil se obtiene con el nacimiento y sólo desaparece con la muerte, la Capacidad de Obrar puede experimentar variaciones a lo largo de la vida en determinadas circunstancias, puede perderse por una sentencia o en algunas situaciones clínicas (Cabrera Forneiro y Fuertes Rocañín, 1997).

Según la Ley, para renunciar a un tratamiento se exige tener capacidad (de obrar) para ello. Ésta no se define únicamente por la mayoría de edad o la ausencia de una incapacitación judicial (que supondría la capacidad civil), sino que es necesario valorar si el paciente se encuentra en condiciones reales de decidir sobre aquellos aspectos que afectan a su vida y a sus derechos como paciente. Como hemos dicho, la Ley contempla que todos los pacientes son capaces legalmente (de jure) mientras no hayan sido declarados incapaces o estén temporalmente incapacitados (de facto) debido a una situación concreta (Sanchez-Caro y Sánchez-Caro, 2003). Por lo tanto, todo paciente es capaz mientras concurran las siguientes circunstancias (Ley de Autonomía del Paciente):

- "Ser mayor de edad, o menor emancipado o mayor de dieciséis años".
- "A juicio del médico, estar en condiciones de tomar decisiones y no hallarse en un estado físico o psíquico que no permita hacerse cargo de su situación".

Los casos en que el paciente carece de capacidad para prestar consentimiento (y debe ser otra persona quien lo preste) comprenden:

- Menores de edad sin juicio suficiente (art. 9.3.a), en referencia a quien "no sea capaz intelectual ni emotivamente de comprender el alcance de la intervención".

- Mayores incapacitados: quienes han sido declarados judicialmente incapaces (art. 199 CC). El consentimiento por representación será prestado por quien le represente legalmente.
- Mayores de edad que sufran una incapacidad real o de hecho: quienes, sin estar incapacitados legalmente, no se encuentren en situación real de tomar decisiones sobre sí mismos. Esta falta de capacidad debe ser valorada por el médico, según la Ley de Autonomía del Paciente.

Específicamente en este último caso es donde encontramos los mayores problemas en la práctica clínica cotidiana. La escasa definición de "estado psíquico que impide al paciente hacerse cargo de su situación" pone en manos de los médicos, y especialmente de los profesionales de salud mental, la labor de valorar la capacidad de los pacientes para prestar consentimiento informado, o negarse a recibir un tratamiento.

El conjunto de aptitudes o habilidades que se requieren para considerar a un sujeto capaz varía dependiendo de las tareas para las que se han de utilizar esas aptitudes. De hecho el concepto de capacidad, en la práctica clínica, es indisoluble de la función para la que se requiere esa capacidad. La primera pregunta que debe hacer un clínico cuando le solicitan la valoración de la capacidad de un paciente es "capacidad ¿para qué?". No se necesitan las mismas aptitudes para elegir el menú en el hospital que para renunciar al tratamiento. Así, el nivel de capacidad que requerimos a un paciente varía con la tarea para la que se ha de utilizar la capacidad, de manera que cuanto más repercusión tenga en la vida del paciente la decisión que tome, mayor nivel de capacidad tendrá que presentar.

El nivel de capacidad también puede variar en una persona para la misma tarea, a lo largo del tiempo, en relación a su estado físico y mental.

2. LA PRÁCTICA COTIDIANA: VALORACIÓN DE LA CAPACIDAD Y RECHAZO DE TRATAMIENTO

La Ley de Autonomía del Paciente señala en su artículo 2.4 que "todo paciente o usuario tiene derecho a negarse al tratamiento, excepto en los casos determinados en la Ley". Los especialistas en salud mental, y en especial los integrantes de los equipos de Interconsulta y Enlace, reciben a menudo la petición por parte de otros especialistas de valorar a pacientes que se niegan a recibir un tratamiento. Deben valorar si existe alguna circunstancia que impida al paciente hacerse cargo de su situación y por lo tanto le incapacite para tomar decisiones respecto a su salud, como rechazar el tratamiento.

Si el paciente no está capacitado para otorgar o denegar el consentimiento informado los médicos del paciente podrían continuar con el tratamiento que consideren necesario, tras haber recabado el consentimiento de la persona que tomará las decisiones por el paciente.

La valoración de la capacidad de un paciente debe contemplar diversos aspectos, que vamos a dividir esquemáticamente en dos: la evaluación del grado de comprensión por parte del paciente y la evaluación del proceso de toma de decisiones del paciente.

2.1. Evaluación del grado de comprensión por parte del paciente

Para considerar a una persona capaz de tomar decisiones sobre su enfermedad y de rechazar el tratamiento, debe comprobarse que efectivamente ha sido correctamente informada de su diagnóstico y lo comprende. A pesar de que, como se ha señalado, la información al paciente es un derecho recogido en la Ley de Autonomía del Paciente, en la práctica diaria puede suceder que el paciente no haya entendido bien las explicaciones médicas. Pueden existir diferentes situaciones que dificulten la correcta comprensión. Las más básicas tienen que ver con dificultades idiomáticas, diferencias culturales, dificultades cognitivas, etc... pero puede darse también otro tipo de circunstancias.

Existen procesos mentales que pueden estar alterados puntualmente de alguna manera y dificultar recibir la información completa y su correcta comprensión. Podría suceder, por ejemplo, que la carga emocional asociada al hecho de estar ingresado, los temores acerca del pronóstico o las preocupaciones por otros seres queridos llegaran a provocar alteraciones en la forma en que se percibe la información, dando lugar a malentendidos entre el personal sanitario y el paciente, dificultando su proceso de toma de decisiones.

Igualmente, debemos asegurarnos de que el paciente conoce, en la medida de sus posibilidades, las alternativas de tratamiento de las que dispone y las consecuencias de seguir cada una de ellas, así como las consecuencias de no recibir ningún tipo de tratamiento. Por tanto, hay que asegurarse de que el paciente comprende su situación, sus alternativas, y las consecuencias previsibles para cada opción.

En algunos pacientes el proceso de recepción y comprensión de la información podría verse alterado por una enfermedad, como en casos de delirium. En estos casos el paciente se encuentra en un estado general de confusión y desorganización mental, generalmente secundario a una alteración orgánica importante. En estas circunstancias, los pacientes están desorientados, sin capacidad de atención, sin capacidad de comprender los aspectos del mundo exterior y en multitud de ocasiones con alucinaciones auditivas y visuales. Parece evidente la incapacidad de los pacientes en esta situación para tomar decisiones acerca de su tratamiento.

Sin embargo, salvo esta circunstancia específica, no existen unas pautas de acción diferenciales en función del diagnóstico del paciente. Por ejemplo, un paciente con demencia podría ser capaz de comprender la información que se le ha proporcionado, en función de tipo de demencia, estadio, capacidad intelectual, etc. Igualmente, un paciente con un trastorno delirante crónico puede comprender sin dificultades la información que se le proporciona y ser capaz de elaborarla.

Por lo tanto, el nivel de comprensión exigible en una evaluación de capacidad debe valorarse teniendo en cuenta las características individuales del paciente. Tanto su estado de salud mental, como su salud física, sus recursos personales y su capacidad de comprensión y expresión. Evidentemente, no declararemos incapaz a un paciente únicamente porque no sepa cómo se llama el procedimiento médico que está rechazando o porque se exprese de manera limitada.

2.2. Evaluación del proceso de toma de decisiones del paciente

Una vez que hemos valorado el nivel de información y comprensión del paciente, es necesario comprobar que su deseo de no tratamiento deriva de una explicación razonable. Quizá este es uno de los puntos más complejos puesto que no se trata de valorar si la explicación es acorde con nuestras creencias u opiniones acerca de la vida, si no de que es acorde con las creencias y opiniones acerca de la trayectoria vital del paciente, dentro de una justificación razonable.

En este sentido una persona podría ser consciente de su enfermedad, sus alternativas de tratamiento y las consecuencias de tratarse o abandonar el tratamiento y decidir no tratarse por miedo a alguno de los procesos médicos, o por alguna situación transitoria que no justificase dicho rechazo. O, por el contrario, justificar su decisión en base a sus creencias, como es el caso típico de los Testigos de Jehová que rechazan transfusiones sanguíneas. En el primer caso declararemos al paciente incapaz para tomar esa decisión, mientras que en el segundo ejemplo declararemos al paciente capaz.

Es decir, además de comprender todo lo anterior, el paciente tiene que ser capaz de trazar un plan sensato, que encaje bien en su contexto e historia personal y surja de una motivación razonable. Este aspecto es crucial en la valoración de capacidad. También es importante que la decisión que el paciente expresa se mantenga en el tiempo.

Al igual que ocurría en la fase previa, el estado mental del paciente es un dato más de todo el proceso de evaluación, pero no es una condición necesaria ni suficiente para considerar a una persona incapaz. Así, un paciente con esquizofrenia cuya temática delirante y alucinatoria esté centrada en el personal médico y su deseo de suspender el tratamiento provenga de estos procesos, será declarado incapaz. Sin embargo, el mismo paciente, cuya temática delirante esté centrada en otros aspectos que nada tengan que ver con el personal sanitario, el centro hospitalario o el sistema de salud, podría ser perfectamente capaz de decidir acerca de su tratamiento.

Por lo tanto, para valorar la capacidad de una persona debemos tener en cuenta las circunstancias individuales que le rodean, sin atender exclusivamente a la presencia o ausencia de patología psíquica. De hecho, los factores más relevantes en la evaluación de capacidad no están directamente relacionados con ello. Se trata de valorar los procesos mentales que ha llevado a cabo un paciente determinado, en unas circunstancias específicas y en un momento concreto. Es decir, las conclusiones de la evaluación pueden variar en la medida en que se modifique cualquiera de los parámetros.

2.3. El caso complejo de la depresión

La valoración de capacidad en pacientes con un trastorno depresivo resulta más compleja por varios motivos. Como ya se ha visto, una persona puede mostrar capacidad en algunos ámbitos y no en otros en función de diferentes criterios que no están exclusivamente ligados a la psicopatología.

En primer lugar, el diagnóstico de la depresión en ocasiones resulta difícil de establecer, especialmente en el ámbito hospitalario donde los pacientes pueden pasar largos periodos de tiempo sin apenas salir de una habitación. El ánimo bajo generalmente es percibido como una respuesta "razonable" a una enfermedad médica grave (Sullivan y Youngner, 1994). Pueden confundirse reacciones "normales", que en principio no alterarían la capacidad de toma de decisiones, con alteraciones mayores del afecto, que pueden condicionar la capacidad.

La presencia de depresión parece estar asociada a algunas alteraciones en el proceso de toma de decisiones (Ghormely, Basso, Candlis y Combs, 2010; Meynen, 2011; Owen et al, 2011; Tait, Chibnall, Iltis, Wall y Deshields, 2011), aunque son alteraciones sutiles y, por lo tanto, más difíciles de percibir.

Para tomar decisiones es fundamental la manera en que se perciben las posibilidades. Nuestra percepción varía en función del estado de ánimo. Según Meynen (2011), una alteración del estado de ánimo, como puede ser una depresión, influye en la forma en que se valoran las alternativas y por lo tanto en la toma de decisiones. Las diferentes opciones de tratamiento (incluida la ausencia del mismo) no dejan de ser posibilidades en un proceso de toma de decisiones.

Beck describe algunas distorsiones cognitivas típicas en los sujetos con depresión que incluyen el pensamiento catastrofista (pensar que los aspectos negativos lo abarcan todo y las cosas irán de la peor manera posible) y el pensamiento dicotómico (pensar que las cosas únicamente tienen dos polos, sin poder contemplar posibilidades intermedias). Para una persona en estas circunstancias, los efectos adversos de los que ha sido informado o las posibles complicaciones tienen más peso del que tendrían si no estuviese deprimida. Por lo tanto, puede decidir que no quiere continuar con el tratamiento en base a una valoración sesgada, que no realizaría en otras condiciones.

En estudios controlados, Ghormely et al. (2010) encuentran una disminución de la función neuropsicológica en sujetos con depresión, que muestran peor entendimiento de los aspectos relativos a tratamiento que los sujetos control.

Por otro lado, los pacientes con depresión pueden mostrar mayor insight que aquellos con diagnóstico de esquizofrenia o de trastorno bipolar. Sin embargo, esta diferencia no es en sí mismo un buen indicador de mayor capacidad (Owen et al. 2011). Según estos autores una persona puede ser consciente de que padece una enfermedad y de la gravedad de la misma, pero esto no garantiza que tenga capacidad para rechazar el tratamiento. Esta diferenciación señala que lo crucial para valorar la capacidad de la persona es el proceso de toma de decisiones.

Todos estos datos apuntan a que la valoración de capacidad en un paciente con depresión debe tener en cuenta aspectos más sutiles. Parece probable que un paciente con depresión pueda comprender la información médica que se le proporciona, su diagnóstico y las alternativas de tratamiento que tiene, así como las posibles consecuencias de cada una de ellas. Pero es posible que la forma en que valore las alternativas y el peso que le conceda a los riesgos o efectos secundarios de los tratamientos altere su proceso de toma de decisiones.

Por eso es importante examinar los motivos que el paciente proporciona para justificar su decisión. Una valoración excesiva del riesgo o una anticipación de fracaso no realista pueden indicar la presencia de sesgos en la toma de decisiones.

En esta situación, la capacidad del paciente estaría alterada de forma limitada. Probablemente conserve su capacidad para manejarse en muchos aspectos de su vida, pero en lo relativo a la toma de decisiones importantes acerca de su tratamiento, su estado emocional puede influir en su capacidad. Una vez más, resulta crucial valorar cada caso de manera individual.

3. CONCLUSIONES

El deseo de acabar con la propia vida se manifiesta en muchas ocasiones como renuncia al tratamiento. Según recogen las diversas legislaciones, los pacientes tienen derecho a solicitar la interrupción de un tratamiento, siempre que no sean declarados incapaces. La labor de valorar la capacidad de los pacientes corresponde principalmente a los equipos de enlace de salud mental.

Las características principales a tener en cuenta se pueden dividir en dos grupos. En primer lugar, el grado de conocimiento y comprensión que tiene el paciente de su situación, de sus alternativas y de las consecuencias de cada una de ellas. Y en segundo lugar, el proceso de toma de decisiones llevado a cabo por el paciente.

Parece que en el caso de pacientes que además sufren algún tipo de patología mental, existe una tendencia a la sobreprotección y al paternalismo que puede llegar a confundir el proceso de evaluación al introducir un sesgo. A este respecto, Tait et al. (2011) advierten que existe una tendencia entre los profesionales de salud mental a valorar a los sujetos con depresión como menos capaces que aquellos pacientes con otras patologías físicas. Por ello, debemos ser conscientes y valorar al paciente de forma individualizada, sin dejarnos llevar por pautas de acción clasificadas por diagnósticos.

La capacidad de hacerse cargo de uno mismo es una aptitud general que se manifiesta de forma diferente en función de la situación a la que se tenga que enfrentar. Debemos tener en cuenta que la valoración de capacidad para tomar decisiones sobre el tratamiento es un ámbito más limitado y que puede variar a lo largo del tiempo o en función de la situación del paciente. Por lo tanto, lo más importante es realizar una evaluación individualizada, y actualizar esa evaluación periódicamente si existen cambios en la situación del paciente.

BIBLIOGRAFÍA

Cabrera Forneiro, J.; Fuertes Rocañiz, J. C. (1997). Psiquiatría y Derecho, dos ciencias obligadas a entenderse. Manual de Psiquiatría Forense. Madrid: Cauce editorial.

Díez Ripollés, J. L. (2009) Deberes y responsabilidad de la administración sanitaria ante rechazos de tratamiento vital por pacientes. A propósito del caso de Inmaculada Echevarría. *Revista Electrónica de Ciencia Penal y Criminología*, 11.

Ghormely, C., Basso, M.; Candlis, P y Combs, B. (2010) Neuropsychological impairment corresponds with poor understanding of informed consent disclosures in persons diagnosed with major depression. Psychiatry Research; 15, 187 (1-2), 106-12.

Ley de Autonomía del Paciente. Ley 41/2002, de 14 de noviembre.

Ley General de Sanidad. Ley 14/1986, de 25 de abril.

Meynen, G. (2011) Depression, possibilities, and competence: A phenomenological perspective. Theory Medicine Bioethical, 32:181–193.

Owen, G. S.; Ster, I. C.; David, A. S.; Szmukler, G.; Hayward, P.; Richardson, G.; Hotopf, M. (2011). Regaining mental capacity for treatment decisions following psychiatric admission: a clinico-ethical study. *Psychological Medicine*. 41 (1), 119-28.

Sánchez-Caro, J. ; Sánchez-Caro, J. (2003). El consentimiento informado en psiquiatría. Madrid: Ediciones Díaz de Santos.

Sullivan, M. D.; Youngner, S. J. (1994). Depression, competence, and the right to refuse lifesaving medical treatment. *The American Journal Of Psychiatry*. 151 (7), 971-8.

Tait, R.; Chibnall, J.; Iltis, A.; Wall, A.; y Deshields, T. (2011). Assessment of Consent Capability in Psychiatric and Medical Studies. Empir Res Hum Res Ethics. 6(1): 39–50.

CONOCIMIENTOS Y ACTITUDES DE LOS MÉDICOS DE ATENCIÓN PRIMARIA SOBRE EL DOCUMENTO DE INSTRUCCIONES PREVIAS

NURIA AITANA ROBLEDO SÁNCHEZ-GUERRERO
C.S. San Blas. Parla. Madrid
Máster en Cuidados Paliativos de la Universidad de Valladolid

INTRODUCCIÓN

Hasta hace 100 años, la manera en que la gente moría en su casa era casi una cuestión de azar o del destino. Toda la planificación anticipada que se realizaba era asegurarse de que se había hecho testamento de forma correcta. Morir no era una decisión humana y ninguna persona tenía control sobre esa cuestión, por ello no había razones para planificar el proceso de morir.[1] En el siglo XXI, sin embargo, el 80% de los fallecimientos se producen en hospitales, en habitaciones compartidas sin ninguna intimidad, en unidades de cuidados intensivos y la minoría en el hogar.[2] En concreto en España hasta el 75% de las muertes se producen en los hospital.[3] En la historia de la medicina hemos pasado de abandonar al moribundo a medicalizar su muerte.[2] Los avances médicos, la tecnología, las técnicas de soporte vital avanzado han transformado drásticamente la relación del médico con el enfermo moribundo. En ese marco surgen los documentos de instrucciones previas.

A partir de 1970, han crecido de manera importante los movimientos que intentan ayudar a morir. Uno, defensor de la eutanasia activa voluntaria; otro, el de la implantación de las modernas técnicas y programas de cuidados paliativos. Es indiscutible que el temor a morir atrapado en la moderna tecnología juega un papel fundamental.[1]

La historia de las instrucciones previas es amplia en Estados Unidos. Allí desde los años 60 existían los testamentos vitales y en 1976 en California se legalizaron los Natural Death Acts donde las personas podían expresar sus deseos acerca de cómo quieren morir y qué tratamientos quieren o no.[4] Tenían varias limitaciones: lo genérico de su redacción, que sólo se podían aplicar a enfermos terminales o en coma irreversible y que la limitación del tratamiento sólo se podía aplicar a las "medidas artificiales o extraordinarias". De hecho, algunas excluían específicamente la hidratación y la nutrición de entre los procedimientos que podían ser retirados a petición del paciente.[5] En 1983, en el Estado de California aparece la figura del representante del paciente con autoridad para aceptar o rechazar cualquier tipo de procedimiento diagnóstico o terapéutico. Tras varios casos polémicos y sentencias señalando que no hay diferencias entre las diferentes formas de soporte vital, incluyendo alimentación e hidratación, y diciendo que no basta con que el representante intente reconstruir las preferencias del paciente sino que se necesitan más garantías, en 1989 se pone en marcha una ley sobre directivas anticipadas, la Patient Self-Determination Act para difundir los documentos entre la población. Pero se vio que la cifra de pacientes con un documento de instrucciones previas apenas aumento de un 12% a un 15% tras la ley. En 1994 se conocen los resultados del estudio SUPPORT [6] (Study to Understand Prognoses and Preferentes for Outcomes and Risk of Treatments) con 9.105 enfermos hospitalizados entre 1989 y 1994 para, entre otros objetivos, describir cómo se toman las decisiones de tratamiento y evaluar si una mejor información pronóstica y el refuerzo de la comunicación mejoran la toma de decisiones por parte del médico y del paciente. La primera parte fue descriptiva, luego se hicieron un grupo control y otro con intervención, una enfermera entrenada impulsaba la cumplimentación de voluntades anticipadas y facilitaba que fueran respetadas por los sanitarios. La intervención no fue eficaz, ni se firmaron más documentos ni se respetaron más los otorgados.[7] Por ello se pasa de centrar el tema exclusivamente en unos formularios escritos a facilitar la toma de decisiones al final de la vida de una manera más integradora, dejando de lado los formularios y centrándose en los procesos comunicativos entre médicos, pacientes y familiares. A finales de 1994 se publica un suplemento especial del Hastings Center Report con las conclusiones de importantes bioeticistas donde se habla por primera vez de la planificación anticipada de las decisiones o Advance Care Planning.[4,5,7] Después aparecen proyectos como el "Respecting Choices" del Condado de La Crosse en Estados Unidos[9], o el canadiense "Let Me Decide".[10] En España la historia es mucho más reciente. La situación actual es equiparable a la de Estados Unidos de los años 90. Comienza con el Convenio de Oviedo firmado en 1997 y que entró en vigor el 1 de enero de 2000, donde, en su artículo 9, se dice que "serán tomados en consideración los deseos expresados anteriormente con respecto a una intervención médica por un paciente que, en el momento de la intervención, no se encuentre en situación de poder expresar su voluntad"[11] (boe 251). En el marco legislativo la pieza clave es la Ley 41/2002, de 14 de noviembre o Ley básica reguladora de la autonomía del paciente y de derechos y obligaciones en materia de información y documentación clínica[12], y a partir de ella las diferentes leyes autonómicas. Esta ley entró en vigor el 16 de mayo de 2003. Previamente a ésta se había aprobado en Cataluña la Ley 21/2000 de 29 de diciembre,[13] pionera en España. La ley estatal define en su artículo 11 el documento de instrucciones Previas como "un documento donde una persona mayor de edad capaz y libre, manifiesta anticipadamente su voluntad, con el objeto de que ésta se cumpla en el momento en que llegue a situaciones en cuyas circunstancias no sea capaz de expresarla personalmente, sobre los cuidados y el tratamiento de su salud o, una vez llegado el fallecimiento, sobre el destino de su cuerpo o de los órganos del mismo". Además, el otorgante del documento podrá designar a un representante que, llegado el caso, sirva de interlocutor suyo con el médico o equipo sanitario que le atiende. Estas instrucciones podrán revocarse en cualquier momento y, para asegurar la eficacia en todo el territorio nacional, la ley plantea la creación de un Registro Nacional sobre Instrucciones Previas. Cada comunidad autónoma está obligada a regular el procedimiento que garantice el cumplimiento de las instrucciones previas de cada persona. Las directrices autonómicas no son iguales, ni siquiera en la denominación del documento. Un análisis más detallado puede verse en la tabla 1.

En la Comunidad de Madrid, hasta el día 18 de mayo de 2011 había registrados un total de 9.170 documentos de instrucciones previas según los datos facilitados directamente por el Registro de la Comunidad de Madrid, no llega al 0.5% de la población adulta de esta comunidad autónoma. Los datos generales de 2008 muestran que aproximadamente el 5% de la población adulta española había formalizado un documento.[14]

Diversos estudios han plasmado que las cuestiones referentes a las instrucciones previas siguen siendo unas grandes desconocidas, tanto para los profesionales sanitarios[15-18] como para los usuarios.[17,19-23] Frente a esto, los ciudadanos demuestran un alto interés por el tema cuando son informados, expresando la mayoría de los encuestados su intención favorable a cumplimentar este tipo de instrucciones[17,18,21,22,24,25] y ponen de relieve el importante papel que pueden jugar los sanitarios para fomentar la utilización de estos documentos[17,26,27]. También los médicos muestran una actitud muy positiva hacia la utilidad, utilización y respeto de las instrucciones previas[18]. Un estudio realizado en personas mayores de 65 años reveló que éstos preferían recibir la información por parte del médico[17], aunque los médicos preferían que partiera la petición de información por parte del paciente[17,29]. Los médicos creen que el documento de instrucciones previas no está más extendido por varios motivos: por un lado razones culturales por las que la gente no quiere hablar ni pensar en la muerte[17,29], por la desinformación existente[17] y por miedo a que esto genere conflicto con la ley existente o con la familia del enfermo.[30]

Los datos son concluyentes en la línea de que cuando la estrategia para aumentar la cumplimentación del documento de instrucciones previas es didáctica (programas educativos, consulta clínica o por correo) no se producen aumentos significativos en el número de personas que hicieron su documento de instrucciones previas, mientras que las estrategias interactivas (interacción persona a persona) producen mejoras espectaculares.[25,31,32] Como ejemplo basta la estrategia de La Crosse[8] donde el 85% de la población que había fallecido tenía realizado su documento de instrucciones previas en términos muy concretos y el 95% de ellos estaba registrado en la historia clínica.[33]

En el estado actual del debate es preciso reconocer que las instrucciones previas tienen un fundamento ético sólido que obliga a tenerlas en cuenta puesto que presentan beneficios para el paciente (disminución del temor a situaciones inaceptables para él), para la relación médico paciente (aumento de la comunicación y la confianza del enfermo), para el médico (ayuda ante decisiones difíciles o conflictivas y protección contra reclamaciones y denuncias), para la familia (alivio moral ante decisiones dudosas o culpabilizadotas) y para la sociedad (ahorro de recursos sanitarios).[32,34] Ante todo ello, me plantee realizar un estudio con los siguientes objetivos: conocer el grado de conocimiento del documento de instrucciones previas entre médicos de atención primaria de mi entorno, evaluar si sería posible la consulta de dicho documento llegado el caso y valorar el grado de recomendación que se realiza a los pacientes.

MATERIAL Y MÉTODOS

Para intentar responder a estos objetivos diseñé un estudio descriptivo transversal entre los médicos del área sanitaria donde trabajo. La población diana fueron todos los médicos de familia que trabajan en los centros de Atención Primaria de la antigua área 10 de

Madrid (Urbanos: Getafe, Parla, Pinto; y rurales: Griñón, Torrejón de Velasco, Torrejón de la Calzada, Casarrubuelos, Cubas de la Sagra, Batres y Serranillos del Valle), siendo un total de 194 médicos.

Se diseñó un cuestionario específico compuesto por dieciséis preguntas. Nueve de ellas eran afirmaciones con las opciones verdadero o falso para evaluar conocimientos sobre el documento de instrucciones previas. Las otras siete preguntas contaban con varias opciones de respuesta, y servían para conocer su utilización en la práctica clínica. Además, se incluyeron cuestiones sobre datos demográficos de los encuestados (edad, sexo, centro de salud y turno de trabajo). Previamente, el cuestionario se pilotó con cinco médicos ajenos al estudio para evaluar compresibilidad y factibilidad, no detectándose problemas al respecto. El cuestionario definitivo se muestra en el anexo 1 y también puede consultarse en el enlace http://aoo.al/KaMDl .

Durante el mes de febrero de 2011 se envió el cuestionario a través del correo electrónico corporativo mediante un enlace a la encuesta online, junto con una nota explicando los objetivos del estudio y recordando que la participación era voluntaria y que los datos se tratarían de manera agregada, respetando la confidencialidad de las respuestas. Los médicos que cumplimentaron el cuestionario remitieron sus repuestas, que quedaron registradas de forma totalmente anónima en una base de datos.

Se realizó un análisis descriptivo de los datos, presentando los resultados en forma de porcentajes para las variables cualitativas y medias y desviación estándar para las variables cuantitativas. Para comparar las variables cualitativas se usó el test de la x^2 con la ayuda del programa SPPS versión 12. Se consideraron diferencias significativas cuando $p< 0,05$.

RESULTADOS

Sobre una población diana de 194 médicos de atención primaria se obtuvieron 59 respuestas (30.41%). No hubo ningún cuestionario mal cumplimentado en su totalidad, aunque sí hubo varias preguntas en donde se registraron varias respuestas a la vez, por lo que fueron anuladas.

La media de edad de los encuestados fue 41.39±8.16 años. El 72.9% fueron mujeres.

Para el análisis por grupos de edad se hicieron dos grupos entorno a la mediana de edad de 40 años.

Sólo dos personas de las cincuenta y nueve respondieron correctamente a todas las preguntas sobre conocimientos.

Se analizaron los datos mediante Chi cuadrado comparándose las respuestas obtenidas respecto al sexo, a la edad por grupos entorno a la media y la zona rural y urbana.

El porcentaje de aciertos puede verse en la tabla 2. En la comparación por sexos, edad y zona rural o urbana de trabajo no se encontraron diferencias estadísticamente significativas.

La mayoría de los médicos (77.5%) abordan el tema del final de la vida sólo con los pacientes oncológicos, con enfermedades avanzadas y terminales. Para estos grupos de pacientes sin embargo sólo el 29,8% de los médicos facilitan información sobre la existencia del documento de instrucciones previas. Hasta el 56% de los médicos nunca facilitan información sobre el documento a sus pacientes. Sólo el 42.37% de los médicos han aconsejado a sus pacientes o allegados el realizar un documento de instrucciones previas. El 57.6% nunca lo aconsejan.

Los pacientes tampoco solicitan información acerca del documento pese a que la ley lleva varios años en marcha. Al 76.3% de los médicos nunca un paciente les ha solicitado información y al 22% menos de cinco pacientes lo han hecho. Tampoco si los pacientes lo han realizado por sus medios lo comunican a los médicos. Al 81,4% de los médicos nunca un paciente les ha comentado que tiene un documento de instrucciones previas y sólo al 17% de los médicos menos de cinco pacientes se lo había comentado.

DISCUSIÓN

En primer lugar señalar la dificultad de generalizar los resultados obtenidos a la población en general. El número de médicos participantes en la encuesta es pequeño y trabajan en una zona del sur de la Comunidad de Madrid con una población de nivel socioeconómico medio o bajo y una alta tasa de inmigrantes de muy variadas procedencias.

La tasa de respuesta fue baja en comparación con otros trabajos similares en donde ronda el 50 o 60%. [18,30,35] Puede deberse a que en este caso se utilizó el correo electrónico corporativo y quizá no todos los médicos lo consulten aunque es una vía común de comunicación en el trabajo habitual. Quizá pudieron contestar los médicos más hábiles en cuestiones de tecnología o con más interés en el tema. Se podría haber duplicado la vía de acceso a la encuesta habiendo enviado también una copia a papel nominal para cada médico.

La distribución por edad y sexo es similar a otros trabajos. [18,29,35] El porcentaje de aciertos en las preguntas sobre conocimientos (preguntas con respuesta verdadero/falso y pregunta sobre formas de otorgamiento) fue del 70%, aceptable pero en todo caso mejorable. Sobretodo en cuestiones importantes sobre cómo acceder al registro y sobre la función del médico ante el documento, donde sólo la mitad de los médicos aciertan. Sólo dos médicos respondieron correctamente a todas las preguntas. Sería necesario mejorar el conocimiento de los médicos acerca del documento de instrucciones previas como tal y principalmente en la parte a desarrollar por el personal sanitario para que los documentos, si los hay, puedan ser respetados. De nada sirve que existan y se registren si los sanitarios no conocemos su existencia y no sabemos consultarlos llegado el momento.

La mayoría de los médicos nunca hablan con sus pacientes sobre el final de la vida ni facilitan información sobre el documento de instrucciones previas ni aconsejan redactar uno. Es una actitud claramente a mejorar. No podemos dejar de aprovechar la oportunidad que nos brinda la cercanía al paciente que tenemos por nuestra profesión para hablar de ello espontáneamente, sin esperar a que nuestros pacientes tengan una enfermedad incurable o estén ya en el final de su vida. Y si esa etapa ha llegado ya abordarlo también sin miedo. No hay que esperar a que llegue la incapacidad para lamentarse. En las unidades de cuidados intensivos sólo el 5% de los pacientes están en condiciones de decidir las medidas a tomar sobre su salud, medidas tan importantes como la limitación del esfuerzo terapéutico en determinadas condiciones.[36] Para fomentar el que los médicos hablen de ello con sus pacientes también será necesario mejorar las condiciones de trabajo de los médicos de familia. En cinco minutos de consulta resulta inviable abordar el tema del final de la vida.

A la mayoría de los médicos nunca les han pedido información sobre el documento, resultado similar al de otro estudio.[17] No debemos olvidar que la responsabilidad de que los pacientes sepan que existe la posibilidad de redactar un documento de instrucciones previas no es solo nuestra, también desde las Consejerías de Sanidad y desde el Ministerio de Sanidad Servicios Sociales e Igualdad debería de haber campañas para fomentar su uso. Así como también es responsabilidad de ellos el unificar las leyes y los registros autonómicos para evitar diferencias dentro del territorio nacional.

En general todos los estudios realizados tanto en el ámbito hospitalario como en atención primaria demuestran que el conocimiento en general de los médicos son mejorables.[17,18,24,29,37] En el estado actual del debate es preciso reconocer que las instrucciones previas tienen un fundamento ético sólido que obliga a tenerlas en cuenta puesto que presentan beneficios para el paciente (disminución del temor a situaciones inaceptables para él), para la relación médico paciente (aumento de la comunicación y la confianza del enfermo), para el médico (ayuda ante decisiones difíciles o conflictivas y protección contra reclamaciones y denuncias), para la familia (alivio moral ante decisiones dudosas o culpabilizadotas) y para la sociedad (ahorro de recursos sanitarios).[32,34] La avalancha legislativa que España ha sufrido desde el año 2000 puede hacer olvidar a los profesionales sanitarios que las instrucciones previas son, antes de nada, herramientas al servicio de la toma de decisiones clínicas.[4,38]

El riesgo al que nos enfrentamos es que al igual que ha pasado en algunos casos con el consentimiento informado, que ha sido transformado en el mero acto de firmar un documento con una utilidad real prácticamente nula, y con el único objetivo de un acto de medicina defensiva; los documentos de instrucciones previas sean entendidos de la misma forma, reduciéndose a simples documentos firmados, y convirtiéndolos en actos de "autonomía defensiva", llevados a cabo básicamente por grupos que creen que sus valores y creencias pueden estar en riesgo durante la atención sanitaria o en previsión de un hipotético encarnizamiento u obstinación terapéutica.[25]

Conviene no olvidar que un documento de instrucciones previas no es más que un elemento de un proceso y pretender que el documento sustituya al proceso no sólo no tiene sentido, sino que hará imposible la aplicación equilibrada y ajustada de la voluntad que el paciente incapaz ha querido expresar. Confundir el formulario con el proceso no sólo es pervertir su sentido, sino que puede conducir al clínico a tomar decisiones erradas sobre sus pacientes. [5,25,38] El respeto a la autonomía del paciente es importante. Una persona con autonomía disminuida está controlada por otros y es incapaz de actuar sobre la base de sus propios deseos.[1] Un reciente estudio demuestra que tan sólo el 12% de los médicos de los hospitales de la región de Murcia indagaban "siempre" las preferencias sobre tratamientos y medidas de soporte vital de sus pacientes y hasta un 63% no lo hacía "nunca", "casi nunca" o solo "a veces".[39] Para evitar eso en Estados Unidos se venden unas tarjetas adhesivas con una leyenda que viene a decir: "¡Atención! He realizado mi declaración de voluntades anticipadas; si hubiera que tomar decisiones sobre mi cuerpo y yo no pudiera expresar mis preferencias, póngase en contacto con..." Su utilidad reside en que pueden pegarse donde uno quiera, en el coche, en casa o llevarla en la cartera.[1] Algunos autores españoles apuntan a la necesidad de incluir una casilla identificativa en las historias clínicas de los pacientes donde se confirmara la existencia o no de un documento de instrucciones previas e incluir esta información en la tarjeta sanitaria electrónica facilitando así la tarea de los profesionales sanitarios.[40]

Se pone de manifiesto la conveniencia de implantar programas formativos sobre los documentos de instrucciones previas y la planificación anticipada en general, que permitan a los médicos el buen uso de una herramienta que utilizada correctamente, beneficiaría tanto a pacientes como a profesionales sanitarios. Como pone de manifiesto Simón Lorda, en el ámbito internacional se han llevado a cabo estudios con el objetivo de identificar la efectividad de diferentes programas educativos para mejorar los conocimientos, actitudes y habilidades de médicos con respecto a las instrucciones previas y desarrollar proyectos similares en España supondría un gran salto para la investigación sobre la planificación anticipada y el final de la vida, permitiendo al sistema sanitario proporcionar los programas adecuados a las necesidades de los médicos.[18] Una propuesta para desarrollar el proceso de la Planificación Anticipada puede verse en la tabla 3. Si asumimos que uno de los fines de la medicina es ayudar a morir dignamente [41], la planificación anticipada de decisiones es algo que nos atañe directamente a los profesionales sanitarios. Y para ello la formación de los mismos es indispensable.

BIBLIOGRAFÍA

1. Sanz Ortiz J. ¿Es posible gestionar el proceso de morir? Voluntades anticipadas. Med Clin (Barc).2006; 126 (16):620-3.
2. Sanz Ortiz J. Decisiones al final de la vida. Med Clin (Barc). 1997; 109: 457-9.
3. Nebot C et al. Morir con dignidad. Estudio sobre voluntades anticipadas. Gac Sanit. 2010; 24 (6): 437-445.
4. Barrio Cantalejo IM, Simón Lorda P, Júdez Gutiérrez J. De las voluntades anticipadas o instrucciones previas a la planificación anticipada de las decisiones. Nure Investigation. 2004; 5: 1-9.
5. Couceiro Vidal A. Las directivas anticipadas en España: contenido, límites y aplicaciones clínicas. Rev Calidad Asistencial. 2007; 22 (4): 213-22.
6. The Support Principal Investigators. A controlled trial to improve care for seriously ill hospitalized patients: The study to understand prognoses and preferences for outcomes and risks of treatments. (SUPPORT). JAMA. 1995; 274: 1591-8.
7. Teno JM, Hill TP, O'Connor MA, eds. Advance care planning: Priorities for ethical and empirical research. (Special Supplement). Hasting Center Report. 1994; 24 (6): S1-S36
8. Respecting Choices. An advance care planning programme different than the rest. En: www.gundluth.org/eolprograms.
9. Hammes BJ, Rooney BL. Death and end-of-life planning in one Midwestern community. Arch Intern Med. 1998; 158: 383-90.
10. Molloy DW et al. Systematic implementation of an advance directive program in nursing homes: A randomized controlled trial. JAMA. 2000; 283: 1437-44.
11. Convenio para la protección de los derechos humanos y la dignidad del ser humano con respecto a las aplicaciones de la Biología y la Medicina (Convenio relativo a los derechos humanos y la biomedicina).
En: http://www.boe.es/boe/dias/1999/10/20/pdfs/A36825-36830.pdf.
12. Ley 14/2002, de 14 de noviembre, básica reguladora de la autonomía del paciente y de derechos y obligaciones en materia de información y documentación clínica. En: http://www.boe.es/boe/dias/2002/11/15/pdfs/A40126-40132.pdf
13. Ley 21/2000, de 29 de diciembre, sobre los derechos de información concernientes a la salud y la autonomía del paciente, y la documentación clínica.
En: http://www.boe.es/boe/dias/2001/02/02/pdfs/A04121-04125.pdf
14. Abellán F, Sánchez-Caro J, coordinadores. Instrucciones previas en España. Aspectos bioéticos, jurídicos y prácticos. 1ª ed. Granada: Comares, 2008.

15. Bachiller A et al. Testamento vital: la opinión médica en la provincia de Valladolid. Metas enferm. 2004; 7: 24-7.
16. Zabala J et al. Evaluación de aspectos bioéticos en los profesionales de la salud. Enferm Clin. 2007; 17: 56-62.
17. Navarro Bravo B et al. Declaración de voluntades anticipadas: estudio cualitativo en personas mayores y médicos de Atención Primaria. Aten Primaria. 2011; 43 (1): 11-17
18. Simón Lorda P et al. Conocimientos y actitudes de los médicos en dos áreas sanitarias sobre las voluntades vitales anticipadas. Aten Primaria. 2008; 40 (2): 61-8.
19. Sarabia Álvarezude J, Santiago Gordillo P. Atención a los pacientes con enfermedades en fase terminal: la opinión de los ciudadanos. Med Clin (Barc). 2011. (En prensa) doi:10.1016/j.medcli.2010.11.2004.
20. Serrano Teruel R et al. Conocimiento e información sobre el documento de instrucciones previas en un centro de salud urbano de Murcia. Aten Primaria. 2011 (En prensa). doi:10.1016/j.aprim.2010.11.019.
21. Antolín A et al. Grado de conocimiento del documento de voluntades anticipadas por el enfermo crónico que acude a urgencias. Rev Clin Esp. 2010; 210(8): 379-88.
22. Ángel López Rey E et al. Conocimientos y actitudes de la población ante el documento de voluntades anticipadas. Enferm Clin. 2008; 18(3): 115-9.
23. Antolín et al. Conocimiento de la enfermedad y del testamento vital en pacientes con insuficiencia cardiaca. Rev Esp Cadiol. 2010; 63: 1410-8.
24. Santos Unamuno C. Documento de voluntades anticipadas: actitud de los pacientes de atención primaria. Aten Primaria. 2003; 32: 30-5.
25. Zabala Blanco J, Díaz Ruiz JF. Reflexión sobre el desarrollo y utilidad de las instrucciones previas. Semergen. 2010: 36 (5): 266-72.
26. Markson LJ, Fanale J, Steel K, Cern D. Implementing advance directives in the Primary care setting. Arch Intern Med. 1994; 154: 2321-27.
27. Flordelís Marco F. Voluntades vitales anticipadas: el reto de desarrollar un papel desde atención primaria. Aten Primaria. 2008; 40 (2): 61-8.
28. Valle Sánchez A et al. Documento de voluntades anticipadas: opinión de los profesionales sanitarios de Atención Primaria. Semergen. 2009;35 (3):111-4.
30. Santos C et al. ¿Estamos preparados los médicos de familia para ayudar a nuestros pacientes a hacer un testamento vital? . Rev Calid Asist. 2007; 22(5): 262-5.
31. Jezeweski MA, Meeker MA, Sessana L, Finnell D. The effectiveness of interventions to increase advance directives completion rates. J Aging Health. 2007; 19: 519-36.
32. Detering KM, Hancock AD, Reade MC, Silvester W. The impact of advance care planning on end-of-life care in elderly patients: randomised controlled trial. BMJ. 2010; 340: c 1345. doi:10.1136/bmj.c1345.
33. Karver SB, Berger J. La importancia del testamento vital en pacientes con insuficiencia cardiaca. Rev Esp Cardiol. 2010; 63 (12): 1396-8.
34. Sánchez MA. Informe sobre instrucciones previas. En: Isidoro Martín Sánchez, editor. Bioética, religión y salud. Madrid: B.O.C.M; 2005. p. 337.

35. Champer Blasco A, Caritg Monfort F, Marquet Palomer R. Conocimientos y actitudes de los profesionales de los equipos de atención primaria sobre el documento de voluntades anticipadas. Atención Primaria. 2010; 42 (9): 463-69
36. Monzón Marín et al. Recomendaciones de tratamiento al final de la vida del paciente crítico. Med Intensiva. 2008; 32 83):121-33.
37. Bachiller Baeza et al. Testamento vital: la opinión médica en la provincia de Valladolid. Metas de Enfermería. 2004; 7: 27-7.
38. Couceiro Vidal A, Pandiella A. La EPOC: un paradigma para el uso de directivas previas y la planificación anticipada de decisiones. Arch Bronconeumol. 2010; 46 (6): 325-331.
39. Franco Tovar B, da Silva Gama ZA, Saturno Hernández PJ. Conocimiento de las preferencias de los pacientes terminales en los hospitales públicos de la región de Murcia. Rev Calid Asist. 2011. (En prensa). doi: 10.1016/j.cali.2010.11.013.
40. Fernández Herráez E, Martínez López MJ. Instrucciones previas.
Es necesario cerrar el circuito de información entre los clientes y el registro. Med Clin (Barc). 2006; 127: 716-9.
41. The goals of medicine. Setting new priorities. Hasting Center Rep. 1996; 26 Suppl: S1-27).

Tabla 1. El contenido de las directivas anticipadas en el marco legislativo español (sobre qué se puede decidir).

1. OBJETIVOS VITALES Y VALORES PERSONALES
• Que ayuden en la interpretación de las voluntades y que sirvan de orientación para la toma de decisiones--- País Vasco y La Rioja • La expresión de objetivos vitales, calidad de vida y expectativas personales en cuanto a valores morales, éticos, culturales, sociales o religiosos --- La Rioja • Que guían el pensamiento del otorgante y que pudieran tener relevancia sobre futuras actuaciones médicas, no previstas en el documento, y ser necesario tenerlos en cuenta--- Islas Canarias
2.ACTUACIONES MÉDICAS EN GENERAL
• Actuaciones médicas--- Andalucía, Cataluña, Madrid, Navarra, Comunidad Valenciana, País Vasco, La Rioja • Cuidados de salud--- Castilla y León, Galicia, Madrid, La Rioja • Tratamiento de su salud--- Galicia, Madrid, La Rioja • Previsiones relativas a las intervenciones médicas que desea recibir, las que no desea recibir, y otras cuestiones relacionadas con el final de la vida---País Vasco 3.PROLONGACIÓN DE LA VIDA. MEDIDAS CONTRA EL SUFRIMIENTO Y PALIACIÓN
• Que no se prolongue la vida artificialmente por medio de tecnologías y tratamientos desproporcionados y extraordinarios--- Navarra y Madrid • Que no se atrase abusiva e irracionalmente el proceso de muerte--- Navarra, Madrid y Santander • Que no se prolongue artificialmente la vida no se acompaña de ningún resultado aceptable para los objetivos del otorgante--- La Rioja • No recibir tratamiento de soporte vital o interrumpir el ya iniciado cuando sea inefectivo para mantener una adecuada calidad de vida--- La Rioja • Evitar el sufrimiento con medidas paliativas aunque se acorte el proceso vital--- Navarra y Madrid • En pacientes terminales aplicación de procedimientos de sedación y/o analgesia--- Santander y La Rioja
4. ÓRGANOS
• En caso de fallecimiento el destinos de sus órganos--- Andalucía, Madrid, Navarra, Valencia y La Rioja • En caso de fallecimiento, el destino de su cuerpo o des sus órganos, o de piezas anatómicas, se puede ceder con finalidad terapéutica, docente o de investigación

Modificado de Couceiro Vidal A. Las directivas anticipadas en España: contenid límites y aplicaciones clínicas. Rev Calidad Asistencial. 2007; 22 (4): 213-22

TABLA 2. Resultados de las preguntas sobre conocimientos.

Pregunta	*Porcentaje de respuestas acertadas*
El documento de voluntades anticipadas ha de ser siempre escrito	Verdadero 72.9%
La comunidad de Madrid no posee aun registro de voluntades anticipadas	Falso 93.2%
En el documento la persona puede expresar su volunta anticipada de no ser informada si el diagnostico es fatal y a quien habrá que informar en ese caso	Verdadero 91.5%
La persona puede exponer el lugar donde desearía morir y los familiares que desearía le acompañaran en ese momento	Verdadero 81.4%
Una vez lo firmas es irrevocable	Falso 94.9%
El medico puede declararse objetor	Verdadero 50.8%
Es el médico el encargado de que lo expresado en el documento se lleve a cabo	Falso 49.2%
Solo podré acceder al documento de mi paciente cuando llegue el momento y entonces es cuando podrá ser registrado su contenido en la historia clínica	Verdadero 44.1%
El paciente puede expresar su deseo de donar los órganos	Verdadero 94.9%

Tabla 3. Etapas y contenidos de la planificación anticipada de decisiones.

1. INTRODUCCIÓN DEL TEMA EN LAS CONVERSACIONES CON EL PACIENTE
   - Debería iniciarse el proceso con todo tipo de pacientes, independientemente de su estado de salud. Lo ideal es cuando la enfermedad esté en fase estable, en consultas ambulatorias o en atención primaria
   - Preguntar al paciente qué conocimiento tiene de la planificación anticipada o de las voluntades anticipadas
   - Repasar esos conocimientos. Ampliar la información
   - Sugerir la conveniencia de discutir estos aspectos con la familia
   - Sugerir la conveniencia de elegir representante y facilitar que en la próxima visita venga con familiares y/o representante
2. INICIAR UN DIÁLOGO ESTRUCTURADO ACERCA DE ESTE TEMA
   - Invitar al paciente y al representante a que dialoguen acerca de lo que uno espera del otro
   - Aclarar los valores del paciente
     - Preguntar por experiencias previas o de otras personas
     - Invitarle a pensar qué haría en dichas situaciones
     - Ayudar al paciente a articular sus propios principios, valores, fines y preferencias en cada escenario y en otros escenarios que pudieran plantearse
     - Invitar al paciente a que valore la posibilidad de poner por escrito algunas de las cosas habladas
3. DOCUMENTAR LAS PREFERENCIAS DEL PACIENTE
   - Formalizar la cumplimentación de las instrucciones previas. Revisar y corregir posibles ambigüedades. Utilizar documentos estandarizados. Siempre firmarla
   - Introducir la instrucción previa en la historia clínica
     - Si no se ha formalizado el médico escribirá en la historia un resumen de lo acordado que será revisado por el propio paciente
     - Utilizar tarjetas de registro para que el paciente la lleve en la cartera de tal manera que pueda saberse rápidamente que tiene una instrucción previa y donde y como localizarla
     - Explicarle la importancia de que su familia sepa de su existencia
     - Ajustar el plan de tratamiento y cuidados a los valores y preferencias establecidos por la voluntad anticipada
4. REVISAR Y ACTUALIZAR PERIÓDICAMENTE LAS INSTRUCCIONES PREVIAS
   - Revisarlas periódicamente, especialmente tras acontecimientos vitales que pudieran cambiar sus valores, preferencias o deseos
   - Cualquier cambio debe de ser comunicado al representante, familia y sanitarios implicados y debe de ser documentado
5. APLICAR LAS VOLUNTADES EN LA SITUACIONES CLÍNICAS REALES
   - Nunca presuponer lo que pone una directiva anticipada, leerla siempre cuidadosamente
   - Interpretar la directiva en el contexto clínico real del caso
   - Con frecuencia el representante y el sanitario deberán extrapolar, en base al escrito, lo que el paciente hubiera deseado que se hiciese de haber sido capaz. Puede que lleguen a la conclusión de que el paciente hubiera deseado, en este contexto clínico, que se hiciera algo diferente a lo reflejado en el documento. Deberán argumentarlo convenientemente
   - Si existe desacuerdo entre el sanitario y el representante y no puede solventarse seria conveniente consultarlo con un Comité de Ética

Modificado de: Barrio IM, Simón P, Júdez J. De las voluntades anticipadas o instrucciones previas a la planificación anticipada de las decisiones. Nure Investigation. 2004;5:1-9

ANEXO 1- CUESTIONARIO COMPLETO

- ¿Abordas el tema del final de la vida con tus pacientes?
  - nunca
  - sólo en pacientes oncológicos o con enfermedades crónicas avanzadas
  - sólo en pacientes en situación terminal
  - de forma oportunista como con cualquier otra actividad preventiva más

- ¿Facilitas información sobre la existencia del documento de instrucciones previas a tus pacientes?
  - nunca
  - sólo a pacientes con cáncer o enfermedades crónicas avanzadas
  - sólo a pacientes en situación terminal
  - de forma oportunista como cualquier otra actividad preventiva más

- ¿Cuál de estas formas para otorgar el documento te parece válida?
  - firma del documento ante notario y sin testigos
  - ante 3 testigos mayores de edad (2 mínimo SIN parentesco hasta 2º grado ni relación matrimonial, laboral, patrimonial u otro vinculo obligacional)
  - firma ante el funcionario del registro de la comunidad autónoma correspondiente
  - cualquiera de los tres anteriores son válidos

- ¿Sabes que pasos deberías seguir si quisieras localizar el documento de instrucciones previas de alguno de tus pacientes?
  - no
  - si

    Si tu respuesta ha sido afirmativa explica brevemente cómo lo harías

  ....

  ....

- Responde a las siguientes frases como verdadero (V) o falso (F), marca tu respuesta:
  - El documento de voluntades anticipadas ha de ser siempre escrito V F
  - La comunidad de Madrid no posee aún registro de voluntades anticipadas V F
  - En el documento la persona puede expresar su voluntad anticipada de no ser informada si el diagnóstico es fatal y a quien habrá que informar en ese caso V F
  - La persona puede exponer el lugar donde desearía morir y los familiares que desearía le acompañaran en ese momento V F
  - Una vez que lo firmas es irrevocable V F
  - El médico puede declararse objetor V F
  - Es el médico el encargado de que lo expresado en el documento se lleve a cabo V F
  - Sólo podré acceder al documento de mi paciente cuando llegue el momento y entonces es cuando podrá ser registrado su contenido en la historia clínica V F
  - El paciente puede expresar su deseo a donar los órganos V F

- ¿Cuántos pacientes te han pedido información acerca del documento de instrucciones previas a lo largo de tu vida profesional ?
  - ninguno
  - 1-5
  - 5-10
  - más de 10
- ¿Cuántos de tus pacientes te han comunicado que han firmado un documento de instrucciones previas a lo largo de tu vida profesional?
  - ninguno
  - 1-5
  - 5-10
  - más de 10
- ¿A cuántas personas les has aconsejado que redacten un documento de instrucciones previas a lo largo de tu vida profesional?
  - ninguna
  - 1-5
  - 5-10
  - más de 10

PARTE V.
ANEXOS

ANEXO 1. GUÍA PARA PROFESIONALES SANITARIOS

1) ¿Qué son las Voluntades Anticipadas (VVAA)?

   El documento a través del cual la persona mayor de edad, capaz y libre, manifiesta anticipadamente su voluntad, con objeto de que ésta se cumpla en el momento en que llegue a situaciones en cuyas circunstancias no sea capaz de expresarlos personalmente, sobre los cuidados y el tratamiento de su salud o, una vez llegado el fallecimiento, sobre el destino de su cuerpo o de los órganos del mismo (artículo 11.1 Ley 41/2002, de 14 de noviembre básica reguladora de la autonomía del paciente y de las obligaciones en materia de información clínica).

2) ¿Las Voluntades Anticipadas, las Instrucciones Previas y el Testamento Vital son lo mismo?

   Sí. Aunque otros países distinguen dichos conceptos en su regulación, la legislación española solo prevé la institución de las Instrucciones Previas, siendo utilizados los otros dos términos como sinónimos.

3) ¿En qué momento deben aplicarse?

   a) Paciente vivo: cuando no tenga la capacidad de expresar su voluntad.

   b) Paciente fallecido: cuando se deba determinar el destino de su cuerpo o de sus órganos.

4) ¿Cómo puede saber el profesional sanitario si el paciente cuenta con VVAA registradas?

   Depende del sistema seguido en cada Comunidad Autónoma (CA). En algunas Comunidades Autónomas (CCAA), la historia clínica que visualiza el profesional sanitario cuenta con un apartado en el que se señala que el paciente cuenta con el documento de VVAA inscrito en el Registro de la correspondiente CA.

Como recomendación general, los profesionales pueden consultar tanto el Registro de su CA como el Registro Nacional de VVAA.

5) Si el paciente no es residente de la CA en la que recibe la atención médica, ¿cómo puede conocer el profesional la existencia de VVAA registradas en otra CA?

   Los responsables acreditados de los registros autonómicos y las personas designadas por la autoridad sanitaria de la Comunidad Autónoma correspondiente o por el Ministerio de Sanidad y Consumo tendrán acceso al Registro Nacional de VVAA.

6) ¿Qué limitaciones tiene el profesional sanitario a la hora de aplicar las VVAA?

   El profesional no puede aplicar las VVAA contrarias al ordenamiento jurídico, a la *lex artis*, ni las que no se correspondan con el supuesto de hecho que el interesado haya previsto en el momento de manifestarlas.

   Un ejemplo de VVAA contrarias al ordenamiento jurídico serían las que incluyan el deseo del paciente de eutanasia, pues constituye un ilícito según el Código Penal español.

7) ¿Debe dejar constancia el equipo médico de la ilicitud de la voluntad del paciente?

   Sí. En la historia clínica del paciente debe quedar constancia razonada de las anotaciones relacionadas con las previsiones del paciente contrarias al ordenamiento jurídico o a la *lex artis*. También de cualquier otra razón por la que el equipo médico no sigue las indicaciones expresadas en las VVAA de cualquier paciente.

8) ¿Puede el profesional sanitario ejercitar su derecho a la objeción de conciencia y negarse a ejecutar las instrucciones que ha dado el paciente en el documento de VVAA?

   La Administración sanitaria adoptará las medidas necesarias para garantizar que se cumpla la voluntad del paciente expresada en el documento de instrucciones previas. Sin perjuicio de lo anterior, los profesionales sanitarios podrán ejercer la objeción de conciencia con ocasión del cumplimiento de las instrucciones previas, en determinados supuestos.

9) ¿El paciente puede nombrar a un representante que decida en su lugar?

   Sí. La Ley 41/2002, de 14 de noviembre, básica reguladora de la autonomía del paciente y de las obligaciones en materia de información clínica, prevé la figura del representante. El otorgante del documento puede designar un representante para que sirva como interlocutor suyo con el médico o el equipo sanitario para procurar el cumplimiento de las instrucciones previas.

10) ¿Es posible que el paciente revoque sus VVAA previamente registradas?

   La respuesta es sí, siempre que tenga la capacidad suficiente para ello.

11) ¿Y si las instrucciones que da el paciente son contrarias a lo que ha hecho constar por escrito?

   Pueden darse dos situaciones.

   a) Si el paciente se encuentra con la capacidad suficiente para tomar decisiones, deberá aceptarse este cambio, entendiéndose como una revocación de las anteriores VVAA.
   b) Si el paciente no cuenta con la capacidad suficiente para decidir, las VVAA deberán ser tomadas como unas indicaciones orientativas de su voluntad previa.

12) ¿Qué papel juega la familia en el momento de la ejecución de las VVAA?

   Los familiares y los seres queridos deben ser informados de la existencia del documento de VVAA y de la obligación del equipo sanitario de ejecutarlas. La familia no puede oponerse a la ejecución de las VVAA, pero debe ser oída.

13) ¿En qué leyes se regulan las VVAA?

   La Ley 41/2002, de 14 de noviembre, básica reguladora de la autonomía del paciente y de derechos y obligaciones en materia de información y documentación clínica, es la ley nacional que recoge las instrucciones previas.

   El Real Decreto 124/2007, de 2 de febrero, regula el Registro nacional de instrucciones previas y el correspondiente fichero automatizado de datos de carácter personal.

Además, las CCAA disponen de su propia regulación en materia de VVAA.

Debe ser tenido en cuenta, asimismo, lo dispuesto en el Código Penal –en lo relativo a toda aquella conducta que constituye un delito- y en el Código Civil –en lo relativo a la capacidad y al representante–.

14) ¿Por qué deben respetarse las VVAA?

Desde la perspectiva jurídica, la Ley 41/2002, sobre autonomía del paciente, establece un deber legal de respetar el contenido del documento.

Desde la perspectiva moral, este documento refleja la voluntad del paciente y el respeto al mismo implica una forma de protección de su dignidad.

Grupo de Investigación "Derechos Humanos, Bioética y Multiculturalismo" de la UNED
Proyecto del Ministerio de Ciencia e Innovación DER 2010-21129
Para más información: www.testamentovital.net

GOBIERNO DE ESPAÑA MINISTERIO DE CIENCIA E INNOVACIÓN UNED INSTRUCCIONES PREVIAS TESTAMENTO VITAL VOLUNTADES ANTICIPADAS

ANEXO 2. GUÍA PARA PACIENTES

1) ¿Qué son las VOLUNTADES ANTICIPADAS (VVAA)?

   El documento a través del cual la persona mayor de edad, capaz y libre, manifiesta anticipadamente su voluntad, con objeto de que ésta se cumpla en el momento en que llegue a situaciones en cuyas circunstancias no sea capaz de expresarlos personalmente, sobre los cuidados y el tratamiento de su salud o, una vez llegado el fallecimiento, sobre el destino de su cuerpo o de los órganos del mismo (artículo 11.1 Ley 41/2002, de 14 de noviembre básica reguladora de la autonomía del paciente y de las obligaciones en materia de información clínica).

2) ¿Las Voluntades Anticipadas, las Instrucciones Previas y el Testamento Vital son lo mismo?

   Si. Aunque otros países distinguen dichos conceptos en su regulación, la legislación española solo prevé la institución de las Instrucciones previas, siendo utilizados los otros dos términos como sinónimos.

3) ¿En qué momento deben aplicarse?

   a) Paciente vivo: cuando no tenga la capacidad de expresar su voluntad.

   b) Paciente fallecido: cuando se deba determinar el destino de su cuerpo o de sus órganos.

4) ¿Dónde puedo registrar las VVAA?

   En cada una de las Comunidades Autónomas (CCAA) existe un Registro de VVAA. Generalmente, dependen de las Consejerías de Sanidad y en su página web se encuentra toda la información.

5) ¿Son válidas las VVAA en documento privado, ante testigos?

Sí, son válidas las VVAA presentadas ante dos testigos. No obstante, para que sea más efectivo y más viable que los profesionales sanitarios tengan conocimiento de las mismas, es recomendable inscribirlas en el Registro de VVAA.

6) ¿Y si cambio de opinión con respecto a lo que he previsto en el documento?

Si cuentas con la capacidad suficiente para tomar decisiones, puedes revocar las anteriores por el mismo procedimiento.

7) ¿Qué papel juegan mis familiares y seres queridos con respecto a las VVAA?

Los familiares y seres queridos deben ser informados de la existencia del documento de VVAA y de la obligación del equipo sanitario de ejecutarlas. La familia no puede oponerse a la ejecución de las VVAA, sólo puede ser oída.

8) ¿Cómo puede saber el profesional sanitario si tengo VVAA registradas?

Depende del sistema seguido en cada Comunidad Autónoma. En algunas CCAA, la historia clínica que visualiza el profesional sanitario cuenta con un apartado en el que se señala que el paciente cuenta con el documento de VVAA inscrito en el Registro de la correspondiente Comunidad Autónoma.

Además, los profesionales pueden consultar el Registro Nacional de VVAA.

9) Si necesito atención médica en una Comunidad Autónoma en la que no soy residente, de modo que deban ser consultadas mis VVAA ¿cómo puede conocer el profesional la existencia de VVAA registradas en otra Comunidad Autónoma?

Los responsables acreditados de los registros autonómicos y las personas designadas por la autoridad sanitaria de la Comunidad Autónoma correspondiente o por el Ministerio de Sanidad y Consumo; tendrán acceso al Registro Nacional de VVAA.

10) ¿Qué contenido puede tener mi documento de VVAA?

El profesional no puede aplicar las VVAA contrarias al ordenamiento jurídico, a la *lex artis*, ni las que no se correspondan con el supuesto de hecho que el interesado haya previsto en el momento de manifestarlas.

Un ejemplo de VVAA contrarias al ordenamiento jurídico serían las que incluyan el deseo del paciente de eutanasia, pues constituye un ilícito según el Código Penal español.

El contenido de las VVAA será confidencial, cumpliéndose y garantizándose siempre la protección de los datos así consignados, de acuerdo con la Ley Orgánica 15/1999, de 13 de diciembre, de Protección de Datos de Carácter Personal.

11) ¿Debe dejar constancia el equipo médico de la ilicitud de la voluntad del paciente?

Sí. En la historia clínica del paciente debe quedar constancia razonada de las anotaciones relacionadas con las previsiones del paciente contrarias al ordenamiento jurídico o a la *lex artis*. También de cualquier otra razón por la que el equipo médico no sigue las indicaciones expresadas en las VVAA de cualquier paciente.

12) ¿El paciente puede nombrar a un representante que decida en su lugar?

Sí. La Ley 41/2002, de 14 de noviembre, básica reguladora de la autonomía del paciente y de las obligaciones en materia de información clínica, prevé la figura del representante. El otorgante del documento puede designar un representante para que sirva como interlocutor suyo con el médico o el equipo sanitario para procurar el cumplimiento de las instrucciones previas.

13) ¿Y si las instrucciones que da el paciente son contrarias a lo que ha hecho constar por escrito?

Pueden darse dos situaciones.

a) Si el paciente se encuentra con la capacidad suficiente para tomar decisiones, deberá aceptarse este cambio, entendiéndose como una revocación de las anteriores VVAA.

b) Si el paciente no cuenta con la capacidad suficiente para decidir, las VVAA deberán ser tomadas como unas indicaciones orientativas de su voluntad previa.

14) ¿En qué leyes se regulan las VVAA?

La Ley 41/2002, de 14 de noviembre, básica reguladora de la autonomía del paciente y de derechos y obligaciones en materia de información y documentación clínica, es la ley nacional que recoge las instrucciones previas.

El Real Decreto 124/2007, de 2 de febrero, regula el Registro nacional de instrucciones previas y el correspondiente fichero automatizado de datos de carácter personal.

Además, las CCAA disponen de su propia regulación en materia de VVAA.

Debe ser tenido en cuenta, asimismo, lo dispuesto en el Código Penal –en lo relativo a toda aquella conducta que constituye un delito– y en el Código Civil –en lo relativo a la capacidad y al representante–.

15) ¿Por qué deben respetarse las VVAA?

Desde la perspectiva jurídica, la Ley 41/2002, sobre autonomía del paciente, establece un deber legal de respetar el contenido del documento.

Desde la perspectiva moral, este documento refleja la voluntad del paciente y el respeto al mismo implica una forma de protección de su dignidad.

Grupo de Investigación "Derechos Humanos, Bioética y Multiculturalismo" de la UNED

Proyecto del Ministerio de Ciencia e Innovación DER 2010-21129

Para más información: www.testamentovital.net

ANEXO 3. ACTIVIDADES DEL PROYECTO DE INVESTIGACIÓN DER 2010-21129

2011

Seminario sobre Bioética y Bioderecho 19 febrero 2011 http://testamentovital.files.wordpress.com/2011/02/seminario-bioetica-y-bioderecho-19-02-2011.pdf

Radio Sin Distancias sobre Bioética y Bioderecho en Radio 3, Marzo 2011 http://www.canaluned.com/mmobj/index/id/4235

Jornadas de Bioética y Bioderecho - 27 y 28 de Abril Madrid, http://testamentovital.wordpress.com/2011/03/31/jornadas-de-bioetica-y-bioderecho-27-y-28-de-abril/

Entrevista con Ana María Marcos, Abril 2011 para Divulga UNED http://testamentovital.wordpress.com/2011/04/29/entrevista-con-ana-maria-marcos/

X Congreso Nacional de Bioética de la ABFyC - 6 a 8 Octubre 2011, Pamplona-Iruña http://www.congresobioetica.com/

Presentación de nuestro proyecto ante el Comité Ético para la Asistencia Sanitaria(CEAS) del Hospital Universitario cela Princesa, 26 Mayo 2011 http://testamentovital.wordpress.com/2011/05/27/comite-presentacion-de-nuestro-proyecto-ante-el-comite-etico-para-la-asistencia-sanitariaceas-del-hospital-universitario-dela-princesa/

Curso de Verano - Los derechos de las personas mayores 6 al 8 de Julio 2011http://testamentovital.wordpress.com/2011/06/22/curso-de-verano-los-derechos-de-las-personas-mayores/

Participación en el XXV. World Congress of Philosophy of Law and Social Philosophy en Frankfurt, Agosto 2011 http://testamentovital.wordpress.com/2011/07/22/congreso-en-frankfurt/

Ana Mª Marcos del Cano, interviene en el Curso de Verano "La capacidad mental" http://www.extensionuned.es/publico_actividad/2385

Semana de la Ciencia 2011 de Madrid. Cine Forum-Coloquio Bioética:"Las Invasiones Bárbaras" 11 Noviembre 2011 http://testamentovital.wordpress.com/2011/10/25/semana-de-la-ciencia-2011-de-madrid-cine-forum-coloquio-bioeticalas-invasiones-barbaras/

Jornadas en Zamora sobre Testamento Vital 17-18 Noviembre 2011 http://testamentovital.wordpress.com/2011/11/04/jornadas-en-zamora-sobre-testamento-vital/

Red de Comités de Ética de Andalucía: Comités de Ética Asistencial y de Investigación. http://testamentovital.wordpress.com/2011/12/08/red-de-comites-de-etica-de-andalucia-comites-de-etica-asistencial-y-de-investigacion/

I Jornadas del Codi Civil de Catalunya 16 Diciembre 2011 http://testamentovital.wordpress.com/2011/12/16/jornada-16-diciembre-uned-cervera/

2012

Foro Sanidad y Derecho: Los límites del esfuerzo terapéutico en el Hospital de La Paz (Madrid) – 8 de Noviembre 2012.

XI Congreso Nacional de Bioética, León 3-5 Octubre 2013.

Congreso Decisiones al final de vida – Congreso en las Palmas de Gran Canaria – 18 al 20 de Octubre 2012.

Curso de Verano en Madrid: Inmigración, emigración, hoy – 9 al 11 de Julio.

Curso de Verano en Denia – 2 al 4 de Julio.

Presentación libro Salud Mental Comunitaria – 16 de Mayo 2012.

Seminario en el Instituto de Derechos Humanos 'Bartolomé de las Casas' – 24 Mayo 2012.

Programa para la Jornada del Hospital Guadarrama – jueves día 24 de mayo 2012.

Jornadas La familia y el enfermo ante la muerte: una visión multidisciplinar – 3 de Mayo 2012 en Madrid.

Jornada sobre Derechos Humanos, Bioética y Multiculturalismo 2011/2012.

2013

Conferencias en vídeo del XI Congreso de Bioetica celebrado en León

3-5 Octubre 2013

Jornadas sobre Salud y cuidado al final de la vida (Cuenca)

21 y 22 Noviembre 2013

Curso de Verano Bioética y derechos de los pacientes (presencial y online)

22-24 Julio 2013

Fortalecimiento de los cuidados paliativos como componente del tratamiento integrado durante toda la vida

Mayo 2013 Asamblea Mundial de Salud en Ginebra

Testamento vital en La 2 de TVE

5 de Abril 2013

Conferencia en el Hospital de La Paz – Madrid

14 Febrero 2013

Asistencia de representantes del proyecto y presentación del poster "THE REPRESENTATIVES' ROLE IN THE SPANISH LEGAL FRAMEWORK" en París, en el 10th Congreso Internacional sobre Ética Clínica, del 23 al 26 de abril de 2014

Foro de Sanidad y Derecho. Testamento vital: ¿ necesidad o moda?

8 de mayo de 2014

Más información en: www.testamentovital.net

Contacto con el Grupo de Investigación de Derechos Humanos, Bioética y Multiculturalismo: gidhbm@gmail.com